中国林业产业监测报告 2012

Monitoring Report of China Forestry Industry

国家林业局 编

中国林业出版社

图书在版编目（CIP）数据

中国林业产业监测报告. 2012 / 国家林业局编. --北京：中国林业出版社, 2014.3
ISBN 978-7-5038-7404-8

Ⅰ. ①中… Ⅱ. ①国… Ⅲ. ①林业经济－经济发展－监测－研究报告－中国－2012 Ⅳ. ①F326.23

中国版本图书馆CIP数据核字(2014)第040885号

出 版：中国林业出版社（100009 北京西城区德内大街刘海胡同7号）
网 址：http://lycb.forestry.gov.cn
E-mail：cfybook@163.com　　电 话：010-83223789
发 行：中国林业出版社
印 刷：北京中科印刷有限公司
版 次：2014年3月第1版
印 次：2014年3月第1次
开 本：889mm×1194mm 1/16
印 张：24.25
字 数：596千字
定 价：80.00元

监测组成员

丁允辉	于生华	万发令	于　华	门玉明	马春香	韦元洪
王太强	王以森	韦立理	扎西多吉	王志椿	王连茂	王思丹
韦祖庆	王晓南	王　琅	毛培军	文翠云	文　毅	邓建安
邓荣俤	邓燕琳	白云起	丘火德	付占芳	丛德福	兰雪莲
冯慰冬	达　拉	吕印杰	曲建军	朱　建	朱　珠	伍清亮
刘大中	刘长奇	刘　伟	刘希军	刘　宏	刘忠艳	江华军
安美玲	孙　权	孙剑月	严　辉	李　文	李石雄	李伟平
杨红朝	李　国	李金花	李树林	杨秋月	李俊柱	杨　涛
李海波	李　捷	李辉华	李　慧	肖龙根	肖明源	吴亚平
吴　宇	吴红霞	吴灿军	吴　坤	吴　峰	何节联	何　宏
余志棠	余　雷	汪　喆	宋姬芳	张　云	张田生	张东彪
张林生	陆绍江	张俊波	张彦君	陈代世	陈茂祥	陈　康
茅国梁	林高兴	欧阳叙回	岳炳勋	金元日	金玉女	周桂秀
周晶晶	周献逸	周榜先	庞　燕	郑汝志	郑克贤	郑英达
郑惠伶	宗晶莹	孟宪平	赵世华	赵英辰	钟宪瑜	钟德全
姜东涛	姜贵腾	晏正明	徐子平	徐生旺	郭建华	郭嗣军
唐志明	唐妙缘	唐　唯	唐瑾瑜	涂海萍	黄少南	黄先青
黄任辉	黄炳益	黄群发	黄蔓蓉	梅　魁	曹玉朴	龚泽和
常炳华	康文学	康　红	康志雄	梁　晶	蒋杨胜	蒋筱燕
韩　英	程　滢	童　伟	温绍德	谢冬梅	雷玉秀	雷礼纲
蔡兴旺	谭跃辉	滕成林	潘群华	冀岩松	戴培植	魏　超
魏　瑞						

前言

金融危机以来，世界经济复苏仍然存在不确定性。我国经济虽然持续增长，但仍面临通货膨胀压力，国务院强调：加强商品供求监测、信息发布和价格政策宣传解读工作。而林业产业是一种特殊产业，是在市场经济条件下追求经济效益的同时，必须兼顾生态效益和社会效益的产业。因此，国家必须对林业产业进行有效监管，才能使林业产业的发展既符合经济要求，又满足生态需要，民生需求。而要进行国家调控和监管，必须及时准确掌握林业产业发展动态，对林业产业进行分类逐项监测是林业产业发展的客观要求。为此，必须加强林业产业监测。2010年国家林业局开始立项，之后每年中国林业产业监测工作按照计划有序进行。

（一）与重点产业省（区、市）进行密切合作，由网络上报监测数据，进入规范化。

（二）与中国林业产业联合会紧密合作。在重点产业地区确立监测点，建立监测基地。对我国六大人造板基地、四大国有森工、延边集团、浙江、湖南、广西、湖北、河北等重点产业省（区、市）布点监测。

（三）与国家海关总署合作落实林产品进出口监测任务。对8位码进出口林产品品种、量值、国别、地区、海关、属性等进行月度监测；对主要进出口重点企业进行季度监测，目前主要是原木、锯材、胶合板、木浆、家具等主要林产品类别。

（四）与国家统计局合作，对林业企业景气情况进行调查分析，共享林业企业景气指数调查成果，并按季度发布。

（五）与各省监测点协作。监测员运用监测网络传递监测数据，全面实现项目监测目标，林产品监测的范围：1.森林培育；2.木材；3.人造板；4.家具；5.木门、木窗、木屋；6.木浆造纸；7.竹、藤制品；8.木本食用油（香）料和木本工业油料与及生物质能源；9.果品；10.林木种苗种子；11.林化；12.森林蔬菜、饮料、饲料；13.花卉；14.驯养野生动物与狩猎；15.中药材；16.森林旅游；17.森林碳汇交易。

鉴于中国林业产业监测仍处在初级阶段，林业产业企业对林业产业监测有一个适应过程，被监测企业对提供数据会涉及商业秘密感到担心，项目组一方面通过严格的合同保密承诺，打消企业顾虑，另一方面从监测方法上逐步探索由样本监测过渡到要素与样本相结合的监测方案。

由于需要监测的内容十分丰富，任务繁重，项目资金不可能全面满足所有监测内容的需求，只能由重点到全面展开。因此，公开出版的监测报告只能是监测重点内容，希望读者予以包容。

目录

绪 论

中国林业产业监测以林业产业发展的主要产品为监测对象，以网络技术为支撑，以网络填报与实地抽样调查结合为手段，以成本、价格模型为基础，以指数运算、风险因素分析等为分析方法，以收入与成本比较模型为预警策略进行林业产业监测。

1 林业产业主要经济指标与国民经济指标的比较

1.1 我国林业产业发展速度高于国民经济发展速度

2012年我国林业产业总值39 451亿元，比上年增长28.94%。其中第一产业13 749亿元，比上年增长24.35%，第二产业20 898亿元，比上年增长25.23%，第三产业4804亿元，比上年增长68.44%（见表1、见图1）。

表1 2003～2012年国内生产总值与林业产业总产值

单位：亿元

年 份	国内生产总值				林业产业总产值			
	合计	第一产业	第二产业	第三产业	合计	第一产业	第二产业	第三产业
2003	135 823	17 382	62 436	56 005	5860	3518	2007	335
2004	159 878	21 413	73 904	64 561	6892	3888	2561	444
2005	184 937	22 420	87 598	74 919	8459	4356	3487	617
2006	216 314	24 040	103 720	88 555	10 652	4709	5198	745
2007	265 810	28 627	125 831	111 352	12 533	5546	6034	953
2008	314 045	33 702	149 003	131 340	14 406	6359	6838	1209
2009	340 903	35 226	157 639	147 642	17 494	7225	8718	1551
2010	401 202	40 534	187 581	173 087	22 779	8895	11 877	2007
2011	471 564	47 712	220 592	203 260	30 597	11 056	16 688	2852
2012	519 322	52 377	235 319	231 626	39 451	13 749	20 898	4804

数据来源：《中国统计年鉴》《中国统计摘要》《中国林业统计年鉴》

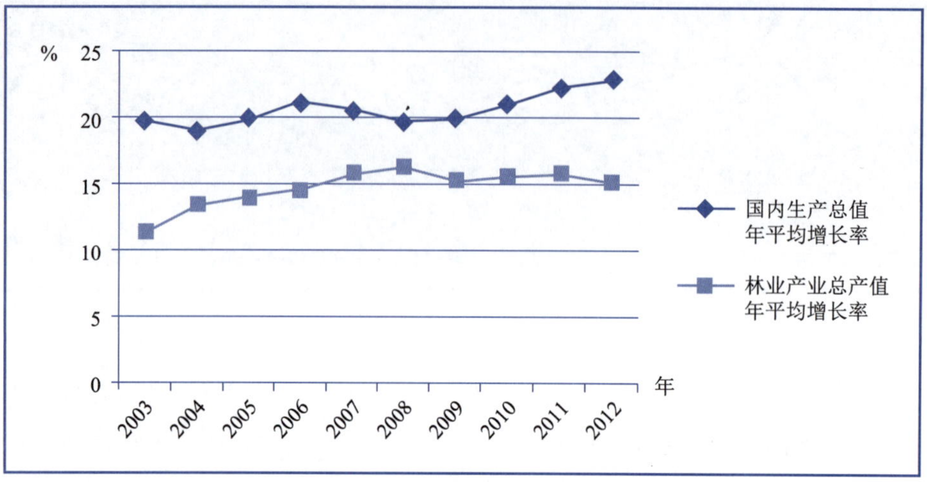

图 1　2003 ～ 2012 年国内生产总值与林业产业总产值年平均增长率

1.2　我国林业产业结构出现重大调整

2012年，林业产业蓬勃发展，主要表现在产业规模持续壮大、产业结构不断优化、产业竞争力逐步增强、新兴产业快速发展等方面上。

第一产业产值13 749亿元，占全部林业产业总产值的34.85%，同比增长24.35%；第二产业产值20 898亿元，占全部林业产业总产值的52.97%，同比增长25.23%；第三产业产值4804亿元，占全部林业产业总产值的12.18%，同比增长68.44%。近年来，林业三次产业的产值结构逐步调整，已由"十五"末期的52∶41∶7，调整为2012年的35∶53∶12，林业二、三产业所占比重逐年增大，产业结构进一步优化（见表1、图2、图3）。

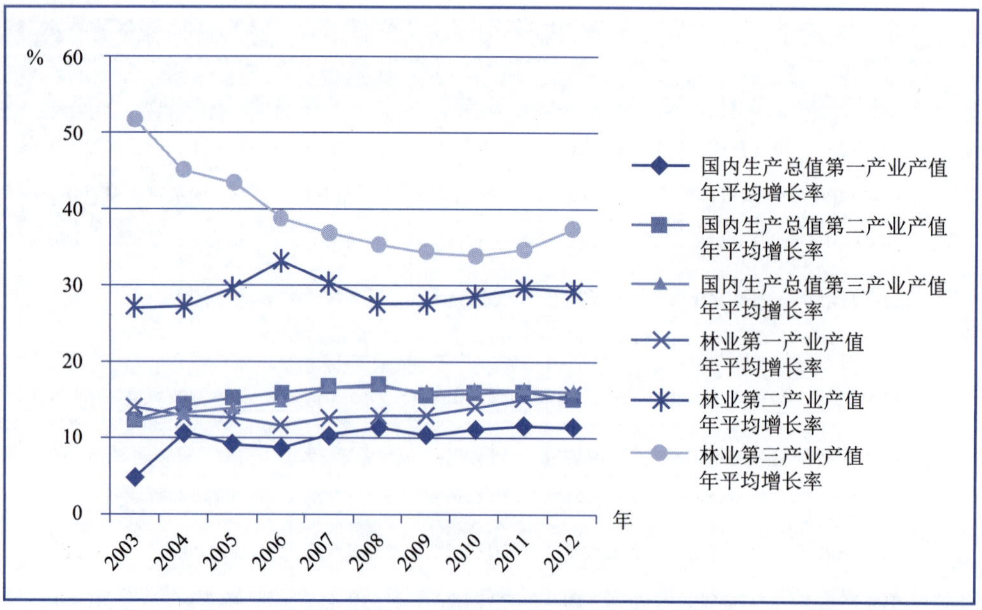

图 2　2003 ～ 2012 年国内生产总值结构与林业产业总产值结构年平均增长率

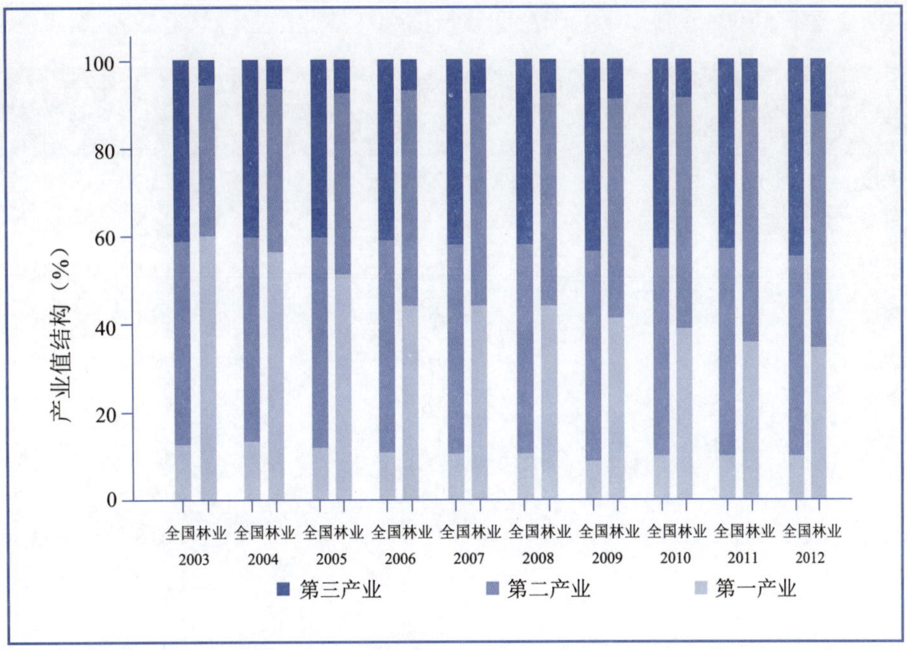

图3　2003～2012年国内生产总值结构与林业产业总产值结构年平均增长率对比

1.3　我国林业企业景气指数整体高于全国水平

2012年一季度林业企业景气指数为122.4，同比提高5.9，环比提高13.5。比全国企业同期景气指数127.3低4.9。木材加工及木、竹、藤、棕、草制品企业景气指数为123.7，同比提高13.8，环比提高20.7；家具制造企业景气指数为126.6，同比提高2.7，环比提高7.1；造纸及纸制品企业景气指数为117.0，同比提高1.3，环比提高12.8。

2012年二季度林业企业景气指数为133.2，同比提高14.3，环比提高10.8。比全国企业同期景气指数126.9高6.3。木材加工及木、竹、藤、棕、草企业景气指数为137.5，同比提高23.8，环比提高13.8；家具制造企业景气指数为136.7，同比提高12.0，环比提高10.1；造纸及纸制品企业景气指数为125.4，同比提高7.0，环比提高8.4。

2012年三季度林业企业景气指数为128.3，同比增长10.8，环比减少4.9。比全国企业同期景气指数122.8高5.5。木材加工及木、竹、藤、棕、草企业景气指数为133.5，同比增长24.2，环比减少4.0；家具制造企业景气指数为132.1，同比增长6.9，环比减少4.6；造纸及纸制品企业景气指数为119.4，同比增长1.5，环比减少6.0。

2012年四季度林业企业景气指数为126.2，同比增长17.3，环比减少2.1。比全国企业同期景气指数124.4高1.8。木材加工及木、竹、藤、棕、草企业景气指数为129.1，同比增长26.1，环比减少4.4；家具制造企业景气指数为127.9，同比增长8.4，环比减少4.2；造纸及纸制品企业景气指数为121.6，同比增长17.4，环比增长2.2（见表2、图4）。

表2 2008～2012年我国企业景气指数与林业企业景气指数对比

项目		全国企业景气指数	林业企业景气指数（木竹加工、家具、造纸）	木材加工及木、竹、藤、棕、草制品企业	家具制造业	造纸及纸制品业
2012	一季度	127.3	122.4	123.7	126.6	117.0
	二季度	126.9	133.2	137.5	136.7	125.4
	三季度	122.8	128.3	133.5	132.1	119.4
	四季度	124.4	126.2	129.1	127.9	121.6
2011	一季度	133.8	116.5	109.9	123.9	115.7
	二季度	135.6	118.9	113.7	124.7	118.4
	三季度	133.4	117.5	109.3	125.2	117.9
	四季度	128.2	108.9	103.0	119.5	104.2
2010	一季度	132.9	112.2	110.8	112.3	113.4
	二季度	135.9	121.3	121.2	125.5	117.3
	三季度	137.9	122.1	123.8	124.3	118.2
	四季度	138.0	117.8	115.6	120.1	117.6
2009	一季度	105.6	80.9	81.5	75.6	85.7
	二季度	115.9	93.0	90.6	94.8	93.5
	三季度	124.4	106.3	100.1	103.3	115.4
	四季度	130.6	118.2	118.3	123.9	112.5
2008	一季度	136.2	126.3	124.0	122.6	132.3
	二季度	137.4	124.7	125.8	120.3	127.9
	三季度	128.6	118.0	118.0	111.5	124.5
	四季度	107.0	97.0	93.1	98.9	99.0

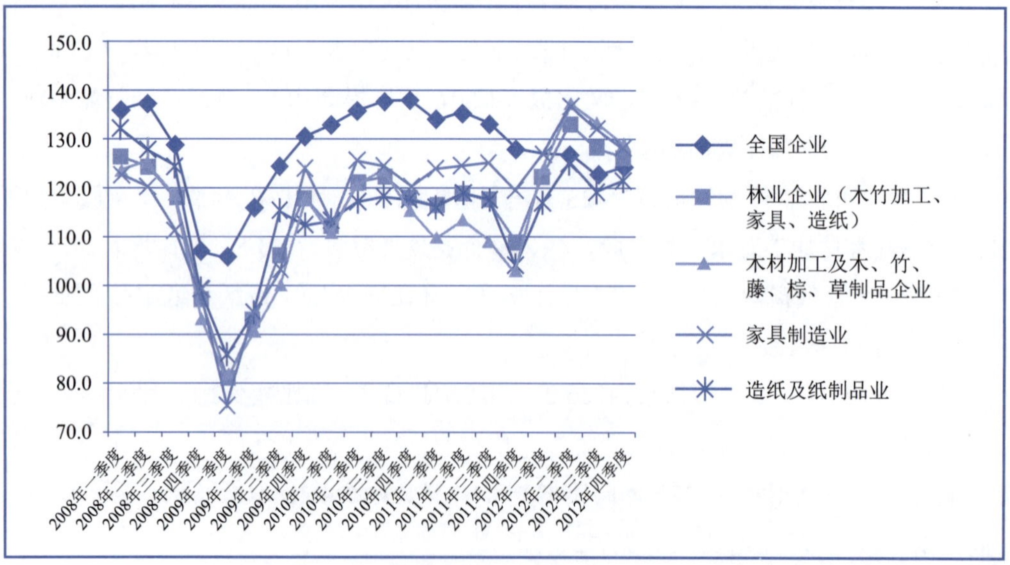

图4 2008～2012年我国企业景气指数与林业企业景气指数趋势

1.4 我国林产品进出口情况

2012年全国林产品进出口总额略有下降，但出口额略有增长。贸易总额为1188亿美元，比2011年下降1.34%。其中，出口额576亿美元，比2011年增长4.52%；进口额613亿美元，比2011年下降6.29%（见表3、图5）。

表3 2003～2012年我国货物进出口总额与林产品进出口金额对比

单位：亿美元

年份	全国货物进出口总额	全国货物出口总额	全国货物进总口额	林产品进出口金额	林产品出口金额	林产品进口金额
2003	8510	4382	4128	277	122	155
2004	11 546	5933	5612	349	163	186
2005	14 219	7620	6600	413	206	207
2006	17 604	9689	7915	508	264	244
2007	21 737	12 178	9560	643	319	324
2008	25 616	14 286	11 331	719	335	384
2009	22 073	12 017	10 056	702	363	339
2010	29 728	15 779	13 948	938	463	475
2011	36 421	18 986	17 435	1205	551	654
2012	38 667	20 489	18 178	1188	576	613

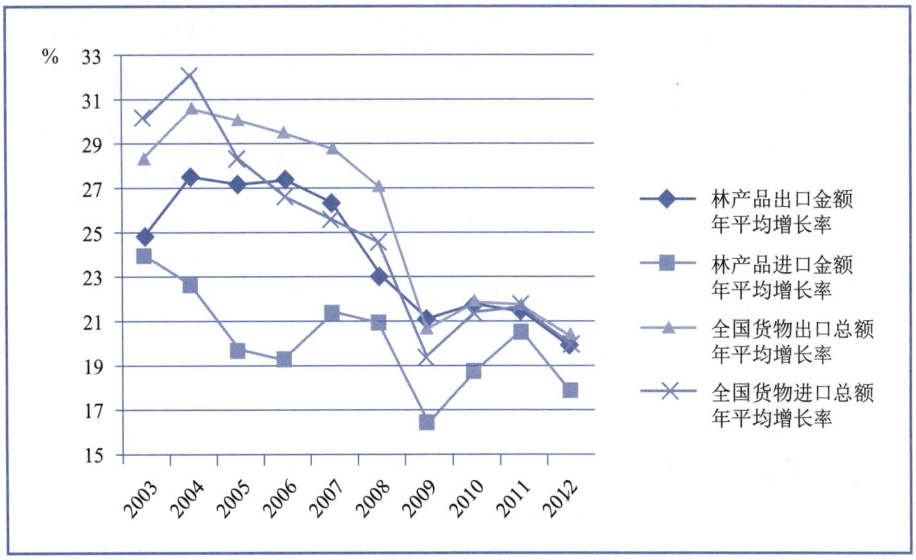

图5 2003～2012年我国货物进出口总额与林产品进出口金额年平均增长速度

1.5 我国木材产品需求疲软

2012年，主要产品价格指数大幅度下降，下降幅度远高于全国PPI下降幅度，这一年我国木材价格指数为101.20，比上年下降5.43%；木地板价格指数为119.70，比上年增长13.35%；人造板价格指数为92.62，比上年下降17.10% 。2012年，全国消费者物价指数(CPI)为102.60，比上年下降2.66%；全部工业品指数(PPI)为98.30，与上年相比下降7.26%。

表4 2003～2012年我国消费者物价指数(CPI)、全部工业品指数(PPI)及主要林产品价格指数

指标	全国消费者物价指数(CPI)	全部工业品指数(PPI)	木材价格指数	木地板价格指数	人造板价格指数
2003	101.2	102.3	92.58	110.34	99.48
2004	103.9	106.1	106.68	115.63	81.91
2005	101.8	104.9	108.98	164.86	83.21
2006	101.5	103	116.09	112.30	109.79
2007	104.8	103.1	105.28	93.43	105.94
2008	105.9	106.9	104.55	92.97	94.78
2009	99.3	94.6	84.56	101.68	106.45
2010	103.3	105.5	123.94	103.31	97.16
2011	105.4	106.0	107.01	105.60	111.73
2012	102.6	98.3	101.20	119.67	92.62

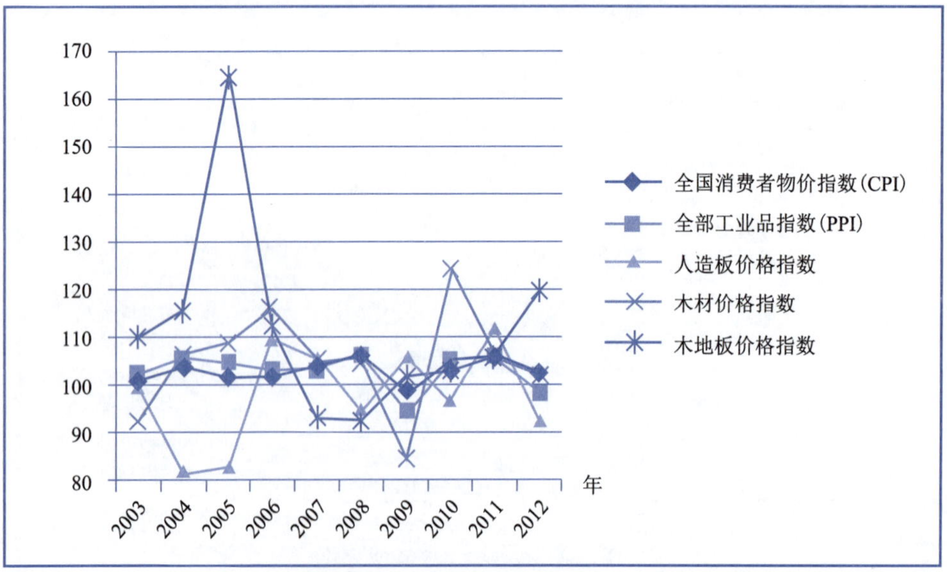

图6 2003～2012年我国消费者物价指数(CPI)、工业品出厂价格指数(PPI)及林产品价格指数走势

1.6　我国林区职工工资大幅度提高

2003～2012年，林业在岗职工年平均工资增长速度为15.43%，比全国城镇单位就业人员平均工资增长速度高1.04%。2012年，林业在岗职工年平均工资为28105元，比上年增长19.03%。其中木材及竹材采运业年平均工资为22314元，比上年增长30.19%；木材加工及竹藤棕草制品业年平均工资为21706元，比上年下降4.85%；林产化学产品制造业年平均工资为23017元，比上年增长7.92%（见表5、图7）。

表5　2003～2012年林业在岗职工年平均工资与我国城镇单位就业人员平均工资对比

单位：元

项目	城镇单位就业人员平均工资	林业在岗职工年平均工资	木材及竹材采运业	木材加工及竹藤棕草制品业	林产化学产品制造业
2003	13 969	7790	5318	7549	10 045
2004	15 920	8563	5642	9011	7638
2005	18 200	9326	6070	8739	10 671
2006	20 856	10 701	6834	9821	11 415
2007	24 721	13 563	9019	12 066	15 067
2008	28 898	15 870	10 457	13 506	15 071
2009	32 244	17 985	12 025	13 558	16 338
2010	36 539	20 386	14 276	19 238	18 947
2011	41 799	23 611	17 139	22 813	21 328
2012	46 769	28 105	22 314	21 706	23 017

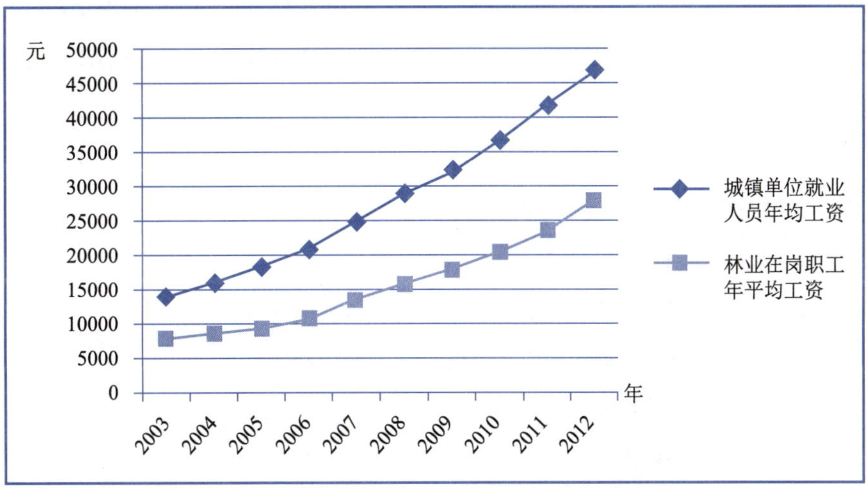

图7　2003～2012年我国城镇单位就业人员平均工资与林业在岗职工年平均工资走势

1.7 林业对就业的贡献

我国涉林农民约4.3亿，全职林业工人和农民工超过4058万人。林业产业发展对于我国就业的贡献潜力巨大，特别是林权制度改革，增加了农民对林业的劳动力投入林业对就业的贡献分两部分，一部分是林业产业直接就业人数，2012年约为4058.66万人，比去年增长28.23%，另一部分是获得林地使用权的农民，大力发展林下经济，对就业作出重要贡献。2012年，全国已确权集体林地27.02亿亩*，占集体林地总面积的99.05%。其中，发证面积26.04亿亩，占已确权集体林地总面积的96.37%，8987.25万农户拿到了林权证，近4.3亿农民直接受益。

表6 林业对就业贡献

指标	产业（万元）	就业实际人数（万人）	计算依据
总计	394 509 075	4058.66	
一、第一产业	137 485 185	2002.47	
（一）涉林产业合计	131 336 546	1920.48	
1. 林木的培育和种植	25 399 504	507.99	每工日200元，每年250个工日
（1）育种和育苗	9 872 043	197.44	
（2）造林	9 247 251	184.95	
（3）林木的抚育和管理	6 280 210	125.60	
其中：幼林的抚育和管理	2 360 905	47.22	
成林的抚育和管理	3 092 030	61.84	
2. 木材和竹材的采运	9 634 079	128.45	每工日300元，每年250个工日
（1）木材采运	7595651	101.28	
①商品材	6244585	83.26	
②农民自用材	537 111	7.16	
③农民烧柴	813 955	10.85	
（2）竹材采运	2 038 428	27.18	
其中：除毛竹、蒿竹外的其他竹材	470 276	6.27	
3. 经济林产品的种植与采集	77 518 770	1033.58	
其中：水果及干果的种植与采集	50 442 366	672.56	
茶及其他饮料作物的种植与采集	7 185 892	95.81	
林产中药材的种植与采集	5 078 420	67.71	
森林食品的种植与采集	8 933 802	119.12	

* 1亩≈666.67平方米

（续表）

指　　标	产业（万元）	就业实际人数（万人）	计算依据
4．花卉的种植	12 652 130	168.70	每工日 300 元，每年 250 个工日
5．陆生野生动物繁育与利用	3 924 304	52.32	
（1）陆生野生动物狩猎和捕捉	211 198	2.82	
（2）陆生野生动物饲养	3 713 106	49.51	
6．林业生产辅助服务	2 207 759	29.44	
（二）林业系统非林产业	6 148 639	81.98	
二、第二产业	208 983 022	1671.86	
（一）涉林产业合计	202 519 627	1620.16	
1．木材加工及木、竹、藤、棕、苇制品制造	82 339 457	658.72	每工日 500 元，每年 250 个工日
（1）锯材、木片加工	13 227 800	105.82	
（2）人造板制造	45 322 984	362.58	
（3）木制品制造	18 827 474	150.62	
（4）竹、藤、棕、苇制品制造	4 961 199	39.69	
2．木、竹、藤家具制造	27 943 914	223.55	
3．木、竹、苇浆造纸	47 515 221	380.12	
4．林产化学产品制造	6 340 858	50.73	
5．木制工艺品和木制文教体育用品制造	4 774 811	38.20	
6．非木制林产品加工制造业	22 574 149	180.59	
7．其他	11 031 217	88.25	
（二）林业系统非林产业	6 463 395	51.71	
三、第三产业	48 040 868	384.33	
（一）涉林产业合计	43 253 926	346.03	
1．林业旅游与休闲服务	35 225 496	281.80	
2．林业生态服务	3 657 572	29.26	
3．林业专业技术服务	1 056 291	8.45	
4．林业公共管理及其他组织服务	3 314 567	26.52	
（二）林业系统非林产业	4 786 942	38.30	
林业就业农民人数		42 875	8981.25 万农户拿到了林权证

1.8　中国林业产业的国际地位

1. 中国森林资源与世界主要国家森林资源比较

中国森林蓄积量146亿立方米，占世界森林蓄积量5270亿立方米的2.79%，人均10.9立方米，是世界人均78.0立方米的14.01%。中国森林面积2亿公顷，占世界森林面积40亿公顷5.13%；人均0.154公顷，是世界人均0.597公顷25.80%（见表7）。

表7　世界部分国家森林资源主要指标

国　家	森林面积		森林立木蓄积量		人均森林面　积	人均森林立木蓄积量	森林覆盖率	
	千公顷	占%	百万立方米	占%	公顷/人	立方米/人	占%	排名
全　球	4 033 060		527 000		0.597	78.0	30.3	
中　国	206 861	5.13	14 684	2.79	0.154	10.9	20.36	139
俄罗斯	809 090	20.06	81 523	15.47	5.722	576.5	47.9	49
巴　西	519 522	12.88	126 221	23.95	2.706	657.4	57.2	34
加拿大	310 134	7.69	32 983	6.26	9.325	991.7	33.6	91
美　国	304 022	7.54	47 088	8.94	0.975	151.0	33.1	95
澳大利亚	149 300	3.70		0	7.085		21.3	137
刚果（金）	154 135	3.82	35 473	6.73	2.399	552.1	58.9	30
印度尼西亚	94 432	2.34	11 343	2.15	0.415	49.8	48.8	47
秘　鲁	67 992	1.69	8159	1.55	2.358	283.0	53.7	42
印　度	68 434	1.70	5489	1.04	0.058	4.7	22.8	129
瑞　典	28 203	0.70	3358	0.64	3.064	364.8	66.9	20
日　本	24 979	0.62		0.00	0.196		68.2	18
芬　兰	22 157	0.55	2189	0.42	4.177	412.7	73.9	12
加　蓬	22 000	0.55	4895	0.93	15.193	3380.4	84.7	7
法　国	15 954	0.40	2584	0.49	0.257	41.6	28.3	116
越　南	13 797	0.34	870	0.17	0.158	10.0	39.7	71
德　国	11 076	0.27	3492	0.66	0.135	42.6	31.7	100
挪　威	10 065	0.25	987	0.19	2.111	207.0	30.7	105
新西兰	8269	0.21	3586	0.68	1.955	847.8	31	103
韩　国	6222	0.15	605	0.11	0.063	6.1	63.5	25
朝　鲜	5666	0.14	360	0.07	0.238	15.1	51.4	45

注：根据联合国粮农组织《2010年全球森林资源评估报告》分析整理

2. 2011 年中国木材产品与世界主要国家比较

中国原木产量7449.64万立方米，约占世界原木产量的6.53%，排名第五位。中国原木进口3789.33万立方米，约占世界原木进口的35.01%，列第一位。中国原木出口0.36万立方米，约占世界原木出口的0.10%，排名第五十五位。中国原木消耗量11 238.61万立方米，约占世界原木消耗量的9.22%，排名第二位。

中国锯材产量4460.25万立方米，约占世界锯材产量的11.09%，排名第二位。中国锯材进口2066.89万立方米，约占世界锯材进口的19.95%，列第二位。中国锯材出口47.98万立方米，约占世界锯材出口的0.70%，排名第二十一位 。中国锯材消耗量6479.07万立方米，约占世界锯材消耗量的16.73%，排名第二位。

中国人造板产量20 919.29万立方米，约占世界人造板产量的38.42%，列第一位。中国人造板进口124.18万立方米，约占世界人造板进口的4.20%，列第四位。中国人造板出口1319.72万立方米，约占世界人造板出口的18.07%，列第一位。中国人造板消耗量19 723.75万立方米，占世界人造板消耗量的35.01%，列第一位。

中国木浆产量 709 万吨，约占世界木浆产量的 5.03%，排名第七位。中国木浆进口 1435.46 万吨，约占世界木浆进口的 29.54%，列第一位。中国木浆出口 3.15 万吨，约占世界木浆出口的 0.09%，排名第二十九位。中国木浆消耗量 2141.31 万吨，约占世界木浆消耗量的 13.93%，排名第二位。

中国纸及纸板产量9930万吨，占世界纸及纸板产量的25.57%，列第一位。中国纸及纸板进口347.77万吨，占世界纸及纸板进口的4.79%，列第五位。中国纸及纸板出口599.78万吨，占世界纸及纸板出口的5.01%，排名第六位。中国纸及纸板消耗量9677.99万吨，约占世界纸及纸板消耗量的25.66%，列第一位。

3. 中国林业的国际贸易地位

2011年中国主要林产品进出口贸易总额为555.24 亿美元，占世界林产品贸易总额的11.01%，其中，出口额129.31亿美元，比2010年增长27.66%，占世界林产品进口总额的5.26%；进口额425.94亿美元，比2010年增长30.07%，占世界林产品进口总额的16.48%。

表8　2011年林产品进出口贸易前10国家

排名	国　家	进口金额（千美元）	同比（%）	占世界（%）	国　家	出口金额（千美元）	同比（%）	占世界（%）
	世　界	258 419 113			世　界	245 931 961		
1	中　国	42 593 804	30.07	16.48	美　国	26 095 564	10.20	10.61
2	德　国	20 724 941	7.87	8.02	加拿大	22 699 339	6.78	9.23
3	美　国	19 596 793	-0.14	7.58	德　国	21 893 497	6.20	8.90
4	日　本	14 104 287	18.83	5.46	瑞　典	17 347 841	12.04	7.05
5	意大利	11 162 161	5.66	4.32	芬　兰	14 081 223	6.99	5.73

（续表）

排名	国　家	进口金额（千美元）	同比（%）	占世界（%）	国　家	出口金额（千美元）	同比（%）	占世界（%）
6	英　国	11 008 738	5.33	4.26	中　国	12 930 617	27.66	5.26
7	法　国	10 405 692	5.62	4.03	俄罗斯	9 719 309	13.19	3.95
8	荷　兰	7 179 496	14.24	2.78	法　国	8 249 835	9.57	3.35
9	比利时	6 697 583	5.94	2.59	巴　西	7 968 067	4.75	3.24
10	印　度	5 728 241	34.79	2.22	印度尼西亚	7 666 301	6.60	3.12

数据来源：联合国粮农组织网站（不含家具、竹制品）

2　主要林产品收益与风险分析

2.1　森林培育收益与风险分析

本次的森林培育监测主要对用材林和经济林的主要树种进行技术经济评价，其中经济林监测包括杉木、杨树、马尾松、湿地松、泡桐、落叶松及桉树；经济林包括油茶、板栗、核桃、柑橘、枣及茶叶。经过本项目组的监测数据整理、分析，得出以下主要结论。

（1）主要用材林树种在其整个经营周期内基本都是盈利的（除落叶松以外）。从净现值来看，最高的是杨树（3768.81 元），最低的是马尾松（485.73 元）；从内部收益率来看，最高的树种是杨树（19.16%）和桉树（19%），最低的内部收益率最低的是马尾松（9%）；从投资回收期来看，对于投资回收期最短的是桉树（第 7 年），但是其投资相对较多，为 2031.60 元 / 亩，回收期较长的是马尾松（第 30 年），其投资为 1084.80 元 / 亩；湿地松（第 30 年），投资为 1133.03 元 / 亩（见表 9）。

表9　主要用材林成本效益分析

主　要 用材林树种	经营周期 （年）	成　本 （元 / 亩）	成本效益分析指标		
			NPV（元）	IRR（%）	TP（年）
杉　木	20	1108.08	2440.88	16	14
桉　树	7	2031.60	1592.49	19	7
马尾松	30	1084.80	485.73	9	30
杨　树	14	1607.07	3768.81	19.16	14
湿地松	30	1133.03	926.79	9.68	30
落叶松	60	1910.88	-	-	-
泡　桐	10	1317.83	1910.94	20.50	10

注：NPV为净现值，IRR为内部收益率，TP为动态回收期。

（2）主要经济林树种在其整个经营周期内都是盈利的。从净现值来说，最高的是柑橘（42 213.38元），其次为茶叶（28 014.37元），比较少的是核桃（3098.61元）；从内部收益率来看，内部收益率较高的是油茶（75.96%）和柑橘（62.54%），比较少的是核桃（9.84%）；从回收期来看，回收最快的是油茶（第4.95年），其次是柑橘（第4.56年），最慢的是核桃（第30.82年）（见表10）。

表10 主要经济林成本效益分析

主要经济林树种	经营周期（年）	成本（元/亩）		成本效益分析指标		
		初始投资	经营成本	NPV（元）	IRR（%）	TP（年）
油　茶	10	703.26	360	9485.93	75.96	4.95
核　桃	70	1365.52	552	3098.61	9.84	30.82
板　栗	70	1411.59	792	4318.91	10.96	26.58
枣	70	1441.95	792	5708.74	16.87	11.29
柑　橘	20	1671.32	552	42213.38	62.54	4.56
茶　叶	30	6389.20	3762	28014.37	18.66	10.93

2.2 原木生产(采运)收益与风险分析

本次的木材生产（采运）监测主要对杉原条和松原条进行的对比分析，经过本项目组的监测数据整理、分析，得出以下主要结论。

（1）根据2009～2012年监测数据分析，杉木原条成本指数总体呈现上升的趋势。以2009年杉木原条监测成本数据为基期，2012年成本的定基指数为139.76；从环比指数来看，2012年的环比指数为115.92，杉木原条生产（采运）成本达到2012年的937.20元/亩。

杉木原条销售价格和最高销售价格定基指数呈现上升的趋势，从本监测年度的1月份的100，到本监测年度结束，已经到达了120左右；从环比指数看，销售价格及最高价格的环比指数基本稳定，基本持续在100左右变化。杉木原条销售的最高价格及销售价格在本监测年度内变化不大，基本都稳定在1000～1200元/立方米，变动的幅度很小。但是杉木原条最高销售价格是呈现上升的趋势，销售价格有些许变化。

杉木原条生产（采运）在成本小于销售价格，且销售价格指数上升的幅度大于成本指数上升的幅度，因此进行杉木原条的生产（采运）是盈利的。

（2）根据2009～2012年监测数据分析，松木原条成本指数总体呈现上升的趋势。以2009年杉木原条监测成本数据为基期，2012年成本的定基指数为139.34，比2009年上涨39.34，比2011年上涨16.91；从环比指数来看，2012年的环比指数为113.81，比2011年增长了7.31，使得松木采伐成本达到1113.60元/亩，能采伐11.50立方米，故每立方米的采伐成本为96.83元。

松木原条销售的最高价格及销售价格在本监测年度内变化比较剧烈，销售价格在780～846元/立方米之间变动。最高销售价格在825～860元/立方米之间变动。从定基指数和环比指数的变化来看，销售价格和最高销售价格定基指数及环比指数变化不大大，基本稳定在91～103区间内；环比指数基本在95～102区间内变化。

松木原条生产（采运）在成本小于销售价格，且销售价格指数上升的幅度大于成本指数上升的幅度，因此进行松木原条的生产（采运）是盈利的。

（3）在对杉木原条和松木原条生产（采运）风险分析得知：杉木原条生产（采运）成本与2011年度相比，对于成本增长贡献方面，最多的是归楞成本（3.23%），其次是清理成本（2.85%），再次是其他费用（2.47%）和集运材成本（2.03%），其余皆在2%以下。松木原条与2011年度相比，对于成本增长贡献方面，最多的是集运材成本（2.57%），其次是打枝、造材成本（2.42%），再次是归楞成本（2.19%）、清理费用（2.39%）及其他费用（2%），其余皆在2%以下。

由上述分析可以看出，成本的增加主要是体现在需要大量劳动力的环节，因此为了降低成本可以考虑提高劳动效率和使用机械化。

2.3 人造板生产收益与风险分析

本次人造板监测主要是对胶合板、刨花板、纤维板及细木工板及指接集成材进行了成本、价格分析，在此基础上对人造板盈利能力进行了测算，经过本项目组的监测数据整理、分析，得出几下主要结论。

2.3.1 刨花板生产收益与风险分析

1. 10万立方米刨花板企业盈利能力分析

报告期内年产10万立方米刨花板企业刨花板销售价格定基指数总体上呈现先升后降态势，前半年略有上升，在5月份达到最高点，为109.92点，之后逐渐下降，于8月份降至最低点98.43点，之后逐渐稳定于100点。7、8、10月份指数低于100点，其余月份指数高于100点。企业生产成本定基指数在报告期内略有波动，最高点于8月份达到，为102.11点，最低点于4月份达到，为93.28点。总体来看，存在一定的下行趋势，后半年基本处于100点以下，表明企业对于生产成本的控制较佳。综合2012年销售价格定基指数与生产成本定基指数，可以得出，除了7月份价格指数低于成本指数外，其余月份成本指数皆处于价格指数之下，刨花板销售价格的先升后降趋势同生产成本的逐渐下行趋势相结合，可得10万立方米刨花板生产存在一定的盈利空间。

2. 15万立方米刨花板企业盈利能力分析

报告期内年产15万立方米刨花板企业刨花板销售价格定基指数总体上呈现先升后降态势，前半年略有上升，在5月份达到最高点109.92点，之后逐渐下降，于8月份降至最低点98.43点，之后逐渐稳定于100点。7、8、10月份指数低于100点，其余月份指数高于100点。企业生产成本定基指数在报告期内基本平稳，最高点于8月份达到，为100.99点，最低点于3月份达到，为99.23点。全年基本稳定于100点左右，未发生异常波动情况，表明企业对于生产成本的控制较佳。综合2012年销售价格定基指数与生产成本定基指数，可以得出，除了7、8、10月份价格指数低于成本指数外，其余月份成本指数皆处于价格指数之下，刨花板销售价格的先升后降趋势同生产成本的全年平稳态势相结合，可得15万立方米刨花板生产存在一定的盈利空间。

2.3.2 胶合板生产收益与风险分析

1. 2万立方米胶合板企业盈利能力分析

报告期内年产2万立方米胶合板企业胶合板销售价格定基指数总体上呈现稳中有升态势，前半年较为平稳，平均为102点左右，下半年开始小幅上升，在12月份达到106.21点。全年价格定基指数均高于100点，价格上扬趋势明显。企业生产成本定基指数总体上呈现先升后降的趋势，于3月份达到最高点104.09点，之后逐渐下降，于11月份达到最低点99.37点；成本定基指数的下行趋势，表明企业对生产成本控制较佳。综合2012年销售价格定基指数与生产成本定基指数，可以得出，除了3月份价格指数低于成本指数外，其余月份成本指数皆处于价格指数之下，胶合板销售价格的稳中有升趋势同生产成本的先上升后下降趋势相结合，可得2万立方米胶合板生产存在一定的盈利空间。

2. 5万立方米胶合板企业盈利能力分析

报告期内年产5万立方米胶合板企业胶合板销售价格定基指数总体上呈现稳中有升态势，前半年较为平稳，平均为102点左右，下半年开始小幅上升，在12月份达到106.21点。全年价格定基指数均高于100点，价格上扬趋势明显。企业生产成本定基指数总体上呈现先升后降的趋势，于3月份达到最高点105.65点，之后逐渐下降，于11月份达到最低点99.81点；成本定基指数的下行趋势，表明企业对生产成本控制较佳。综合2012年销售价格定基指数与生产成本定基指数，可以得出，除了3、5月份价格指数低于成本指数外，其余月份成本指数皆处于价格指数之下，胶合板销售价格的稳中有升趋势同生产成本的先上升后下降趋势相结合，可得5万立方米胶合板生产存在一定的盈利空间。

3. 10万立方米胶合板企业盈利能力分析

报告期内年产10万立方米胶合板企业胶合板销售价格定基指数总体上呈现稳中有升态势，前半年较为平稳，平均为102点左右，下半年开始小幅上升，在12月份达到106.21点。全年价格定基指数均高于100点，价格上扬趋势明显。企业生产成本定基指数总体上呈现先升后降的趋势，于3月份达到最高点104.97点，之后逐渐下降，于11月份达到最低点99.75点；成本定基指数的下行趋势，表明企业对生产成本控制较佳。综合2012年销售价格定基指数与生产成本定基指数，可以得出，除了3、5月份价格指数低于成本指数外，其余月份成本指数皆处于价格指数之下，胶合板销售价格的稳中有升趋势同生产成本的先上升后下降趋势相结合，可得10万立方米胶合板生产存在一定的盈利空间。

2.3.3 纤维板生产收益与风险分析

1. 5万立方米纤维板企业盈利能力分析

报告期内年产5万立方米纤维板企业纤维板销售价格定基指数总体上呈现稳中有升态势，第一季度基本平稳，第二季度略有上升，7月份下降较大，为94.87点，之后逐渐小幅上升，在12月份达到105.13点。2、3、7、8月份指数低于100点，其余月份指数高于100点。企业生产成本定基指数总体上保持平稳态势，全年皆处于98点到100点之间，比基期略有下降，表明企业对生产成本控制较佳。综合2012年销售价格定基指数与生产成本定基指数，可以得出，除了7、8月份价格指数低于成本指数外，其余月份成本指数皆处于价格指数之下，纤维板销售价格的稳中有升趋势同生产成本的稳中有降趋势相结合，可得5万立方米纤维板生产存在一定的盈利空间。

2．8万立方米纤维板企业盈利能力分析

报告期内年产8万立方米纤维板企业纤维板销售价格定基指数总体上呈现稳中有升态势，第一季度基本平稳，第二季度略有上升，7月份下降较大，为94.87点，之后逐渐小幅上升，在12月份达到105.13点。2、3、7、8月份指数低于100点，其余月份指数高于100点。企业生产成本定基指数总体上先下行后平稳，2月份从基期100点降至93.76点，降幅为6.24%，之后企业成本较为稳定，基本维持在92点与94点之间，表明企业对生产成本控制较佳。综合2012年销售价格定基指数与生产成本定基指数，可以得出，除了基期1月份外，全年生产成本指数皆处于价格指数之下，纤维板销售价格的稳中有升趋势同生产成本的先降后稳趋势相结合，可得8万立方米纤维板生产存在一定的盈利空间。

3．20万立方米纤维板企业盈利能力分析

报告期内年产20万立方米纤维板企业成本定基指数与纤维板销售价格定基指数绘成综合变化趋势图。从图中可以看出，纤维板销售价格定基指数总体上呈现稳中有升态势，第一季度基本平稳，第二季度略有上升，7月份下降较大，为94.87点，之后逐渐小幅上升，在12月份达到105.13点。2、3、7、8月份指数低于100点，其余月份指数高于100点。企业生产成本定基指数总体上保持平稳态势，除10月份为97.94点以外，全年其余月份皆处于98点到100点之间，比基期略有下降，表明企业对生产成本控制较佳。综合2012年销售价格定基指数与生产成本定基指数，可以得出，除了2、7、8月份价格指数低于成本指数外，其余月份成本指数皆处于价格指数之下，纤维板销售价格的稳中有升趋势同生产成本的稳中有降趋势相结合，可得20万立方米纤维板生产存在一定的盈利空间。

2.3.4 细木工板生产成本分析

1．5万立方米细木工板生产成本分析

2012年，5万立方米细木工板生产成本环比指数和成本定基指数波动较小，呈现出稳定态势。成本环比指数基本围绕100点波动，在12月份达到最高点103.91点，在3月份达到最低点97.89点；表明5万立方米细木工板生产企业对于成本控制较佳，不存在成本的异常波动。与环比指数相应，成本定基指数亦基本平稳，存在微小的先下行后上升趋势；1月份达到最高点110点，8月份达到最低点103.19点；除1、2、12月份以外，其余月份基本为均值105点；表明相较于基期2010年1月，5万立方米细木工板生产所需成本上涨约5%。

2．8万立方米细木工板生产成本分析

2012年，8万立方米细木工板生产成本环比指数和成本定基指数略有波动，但波动幅度不大。成本环比指数基本围绕100点波动，在12月份达到最高点107.63点，在3月份达到最低点95.99点；表明8万立方米细木工板生产企业对于成本控制较佳，不存在成本的异常波动。与环比指数相应，成本定基指数亦基本保持平稳态势，存在微小的先下行后上升趋势，由1月份的110点，降至8月份的最低点103.19点，于12月份升至最高点111.40点；除1、2、12月份以外，其余月份基本为均值105点；表明相较于基期2010年1月，8万立方米细木工板生产所需成本上涨约5%。

2.3.5 指接集成材生产成本分析

1．2万立方米指接集成材生产成本分析

在报告期内，生产成本环比指数与定基指数基本保持平稳态势，未有异常波动存在。成本环比指数基本围绕100点上下波动，振幅未超过1%。与环比指数相应，成本定基指数也整体稳定，1月份达到最高点125点，4月份降至最低点122.52点；整体来看，报告期全年定基指数基本围绕124点波动，振幅未超过2%，表明相较于2010年1月份基期，2012年度2万立方米指接集成材生产成本上涨约24%；并且相较于2011年度，成本略有上升，但是波动程度远远小于2011年度，表明2012年度企业对成本的控制较佳。

2．5万立方米指接集成材生产成本分析

在报告期内，5万立方米指接集成材生产成本环比指数和定基指数基本保持平稳态势，波动较小。成本环比指数存在微小的先下降后上升趋势，于2月份降至最低点98.24点，随后经过几个月的上升，于6月份达到最高点101.45点；后半年环比指数波动极小，基本稳定在100点左右，上下振幅未超过1%。与环比指数相应，生产成本定基指数也存在先下降后上升的趋势，1月份达到最高点113点，经过几个月的下降，于5月份降至最低点109.06点，6月份开始上升，并在后半年基本稳定于110点左右，表明相较于2010年1月份基期，5万立方米指接集成材生产成本上涨约10%，涨幅较小；且与2011年度相比，报告期成本变动幅度较小，表明企业对于成本的控制较好。

2.4 木地板生产成本分析

1．200万平方米强化板生产成本分析

2012年，每立方米强化板生产成本环比指数基本保持平稳态势，除7月份达到最高点101.78点外，其余月份皆围绕100点微幅波动，振幅未超过1%；表明200万平方米强化板生产企业对于成本控制极佳。与环比指数相应，成本定基指数也基本保持平稳态势，上半年指数值约为134点，下半年指数值约为136点；表明下半年成本略微上升；相较于基期2010年1月，成本上涨约为35%左右，相较于2011年度，上涨也达到30%以上

2．600万平方米强化板生产成本分析

2012年，每立方米强化板生产成本环比指数基本保持平稳态势，各月份皆围绕100点微幅波动，振幅未超过1%；表明600万平方米强化板生产企业对于成本控制极佳。与环比指数相应，成本定基指数也基本保持平稳态势，全年基本在112～113点之间波动；表明相较于基期2010年1月，成本上涨约为12%左右。

3 林业产业发展与生态建设的关系

3.1 森林培育与生态建设的关系

3.1.1 森林蓄积量与固碳能力

森林具有固碳能力，是因为森林是一种有机物，主要由碳（C）氢（H）化合物构成。所以，森林蓄积量的多少直接决定森林的固碳量，森林蓄积增长量与森林固碳增长量成正相关关系。但是，精确计算森林蓄积量增长与固碳量对应增长是非常困难的，因此，我们把它们之间的关系简化 为线性关系。那么不难理解：

森林固碳增长率 = 森林蓄积增长率

根据这一结论，我国森林资源固碳增长见表 11。

表 11　我国森林森林资源增长与森林固碳增长情况

项目	单位	第七次森林资源清查（2004~2008）	第六次森林资源清查（1999~2003）	第五次森林资源清查（1994~1998）	第四次森林资源清查（1989~1993）	第三次森林资源清查（1984~1988）
活立木蓄积量	亿立方米	149.13	136.18	124.88	117.85	95.2291
活木木蓄积增长率	%	9.51	9.05	5.97	23.75	
森林覆盖率	%	20.36	18.21	16.55	13.92	12.98
森林覆盖率增长率	%	11.81	10.03	18.89	7.24	
人工林面积	万公顷	6168.84	5325.73	5128.2	4138.99	3101.12
人工林面积增长率	%	15.83	3.85	23.90	33.47	
人工林蓄积	亿立方米	19.61	15.05	10.13	7.12	5.30
人工林蓄积增长率	%	30.30	48.57	42.28	34.37	

3.1.2 我国人工林发展现状

我国天然林采取保护政策，大力发展人工林，为林业产业奠定基础，同时有利于增加森林固碳及水土保持等生态作用。

1. 人工林面积、蓄积增长

人工林面积蓄积快速增长，后备森林资源呈增加趋势。人工林面积净增 843.11 万公顷，人工林蓄积净增 4.47 亿立方米。未成林造林地面积 1046.18 万公顷，其中乔木树种面积 637.01 万公顷，比第六次清查增加 30.17%。

2. 人工林树种结构、林种结构、林龄结构

人工乔木林中，面积排名前 10 位的优势树种（组）是杉木、杨树、马尾松、落叶松、桉树、油松、湿地松、柏木、华山松、云南松面积合计 2977.86 万公顷，占人工乔木林面积的 74.44%；蓄积量合计 151 966.59 万立方米，占人工乔木林蓄积量的 77.52%（见表 12）。

表 12 人工乔木林主要优势树种（组）面积和蓄积量

主要优势树种（组）	面积（万公顷）	面积比例（%）	蓄积量（万立方米）	蓄积比例（%）
杉 木	853.86	21.35	62036.45	31.64
杨 树	757.23	18.93	34034.87	17.36
马尾松	335.85	8.40	15792.60	8.06
落叶松	285.79	7.14	16386.14	8.36
桉 树	254.14	6.35	4570.58	2.33
油 松	148.84	3.72	5308.37	2.71
湿地松	122.58	3.06	4586.53	2.34
柏 木	122.51	3.06	4392.30	2.24
华山松	52.37	1.31	2565.58	1.31
云南松	44.69	1.12	2293.17	1.17

人工林面积按林种分，防护林 1552.31 万公顷，特用林 115.60 万公顷，用材林 2522.86 万公顷，薪炭林 29.40 万公顷，经济林 1948.67 万公顷。人工林蓄积量按林种分，防护林 62201.96 万立方米，特用林 6424.92 万立方米，用材林 127 049.44 万立方米，薪炭林 375.96 万立方米，经济林 1948.67 万立方米。

人工乔木林按龄组分，幼龄林面积 1641.71 万公顷，蓄积量 30 730.38 万立方米；中龄林面积 1389.57 万公顷，蓄积量 87 315.50 万立方米；近熟林面积 528.59 万公顷，蓄积量 41 512.85 万立方米；成熟林面积 357.44 万公顷，蓄积量 30 065.94 万立方米；过熟林面积 82.56 万公顷，蓄积量 6427.61 万立方米。内蒙古、四川、福建、湖南、广东、广西、吉林等省（自治区）近成过熟林面积较大，7 省（自治区）合计 535.07 万公顷，占全国的 55.24%。

3. 人工林分布

广西、广东、湖南、四川、福建等省（自治区）人工林较多，5 省（自治区）面积合计 2257.57 万公顷，占全国的 36.60%；蓄积量合计 77 629.38 万立方米，占全国的 39.60%。人工林面积在 150 万公顷以上的省（自治区）有 18 个，18 省（自治区）面积合计 5400.32 万公顷，占全国的 87.54%；蓄积量合计 169 926.64 万立方米，占全国的 86.67%（见表 13）。

表 13　人工林主要分布省（自治区）面积和蓄积量

统计单位	人工林面积		人工林蓄积	
	万公顷	占全国比例（%）	万立方米	占全国比例（%）
广　西	515.52	8.36	17 127.98	8.74
广　东	503.18	8.16	11 520.43	5.88
湖　南	464.04	7.52	16 018.33	8.17
四　川	415.65	6.74	13 361.09	6.81
福　建	359.18	5.82	19 601.55	10
云　南	326.77	5.30	7259.87	3.70
内蒙古	303.91	4.93	7573.95	3.86
江　西	291.87	4.73	10 734.82	5.47
辽　宁	283.03	4.59	7299.34	3.72
浙　江	267.44	4.33	6008.28	3.06
山　东	244.38	3.96	6202.10	3.16
黑龙江	235.68	3.82	13 519.66	6.90
河　南	217.39	3.52	7480.12	3.82
河　北	212.27	3.44	4238.60	2.16
安　徽	209.87	3.40	7023.22	3.58
贵　州	199.86	3.24	8718.38	4.45
陕　西	183.27	2.97	2031.13	1.04
湖　北	167.01	2.71	4207.79	2.15

3.2　原木生产与生态建设的关系

原木生产对生态建设具有两面性，一方面在短期减少森林资源，减少森林固碳；另一方面为新造林创造条件，增加森林固碳的作用，只要及时更新合理造林，大幅度提高森林生长率，原木生产是有利于生态建设的。我国商品材采伐量没超过森林生长量，仅占森林生长量26.96%（见表14）。

表 14　2012 年我国各省（区、市）森林生长与森林采伐情况

	第七次森林资源清查年均总生长量（万立方米）	第七次森林资源清查年均总生长率（%）	商品林采伐限额（万立方米）	木材产量（万立方米）	出材率（%）	商品材采伐蓄积量（万立方米）	商品材占森林生长量的比例（%）
合　计	47 898.69	3.44	21835.9	8174.87	63.3	12 914.48	26.96
北　京	68.24	4.95	13.3	14.33	55.2	25.96	38.05

（续表）

	第七次森林资源清查年均总生长量（万立方米）	第七次森林资源清查年均总生长率（%）	商品林采伐限额（万立方米）	木材产量（万立方米）	出材率（%）	商品材采伐蓄积量（万立方米）	商品材占森林生长量的比例（%）
天　津	32.26	9.53	1.2	10.68	50	21.37	66.23
河　北	567.8	5.23	137.2	74.68	50.9	146.72	25.84
山　西	236.84	2.71	47.3	12.21	57.1	21.39	9.03
内蒙古	2821.09	2.02	345.4	208.83	55.3	377.62	13.39
辽　宁	794.8	3.6	330.4	191.43	70	273.47	34.41
吉　林	2197.26	2.61	505.4	344.26	61.7	557.96	25.39
黑龙江	5394.3	3.24	283.8	301.89	55.1	547.89	10.16
上　海	22.64	7.23	0.8	0.32	64.6	0.49	2.18
江　苏	634.59	10.3	116.5	173.41	65.7	263.94	41.59
浙　江	954.56	4.88	504	156.93	60.1	261.11	27.35
安　徽	1113.58	6.35	699.3	495.63	64	774.43	69.54
福　建	3733.01	6.06	2239.3	570.74	69.2	824.77	22.09
江　西	2734.84	5.62	1639	286.63	62.2	460.82	16.85
山　东	915.46	9.61	705.6	551.64	60	919.41	100.43
河　南	1349.74	7.04	451.7	278.45	64.6	431.03	31.93
湖　北	1247.08	5.22	837.6	258.66	65	397.94	31.91
湖　南	2727.1	6.61	1554.8	467.12	64	729.87	26.76
广　东	3040.62	7.74	1858	759.86	63	1206.12	39.67
广　西	3512.55	6.54	3539.3	1668.12	66	2527.45	71.95
海　南	484.34	5.26	384.2	111.57	68.5	162.88	33.63
重　庆	416.34	3.12	119.7	30.11	53	56.81	13.65
四　川	2651.04	1.55	1226.1	246.17	50	492.34	18.57
贵　州	1103.46	4.01	759.7	215.43	65.7	327.90	29.72
云　南	5321.5	2.97	2731.7	530.13	64.6	820.63	15.42
西　藏	1146.24	0.94	44.9	76.86	33.3	230.82	20.14
陕　西	1389.4	3.57	202.3	16.37	48.5	33.75	2.43
甘　肃	506.39	2.72		4.73	50.4	9.38	1.85
青　海	69.75	1.56		1.92			
宁　夏	27.24	4.27	3.7	1.55	65	2.38	8.73
新　疆	684.63	1.98		35.70	54	66.10	9.66

原木生产分布。2012 年我国木材生产量为 8174.87 万立方米，其中东北地区占木材生产量的 11.28%，比上年下降 1.65%；东部地区占木材生产量的 29.65%，比上年增长 2.75%；西部地区占木材生产量的 37.14%，比上年增长 1.06%；中部地区占木材生产量的 22%，比上年下降 2.08%（见表 15）。

表 15　2012 年我国各地区木材生产分布

单位：万立方米

区域	省份	木材生产量	占生产量 %	采伐限额	采伐限额 %
全国合计		8174.87		27 023	
东北地区	辽　宁	191.43	2.34	536.2	1.98
	吉　林	344.26	4.21	996.6	3.69
	黑龙江	301.89	3.69	831.9	3.08
	大兴安岭	84.79	1.04	170	0.63
	小　计	922.37	11.28	2534.7	9.38
东部地区	北　京	14.33	0.18	40	0.15
	天　津	10.68	0.13	12.4	0.05
	河　北	74.68	0.91	225.2	0.83
	上　海	0.32	0	3.2	0.01
	江　苏	173.41	2.12	155.3	0.57
	浙　江	156.93	1.92	635	2.35
	福　建	570.74	6.98	2550	9.44
	山　东	551.64	6.75	823.2	3.05
	广　东	759.86	9.30	2030	7.51
	海　南	111.57	1.36	400	1.48
	小　计	2424.16	29.65	6874.3	25.44
西部地区	内蒙古	208.83	2.55	773.1	2.86
	广　西	1668.12	20.41	3681.8	13.62
	重　庆	30.11	0.37	119.7	0.44
	四　川	246.17	3.01	1226.1	4.54
	贵　州	215.43	2.64	842.3	3.12
	云　南	530.13	6.48	3399.1	12.58
	西　藏	76.86	0.94	210.1	0.78
	陕　西	16.37	0.20	631.3	2.34
	甘　肃	4.73	0.06	111.2	0.41
	青　海	1.92	0.02	15.6	0.06

（续表）

区域	省份	木材生产量	占生产量％	采伐限额	采伐限额％
西部地区	宁　夏	1.55	0.02	8.3	0.03
	新　疆	35.70	0.44	208.4	0.77
	小　计	3035.90	37.14	11227	41.55
中部地区	山西	12.21	0.15	144.5	0.53
	安徽	495.63	6.06	857.9	3.17
	江西	286.63	3.51	1996.8	7.39
	河南	278.45	3.41	577.8	2.14
	湖北	258.66	3.16	1000.6	3.70
	湖南	467.12	5.71	1809.4	6.70
	小计	1798.70	22	6387	23.64

3.3　林产加工业与生态建设的关系

2012年，我国林产加工业产值为202 519 627万元。其中，广东32 552 861万元，占林产加工业产值的16.07%，比上年增长15.45%；山东26 388 789万元，占林产加工业产值的13.03%，比上年增长55.51%；福建24 025 452万元，占林产加工业产值的11.86%，比上年增长20.27%；浙江21 381 275万元，占林产加工业产值的10.56%，比上年增长12.58%。

林产加工业主要集中在木（竹、苇）浆造纸、人造板制造、木（竹、藤）家具制造、木制品制造等。其中木（竹、苇）浆造纸产值为47 515 221万元，占林产加工业产值的23.46%，比上年增长20.01%；人造板制造产值为45 322 984万元，占林产加工业产值的22.38%，比上年增长21.96%；木（竹、藤）家具制造产值为27 943 914万元，占林产加工业产值的13.80%，比上年增长20.28%；木制品制造产值为18 827 474万元，占林产加工业产值的9.30%，比上年增长27.34%（见表16）。

林产加工业有利原木的合理利用，提高森林的市场价值，为更新造林提高森林增长率，提供资金。同时林产加工业发展增强原木的利用效率，节约原木利用，避免大规模采伐森林。合理的林产加工业生产能力与分布应与森林生长量相匹配，有利于生态建设。

实现森林资源消耗量小于生长量是发展林产加工业的基本原则，也是检验林产工业发展是否符合生态建设需要的定量指标。因此，监测原木消耗量及其来源与森林资源生长可提供原木量的关系非常必要。

2012年统计内原木产量8174.87万立方米，比2011年增长0.36%，统计外原木产量5647.26万立方米；进口木（竹）质产品折合原木（扣除废纸，下同）15 856.90万立方米，共计消耗原木24 031.77万立方米，折合森林蓄积量37 964.9万立方米；中国森林年生长总量69 701.68万立方米，中国原木年消耗总量折合森林资源占中国森林年生长总量的54.47%，符合生态建设目标，不影响全球生态环境。扣除出口木（竹）质产品折合原木（扣除废纸，下同）6437.59万立方米，国内原木消耗总量17 594.18万立方米，折合森林蓄积量27 794.9万立方米，国内原木消耗总量折合森林资源占中国森

表 16　我国主要林产加工业产值表

单位：万元

区　域	合　计	锯材、木片加工	人造板制　造	木制品制　造	竹、藤、棕、苇制品制造	木（竹、藤）家具制造	木（竹、苇）浆造纸	林产化学产品制造	木制工艺品和木制文教体育用品制造	非木质林产品加工制造	其他
合　计	202 519 627	13 227 800	45 322 984	18 827 474	4961199	27 943 914	47 515 221	6 340 858	4 774 811	22 574 149	11 031 217
广　东	32 552 861	576 494	2 744 103	1 112 641	222901	8 699 414	16 384 709	1 327 635	195 074	524 968	764 922
山　东	26 388 789	2 361 351	11 075 114	1 389 920	174102	2 341 513	3 698 920	48 733	520 129	4 124 374	654 633
福　建	24 025 452	1 028 130	2 833 394	2 065 630	1404725	2 655 976	5 135 051	630 498	1 270 787	3 388 345	3 612 916
浙　江	21 381 275	605 764	1 509 574	3 350 661	1047269	2 785 398	8 378 639	165 455	1 565 416	1 940 444	32 655
江　苏	18 926 297	732 327	7 772 128	2 671 307	149420	883 918	3 462 390	960 488	147 909	869 538	1 276 872
广　西	13 498 615	1 153 300	4 503 626	763 916	169276	933 348	2 752 257	1 723 138	56 880	388 437	1 054 437
安　徽	8 569 065	829 107	3 780 314	1 028 547	895698	592 793	99 930	109 927	308 288	710 820	213 641
湖　南	6 919 266	700 704	1 038 301	653 629	390883	906 083	1 768 248	245 184	117 305	560 727	538 202
吉　林	6 362 056	392 546	899 189	1 017 499	—	332 006	420 137	24 227	56 918	3 074 498	145 036
四　川	6 117 315	427 617	1 260 224	244 747	136798	2 165 075	838 127	38 201	24 983	466 700	514 843
江　西	5 117 594	386 752	880 600	848 953	117318	1 106 173	190 817	370 005	120 230	968 629	128 117
河　北	4 942 182	803 564	2 081 247	240 735	6801	453 510	33 796	22 508	4980	1 144 732	150 309
辽　宁	4 470 008	591 783	723 037	975 694	9229	1 151 502	57 180	3759	29 933	598 190	329 701
河　南	4 333 729	487 259	1 649 843	131 976	18556	567 307	553 300	15 580	35 032	759 359	115 517
湖　北	3 967 090	118 678	819 682	542 437	103143	536 691	868 846	67 004	90 269	473 495	346 845
黑龙江	3841616	853 844	571 300	821 330	12391	535 759	467 233	15 687	45 287	113 527	405 258

（续表）

区域	合计	锯材、木片加工	人造板制造	木制品制造	竹、藤、棕、苇制品制造	木（竹、藤）家具制造	木（竹、苇）浆造纸	林产化学产品制造	木制工艺品和木制文教体育用品制造	非木质林产品加工制造	其他
上海	2 985 362	44 282	162 923	453 427	—	738 115	1 202 258	122 761	10 491	248 468	2637
云南	2 083 095	229 778	342 629	109 392	4707	148 361	153 530	373 174	2519	545 555	173 450
海南	1 359 810	125 641	50 847	10 160	1889	39 350	743 279	1582	84 637	301 818	607
重庆	1 047 363	75 648	111 283	93 550	67133	230 040	146 921	12 231	52 932	118 457	139 168
贵州	735 603	148 961	128 588	70 078	14381	87 946	85 117	24 560	20 454	102 616	52 902
陕西	681 120	47 598	168 716	75 191	12 572	38 511	3096	9554	13 942	158 279	153 661
内蒙古	624 515	420 022	81 673	18 192	231	1706	—	152	87	17 204	85 248
新疆	523 070	14 279	14 177	1713	—	—	—	—	—	417 346	75 555
山西	442 479	16 560	24 197	2037	—	2940	—	144	250	390 391	5960
大兴安岭	242 907	50 307	57 079	112 260	—	—	—	23 261	—	—	—
宁夏	229 959	—	—	—	—	—	71 440	—	—	158 144	375
甘肃	82 345	—	1200	1435	1776	5879	—	5410	79	9088	57 478
北京	53 776	—	33 096	20 408	—	—	—	—	—	—	272
天津	9100	—	4500	—	—	4600	—	—	—	—	—
西藏	5753	5344	400	9	—	—	—	—	—	—	—
青海	160	160	—	—	—	—	—	—	—	—	—

林年生长总量的39.88%（见表17）。

表 17　2012 年中国森林资源生长与消耗平衡

计算项目	折合原木（万立方米）或所占比例	折合蓄积量（万立方米）或所占比例
1. 中国原木消耗总量=国内森林消耗量（折合原木）+进口木材产品（折合原木）	24 031.77	37 964.9
2. 中国国内原木消耗总量=中国原木消耗总量－中国出口木材产品（折合原木）	17 594.18	27 794.9
3. 中国森林资源消耗总量与生长总量的平衡关系		
（1）中国森林年生长总量—中国原木年消耗总量折合森林资源	31 736.80	50 137
（2）中国森林年生长总量—中国国内原木年消耗总量折合森林资源	41 906.77	66 203
（3）中国进口森林资源（消耗国外资源）占中国原木年消耗总量折合森林资源的比例		65.98%
（4）中国出口各类产品折合原木森林资源占中国原木年消耗总量折合森林资源的比例		26.79%
（5）中国原木年消耗总量折合森林资源占中国森林年生长总量比例		54.47%
（6）中国国内原木消耗总量折合森林资源占中国森林年生长总量比例		39.88%
计算依据：	万立方米或百分率	
国内森林消耗总折合原木＝国内原木（统计内产量＋统计外产量）		13 822.12
国内原木统计外产量＝商品森林采伐限额 × 商品材出材率－国内原木统计内产量（国家林业局统计处统计）		5647.26
进（出）口木材折合原木＝进（出）口各种木材产品 × 原木折合系数		
商品林采伐限额（蓄积量）		21 835.90
商品林出材率		63.30%
国内原木统计内产量		8174.87
出口木（竹）质产品折合原木（扣除废纸）		6437.59
进口木（竹）质产品折合原木（扣除废纸）		15 856.90
森林蓄积量		1 372 080.36
年生长率		5.08%
中国森林年生长总量		69701.68

但是中国大量进口木（竹）质产品消耗森林资源，2012 年中国进口木（竹）质产品折合森林资源（消耗国外资源）占中国原木年消耗总量折合森林资源的 65.98%，其中，原木、锯材、纸浆、废纸等木（竹）质林产品的进口量折合原木比 2011 年增加 1682.01 万立方米，进口量与同期相比大幅度锐减。

同时，中国也大量出口木（竹）质产品，2012 年中国出口进口木（竹）质产品折合森林资源占中国原木年消耗总量折合森林资源的 26.79%，其中纤维板、胶合板、木竹纸制品的出口量折合原木比 2011 年增加 360.76 万立方米，为世界林业产业做出了重大贡献（见表 18）。

表 18 中国 2012 年进出口主要木质林产品折合原木消耗

名称	单位	出口数量	进口数量	原木折合系数	出口折合原木（万立方米）	进口折合原木（万立方米）
木竹地板	吨	472 935	13 114	0.04	1.9	0.1
木竹筷子	吨			1.6		
原　木	立方米	3569	37 893 308	1	0.4	3789.3
刨花板	吨	140 845	351 487	1.5	21.1	52.7
纤维板	吨	2 775 870	145 117	1.8	499.7	26.1
锯　材	立方米	479 844	20 668 867	1.82	87.3	3761.7
单　板	吨	154 233	257 237	1.9	29.3	48.9
胶合板	立方米	10 033 668	178 777	2.6	2608.8	46.5
纸　浆	吨	21 528	16 402 477	4	8.6	6561
废　纸	吨	2432	30 067 145	3.2	0.8	9621.5
锯末等	吨	10 525	4602	1	1.1	0.5
木门窗	吨			2.184		
木　片	吨	69	7 580 384	0.5	0	379
木竹果炭	吨	64 192	167 655	5	32.1	83.8
木竹纸制品	吨	7 580 558	3 252 636	3.2	2425.8	1040.8
木竹制品	吨	1 711 848	189 284	2.184	373.9	41.3
强化木	吨	3733	840	2	0.7	0.2
异形材	吨	19 000	3947	1.82	3.5	0.7
印刷品	吨	1 073 606	75 675	3.2	343.6	24.2
合计折合原木消耗					6438.4	25 478.4
扣除废纸折合原木消耗					6437.6	15 856.9

4 国家林业产业政策

4.1 森林培育主要政策

国家财政（包括地方财政）投入森林资源培育已成为中国财政支出重要组成部分，对保护和发展森林资源起到了重要作用。随着中国经济增长国家财政投入同步增长，主要表现在以下政策内容。

1．森林抚育

《关于开展2010年森林抚育补贴试点工作的意见》（财农〔2010〕113号）、《关于印发森林抚育补贴试点检查验收管理办法（试行）》的通知（林造发〔2010〕254号），具体规定了补贴额度，以及验收标准。《关于认真贯彻落实全国森林抚育经营暨北方林业棚户区改造现场会精神》（林造发〔2010〕267号），要求切实做好森林抚育经营工作。国家发展和改革委员会等九委（部、局）联合出台《巩固退耕还林成果专项规划建设项目管理办法》，从组织管理、建设管理、验收与管护等7个方面对退耕还林成果专项规划建设项目做出规定。国务院办公厅印发了《关于做好自然保护区管理有关工作的通知》，加强自然保护区内的开发建设活动管理，提高自然保护区建设管理水平和保护效果。

为进一步落实中央林业工作会议精神，探索中国特色森林经营道路，切实提高我国森林经营水平，确保林业"双增"目标如期实现，出台《国家林业局关于公布全国森林经营样板基地名单的通知》（林造发〔2012〕270号），我局决定依托北京市西山试验林场等15个单位开展全国森林经营样板基地建设。

2．生态效益补偿

《关于印发〈中央财政森林生态效益补偿基金管理办法〉的通知》（财农〔2007〕7号）中规定，中央财政补偿基金平均标准为每年每亩5元，其中4.75元用于国有林业单位、集体和个人的管护等开支；0.25元由省级财政部门（含新疆生产建设兵团财务局，下同）列支，用于省级林业主管部门组织开展的重点公益林管护情况检查验收、跨重点公益林区域开设防火隔离带等森林火灾预防、以及维护林区道路的开支。《关于下达2008年中央财政森林生态效益补偿基金的通知》（财农〔2008〕120号）中列出了2008年中央财政森林生态效益补偿基金分配表。

3．造林补助

《关于开展2011年造林补贴试点工作的意见》财农〔2011〕97号中规定了补贴标准。中央财政造林补贴试点资金包括造林直接补贴和间接费用补贴。造林直接补贴是对造林主体造林所需费用的补贴，补贴标准为：①人工造林。乔木林和木本油料经济林每亩补助200元，灌木林每亩补助120元，水果、木本药材等其他经济林每亩补助100元，新造竹林每亩补助100元。②迹地人工更新，每亩补助100元。造林直接补贴应全部落实到造林主体。享受中央财政造林补贴营造的乔木林，造林后10年内不准主伐。间接费用补贴是对试点县组织开展造林补贴试点有关政策宣传、作业设计、技术指导、检查验收、档案管理等工作所需费用的补贴，补贴标准为中央财政造林补贴总额的5%。试点省、地（市）财政和林业主管部门组织开展造林补贴试点工作所需的经费由同级财政部门预算安排。

地方对油茶林造林制定相应补助政策。例如，《广西油茶产业发展总体规划》中规定，油茶新造林：国家基本建设投资补助350元/亩，地方配套补助350元/亩，建设主体或群众通过银行信贷400元/亩（中央政策性财政贴息按3%，贴息5年），其他资金由建设主体或群众自筹（含投工投劳）等方式解决。更新造林：国家中央财政补助350元/亩，地方配套补助350元/亩，建设主体或群众通过银行信贷400元/亩（中央政策性财政贴息按3%，贴息5年），其他资金由建设主体或群众自筹（含投工投劳）等方式解决。嫁接改造：国家中央财政补助600元/亩，地方配套补助600元/亩，建设主体或群众通过银行信贷400元/亩（中央政策性财政贴息按3%，贴息5年），其他资金由建设主体或群众自筹（含投工投劳）等方式解决。抚育改造：国家中央财政补助150元/亩，地方配套补助150元/亩，建设主体或群众通过银行信贷150元/亩（中央政策性财政贴息按3%，贴息5年），其他资金由建设主体或群众自筹（含投工投劳）等方式解决。良种苗木繁育基地基础设施建设：国家基本建设投资占80%，地方配套占20%。自治区级种质资源库、种子园建设：国家基本建设投资占80%，地方配套占20%。国家级油茶研究开发推广中心和种质资源库建设：全部由国家基本建设投资解决。技术培训：中央财政补助80%，地方配套20%。

《长沙市人民政府关于加快油茶产业发展的意见》（长政发〔2009〕3号）中规定实行油茶采穗圃、种子园、良种育苗基地、造林、抚育和低产林改造补贴。根据每年市级财政安排的补贴金额，由市林业部门下达当年油茶新造及低改培育、采穗圃、种子园建设以及育苗等生产计划，计划内用油茶良种苗造林，集中连片高标准造林规模达到个人或联户在100亩以上、企业500亩以上，并经市林业局、市财政局验收合格，造林当年每亩给予一次性补贴300元；由林业部门统筹规划建设并经省林业厅认定的油茶良种采穗圃和种子园，每亩每年补助1000元，良种育苗基地每亩每年补贴1000元。

2012年4月1日福建省人大常委会发布《福建省促进茶产业发展条例》，其中要求省人民政府和茶叶主产区市、县（区）人民政府应当安排茶产业发展专项资金，重点支持茶树种质资源保护、新品种选育与推广、生态茶园基地和茶叶标准化示范区建设、茶叶质量检测、茶叶品牌创建等，促进茶产业健康可持续发展。鼓励和支持茶叶专业合作社整合组织资源和生产要素，实行联合或者重组，建立茶叶专业合作社联合社。鼓励茶叶生产企业制定严于茶叶质量安全地方标准的企业标准。政府及有关部门在制定茶产业发展规划和行业标准时，应当听取茶叶行业协会等各类茶业社团组织意见。茶叶加工企业进行技术改造和技术创新，推行清洁化、标准化集中加工区建设的，县级以上地方人民政府按照有关规定给予补助。鼓励茶叶企业依法利用资本市场筹集社会资金。县级以上地方人民政府应当支持符合条件的茶叶企业上市融资。支持山地茶园权利人以林权作为抵押进行贷款。依法将茶园的林权进行抵押的，原办理林权登记的县级以上地方人民政府林业主管部门应当根据申请办理抵押登记。

4.2 林产工业政策

近年来，对林产工业有较大影响的政策主要有以下几项。

《财政部、国家税务总局关于对采伐国有林区原木的企业减免农业特产税问题的通知》（财税〔2001〕200号）。

《财政部、国家林业局关于印发〈林业贷款中央财政贴息资金管理规定〉的通知》（财农〔2005〕45号）。

《财政部、国家税务总局关于调整和完善消费税政策的通知》（财税〔2006〕33号）。其中规定新增税目有：木制一次性筷子税率为5%，本税目征收范围包括各种规格的木制一次性筷子。未经打磨、倒角的木制一次性筷子也属于本税目征税范围。实木地板税率为5%，本税目征收范围包括各类规格的实木地板、实木指接地板、实木复合地板及用于装饰墙壁、天棚的侧端面为榫、槽的实木装饰板。未经涂饰的素板也属于本税目征税范围。

《林业产业政策要点》（林计发〔2007〕173号）。

《财政部、国家税务总局关于以农林剩余物为原料的综合利用产品增值税政策的通知》（财税〔2009〕148号）。通知明确了包括木（竹）、秸秆纤维板，木（竹）、秸秆、蔗渣刨花板，细木工板等产品的增值税政策。

《财政部、国家税务总局关于调整完善资源综合利用产品及劳务增值税政策的通知》（财税〔2011〕115号）。通知明确规定对以三剩物、次小薪材和农作物秸秆为原料生产的综合利用产品继续施行增值税即征即退政策。

《国家林业局关于油茶林抚育改造技术指南的通知》（林造发〔2011〕261号）。在实际工作中，要切实加强组织管理和技术服务，积极协调拓宽资金渠道，不断提高建设成效，以点带面，全面推进油茶林抚育改造工作。

《国家林业局关于林业生物能源原料基地检查验收办法的通知》（林造发〔2011〕114号），为引导和推动我国林业生物能源原料基地健康发展，对基地建设中涌现出来的典型样板，我局将在严格检查验收的基础上，确定为“林业生物能源示范基地”。

《国务院办公厅关于加快林下经济发展的意见》（国办发〔2012〕42号），各地区大力发展以林下种植、林下养殖、相关产品采集加工和森林景观利用等为主要内容的林下经济，已取得积极成效，对于增加农民收入、巩固集体林权制度改革和生态建设成果、加快林业产业结构调整步伐发挥了重要作用。同年8月，国家林业局下发《关于贯彻落实〈国务院办公厅关于加快林下经济发展的意见〉的通知》（林改发〔2012〕204号）。

4.3 林产品进出口政策

对林产品进出口影响较大的是出口退税政策。出口退税政策变化对林产品出口影响较大，尤其从高退税率调整到低退税率，将极大地伤害企业利益，因为林产品是传统产品，利润率通常较低，甚至仅靠退税才产生利润。因此，调低或取消林产品出口退税要给予企业一定时间做准备，以避免政策性亏损。近年来，多次调低或取消木地板、竹木制品、纸制品出口退税，使林业企业损失巨大。这也是木地板出口大幅度下降的重要原因之一。

以下是林产品出口退税政策历史沿革。

1997 年亚洲金融危机后至 2003 年，我国对几乎所有林产品的出口都实行了退税政策，税率为 5% 和 13%，主要是为了鼓励林产品出口和出口创汇，结构调整目的不明显。

2004 年，国家开始对林业资源性产品的出口进行限制，取消或降低出口退税率。从 2004 年 1 月 1 日起，我国取消了以国内资源为原料生产的部分木材产品的出口退税，主要包括原木、木制一次性筷子、软木及软木制品、木浆、纸板、纸浆等，其目的主要是为了调整和优化林业产业结构。

2005 年 5 月 1 日，又进一步取消了木片、木粒、木粉的出口退税。

2006 年我国对林产品出口退税进行了新的调整。从 2006 年 1 月 1 日起取消了纸、纸板和纸浆所享受的 13% 出口退税政策。

2006 年 4 月 1 日起，国家首次将部分木制品（包括实木地板、实木复合地板等）列入消费税征收目录，其税率为 5%，在生产环节征收。2006 年 9 月 14 日，财政部、国家发展和改革委员会、商务部、海关总署、国家税务总局 5 部门联合发布《关于调整部分商品出口退税率和增补加工贸易禁止类商品目录的通知》（财税〔2006〕139 号），自 9 月 15 日起，调整部分出口商品的出口退税率，其中木制品类产品，一是取消了枕木、软木制品的出口退税；二是将胶合板、实木复合地板、强化木、木窗、木门和家具的出口退税率由 13% 下降为 11%。2006 年 12 月 26 日，《财政部国家税务总局关于出口实木复合地板等有关退税问题的通知》（国税函〔2006〕1263 号），规定从 2007 年 1 月 1 日起，取消实木复合地板的出口退税（增值税、消费税）。

2007 年 6 月 18 日，经国务院批准，财政部和国家税务总局商国家发展改革委、商务部、海关总署发布了《财政部、国家税务总局关于调低部分商品出口退税率的通知》，规定自 2007 年 7 月 1 日起，调整部分商品的出口退税政策。其中取消了部分木板和一次性木制品的出口退税，部分木制品出口退税率下调至 5%；家具出口退税率下调至 11% 或 9%。此次出口退税政策调整的目的为优化出口商品结构，抑制“高耗能、高污染、资源性”产品的出口，促进外贸增长方式的转变和进出口贸易的平衡，缓解由于外贸出口增长过快、外贸顺差过大带来的突出矛盾，减少贸易摩擦，

2008 年，随着美国次贷危机的扩大，世界经济形势不容乐观，我国贸易出口形势急转直下。经国务院批准，财政部、国家税务总局连续 3 次（8、11、12 月）调整了有关产品出口退税率，涉及林产品共 117 种，主要包括竹制品、人造板、地板类产品从 5% 提高到 9%， 家具类产品从 11% 提高到 13%。

2009 年国家提高了 27 种林产品出口退税率，其中将部分家具出口退税率由 13% 提高到 15%，部分木制品的出口退税率分别由 9% 和 11 % 提高到 13%。这次调整有 8 个税目的竹制品出口退税率提高到了 13%，镶嵌木和木制画框等 4 个税目的出口退税率从 2009 年 4 月 1 日提高到 11% 后，再次提高到 13%。

第一章
引　言

1.1　监测背景

森林生态系统是以是以树木为主体所组成的地表生物群落，自然界生长的森林是地球表面自然历史长期发展的地理景观。森林生态系统是陆地生态系统的主体，其复杂的结构和功能决定了森林具体经济效益、生态效益和社会效益，是人类和其他物种生存和发展的基础，为人类提供自然条件和效用。它除了为人类提供大量的木质林产品及非木质林产品等可商品化的功能外，还在历史传承、生态文化、森林休闲、净化空气、调节气候、保障农牧业开发条件、维护生物多样性、保护生态环境、防治荒漠化、减少自然灾害、调节全球碳平衡和地球化学循环等方面提供它的生态方面的功能，并且起着重要的、不可替代的作用。另外，森林生态系统在帮助贫苦地区的林农脱贫致富、增加社会就业、提高林农收入和促进地方可持续发展方面也发挥着不可磨灭的作用。故森林生态资源保护和利用与可持续经营已经成为当今全球共同关注的焦点。

党中央、国务院历来重视林业的工作，采取了一些列重要的举措加快林业的改革发展，我国的林业建设也取得了很大的成就。根据第七次全国森林资源清查结果，全国的林地面积达到30 378万公顷，森林面积达到17 545.22万公顷，活立木总蓄积量149.13亿立方米，森林蓄积量137.21亿立方米，森林覆盖率20.36%。森林面积列居世界第五位，森林蓄积列居世界第六位，森林植被的总碳储量为78.11亿吨，年生态服务功能价值超过100 000亿元。森林资源的状况呈现出了总量增长、质量提高、结构改善的良好态势，见表（1-1）。但根据联合国粮油组织《2005年全球森林资源评估报告》，我国的森林覆盖率仅仅相当于世界平均水平的61.52%，居世界的139位；人均森林面积为0.145公顷，不到世界平均水平的1/4，居世界的第144位；人均森林蓄积量为10.151立方米，不到世界平均水平的1/6，居世界的第122位；我国的蓄积量生长量仅为3.55立方米，只有世界的平均水平的1/2。我国森林资源的总量丰富，但是人均较少，森林资源质量较低（除了部分自然保护区的森林外），极大地影响了森林生态功能和经济效能的产出，难于承担国民经济高速发展赋予森林资源的生态和经济的双重任务。

在我国，林业是重要的公益事业和基础产业，在促进经济发展，特别是在改善生态和民生中发挥着不可替代的作用。林业产业的特殊性决定了其在在市场经济条件下，在追求经济效益的同时，必须兼顾生态效益和社会效益的产业。林业产业的外部性从生态意义及社会意义上来讲，是任何其他产业所不能比拟的。因此，国家必须对林业产业进行有效监管，才能使林业产业的发展既符合经济要求，又满足生态及社会需要，建立现代的林业产业体系是我国林业发展的必由之路。

表1-1 我国历次森林资源清查基本情况

清查次数	第三次清查（1984～1988）	第四次清查（1989～1993）	第五次清查（1994～1998）	第六次清查（1999～2003）	第七次清查（2004～2008）
林业用地面积（万公顷）	25 672.73	25 704.73	26 329.47	28 492.56	30 378
森林面积（万公顷）	13 992.95	15 363.23	15 894.09	19 146.88	19 545.2
森林覆盖率（%）	-	13.92	16.55	18.21	20.36
活立林总蓄积量（万立方米）	1 076 736.04	1 130 637.98	1 248 786.29	1 361 810	1 491 300
森林蓄积量（万立方米）	948 885.48	1 008 564.23	1 126 659.14	1 245 584.58	1 372 100

但当前林业产业发展存在的主要问题：①林业产业的资源支撑较弱。有统计显示，“十五”期间，我国年均林木蓄积量消耗需求5.50亿立方米，而国内只提供了3.65亿立方米，近2亿靠进口弥补；“十一五”期间，年均将消耗需求约7亿立方米，国内最多能提供约4亿立方米，缺口在3亿立方米左右。森林资源供给不足，严重困扰林业产业的发展。②林业产业的整体素质不高。生产规模较小，刨花板、中密度纤维板、木浆造纸的平均产量，分别只有世界先进水平的12.98%、33.33%和35%。③装备水平较低，除少数大型企业外，多数企业的装备还处于国际上20世纪六七十年代的水平，并且企业技术创新能力较弱，科技成果转化率低，林业产业科技贡献率仅为20%，远低于其他行业40%的平均水平。资源利用效率较差，木材综合利用率仅60%左右，较林业发达国家低30个百分点左右。④资源培育业与加工利用业联系不够紧密。一方面，资源培育分散在千家万户，难以满足加工企业对资源数量和品质的要求；另一方面，加工企业不能准确地把需求信息传达到资源培育者，难以引导资源培育的行为。这样，既不能发挥上游产业对下游产业的支撑作用，也不能发挥下游产业对上游产业的带动作用。⑤林业产业体制机制和政策支持不够完善。企业改革滞后，政企不分，事企同体，市场主体不明确。这些问题，都严重制约着我国林业产业持续健康快速发展。

因此，根据国家林业局建设现代林业体系的总体战略部署，国家林业局经济研究中心根据国家林业局林业产业监测的要求，对我国林业产业发展状态进行监测，掌握林业产业的成本及销售的第一手资料，建立林产品市场预警机制和产品质量预警机制，掌握发展动态，把握发展方向，正确处理“兴林与富民、产业与生态、保护与利用”的关系。通过监测的数据分析，让林业产业部门及时准确了解林产品的质量动态与市场动态，以利于采取有效措施调整生产方案，减少损失提高效益；便于对林业产业的主要领域进行指导，为林业产业政策的制定提供依据，更好地促进林业产业的发展。

1.2 监测目的及意义

林业产业就是以森林资源为基础，以获取经济效益为目的，以技术和资金为手段，有效组织和提供各种物质和非物质产品的行业。林业产业是重要的基础产业，横跨一、二、三产业，其资源类型多、产业链条长、市场空间广、发展潜力大，除具有一般产业的共同属性外，还有自身的四大特性，即资源的可再生性，产品的可降解性，三大效益的统一性，一二三产业的同体性。因此，对林业产业的有效监测极具现实意义。

党的十八大提出要大力推进生态文明建设，努力建设美丽中国，形成了中国特色社会主义事业“五位一体”总体布局，林业作为生态建设的主体责无旁贷，任务艰巨。同时，国家林业局出台了《林业产业振兴规划》，加快林业产业发展是实施以生态建设为主的林业发展战略的内在要求，只有大力发展林业产业，建立起发达的产业体系，充分发挥林业巨大的经济功能，满足社会和人们对林产品的需求，积累雄厚的财富和充足的资金，生态建设才有坚实的资金保障和发展动力。因此，对林业产业进行科学、有效监测有利于为生态建设决策提供参考和借鉴。

林业产业的发展要充分发挥“无形的手”的作用，由经营主体按照市场规则，自主决定各种生产和经营活动，真正让市场对各种生产要素的配置发挥基础性的作用。要尊重经济规律和自然规律，因地制宜，合理布局，形成以优势产业和名牌产品为主体的产业带和产业集群。必须通过加快科技进步、转变经营机制，走内涵式的发展道路，努力实现速度、质量、效益相统一，规模、资源、环境相协调，最有效地利用资源和保护环境，走新型工业化发展道路。因此，对于林业产业的监测也是根据市场运行规律条件下进行。

通过监测网络、典型调查获得成本构成要素、价格数据，对林业产业监测成本指数、价格指数进行深入分析，并跟踪成本及价格指数的变化，分析其体现的经济学意义，为国家、企业进行林业产业布局、产业决策提供基础资料。

通过对成本指数与价格指数的对比分析，分析林产品的利润空间，确定相关行业临界指数，实施预测、预警和应急监测，发布林产品产销风险预警报告，为企业未来生产起到预警作用。

建立林产品监测报告制度，设立长期、连续的成本价格与成本跟踪监测定点单位，形成监测网络，建立监测数据自动分析系统，建立林业产业监测体系；定期发布林业产业发展动态监测年度、季度报告，并逐步过渡到月报，为国家制定宏观调控政策，指导林业产业发展提供决策依据。

1.3 监测范围

本文涉及的林业产业监测内容是对主要的林产品的成本及价格监测，具体监测内容如下。

1．2012 年中国林业产业发展概况监测

主要根据中国林业产业年鉴的数据进行2012年中国林业产业发展的基本情况进行描述性统计，并对相关的情况进行描述。

2．森林培育监测

本部分包含用材林培育监测和经济林培育监测。前者的监测内容包含了杨树、马尾松、桉树、杉木、落叶松、湿地松和泡桐的成本与价格监测，并对其进行技术经济评价。后者的监测内容包含枣、板栗、核桃、茶叶及油茶等主要的经济林品种进行成本及价格监测，具体树种的成本模型依照中国林业规划设计院设计的生长量及产量表。

3．木材生产（采运）监测

木材生产（采运）监测：对杉木原条、松木原条进行成本、价格进行监测，在此基础上进行盈利能力测算及风险分析。

4．人造板监测

根据不同的规格构建纤维板、刨花板、胶合板及细木工板的成本模型；根据2012年的成本数据、运用指数运算方法计算总成本指数、制造成本指数、固定成本指数及其他成本指数及价格指数，根据两者对比进行人造板盈利能力分析。

5．木地板监测

根据不同规格的地板构建木地板成本模型；根据2012年数据进行成本及价格指数分析，并就两者对比进行木地板预警能力分析。

6．林产品进出口贸易监测

根据海关数据进行产品贸易总量、金额、对外贸易国家、林业投资状况、贸易结构监测；根据主要进出口产品，分析对外贸易与汇率、进出口退税与国内产品成本之间风险分析。

1.4 监测思路

监测表示“观察和检验”，监测是必不可少的手段，一个切实可行而又高效的监测方案的制定显得十分重要，提出一种更具可操作性的监测方案设计的方法，这种方法最为适用于既定量又严谨的监测方案的制定。监测方案的制定是一项复杂的工作。为了制定一个更有效、切实可行的监测方案，应总结和借鉴前人的经验。鉴于人力和物力的限制，将时间和金钱花费在目标不明确、难于理解的拙劣的设计方案是极不合情理的，因此，必须充分认识到监测方案的制定和实施是一个目标明确的、复杂的和反复的过程。监测是一项极其重要的工作，明确具体目标是监测工作重要的一步，如果这一步做好了，成功的机率就会大大增加。本监测的具体监测思路见图1-1。

1．总目标的提出

管理者与技术人员共同商讨确定总目标。由于管理者拥有优先安排权和担负达到管理目标的责任，所以他们应起领导作用。但管理者必须与技术人员商讨，才能充分注意到对策管理的对象，使对策更准确、更有效、更可靠。

管理者参与总目标的确定而成为方案设计成员，这样就更有可能为方案设计和实施提供持久的财政支持；其次，管理者在确定目标时起领导作用，方案就会有更多的具有指导意义的信息，而不是仅偏向于技术专家特别感兴趣的问题上；再者，管理者会更关注方案的实施及其结果，这有利于实施过程中信息的反馈。

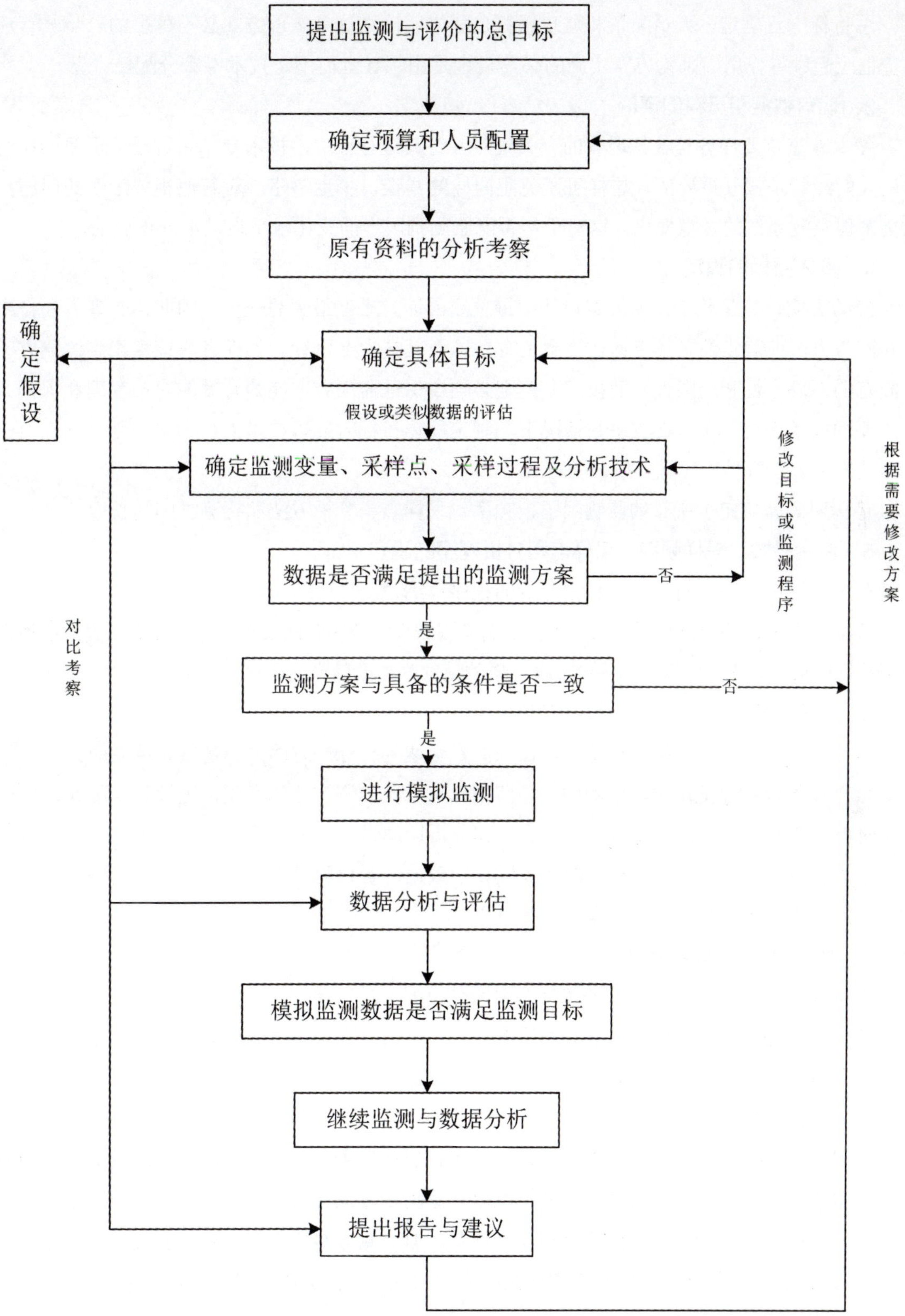

图 1-1　林业产业监测研究思路

2．确定人员配备和财政预算

总目标一旦确定，人员配备和财政预算也随之明确。这是实现方案必不可少的一步。管理者在此步也应起领导作用，因为方案实施的必需资金是由领导者而不是技术专家分配。

3．现有数据和资料的评价

技术专家首要任务是收集现有的有关资料并对其进行评价，技术专家起着至关重要的作用。总结前人的经验是极其重要的，这样可避免犯同样的错误，少走弯路。对其他相关工作的问题，同样也会发现监测系统的时空变化。这对于是否能监测到因子的变化水平也是十分重要的。

4．具体目标的确定

经验表明，这是整个监测方案设计中最重要的而且难度最大的一步。因此，管理者和技术人员应共同努力，使确定的具体目标在资金上有保障而且技术上可行。管理者应该意识到监测方案本身所固有的不确定性和局限性，而技术专家则必须在保证监测方案能为有效的对策管理和保护方面提供必要的技术支持信息。在大多数情况下，制定具体目标时应以技术人员为主，因为他们对前人的监测技术和方法等情况比较了解。

目标明确就确定了所有的监测因子、频率、采样点、分析方法和检测时间的长短。

5．监测参数、采样频率、采样点和分析程序的确定

建立监测备忘录，对样品和数据分析的程序详细说明。

样品数量、监测变量和置信水平等会影响监测频率、监测时间长短和监测点等，因此应根据所要达到的目标来决定这些变量。为评价分析结果的精密度和准确度，应建立质量保证和质量控制制度。

6．以现有或假设数据检验提出的方案

以现有或者假定的数据进行检验，在预测是否达到目标等方面来说是很有帮助的。

由于在给定的可变量中，监测频率、监测地点以及监测方法的变化范围较大，因此最好在制定方案时就要明确下来，而不要留在数据收集和分析期间进行处理。采样方案对数据的准确度和精密度有很大影响，因此，以一套实际的或者假设的数据进行检验是识别和说明这些问题所在的最好办法，以此来判定这些数据是否能满足方案的要求。

7．数据记录、储存和分析

在方案设计阶段，另一个常被忽略的问题是数据记录、储存和分析。一般来说，应对方案实施前后数年数据进行趋势分析。由于原始数据提供的有用信息较少，因而有必要对数据记录、检查、储存和分析设计。

8．方案成本的确定

具体目标确定后，就要进行成本预算。如果提出的监测方案实际上超出了现有的人力和财力，监测方案就要进行修改。可通过减少采样点数、监测变量或者监测频率来达到减少成本的目的。调查采样密度的风险在于所要达到的目标虽然不变，但监测方案所需要的容量和灵敏度降低了。管理者参与方案设计的好处还在于，可以意识到减少监测预算可能会影响对策管理效果的广度和可信性。

9．对比考察

将拟出的监测方案写成监测工作程序图，但经验告诉我们，有必要对监测方案进行反复对比。

一方面有利于保证拟出的方案更具可行性，另一方面可以大大减少严重问题发生的可能性，有利于最大限度发挥效率，使得监测方案更切合实际。所以人们常将对比考察视为监测方案设计最基本的步骤之一。

10. 模拟试验

模拟试验为数据收集的第一步，数据收集的效率和质量是可以改进的，否则，监测方案不能很好地反应出其可行性，就不能达到预期的目的。

模拟试验计划可以推断出监测方案是要修改还是继续监测，多数情况下，科学地制定模拟试验计划，可以对方案设计及其目标作一些修改，但不会使方案设计和监测目标发生根本的变化。

11. 继续监测和数据分析

模拟试验结束之后，监测方案进入正式的数据收集阶段。在这一阶段中，应避免数据收集过程以及采样点的改变，及时进行数据录入、检查和注释，异常和不合逻辑的数据也应及时鉴别。此外，还应对收集好的数据资料进行立案和建档。

12. 报告和建议

报告的内容视监测的目标和类型等而定。

虽然报告和建议的形式是不加以限定的，但规范的、科学的、优秀的监测报告应是内容完整、条理清晰、易于理解以及具有可读性。原始数据应尽可能以表格或者几何图形形式表示，而不是以概括性的统计资料进行简单的叙述。至于建议的内容和报告形式则由作者决定。

这一步骤也应该用对比考察的方法，这样，一方面有利于确保结论和建议与数据和监测方法认识的一致性，另一方面利于改善自身的技能和知识。

1.5 术语/指标解释

造林生产准备费 林业生产单位提前进场参加施工、清场等以及熟悉造林流程等人员的培训费用、工资、工资性补贴、职工福利费、劳动保护费等。

造林费用 ①种苗费。指实际播种使用的自留种苗和购买种苗等支出。种苗费用的核算方法是：自购的按购进价格加运杂费计算；林农自己培育的种苗同样要按照正常购买期相同质量和等级的种苗市场价格计算，种苗市场价格一般应按种苗培育公司出售价格计算。林农自己培育种苗所发生的各项人工、除病虫害等支出，应分别计入有关成本费用项目，不计入种苗费，以免重复核算。②整地费。指种苗栽植或移植前，为创造良好的土壤耕层构造和表面状态、协调水分养分空气和土壤肥力等进行的一系列土壤耕作措施的支出。一般是雇佣工人整地，按照实际支付费用计算。通常以亩为单位，折合用工量计算。③栽植费。指种植树苗或大树的作业支出。一般是雇佣工人整地，按照实际支付费用计算。通常以亩为单位，折合用工量计算。④补植费。指在初次栽植后，对林分中某些稀疏地段进行补充栽植的支出。一般是雇佣工人整地，按照实际支付费用计算。通常以亩为单位，折合用工量计算。

抚育费用 ①中幼林抚育费。指从造林后至郁闭以前这一时期所进行抚育管理的费用支出。主要内容包括土壤管理技术和林木抚育技术，以及幼林保护和造林检查验收等。一般是雇佣工人整地，按照实际支付费用计算。通常以亩为单位，折合用工量计算。②成熟林抚育。指为了合理地调整树木之间的相互关系（组成、密度、分布空间等）、促进林木生长、提高林分质量、把森林培育成符合利用目的，对郁闭度已达0.20以上（含0.20）的天然林（包括次生林）或人工林（经济林自开始结果实起算成林）进行抚育间伐、修枝、松土等抚育工作所需的支出。一般是雇佣工人整地，按照实际支付费用计算。通常以亩为单位，折合用工量计算。

森林管护费　为维护森林资源安全，防止乱砍盗伐、人为纵火及森林病虫灾害和森林火灾的费用支出。主要是雇佣森林管护人员的用工费用，按照实际支付费用计算。

造林管理费　主要指道路维护修缮、营林生产设备折旧等费用支出。在实际计算中折合成用工计算。

林地使用租金　土地成本分为流转地租金和自营地折租两部分。林农承包土地的按照实际支付租金计算，林农使用自营地的则按照当地林地市场价格计算。

营林其他费用　其他费用指在营林过程中发生的、直接用于该营林生产的、各项直接费用指标不能包涵的费用。如雇工支出超过当地工价部分的费用等。

每亩出材量　①主伐产量。主要是为获取木材、森林更新等进行采伐获取的木材量。②间伐产量。主要是为保证林木天然更新进行采伐获取的木材量。

木材采运用工成本　指在木材采运过程中需要的用工成本。按标准工日折算后，根据当地用工实际市场价格计算。①伐木用工成本。即采伐林木支出的费用。一般是雇佣工人伐木，按照实际支付费用计算。②打枝造材用工成本。在砍倒树木后将枝丫削去，并根据规格大小、多节部位、虫眼部位、是否弯曲等造材需要的成本。一般是雇佣工人进行打枝造材，按照实际支付费用计算。③集运材成本。通过人力、畜力或机械等将原木条运到集材场地所需要的人工费用，按照实际支付费用计算。④归楞成本。指把伐好的木材按一定的标准在楞场摆放好需要的人工费用支出，按照实际支付费用计算。⑤清理成本等。将能利用的枝丫、树头等采伐剩余物运出利用，不能利用的要全部清理归堆后烧除需要的人工成本，按照实际支付费用计算。

燃油消耗成本　指在木材采运过程中，采运机器设备消耗的燃油成本。主要包括伐木燃油消耗、打枝造材燃油消耗、集运材燃油消耗、归楞燃油消耗、清理燃油消耗等。燃油消耗费用按照实际支付费用计算。

木材采运管理费　指生产单位为组织、管理生产活动而发生的支出，包括与生产相关的书籍、报刊费、差旅费、市场信息费、上网费、会计费（包括记账用的文具、账册及请人记账所支付的费用）以及上缴给上级单位的管理费等。

人造板生产直接制造成本　①辅助材料消耗价值。主要是指对人造板生产中起装饰、胶黏剂、防水等辅助作用的材料价值。按生产每立方米人造板需要耗费的成本计算。②脲醛树脂消耗价值。脲醛树脂主要是用作木材胶黏剂。③氯化铵消耗价值。氯化铵主要用作脲醛树脂等胶黏剂的改进剂。④氨水消耗价值。氨水主要用作脲醛树脂的催化剂。⑤石蜡消耗价值。石蜡主要用作人造板表面防潮防水处理。⑥水、电、热消耗费用。电费：每生产1立方米人造板的耗电费用。包括车间、机床及管理人员办公场所耗电费用。水费：每生产1立方米人造板的耗水费用。其他燃料价值：每生产1立方米人造板的燃料耗用。如生产用气、取暖通风用热等。⑦木材消耗价值。指每生产1立方米人造板需要耗费的原木价值。

人造板生产固定成本 ①工资。在岗职工工资总额指各单位在一定时期内直接支付给本单位全部在岗职工的劳动报酬总额。工资总额包括计时工资、计件工资、奖金、津贴和补贴、加班加点工资、其他工资等。工资总额的计算原则应以直接支付给职工的全部劳动报酬为根据。各单位支付给职工的劳动报酬以及其他根据有关规定支付的工资，不论是计入成本的还是不计入成本的，不论是按国家规定的列入计征奖金税项目的还是未列入计征奖金税项目的，不论是以货币形式支付的还是以实物形式支付的，均应列入工资总额的计算范围。②折旧。固定资产是指单位价值在100元以上，使用年限在1年以上的生产用房屋、建筑物、机器、机械、运输工具以及其他与生产有关的设备、器具、工具等。购入的固定资产按购入价加运杂费及税金等计价；自行营建的按实际发生的全部费用计价。固定资产按分类折旧率计提折旧。各类固定资产参考折旧率为：生产专用房和永久性栏棚8%，机械、动力、运输、排灌等机械设备类12.5%，大中型器具20%，其他固定资产折旧率均按20%计算。生产者使用自有机械设备（设施）且已按照视同租赁作业进行核算的，该机械设备（设施）和耕畜不计提固定资产折旧，以免重复计算（来源于中国林业比诸指标解释）。③增值税。指在原木收购过程中产生的进项税额和人造板销售过程中产生的销项税额。

人造板物质费用 ①生产准备费。采脂前对采脂林地进行勘察规划，开辟采脂作业道等人员的培训费用、工资、工资性补贴、职工福利费、劳动保护费等。②生产管理费。指生产者为组织、管理生产活动而发生的支出，包括与生产相关的书籍、报刊费、差旅费、市场信息费、会计费（包括记账用文具、账册及请人记账所支付的费用）以及上缴给上级单位的管理费等。③使用租金。指承包可采脂松林所发生的费用，按实际支付费用计算。④工具材料费。指采割、收集、运输松脂过程中需要购买的刮皮刀、割刀、导脂器、受脂器等费用。

标准劳动日 中等劳动力在一般劳动强度下工作一天（8小时）的工作量为标准劳动日。具体折算方法，各地有所不同。现统一规定以当地的习惯算法为准计算标准用工数。

劳动日工价 指营林生产活动中，一个中等劳动力劳动一个标准工作日的报酬。在营林生产中，按照当地劳工市场价格计算。

1.6 数据来源

中国林业产业监测网络的总体布局由监测网带及监测样点构成，根据不同的监测内容布局林业产业监测网带及样本点，沿着网带走向由不同的类型布局样本点样地，共同组成点、线、面的监测网络体系。以森林培育、木材生产（采运）、人造板生产、木地板生产、木门生产等为监测对象。

1.6.1 规格品选择方法

监测林产品代表规格品的选择主要是选择有代表性的，主要选择的标准主要有以下几点。

（1）经济效益较高。林业产业产品很多，但是在整个产业中发展的程度有所差别，产生的经济效益好坏也有所差异，因此在选择的过程中，选择经济效益高的，对林业产业发展更有指导作用。

（2）发展速度较快。林业产业的行业发展门类众多，发展层次不齐，因此在选择的过程中，要选择发展程度快的朝阳产业进行核算，对林业产业发展有一定的导向作用。

（3）产值占所属类别份额较高。价格变动趋势和变动程度有较强的代表性，即选中规格品的价格变动特征与未选中规格品之间价格变动的相关性愈高愈好。

（4）选中的规格品之间，性质相隔愈远愈好，价格变动特征的相关性愈低愈好。

1.6.2 样本点选择方法

为满足计算全国林产品成本及价格指数的需要，根据各省（区、市）相关产业产值排序，应按照大中小兼顾以及地区分布合理原则，采用划类选择法抽选价格调查省（区、市）和价格调查点。

（1）调查省（区、市）的抽选方法：首先，将各省相关产业产值由高到低排队，然后依据所需调查省（区、市）的林业发达程度进行等距抽样。

（2）企业调查点的抽选：首先，将所确定的省（区、市）区内所有相关的林业企业按产值从高到低排队，其次，由各省（区、市）推荐的优秀企业名录并依据所需调查企业的数量进行等距抽样。

（3）成本和价格调查点的抽选方法：首先，将各种类型的建材市场、林产品产销基地、林业企业分别以销售额、成交额和经营规模为标志，从高到低排队；其次，分别将销售额、成交额和经营规模累计起来；然后，依据所需调查点的数量进行等距抽样。

1.6.3 监测平台建设

监测平台建设主要包括仪器设备、基础设施建设、监测手段的标准化及规范化及监测数据库的标准化及规范化。

（1）仪器设备、基础设施建设。进行监测的设备及监测所需的专业设备由各监测单位自行解决，数据上报网络平台由经济研究中心建设及维护。

（2）监测手段的标准化及规范化及监测数据库的标准化及规范化。监测数据包括了林业产业的方方面面。监测数据的标准严格按照国家相应的标准及规范监测、收集与管理。做到专门的样本库及档案库；接受各监测站传输的数据网络系统及数据处理设备；数据信息管理中心对数据进行集成、科学处理及数据管理。

1.6.4 监测数据要求

为了使监测报告能够更广泛的应用，对实践更有指导意义，必须使监测数据科学、准确，因此必须做到以下要求。

（1）监测数据报送的及时性。按照监测方案设计要求，各项目点应于下月上旬对前月监测数据分别上报随机抽样和重点抽样监测数据库。本次监测点均及时上报了随机监测数据；根据研究的需要，对部分企业也及时上报重点监测数据。

（2）监测采样的有效性。在开展林业产业监测总计有270个样本点，有260个达到采样量的要求，有效监测率达96.30 %。

（3）监测的质量控制。按照监测方案设计要求，各样本点应开展相关培训，并至少抽取10%的样本点开展现场督导，在督导样本点抽取5%进行实验室复核测定。

第二章
研究方法

2.1 生产成本监测方法

2.1.1 生产成本内涵

人们要进行生产经营活动或达到一定的目的，就必须耗费一定的资源（人力、物力和财力），其所费资源的货币表现及其对象化称之为成本。

生产成本是生产单位为生产产品或提供劳务而发生的各项生产费用，包括各项直接支出和制造费用。直接支出包括直接材料（原材料、辅助材料、备品备件、燃料及动力等）、直接工资（生产人员的工资、补贴）、其他直接支出（如福利费）；制造费用是指企业内的分厂、车间为组织和管理生产所发生的各项费用，包括分厂、车间管理人员工资、折旧费、维修费、修理费及其他制造费用（办公费、差旅费、劳保费等）。

2.1.2 生产成本监测方法

由上述生产成本内涵可知生产成本是各项直接支出及各类税费的总和。因此，生产成本的监测的成本归纳为数学式为：

$$C = C_1 + C_2 + C_3 + \ldots + C_{\mathrm{i}} = \sum_{i=1}^{n} C_{\mathrm{i}}$$

但是在现实中，任何的生产成本支出都是由物质量指标和价格指标的几何构成的，因此在这个意义上说，生产成本在上述公式的基础上进一步演化成为数学式为：

$$C = p_1 q_1 + p_2 q_2 + p_3 q_3 + \ldots + p_i q_i = \sum_{i=1}^{n} p_i q_i$$

上式中，C为要素总成本，p为要素价格，q为要素数量，n为要素的种类。因此本文进行成本监测时，首先确定要素数量。在固定要素数量情况下，对要素价格进行监测，进而对其成本监测。在这个意义上来说此式成为本次成本监测的主要思路。

2.2 价格预测方法

2.2.1 价格预测方法概述

一般而言，几种较常用的时间序列分析方法有移动平均法、指数平滑法、时间序列分解法、回归分析法、ARMA模型、灰色GM（1,1）模型，但是各类方法的应用范围有所不同，优缺点也有所不同。总体上来说，各种时间序列分析方法中，指数平滑法、ARMA模型及灰色GM（1,1）模型的前提条件较少，对数据要求量较少，能够处理周期性、长期变化的序列；而ARMA模型要求时间序列平稳，模型灵活，具备相关支持软件，可操作性强，具体见表2-1。

表2-1 各种时间序列预测方法比较分析

方法名称	适用范围	优缺点	本报告应用方法
移动平均法	适用于对较为平稳的时间序列进行预测，要求有大量的数据	能较好地反映时间序列的趋势及其变化，计算简单；但由于采用的是平均值，预测值对数据实际变动更不敏感。	森林培育部分经济林产品价格的预测。
指数平滑法	适用于中短期经济发展趋势预测，要求积累一定数据	操作简单，适应性强，有统计软件工具（SPSS）支持建模；但建模耗时长，且计算过程无软件支持	
时间序列分解法	要求积累较多数据	可消除某些变动因素的影响，计算简单，有统计软件支持；但对于信息量要求稍高	
回归分析法	要求积累一定数据，且序列与时间存在某种函数关系，序列发展没有跳跃式变化	计算简单，有统计软件工具支持；但相对难于找到适用的预测模型	
ARMA 模型	要求序列本身必须是平稳的	模型较为灵活，预测精度较高，计算过程相对复杂，有统计软件工具（如SPSS、SAS 支持）	森林培育部分用材林价格的预测。
灰色 GM（1,1）模型	数据数量要求较少，主要用于复杂系统某一主导因素特征值的拟合和预测	属于指数预测模型，预测精度与被预测对象的递变规律及时间序列的光滑度有关，有时出现较大偏差甚至完全失效	

2.2.2 加权移动平均法和GM模型预测法

本研究报告中涉及到的价格预测方法进行详细的论述，主要有 2 类，移动平均和 GM 模型预测。

1. 加权移动平均法

加权移动平均给固定跨越期限内的每个变量值以不相等的权重。其原理是：历史各期产品需求的数据信息对预测未来期内的需求量的作用是不一样的。除了以n为周期的周期性变化外，远离目标期的变量值的影响力相对较低，故应给予较低的权重。

加权移动平均法的计算公式如下：

$$Y_{t+i}=\frac{\sum_{i=1}^{n}Y_iX_i}{\sum_{i=1}^{n}X_i}$$

式中：Y_{t+1} 为第 t+1 期加权平均值；X 为第 i 期实际值；X_i 为第 i 期的权数（权数和为 1）；n 为本期数。

2．GM 模型预测

通过对灰数建立的微分方程模型称为GM模型，而GM（1, 1）则为典型的一个变量的一阶灰微分方程。GM（1,1）模型可以弱化原始序列$X^{(0)}$的随机性和波动性，为灰色模型提供更加有效的信息，所揭示的原始序列呈指数变化规律。

该模型预测的主要步骤为：

①设原始数据序列为：$X^{(0)}=[x^{(0)}(1), x^{(0)}(2), \cdots, x^{(0)}(n)]$，GM(1, 1)模型是由一个包含单变量的一阶微分方程构成的动态模型：

$$x^{(0)}(k)+a z^{(1)}(k)=\mu \qquad (k=1,2,3,\cdots,n)$$

②采用最小二乘法估计发展参数α和灰作用量μ，即可得到预测模型：

$$\begin{cases}\hat{x}^{(1)}(k+1)=(x^{(0)}(1)-\dfrac{\mu}{a})e^{-ak}+\dfrac{\mu}{a}\\ \hat{x}^{(0)}(k+1)=x^{(1)}(k+1)-x^{(1)}(k)\end{cases}$$

③在经过残差检验、关联度检验和后验差检验GM(1, 1)模型的精度和适用范围后，便可用模型进行检验。

2.3 风险分析方法

2.3.1 风险计算方法计算过程

表达式的简单推算过程：设有等式$Y=a+b$，则$Y_1=a_1+b_1$，$Y_0=a_0+b_0$。式中，Y_0,a_0,b_0是基期的数据；$S_{a_0}=\dfrac{a_0}{Y_0}$，$S_{b_0}=\dfrac{b_0}{Y_0}$表示份额；$\dfrac{Y_1}{Y_0}-1$表示Y的增长率。

推导过程：

$$\frac{Y_1}{Y_0}-1=\frac{a_1+b_1}{Y_0}-1=\frac{a_1}{Y_0}+\frac{b_1}{Y_0}-1$$

$$=\frac{a_1a_0}{Y_0a_0}+\frac{b_1b_0}{Y_0b_0}-1$$

$$=\frac{a_0}{Y_0}*\frac{a_1}{a_0}+\frac{b_0}{Y_0}*\frac{b_1}{b_0}-(\frac{a_0}{Y_0}+\frac{b_0}{Y_0})$$

$$=\frac{a_0}{Y_0}(\frac{a_1}{a_0}-1)+\frac{b_0}{Y_0}(\frac{b_1}{b_0}-1)$$

$$=S_{a_0}(\frac{a_1}{a_0}-1)+S_{b_0}(\frac{b_1}{b_0}-1)$$

等式左边是Y的增长率，右边两个括号内的是a和b的增长率，增长率等于两个组成部分的加权和。另外，根据国外经济文献，当Y_1与Y_0较接近时，增长率$\frac{Y_1}{Y_0}-1$可以近似地写成对数形式。$\ln Y_1-\ln Y_0$近似为$\frac{Y_1}{Y_0}-1$，于是$\ln Y_1-\ln Y_0$可写成$\Delta\ln Y$。因为对数形式书写简单些，所以国外一些经济文献经常使用这一形式。如方程用于区间时，则增长率用年均增长率，权数应用剔除最后一年之外的平均值$\bar{S_i}$。

2.3.2　风险计算方法

要素对总成本的贡献率，即各要素增长率在总成本增长率中的份额，这是一个动态指标。一般来说，总成本的增长率等于各要素增长率的加权和，权数就是各要素在基期占总成本的份额，其表达式为：

$$\frac{Y}{Y_0}-1=\sum_{i=1}^{n}S_{i_0}\left[\frac{VA_i}{VA_{i_0}}-1\right]$$

式中：Y_0表示总成本，Y_0是基期总成本，VA_i是第i个成本要素的增加值，VA_{i_0}是第i个产成本要素基期的增加值，S_{i_0}是基期VA_{i_0}占总成本的份额。国际学术期刊上常用对数方式表示增长率，则表达式可写成$\Delta\ln Y=\sum_{i=1}^{n}S_i\Delta\ln VA_i$。于是$\frac{S_i\Delta\ln VA_{i_0}}{\Delta\ln Y}$，即是第i个成本要素增长对总成本增长的贡献率。

2.4　指数运算方法

指数是一种表明社会经济现象动态的相对数，运用指数可以测定不能直接相加和不能直接对比的社会经济现象的总动态；可以分析社会经济现象总变动中各因素变动的影响程度；可以研究总平均指标变动中各组标志水平和总体结构变动的作用。指数按所反映的现象范围不同，分为个体指数和总指数。前者反映个体经济现象变动的相对数，如个别产品的物量指数、个别商品的价格指数等；后者是表明全部经济现象变动的相对数，如工业总产值指数、居民消费价格总指数。

2.4.1　指数计算步骤

指数表示在给定的时段里，一组商品的平均生产成本或价格如何变化的一种指数。在计算平均数时，不同商品的成本一般要根据其经济重要性做加权处理。具体计算过程如下：

（1）抽选调查样本。调查更多依据价格调查，根据公式$C=\sum_{i=1}^{n}p_iq_i$计算产品数据，调查采用重点调查和典型调查相结合的方法。在选择调查样本时要充分考虑其代表性并兼顾类型；选择的调查样本要均匀分布于所调查地区的范围内，其达到国家统计局对调查样本数量的要求，保证了调查样本的代表性。

（2）权数（比重）确定。根据国家制度的要求，指数的取得是采用固定权数加权平均的计算方法。权数一般用上一年的销售额推算。而本文中由于皆是单品指数的计算，因此其权重皆为1；在进行加总过程中，直接以权重1进行构成要素的计算。

（3）采集要素数据。在考查数据变化时，要遵循同质可比的原则。所谓同质，就是选择同一区域、同一地段等规格品，剔除品质变化对价格的影响，反映真正的市场需求变化引发价格产生的波动，传达正确的市场信号。

（4）要素指数计算。在取得了全部调查价格资料后，计算要素指数，首先计算各调查样本的涨幅，即个体指数，再采取由下到上逐级汇总的方法汇总出成本总指数。

2.4.2 指数计算方法

在现实中用的比较多的是定基指数、环比指数及加权指数计算，本部分将对本报告成文过程中应用的指数计算方法进行阐述。

定基指数是指在指数数列中，各期指数都以某一固定时期为基期。定基指数说明现象在较长时期内的发展变化情况。具体计算公式为：

$$I_{基} = K_1 * K_2 * \cdots\cdots * K_t$$

式中：K_1、K_2、……、K_t分别表示基期至报告期间各期的月环比指数。

环比指数指对比基期随报告期（计算期）的变动而相应变动的指数，如月环比价格指数的基期为上月；以上年同期（月指数为上年同月，季指数为上年同季）为基期的指数，叫作年(月、季)距环比指数。具体计算公式为：

$$K_t = \frac{c_t}{c_{t-1}}$$

式中：K_t为价格指数；c_t为报告期(t) 价格；c_{t-1}为上期(t-1)价格。

类别及总定基指数逐级加权平均计算是在规格品相对较多的情况下采用的一种计算方法。具体计算公式为：

$$L_t = \left(\sum W_{t-1} \frac{c_t}{c_{t-1}}\right) \times L_{t-1}$$

式中：L 为定基指数；W 为权数；t 为报告期；t-1 为报告期的上一时期；$\frac{c_t}{c_{t-1}}$ 为本期环比指数。

其具体的计算过程见表2-2 。

表2-2 林产品价格及成本指数权数计算过程

项目类别与品名	产值	代表大类权数	代表类别权数	细类权数	代表品种权数
林产品	I 林产品 =I 总类别 1+I 总类别 2	1.0000			

（续表）

项目类别与品名	产值	代表大类权数	代表类别权数	细类权数	代表品种权数
总类别 1	I 总类别 1=IA+IB+IC+ID+IE	J 总类别 1=I 总类别 1/I 林产品			
规格品 A	$IA=IA_0+Ia_0$		JA=IA/I 总类别 1		
规格品 A_0	$IA_0=\sum IA_n$			$JA_0=IA_0/IA$	
品种 A_1	IA_1				$JA_1=IA_1/I$ 林产品
品种 A_2	IA_2				$JA_2=IA_2/I$ 林产品
…	…				…
品种 A_n	IA_n				$JA_n=IA_n/I$ 林产品
规格品 a_0	$Ia_0=\sum Ia_n$			$Ja_0=Ia_0/IA$	
品种 a_1	Ia_1				$Ja_1=Ia_1/I$ 林产品
品种 a_2	Ia_2				$Ja_2=Ia_2/I$ 林产品
…	…				…
品种 a_n	Ia_n				$Ja_n=Ia_n/I$ 林产品
规格品 B	$IB=\sum IB_n$		JB=IB/I 总类别 1		
品种 B_1	IB_1				$JB_1=IB_1/I$ 林产品
品种 B_2	IB_2				$JB_2=IB_2/I$ 林产品
…	…				…
品种 B_n	IB_n				$JB_n=IB_n/I$ 林产品
规格品 C	$IC=\sum IC_n$		JC=IC/I 总类别 1		
品种 C_1	IC_1				$JC_1=IC_1/I$ 林产品
品种 C_2	IC_2				$JC_2=IC_2/I$ 林产品
…	…				…
品种 C_n	IC_n				$JC_n=IC_n/I$ 林产品
规格品 D	$ID=\sum ID_n$		JD=ID/I 总类别 1		
品种 D_1	ID_1				$JD_1=ID_1/I$ 林产品
品种 D_2	ID_2				$JD_2=ID_2/I$ 林产品
…	…				…
品种 D_n	ID_n				$JD_n=ID_n/I$ 林产品
规格品 E	$IE=\sum IE_n$		JE=IE/I 总类别 1		
品种 E_1	IE_1				$JE_1=IE_1/I$ 林产品
品种 E_2	IE_2				$JE_2=IE_2/I$ 林产品

（续表）

项目类别与品名	产值	代表大类权数	代表类别权数	细类权数	代表品种权数
…	…				…
品种 E_n	IE_n				JE_n=IE_n/I 林产品
总类别 2	I 总类别 2=IF+IG+IH	J 总类别 2=I 总类别 2/I 林产品			
规格品 F	$IF=\sum IF_n$		JF=IF/I 总类别 2		
品种 F_1	IF_1				JF_1=IF_1/I 林产品
品种 F_2	IF_2				JF_2=IF_2/I 林产品
…	…				…
品种 F_n	IF_n				JF_n=IF_n/I 林产品
规格品 G	$IG=\sum IG_n$		JG=IG/I 总类别 2		
品种 G_1	IG_1				JG_1=IG_1/I 林产品
品种 G_2	IG_2				JG_2=IG_2/I 林产品
…	…				…
品种 G_n	IG_n				JG_n=IG_n/I 林产品
规格品 H	$IH=\sum IH_n$		JH=IH/I 总类别 2		
品种 H_1	IH_1				JH_1=IH_1/I 林产品
品种 H_2	IH_2				JH_2=IH_2/I 林产品
…	…				…
品种 H_n	IH_n				JH_n=IH_n/I 林产品

说明：确定需要采集的品种以后，即可根据上年各品种产值计算各品种权数，具体计算方法见上表。
品种权数＝本品种产值／总产值，

2.5 资金时间价值方法

2.5.1 资金时间价值

资金的时间价值是西方经济学中的重要概念，一般解释为资金在不同的时间点有不同的价值。一般而言，资金的时间价值也叫货币时间价值，就是货币随着时间的推移而进行增值。特别需要解释的是货币本身并不会增值，只是资金用于生产资金后，由于劳动和生产资料的结合，创造了剩余劳动，才是增值的来源，同时货币必须在不断的运动中才能增值，否则谈资金的时间价值就没有实际意义了。本报告对于时间价值的运用主要集中在森林培育监测中，对于用材林、经济林成本效益分析部分。

2.5.2 资金时间价值计算方法

资金的时间价值按照支付时间因素的不同可以分为现值、终值和年金3种形式。现值是指资金现在的瞬间价值，或者是未来某一特定资金的现在价值。在森林资源损失和经济资源损失计量中，经常要把立木资源整个生长周期采伐收益、成本投入折算到需要评价的年份的价值。这种按照一定的收益率经过一定时间收入和支出的资金的换算为现在时刻的价值，也称之为折现。终值是指资金按照一定的收益率，把资金折算到未来时间的价值。在森林损失计量中，为了便于计算，经常要把第一次间伐、第二次间伐的收益折算到采伐期，加总后再折算到需要计算的时间点。年金是指现在到未来的某一段时间内每年获得或者支出的等额资金。在进行计量时，需要计算的立木、立竹、经济林产品在采伐前几年的平均成本或者平均收益，都采用此种方法。

资金时间价值的计算，按照计息方式的不同可分为单利计算法和复利计算法2种形式。单利计算法比较简单，产生的利息不进行计息，只有本金进行计息；而复利计算法是利息也需要计算利息，也就是平时所说的利滚利，这与在社会再生产不断扩大基础上发展起来的经济规律相符合，因此其在长期投资和森林资产计量中经常的应用。故本节主要对复利计算方法进行简单的介绍。

应用复利计算资金时间价值最常用的的计算公式主要有7个，具体见表2-3。

表2-3 复利计算资金时间价值方法

资金时间价值计算类型	计算公式
复利终值	$F=P(1+i)^n$
复利现值	$P=\frac{F}{(1+i)^n}$
普通年金终值	$F=A\frac{(1+i)^n-1}{i}$
普通年金现值	$P=A\frac{(1+i)^n-1}{i(1+i)^n}$
永续年金现值	$P=\frac{A}{i}$
偿债基金	$A=F\frac{i}{(1+i)^n-1}$
资本年回收	$A=P\frac{i(1+i)^n}{(1+i)^n-1}$

注：P 为现值；F 为终值；A 为年金；i 为折现率；n 为折现年数。

第三章
林业产业发展概述

2012年是我国经济与社会发展极为重要的一年，也是林业改革与发展的关键之年。党的十八大把建设生态文明纳入中国特色社会主义事业“五位一体”总体布局，并作为党的重大行动纲领写入党章。一年来，国家林业局党组和各级林业部门以科学发展观为指导，全面贯彻落实党的十八大精神，以建设生态文明为目标，以改善生态和改善民生为总任务，加快发展现代林业，努力克服各类自然灾害对林业生产建设造成的不利影响，生态建设和保护进一步加强，林业产业快速发展，林区民生和基础设施建设成效显著，林业改革发展深入推进，林产品进出口贸易稳定增长，林业各项事业取得新成就。

3.1　生态建设与保护

改善生态是林业的根本任务。当前我国生态状况十分脆弱，林业生态建设的任务仍然繁重。近年来，中央投资补助涉及林木种苗、造林、森林抚育经营、生态补偿、林业机具等林业生态建设的各个生产环节，全国每年以600万公顷的造林计划任务大规模推进，收效显著。

3.1.1　营造林总体状况

2012年造林绿化工作稳步推进，全国共完成荒山荒地造林面积559.58万公顷，比2011年减少6.68%。其中人工造林382.07万公顷，飞播造林13.64万公顷，无林地或疏林地新封山育林163.87万公顷，其中人工造林占全部造林面积的68.28%。西部12个省（区、市）（含新疆兵团）共完成造林面积295.18万公顷，占全部造林面积的52.75%，见图3-1。

2012年，国家进一步完善森林抚育规程，启动森林经营样板基地建设，森林抚育经营由试点转向全面推开。截至2012年年底，共完成中幼龄林抚育面积766.17万公顷，比2011年增长4.46%；完成低产低效林改造面积70.75万公顷，比2011年减少10.31%；完成有林地造林面积58.15万公顷；更新造林30.51万公顷；四旁（零星）植树23.94亿株。林木种苗管理工作不断强化，开展了打击制售假劣林木种苗转向行动，林木种子和苗木合格率分别达到90.1%和94.7%。全国林木种子采收量、苗木产量和育苗面积分别为2.78万吨、570.78亿株和91.56万公顷。

2012年造林绿化从林种用途、树种类型以及结构类型上更加注重生态效能和抗灾能力的发挥，特点较为突出。

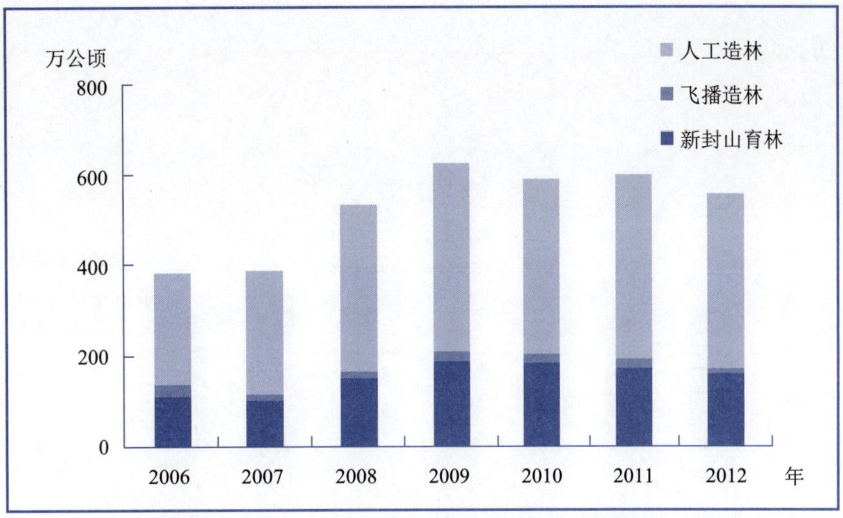

图 3-1　2006 ～ 2012 年全国造林面积对比

（1）生态公益林所占比重明显提高。从林种用途看，在全部造林面积中，用材林77.44万公顷、经济林110.11万公顷、防护栏365.08万公顷、薪炭林4.11万公顷、特种用途林2.84万公顷，占全部造林面积的比重分别为13.84%、19.68%、65.24%、0.73%和0.51%。生态公益林（防护林和特种用途林）占全部造林面积的比重为65.75%，比2011年提高近4个百分点。

（2）乡土树种造林所占比重有所提高。从树种类型看，乡土树种的造林面积为359.39万公顷，占全部造林面积的比重为64.23%，比2011年提高1个百分点。乡土树种造林比重的提升，有利于生物多样性保护，增加对不良环境的抵抗力。

（3）混交林造林比重占3成以上。从结果类型看，混交林面积为204.55万公顷，占全部造林面积的比重为36.55%，比2011年提高3个百分点，混交林利于减少病虫危害和森林火灾，特别在涵养水源、保持水土、防风固沙等方面发挥更为突出的作用。

3.1.2　国家林业重点生态工程

2012年国家林业重点生态工程深入实施，共完成造林面积275.39万公顷，占全部造林面积的49.21%。其中天保工程、退耕还林工程（不含京津工程退耕）、京津风沙源治理工程和三北及长江流域等重点防护林体系工程分别为48.52万公顷、65.53万公顷、54.17万公顷和107.18万公顷，占全部造林面积的比重分别为8.67%、11.71%、9.68%、19.15%，具体见图3-2。

各级地方政府造林、企业造林、大户造林等社会造林面积284.19万公顷，占全部造林面积的比重达到50.79%，比2011年提高2.38个百分点。社会造林面积首次超过国家林业重点生态工程造林面积，社会造林和国家林业重点生态工程造林二分天下的发展局面已经形成，具体见图3-3。

1. 天然林资源保护工程

2012年，全国天然林资源保护二期工程启动实施，森林管护、公益林建设、森林改造培育等工程建设内容顺利推进。2012年工程区木材产量进一步调减，为1044.46万立方米，比2011年减少

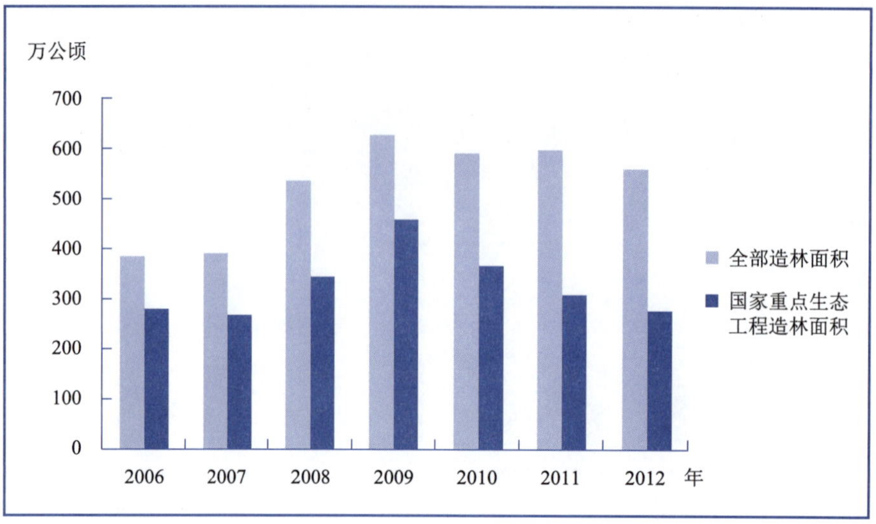

图 3-2 2006 ～ 2012 年国家林业重点生态工程造林与全部造林面积比较

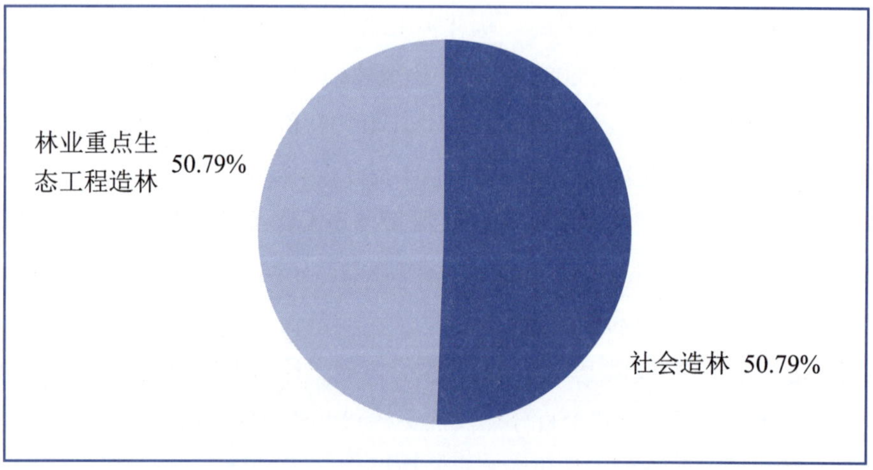

图 3-3 2012 年国家林业重点生态工程造林与社会造林结构图

6.27%，仅占全国木材总产量的12.78%。

2012年天保工程完成造林面积48.52万公顷，其中人工造林13.79万公顷，飞播造林5.97万公顷，无林地和疏林地新封山育林28.75万公顷，具体见图3-4。中、幼龄林抚育面积168.15万公顷。森林管护面积为11409万公顷，其中国有林管护面积7042万公顷，集体和个人所有的国家级公益林面积1989万公顷，集体和个人所有的地方公益林面积2378万公顷。自1998年工程实施以来，15年间工程已累计完成人工造林310.83万公顷、飞播造林341.27万公顷、新封山育林807.65万公顷。

天保工程去项目实施单位年末人数为82.72万人，其中在岗职工60.47万人，离开本单位保留劳动关系人员21万人，其他从业人员1.24万人。在岗职工年平均工资为24736元。在岗职工参加基本养老保险人数为52.73万人，在岗职工参加基本医疗保险人数为55.42万人。

2. 退耕还林工程

2012 年退耕还林工程共完成造林面积 67.45 万公顷（含京津风沙源工程中 1.92 万公顷），其

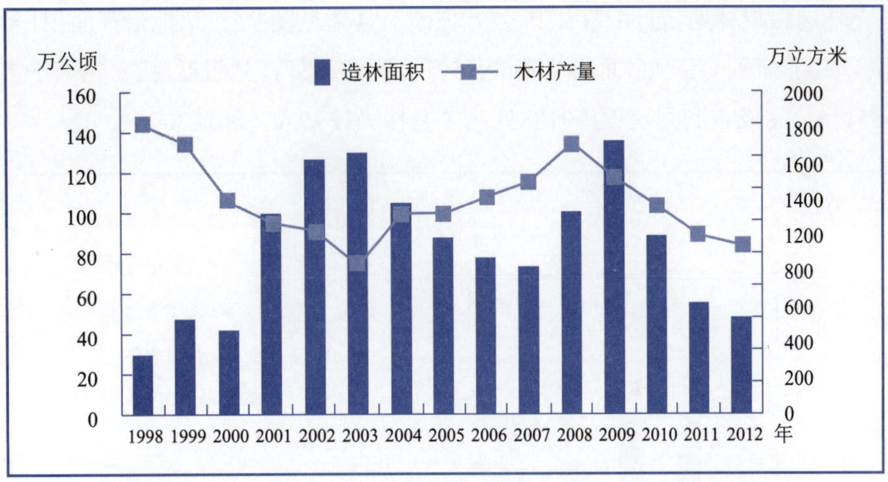

图 3-4 1998～2012 年天保工程历年木材产量、造林面积

中荒山荒地造林 46.11 万公顷，无林地和疏林地新封山育林 21.34 万公顷，具体见图 3-5。西部 12 个省（区、市）（含新疆兵团）共完成 38.57 万公顷的退耕还林工程任务，占退耕工程总造林面积的 57.18%。

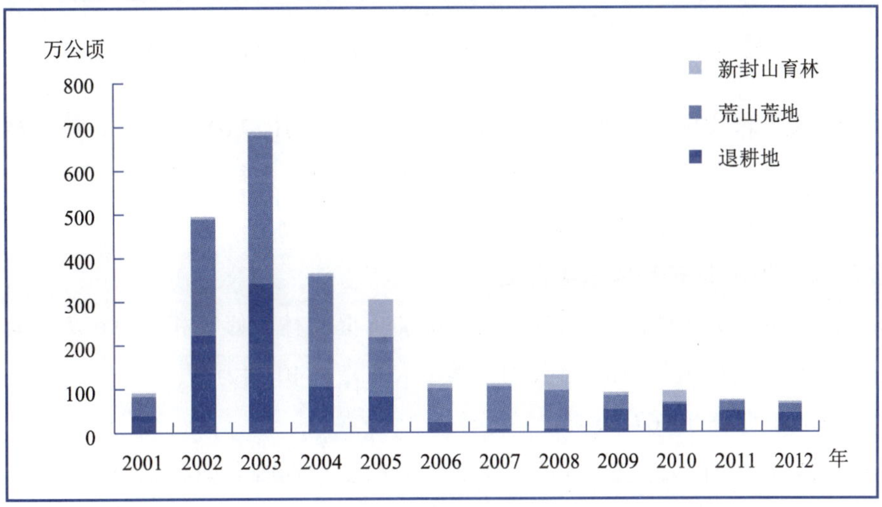

图 3-5 2001～2012 年退耕还林工程造林完成情况

2012年涉及粮款兑现的退耕地面积为787.25万公顷。全年粮食补助资金81.54亿元，生活费兑现金额35.67亿元。全年粮款兑现涉及2477万农户。自1999年工程试点以来已累计完成退耕地造林906.30万公顷，荒山荒地造林1580.08万公顷，新封山育林268.15万公顷。累计粮食补助资金总计1980.16亿元，累计生活费兑现金额总计299.46亿元。

3．京津风沙源治理工程

2012年，国务院批准了《京津风沙源治理二期工程规划》，建设范围扩大到6个省（区、市）的138个县，增加了林草植被保护、工程固沙等林业建设内容。

2012年京津风沙源治理工程共完成造林54.17万公顷，其中人工造林22.76万公顷，飞播造林

5.43万公顷，无林地和疏林地新封山育林25.97万公顷，具体见图3-6。草地治理面积1.80万公顷，小流域治理面积4.18万公顷，治理总面积达到60.15万公顷。另外，建设暖棚59.74万平方米；购置各类饲料机械6351台；完成水利配套设施9188处；生态移民1295人，涉及267户。

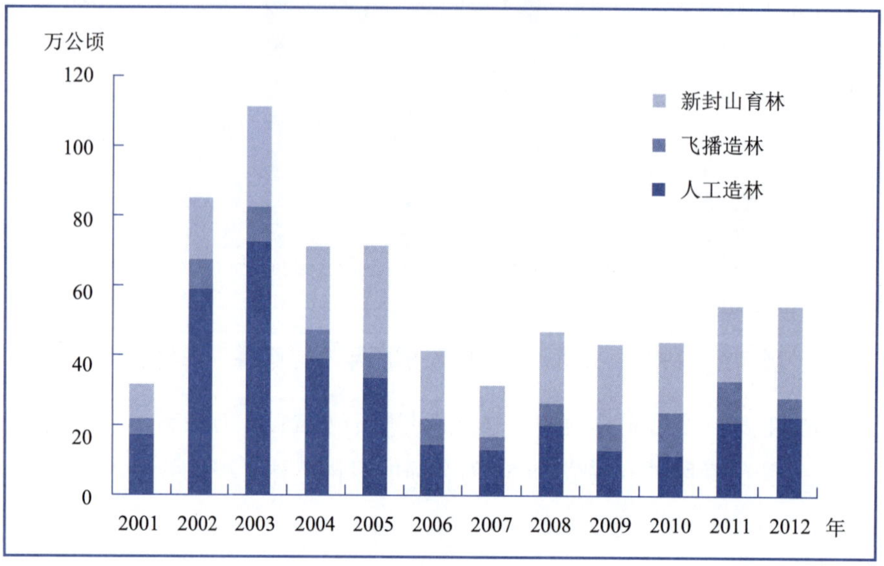

图 3-6　2001 ～ 2012 年京津风沙源治理工程造林情况

京津风沙源治理工程实施12年来累计完成治理总面积达到1027.06万公顷，其中林业工程685.45万公顷，草地治理237.26万公顷，小流域治理104.35万公顷。在林业工程中，累计完成人工造林335.67万公顷、飞播造林94.28万公顷、新封山育林255.50万公顷。

4．三北及长江流域等防护林体系建设工程

2012年，三北五期工程规划正式获批实施，增加了退化林分修复和百万亩人工林基地建设内容。2012年三北工程共完成造林67.87万公顷，其中人工造林40.34万公顷，飞播造林0.67万公顷，无林地和疏林地新封山育林26.86万公顷。

长江、珠江等防护林体系建设工程持续推进，完成了三期规划编制工作。长江流域防护林工程完成造林面积15.79万公顷，沿海防护林工程完成造林面积14.54万公顷，珠江流域防护林工程完成造林面积5.16万公顷，太行山绿化工程完成造林面积3.81万公顷。在三北及长江流域等防护林体系建设工程全部造林面积中，防护林面积所占比重为90.99%，其中水土保持林和防风固沙林所占比重最高，分别达到了29.56%和26.35%。另外，完成低产低效防护林改造面积1.09万公顷。自2001年以来，三北及长江流域等防护林体系建设工程累计完成人工造林827.40万公顷、飞播造林29.78万公顷、新封山育林489.21万公顷。其中，三北工程累计完成人工造林510.82万公顷、飞播造林10.78万公顷、新封山育林259.74万公顷。

5．野生动植物保护及自然保护区建设工程

2012年，野生动植物保护及自然保护区建设工程突出加强自然保护区基础设施和能力建设，启动了极小种群野生植物拯救保护工作，新增林业系统国家级自然保护区23处。截至2012年年底，林业系统自然保护区达到2150处，总面积1.25亿公顷，占全国国土面积的13.01%，其中，国家级自然保护区286处，面积7713.82万公顷。年末实有自然保护小区4.86万个，总面积1205万公顷。野生植物就地保护点688个，总面积424万公顷。野生动物种源繁育基地4137个，其中商业性野生动物驯养繁殖单位3993个。野生植物种源培育基地976个。野生动物观赏展演单位342个，植物园117个，狩猎场154个。野生动植物保护管理站4383个，野生动植物科研及监测机构626个，鸟类环志中心（站）95个。全国从事野生动植物及自然保护区建设的人员达5.02万人，其中各类专业技术人员1.48万人。

6．湿地保护与恢复工程

2012年，国务院批准了《全国湿地保护工程“十二五”实施规划》，全年共恢复湿地2万公顷，新增湿地保护面积9万公顷和68处国家湿地公园试点，确认了11处国家重要湿地。截至2012年年底，国际重要湿地为41处，面积达到371万公顷，湿地示范区面积达到374万公顷。

3.2 林业产业发展和林业民生工程

林业在改善民生方面的作用越来越大。林业产业链条长、类别多，特别是林业为社会和人们提供了丰富的生态建设产品、生活用品和美化用品。2012年，我国林业产业继续保持强劲发展势头，产业规模不断扩大，产业结构进一步优化，新兴产业快速发展，提供了日益丰富的林产品。林业棚户区（危旧房）改造时林业的惠民工程，近年来在国家相关扶持政策的推动下，林业棚户区（危旧房）改造进展顺利。

3.2.1 林业产业发展

1．林业产业总产值

2012年林业产业总产值达到3.95万亿元（按现价计算），比2011年增长28.94%，产业规模不断扩大。自2011以来，林业产业总产值的平均增速达到22.88%，具体见图3-7。

图3-7 2001～2012年全国林业产业总产值及其增长速度

分产业看，第一产业产值13748.52亿元，占全部林业产业总产值的34.85%，同比增长24.35%；第二产业产值20898.30亿元，占全部林业产业总产值的52.97%，同比增长25.23%；第三产业 产值4804.09亿元，占全部林业产业总产值的12.18%，同比增长68.44%。近年来，林业三次产业的产值结构逐步调整，已由“十五”末期的52:41:7，调整为目前的35:53:12，林业二三产业所占比重逐年增大，产业结构进一步优化。第一产业中，包括干鲜果品、茶、中药材以及森林食品等在内的经济林产品种植与采集业产值为7751.88亿元，所占比重最大，为56.38%；第二产业中，包括锯材、人造板等在内的木材加工及木竹制品制造业产值为8233.95亿元，所占比重最大，为39.40%。木竹浆造纸业产值为4751.52亿元，木竹家具制造业产值为2794.39亿元；第三产业中，林业旅游与休闲服务业产值为3522.55亿元，所占比重最大，为73.32%，全年涉林旅游和休闲的人数达到14.82人次。发展速度最快的产业主要是一些新兴产业，包括林业旅游和休闲服务业、油茶产业、野生动物繁育与利用业等，增长速度分别达到89.07%、57.71%和39.39%。

分地区看，东部地区林业产业总产值为20538.51亿元，占全部林业产业总产值的52.06%；中部地区林业产业总产值为7621.26亿元；西部地区林业产业总产值为7395.70亿元；东北地区林业产业总产值为3895.43亿元。东部地区林业产业总产值的增速最快，所占比重也最大，与其他地区的差距进一步拉大。林业产业总产值超过3000亿元的省份共有5个，分别是广东、山东、浙江、江苏和福建，具体见图3-8。

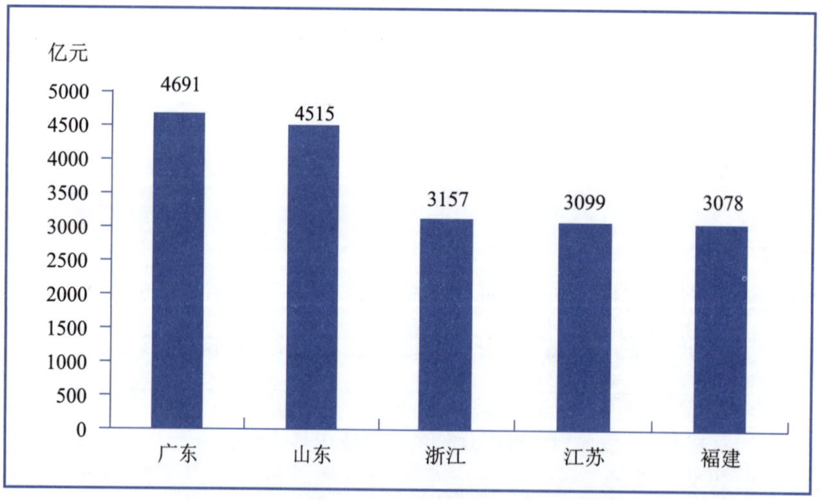

图 3-8　林业产业总产值超 3000 亿元省份

2．木材安全保障

木材战略储备基地建设。2012年，福建、广西、广东、湖南、云南、河南、江西等7省（区）率先开展木材战略储备基地示范建设，安排中央投资2.28亿元（其中中央基本建设资金1.08亿元，中央财政资金1.2亿元），建设木材战略储备生产基地94 600公顷。截至2012年年底，7个示范省（区）共完成建设任务约90 233公顷，占计划任务的95.4%。速生丰产用材林基地建设。2012年速生丰产用材林基地建设共完成各地类造林38.01万公顷，其中荒山荒地造林26.84万公顷，更新造林7.40万公顷，非林业用地造林3.77万公顷。另外完成改培面积3.28万公顷。

3. 木材生产及林业工业

（1）木材产量

2012年，全国商品材总产量与2011年基本持平，为8174.87万立方米。在全部木材产量中，原木产量7494.37万立方米，薪柴产量680.50万立方米。商品材产量较大的省份都集中在我国集体林区，分别是广西、广东、福建、山东、云南、安徽、湖南，这些省（区）的商品材产量都超过400万立方米。此外，全国农民自用材采伐量700.09万立方米，农民烧材采伐量2056.80万立方米，具体见图3-9。

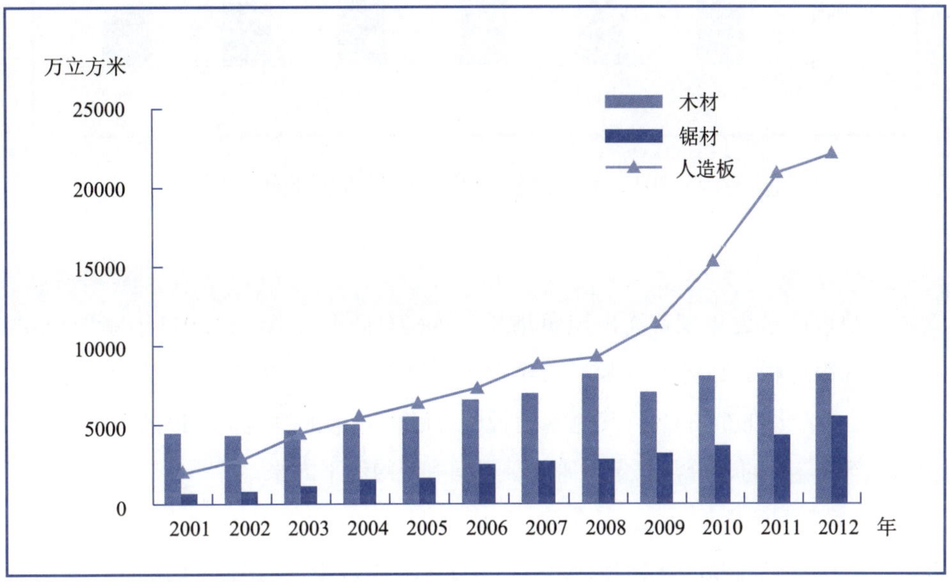

图 3-9　2001 ～ 2012 年全国木材及主要林产工业产品产量

（2）锯材与木片、木粒加工产品产量

2012年，锯材产量为5568.19万立方米，比2011年增长24.84%。木片、木粒加工产品2906.93万实积立方米，比2011年增长29.93%。

（3）人造板产量

2012年，受国内房地产调控和国家社会购买力下降的双重影响，木质家具生产和建筑装饰行业受到冲击，我国人造板产量增速放缓。全国人造板总产量为22 335.79万立方米，比2011年增长6.77%。在全部人造板产量中，胶合板10 981.17万立方米，比2011年增长11.26%，占全部人造板产量的49.16%；纤维板5800.35万立方米，比2011年增长4.28%，占全部人造板产量的25.97%，其中中密度纤维板产量为5022.45万立方米；刨花板产量2349.55万立方米，比2011年减少8.20%，占全部人造板产量的10.52%；其他人造板3204.71万立方米（细木工板占58.28%），比2011年增长9.44%，占全部人造板产量的14.35%。另外单板产量为3492万立方米，人造板表面装饰板产量为1.92亿平方米。从各省情况看，山东、江苏、广西、河南、安徽、河北6省（区）产量均超过1000万立方米，6省（区）人造板产量共计16 392.56万立方米，占全国人造板总产量的73.39%，具体见图3-10。

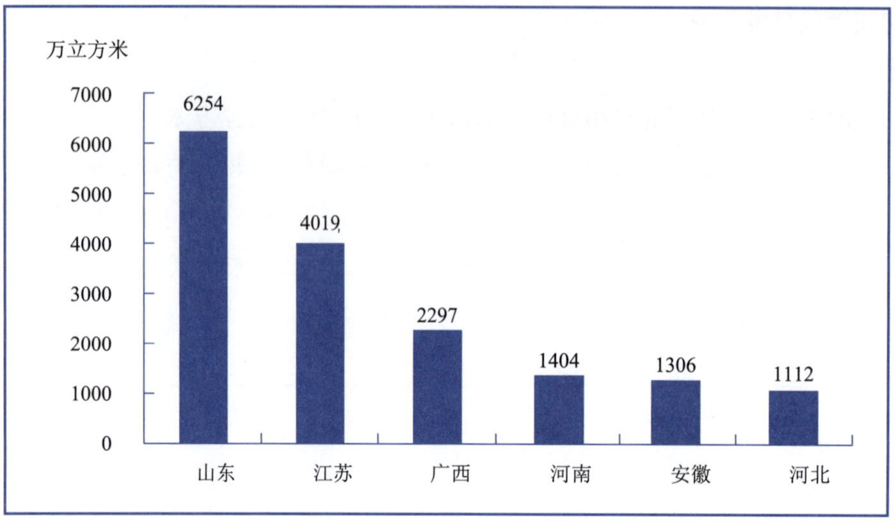

图 3-10　2012 年人造板产量位列前 6 名的省（区）

（4）木竹地板产量

2012年木竹地板产量近年来首次出现负增长，为6.04亿平方米，比2011年减少3.94%。在木竹地板产量中，实木木地板1.25亿平方米，占全部木竹地板产量的20.75%；复合木地板3.71亿平方米，占全部木竹地板产量的61.33%；其他木地板0.59亿平方米；竹地板0.49亿平方米。江苏省和浙江省是木竹地板产量最大的省份，产量分别达到1.44和1.19亿平方米。

（5）林产化工产品产量

2012年，全国松香类产品产量141万吨，与2011年基本持平。松节油类产品产量18.74万吨，比2011年增长3.12%。樟脑产量1.14万吨，冰片925吨，栲胶类产品6926吨，紫胶类产品产量2494吨。

4．经济林、竹、油茶、花卉产业

2012年，经济林产品产量稳定增长，各类经济林产品总量达到1.42亿吨，比2011年增长6.50%。从产品类别看，水果产量为12227万吨，比2011年增长6.59%；干果产量为987万吨，比2011年增长6.47%；毛茶等林产饮料产品的产量为184万吨；花椒、八角等林产调料产品的产量为58万吨；竹笋干、食用菌等森林食品产量为308万吨；杜仲、枸杞等木本药材的产量为130万吨；油茶等木本油料产量为177万吨；松脂、油桐等林产工业原料产量179万吨。

2012年竹材产量为16.44亿根，比2011年增长6.81%，其中毛竹11.15亿根，篙竹5.29亿根。竹产业产值达1224亿元。

近年来，中央不断加大油茶产业发展的扶持力度，中央财政木本油料产业发展资金增加到37.9亿元，油茶产业发展重点县增加100个。2012年油茶种植面积达到350万公顷，当年新造油茶林23.59万公顷，低产林改造11.42万公顷。繁殖圃517个，苗木产量12.44亿株，油茶籽产量为173万吨，比2011年增长16.73%。从事油茶良种苗木培育、种植、茶油以及其他副产品生产加工的企业有1643个，油茶产业产值达387亿元。

2012年，花卉种植面积96.91万公顷，比2011年增长12.40%，花卉种植业产值达到1265亿元。

切花切叶185亿支；盆栽植物34亿盆；观赏苗木124亿株；草坪5.24亿平方米。具有一定规模的花卉市场4200多个，花卉企业4.30万个，其中大中型花卉企业9000多个；花卉从业人员463万人，花农129万户；控温温室面积和日光温室面积分别为4006万平方米和16658万平方米。

5. 林业主要产品销售价格

2012年全国主要林业工业产品销售价格涨跌互现。木材综合平均价格为每立方米757元，与2011年基本持平；竹材综合平均价格为每根8元，比2011年略有增长；锯材综合平均价格为每立方米1213元，比2011年上涨5.94%；木片综合平均价格为每实积立方米716元，比2011年下降16.84%；木地板综合平均价格为每平方米158元，比2011年上涨19.70%；胶合板综合平均价格为每立方米1868元，比2011年下降9.14%；中密度纤维板综合平均价格为每立方米1505元，比2011年下降11.42%；刨花板综合平均价格为每立方米1103元，比2011年上涨3.37%；林化产品中，松香综合平均价格为每吨11184元，比2011年下降13.20%；栲胶综合平均价格为每吨13296元，比2011年上涨68.75%；紫胶综合平均价格为每吨42607元，比2011年上涨148.47%。

3.2.2 林业民生工程

林业棚户区（危旧房）改造时国家保障性安居工程建设重要内容，具体包括国有林区棚户区改造和国有林场危旧房改造。截至2012年年底，林业棚户区（危旧房）改造已累计安排中央投资201.2亿元，安排改造任务140.8万户，已竣工入住近90万户。其中，2012年安排改造任务41.95万户，中央投资66.24亿元。自2008年以来，林业棚户区（危旧房）改造工作取得巨大成绩，一是极大改善了林区民生，使林业职工告别了潮湿阴暗的棚户区，住进了宽敞明亮、配套设施齐全的新楼房；二是有力促进了林业改革，各地撤并和整合了一批林场（所），推进生产区和生活区逐步分离，推动了国有林区和国有林场改革；三是切实推进了城镇化进程，林业部门不断调整优化林区生产生活布局，积极融入国家城镇化建设战略，形成了许多新的林业小区和小城镇。

3.3 集体林权制度改革

2012年，各地认真贯彻落实《中共中央国务院关于全面推进集体林权制度改革的意见》，不断加大工作力度，着力深化改革，取得了明显成效。截至2012年年底，全国除上海和西藏以外29个省（区、市）已确权面积约1.8亿公顷，占各地纳入集体林权制度改革面积的99.05%，明晰产权的任务已经完成，其中2012年新确权169.4万公顷。截至2012年年底，全国已经发放林权证1亿本，发证面积累积达17 360万公顷，占已确权林地总面积的96.37%。林改以来，共有8981.25万农户领到了林权证，占涉及林改的1.5亿农户的60.01%。有26个省（区、市）开展了林权抵押贷款工作，累积抵押贷款面积达3 853 660公顷，累计抵押贷款金额792.31亿元，平均每亩贷款1370.66元。各地建立经编办批准成立的林权管理服务机构1296个，其中2012年新增林权管理服务机构86个。全国累积发生集体林地流转面积1280万公顷，占已确权林地的7.12%。全国共建立林业专业合作组织11.15万个，加入合作组织的农户1356.32万户，占林改涉及农户的9.06%。

3.4 林业投资

2012年，中央财政补贴普惠制进程明显加快，林木良种、造林、森林抚育补贴试点资金规模继续扩大，国家级公益林全部纳入森林生态效益补偿范围，森林保险保费补贴试点范围扩大到17个省（区）。林业棚户区（危旧房）改造和配套设施建设投资规模保持较高水平，国有林区（林场）道路、电网改造、广播电视也都纳入了国家相关规划。林业投资规模再创新高。

3.4.1 林业建设资金到位情况

2012 年，实际到位各类林业建设资金 3366.45 亿元，比 2011 年增长 22.66%。按来源分，国家预算资金 1556.35 亿元，占资金总量的 46.23%，国内贷款（主要为林业贴息贷款）、利用外资、自筹资金和其他资金分别为 328.39 亿元、31.64 亿元、1064.87 亿元和 316.40 亿元，分别占资金总量的 9.75%、0.94%、31.63% 和 9.40%。国家预算资金中，中央资金为 847.02 亿元，地方资金为 709.33 亿元。

3.4.2 林业投资完成情况

2012年，全部林业投资完成额达到33.42.09亿元，比2011年增加26.95%，其中国家投资完成1245.40亿元，占全部林业投资完成额的37.26%。全部林业投资完成额中，按照项目管理的且计划总投资在500万元以上的林业固定资产建设项目完成投资1274.01亿元，占全部林业投资完成额的38.12%，具体见图3-11。

按建设内容分，用于生态建设与保护方面的投资为1604.12亿元，占全部林业投资完成额的48%；用于林木种苗、森林防火、有害生物防治等林业支撑与保障方面的投资为222.88亿元；用于

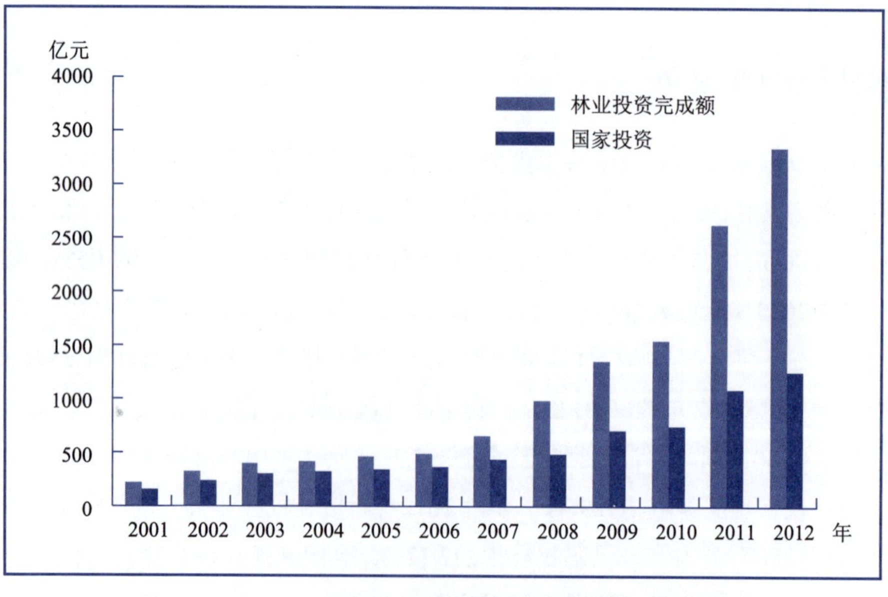

图 3-11　2001 ～ 2012 年林业投资完成额与国家投资

林业产业发展方面的资金为820.71亿元；用于林业棚户区改造和其他林业社会性基础设施建设资金245.46亿元；其他直接448.92亿元。

按地区分，东部地区林业投资完成额952.93亿元，占全部林业投资完成额的28.51%；中部地区林业投资完成额502.72亿元，占全部林业投资完成额的15.04%；西部地区林业投资完成额1445.94亿元，占全部林业投资完成额的43.26%；东北地区林业投资完成额430.87亿元，占全部林业投资完成额的12.89%。

2012年，林业系统全年房屋施工面积达到2024.13万平方米，竣工面积1368.89万平方米，分别比2011年减少4.31%和0.12%。其中，住宅施工面积为1767.06万平方米，竣工面积为1152.09万平方米，住宅竣工价值125.90亿元。

3.4.3 林业利用外资情况

2012 年，我国林业利用外资项目个数为 262 个，实际利用外资规模 5.18 亿美元，比 2011 年减少 69.53%，其中国外借款 0.90 亿美元，外商直接投资 4.08 亿美元，无偿援助 0.20 亿美元，分别占林业实际利用外资总规模的 17.28%、78.85% 和 3.87%。林业实际利用外资金额占全国外商直接投资的 0.46%。

3.5 林业系统从业人员和劳动工资

截至2012年年底，全国林业系统各种经济类型单位共计45 060个，其中企业2271个，事业单位38 525个，机关4264个。

2012年林业系统年末人数共计161.55万人，比2011年减少2.50%。其中在岗职工126.24万人，离开本单位仍保留劳动关系人员28.64万人，其他从业人员6.67万人。在岗职工按所属行业分，木材及竹材采运业、国有林场和林业工作站位居前3位，分别为42.26万人、35.95万人和11.01万人。林

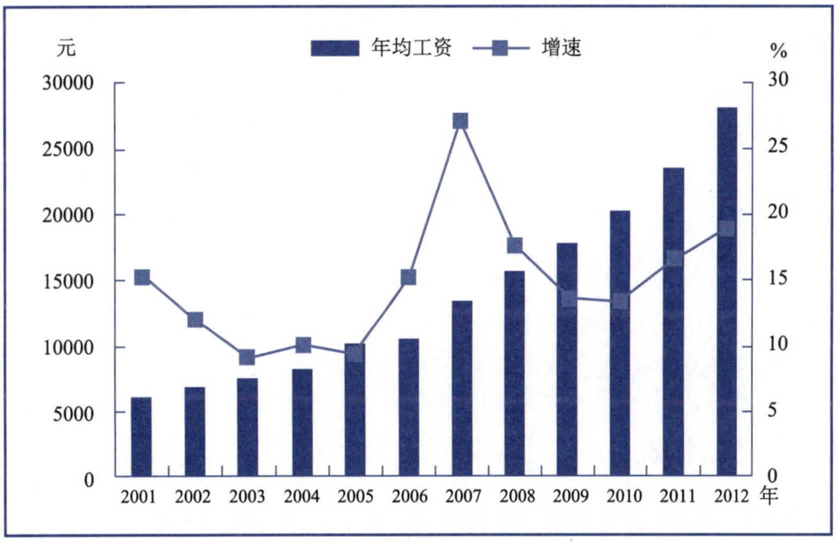

图 3-12 林业系统在岗职工年平均工资与增长速度

业系统在岗职工年平均工资达到28 105元，比2011年增长19.03%，具体见图3-12。

分地区看，东北地区林业系统在岗职工年平均工资最低，仅为22 154元，但比2011年增长26.80%，增速最快；东部地区林业系统在岗职工年平均工资最高，达到38 685元；西部地区林业系统在岗职工年平均工资为32 372元；中部地区林业系统在岗职工年平均工资为24 254元。分行业看，林业工程技术与规划管理业年平均工资最高，为53 488元，木竹家具制造业年平均工资最低，为12 379元。

3.6 林业灾害发生和安全生产情况

3.6.1 林业灾害发生情况

2012年，全国共发生森林火灾3966起，受害森林面积1.39万公顷，因灾伤亡21人，同比分别下降28.5%、48.1%和76.9%，继连续4年实现“三下降”后，成为1949年以来火灾损失（受害森林面积和人员伤亡）最少的一年。森林防火工作取得显著成效，卫星热点核查“零报告”和“有火必报”制度首次实行，卫星热点2小时反馈率达98.7%，火灾24小时扑灭率达97.1%。

2012年，全国主要林业有害生物发生面积1177万公顷，与2011年发生面积基本持平，其中，虫害发生846万公顷，病害发生131万公顷，鼠（兔）害发生200万公顷。另外，有害植物发生17万公顷。全国主要林业有害生物成灾率控制在4.5‰以下，无公害防治率达87.03%以上，测报准确率达85%以上，种苗产地检疫率达95%以上。

3.6.2 安全生产情况

2012年，林业安全生产有序开展，林业生产事故伤亡人数比2011年大幅减少。轻伤、重伤和死亡分别为477人次、46人次和61人次，比2011年减少211人次、8人次和21人次。

3.7 主要林产品进出口贸易

2012年，受欧盟、日本市场需求不振和国内房地产市场调控的影响，我国传统的优势林产品如木家具、胶合板、纸产品等出口量显著下滑，一些主要用于建筑业的针叶材进口量也显著减少，林产品出口增速持续放缓，进口呈现负增长。但是受美国整体经济温和复苏的影响和带动，新兴市场国家的需求进一步企稳，整体向好迹象显著。根据海关统计数据汇总分析，2012年全国林产品进出口总值为1188.3亿美元，比2011年减少1.1%。其中，出口额575.5亿美元，比2011年增长5.0%；进口额612.6亿美元，比2011年减少6.3%。

3.7.1 主要林产品进口情况

2012年原木进口量3789.3万立方米，金额72.5亿美元，分别比2011年减少10.5%和12.4%；锯材进口量2066.8万立方米，金额55.2亿美元，分别比2011年减少4.3%和3.5%；纸及纸板、纸制品进口量325.4万吨，金额46.0亿美元，分别比2011年减少6.4%和9.0%；纸浆进口量1646.4万吨，金额110.4亿美元，分别比2011年增长14%和减少7.5%；木家具进口量636.8万件，金额6.0亿美元，分别比2011年增长15.8%和9.1%。

3.7.2 主要林产品出口情况

2012年木家具出口量2.9亿件，金额183.3亿美元，分别比2011年减少0.7%和增加7.1%；纸及纸板纸制品出口量606.5万吨，金额109.8亿美元，分别比2011年增长1.1%和6.3%；木制品出口金额45.2亿美元，比2011年增长7.7%；胶合板出口量1003.3万立方米，金额48亿美元，分别比2011年增长4.8%和10.5%。

第四章
森林培育监测

森林培育是整个林业生产的关键环节，是林业生产的起点。森林培育成本的高低直接关系着林产品价格的高低及其在市场的竞争力大小。为了对各用材林及经济林的培育费用进行细致、准确核算，故本研究依据林业勘测设计院对成本研究结果进行理论模型设计。森林培育成本包括生产准备费、造林费（包含种苗费、整地费、栽植费、补植费）、抚育费（包含中幼林抚育、成熟林抚育）、森林保护费、管理费（包含折旧、修理养路费），在本研究报告的森林培育成本暂未包含林地使用租金的费用。

本研究报告中涉及的折现率的确定主要是根据我国商业银行5年及以上长期贷款利率及在贷款的过程中可能出现的各类费用综合确定为7%。各类主要树种的产量、生长量或者采伐量是由林产规划设计院经过长期的测量所得。各类林业产品的价格则是由国家林业局经济发展研究中心产业室的监测数据，用材林价格数据是在监测的基础上对后面的数据进行了预测，而经济林产品的价格受到市场的影响相对较大，因此皆是以目前价格进行的成本效益分析。在后面表格中带括号的说明其为负值，带有“-”的代表没有产量。

本次的森林培育监测主要对用材林和经济林的主要树种进行技术经济评价，其中经济林监测包括杉木、杨树、马尾松、湿地松、泡桐、落叶松及桉树；经济林包括油茶、板栗、核桃、柑橘、枣及茶叶。

4.1 用材林森林培育监测

4.1.1 杉木培育监测

杉木是我国南方的主要树种，也是我国分布较广的用材树种，在我国整个杉木分布区可分为3个带，北带相当于植被区划的北亚热带，属杉木分布的北部边缘；中带相当于中亚热带，其东部和中部都是杉木的中心产区，如贵州东南部、湖南西南部、广西北部、广东北部、江西南部、福建北部、浙江南部等是历史上杉木的著名产地；南带是南亚热带，属杉木分布的南部边缘。杉木生产周期根据用材类型的不同，有不同的经营方案，根据用材林的标准，其生长周期为20年，在整个生长周期内蓄积量会达到12.8立方米/亩。

1. 杉木成本监测结果

根据监测结果显示，本年度杉木的培育成本为1108.80元/亩。杉木的生产准备费为80.40元/亩，造林费为399.60元/亩，抚育费为309.60元/亩，森林保护费为51.60元/亩，管理费为118.80元/亩，其他费用为148.80元/亩。具体见表4-1。

从占总成本的比例显示，培育成本造林费（36.04%）所占比例最多，其次是森林的抚育费（27.92%），第三的是其他费用（13.42%），接下来是管理费（10.71%），仅少于其他费用（2.71%），排在最后的是生产准备费（7.25%）和森林保护费（4.65%）。

表4-1 杉木2010～2012年培育成本构成

成本列项	物质量指标（日）	2010 年	2011 年	2012 年
亩总成本（元）	9.24	554.40	739.20	1108.80
1. 生产准备费	0.67	40.20	53.60	80.40
2. 造林费	3.33	199.80	266.40	399.60
种苗费	0.80	48	64	96
整地费	2.11	126.60	168.80	253.20
栽植费	0.33	19.80	26.40	39.60
补植费	0.09	5.40	7.20	10.80
3. 抚育费	2.58	154.80	206.40	309.60
中幼林抚育	2.58	154.80	206.40	309.60
成熟林抚育	折算到中幼林抚育中	0	0	0
4. 森林保护费	0.43	25.80	34.40	51.60
5. 管理费	0.99	59.40	79.20	118.80
6. 林地使用租金		0	0	0
7. 其他费用	1.24	74.40	99.20	148.80

（2）杉木成本效益分析

据2012年的监测结果显示，若在此年进行杉木种植，在第八年进行第一次抚育采伐量为1立方米，估计价格为1112.75元/立方米；在第十四年进行第二次森林抚育，产量为2立方米，预计价格为1217元/立方米；在第二十年进行最终的采伐，采伐量为9.8立方米，预计价格为1217元/立方米。

为给杉木培育投资者一直观认识，本报告以杉木核心区杉木生产为基础，以 20 年作为经营核算周期，中幼林的抚育费用已按照用工量折算标准换算到第一年投资中，其理论生长量、间伐时间及采伐时的估算价格，以核心区的出材率 70% 作为基本出材率进行杉木成本效益分析。经过计算可知 NPV（净现值）为 2440.88 元，IRR（内部收益率）为 16%，明显大于折现率 7%，TP（动态回收期）为第十四年，具体见表 4-2。由此可见，种植杉木在不考虑采伐成本的情况下是经济上可行的。

表4-2 杉木种植成本效益分析

生长周期（年）	生长量（立方米）	采伐量（立方米）	收入（元）	成本（元）	CI-CO（元）	累计净现金流（元）
1				1108.80	（1108.80）	（1036.26）
2					0	（1036.26）
3					0	（1036.26）
4					0	（1036.26）
5	0.60				0	（1036.26）
6	0.60				0	（1036.26）
7	0.60				0	（1036.26）
8	0.60	1	778.90		778.90	（582.93）
9	0.60				0	（582.93）
10	0.80				0	（582.93）
11	0.80				0	（582.93）
12	0.80				0	（582.93）
13	0.80				0	（582.93）
14	0.80	2	1703.88		1703.88	77.86
15	0.80				0	77.86
16	1				0	77.86
17	1				0	77.86
18	1				0	77.86
19	1				0	77.86
20	1	9.80	9144.14		9144.14	2440.88

注：CI-CO为现金流入量 - 现金流出量。

4.1.2 桉树培育监测

桉树是世界著名的三大速生树种之一，其适应性强，材种多样，用途广泛，经济价值高，是十分难得的短周期工业用材树种，一般7年可采伐利用，其蓄积量可达到13.2立方米/亩。桉树是我国南方主要的经济树种，主要分布在 广东省、广西壮族自治区、海南省、湖南省、江西省、云南省、贵州省、四川省等地，是比较常见的速生树种。

1．桉树成本监测结果

根据监测结果显示，本年度桉树的培育成本为2031.60元/亩。桉树的生产准备费为80.40元/亩，造林费为434.40元/亩，抚育费为1185.60元/亩，森林保护费为51.60元/亩，管理费为123.60元/

亩，其他费用为156元/亩。具体见表4-3。

从占总成本的比例显示，培育成本中森林的抚育费（58.36%）所占比例最多，其次是造林费（21.38%），第三的是其他费用（7.68%），接下来是管理费（6.08%），仅少于其他费用1.60%，排在最后的是生产准备费（3.96%）和森林保护费（2.54%）。

表4-3 桉树2010～2012年森林培育成本构成

成本列项	物质量指标（日）	2010年	2011年	2012年
亩总成本（元）	16.93	1015.80	1354.40	2031.60
1. 生产准备费	0.67	40.20	53.60	80.40
2. 造林费	3.62	217.20	289.60	434.40
种苗费	0.88	52.80	70.40	105.60
整地费	2.39	143.40	191.20	286.80
栽植费	0.28	16.80	22.40	33.60
补植费	0.07	4.20	5.60	8.40
3. 抚育费	9.88	592.80	790.40	1185.60
中幼林抚育	9.88	592.80	790.40	1185.60
成熟林抚育	折算到中幼林抚育中	0	0	0
4. 森林保护费	0.43	25.80	34.40	51.60
5. 管理费	1.03	61.80	82.40	123.60
6. 林地使用租金	0	0	0	0
7. 其他费用	1.30	78	104	156

2．桉树成本效益分析

据2012年的监测结果显示，若在此年进行种植，在第lh 年进行第一次抚育采伐量为2.8立方米，估计价格为518元/立方米；在第六年进行第二次森林抚育，产量为2.3立方米，预计价格为647.5元/立方米；在第七年进行最终的采伐，采伐量为10.2立方米，预计价格为647.5元/立方米。

为给桉树种植投资者初步认识，本报告以7年作为经营核算周期，中幼林的抚育费用已按照用工量折算标准换算到第一年投资中，其理论生长量、间伐时间及采伐时的估算价格，以核心区的出材率65%作为基本出材率进行桉树成本效益分析。经过计算可知NPV为1592.49元，IRR为19%，明显大于折现率7%，TP为第七年，具体见表4-4。由此可见种植桉树在不考虑采伐成本的情况下是经济上可行的。

表4-4 树种植成本效益分析

生长周期（年）	生长量（立方米）	采伐量（立方米）	收入（元）	成本（元）	CI-CO（元）	累计净现金流（元）
1				2031.60	（2031.60）	（1898.69）

（续表）

生长周期（年）	生长量（立方米）	采伐量（立方米）	收入（元）	成本（元）	CI-CO（元）	累计净现金流（元）
2	1.20				0	（1898.69）
3	1.80				0	（1898.69）
4	2.30	2.80	336.70		336.70	（1641.82）
5	2.80				0.00	（1641.82）
6	2.80	2.30	841.75		841.75	（1080.93）
7	2.30	10.20	4292.93		4292.93	1592.49

注：CI-CO 为现金流入量 - 现金流出量。

4.1.3　马尾松培育监测

马尾松是我国南部主要材用树种，经济价值高，其分布极为广泛，北自河南及山东南部，南至两广、台湾，东自沿海，西至四川中部及贵州，遍布于华中、华南各地。一般在长江下游海拔600～700米以下，中游约1200米以上，上游约1500米以下均有分布。其一般生长周期为30年，亩蓄积量可以达到13.6立方米。

1．马尾松成本监测结果

根据监测结果显示，本年度马尾松的培育成本为1084.80元/亩。马尾松的生产准备费为80.40元/亩，造林费为382.80元/亩，抚育费为309.60元/亩，森林保护费为51.60元/亩，管理费为115.20元/亩，其他费用为145.20元/亩。具体见表4-5。

从占总成本的比例显示，培育成本中造林费（35.29%）所占比例最多，其次是森林的抚育费（28.54%），第三的是其他费用（13.38%），接下来是管理费（10.62%），仅少于其他费用2.76%，排在最后的是生产准备费（7.41%）和森林保护费（4.76%）。

表4-5　马尾松2010～2012年培育营林成本构成

成本列项	物质量指标（日）	2010 年	2011 年	2012 年
亩总成本（元）	9.04	542.40	723.20	1084.80
1. 生产准备费	0.67	40.20	53.60	80.40
2. 造林费	3.19	191.40	255.20	382.80
种苗费	0.66	39.60	52.80	79.20
整地费	2.11	126.60	168.80	253.20
栽植费	0.33	19.80	26.40	39.60
补植费	0.09	5.40	7.20	10.80

（续表）

成本列项	物质量指标（日）	2010 年	2011 年	2012 年
3. 抚育费	2.58	154.80	206.40	309.60
中幼林抚育	2.58	154.80	206.40	309.60
成熟林抚育	折算到中幼林抚育中	0	0	0
4. 森林保护费	0.43	25.80	34.40	51.60
5. 管理费	0.96	57.60	76.80	115.20
6. 林地使用租金	0	0	0	0
7. 其他费用	1.21	72.60	96.80	145.20

注：CI-CO 为现金流入量 - 现金流出量。

2. 马尾松成本效益分析

据 2012 年的监测结果显示，若在此年进行种植，在第十二年进行第一次抚育采伐量为 0.5 立方米，估计价格为 824.9 元 / 立方米；在第二十年进行第二次森林抚育，产量为 0.8 立方米，预计价格为 916.6 元 / 立方米；在第三十年进行最终的采伐，采伐量为 10.6 立方米，预计价格为 1191.56 元 / 立方米。

本报告对马尾松进行技术经济评价以 30 年作为经营核算周期，中幼林的抚育费用已按照用工量折算标准换算到第一年投资中，其理论生长量、间伐时间及采伐时的估算价格，以核心区的出材率 60% 作为基本出材率进行马尾松成本效益分析。经过计算可知 NPV 为 485.73 元，IRR 为 9%，大于折现率 7%，TP 为第三十年，具体见表 4-6。由此可见种植马尾松在不考虑采伐成本的情况下是经济上可行的。

表4-6　马尾松种植成本效益分析

生长周期（年）	生长量（立方米）	采伐量（立方米）	收入（元）	成本（元）	CI-CO（元）	累计净现金流（元）
1				1084.8	（1084.8）	（1013.83）
2					0	（1013.83）
3					0	（1013.83）
4					0	（1013.83）
5	0.3				0	（1013.83）
6	0.3				0	（1013.83）
7	0.3				0	（1013.83）
8	0.3				0	（1013.83）
9	0.3				0	（1013.83）
10	0.3				0	（1013.83）

（续表）

生长周期（年）	生长量（立方米）	采伐量（立方米）	收入（元）	成本（元）	CI-CO（元）	累计净现金流（元）
11	0.3				0	（1013.83）
12	0.3	0.5	494.94		494.94	（794.07）
13	0.5				0	（794.07）
14	0.5				0	（794.07）
15	0.5				0	（794.07）
16	0.5				0	（794.07）
17	0.5				0	（794.07）
18	0.5				0	（794.07）
19	0.5				0	（794.07）
20	0.5	0.8	1099.92		1099.92	（509.83）
21	0.8				0	（509.83）
22	0.8				0	（509.83）
23	0.8				0	（509.83）
24	0.8				0	（509.83）
25	0.8				0	（509.83）
26	0.8				0	（509.83）
27	0.8				0	（509.83）
28	0.8				0	（509.83）
29	0.8				0	（509.83）
30		10.6	7578.449		7578.449	485.73

注：CI-CO 为现金流入量 - 现金流出量。

4.1.4 杨树培育监测

杨树在中国有50多种。木材用作民用建筑材，生产家具、火柴梗、锯材等，同时也是人造板及纤维用材。叶是良好的饲料。杨树又是用材林、防护林和四旁绿化的主要树种。

1．杨树成本监测结果

根据监测结果显示，本年度杨树的培育成本为 1607.07 元 / 亩。杨树的造林费为 890.52 元 / 亩，抚育费为 300 元 / 亩，森林保护费为 68.55 元 / 亩，管理费为 150 元 / 亩，其他费用为 198 元 / 亩。具体见表 4-7。

从占总成本的比例显示，培育成本中造林费（55.41%）所占比例最多，其次是森林的抚育费（18.67%），第三的是其他费用（12.32%），接下来是管理费（9.33%），仅少于其他费用 2.99%，排在最后的是森林保护费（4.27%）。

表4-7 杨树培育营林成本构成

成本列项	2011 年	2012 年
亩总成本（元）	1071.38	1607.07
1. 生产准备费	0	0
2. 造林费	593.68	890.52
种苗费	110	165
整地费	380	570
栽植费	82.25	123.38
补植费	21.18	31.77
3. 抚育费	200	300
中幼林抚育	120	180
成熟林抚育	80	120
4. 森林保护费	45.70	68.55
5. 管理费	100	150
6. 林地使用租金	0	0
7. 其他费用	132	198

2. 杨树成本效益分析

据 2012 年的监测结果显示，若在此年进行种植，在第七年进行第一次抚育采伐量为 1.1 立方米，估计价格为 800 元 / 立方米；在第十一年进行第二次森林抚育，产量为 1.3 立方米，预计价格为 837.61 元 / 立方米；在第十四年进行最终的采伐，采伐量为 9.2 立方米，预计价格为 1178.67 元 / 立方米。

本报告对杨树进行技术经济评价以 14 年作为经营核算周期，中幼林的抚育费用已按照用工量折算标准换算到第一年投资中，其理论生长量、间伐时间及采伐时的估算价格，以核心区的出材率 60% 作为基本出材率进行杨树成本效益分析。经过计算可知 NPV 为 3768.81 元，IRR 为 19.16%，大于折现率 7%，TP 为第十四年，具体见表 4-8。由此可见种植杨树在不考虑采伐成本的情况下是经济上可行的。

表4-8 杨树成本效益分析

生长周期（年）	生长量（立方米）	采伐量（立方米）	收入（元）	成本（元）	CI-CO（元）	累计净现金流（元）
1				1607.07	（1607.07）	（1501.93）
2					0	（1501.93）
3	0.80				0	（1501.93）

（续表）

生长周期（年）	生长量（立方米）	采伐量（立方米）	收入（元）	成本（元）	CI-CO（元）	累计净现金流（元）
4	0.80				0	（1501.93）
5	1				0	（1501.93）
6	1				0	（1501.93）
7	1	1.10	880		880	（953.91）
8	1.10				0	（953.91）
9	1.10				0	（953.91）
10	1.10				0	（953.91）
11	1.10	1.30	1088.89		1088.89	（436.59）
12	1.30				0	（436.59）
13	1.30				0	（436.59）
14		9.20	10843.76		10843.76	3768.81

注：CI-CO 为现金流入量 - 现金流出量。

4.1.5 湿地松培育监测

湿地松是一种良好的广普性园林绿化树种，它既抗旱又耐劳、耐瘠，有良好的适应性和抗逆力因此在世界上分布极广，中国山东以南的大片国土皆适宜栽培；它还是很好的经济树种，油脂和木材的收益率都很高。

1. 湿地松成本监测结果

根据监测结果显示，本年度湿地松的培育成本为1133.03元/亩。湿地松的生产准备费为150元/亩，造林费为687.98元/亩，抚育费为180元/亩，森林保护费为68.55元/亩，管理费为37.50元/亩，其他费用为9元/亩。具体见表4-9。

从占总成本的比例显示，培育成本中造林费（60.72%）所占比例最多，其次是森林的抚育费（15.89%），第三的是生产准备费（13.24%），接下来是森林保护费（6.05%），排在最后的是管理费（3.31%）和其他费用（0.79%）。

表4-9 湿地松森林培育成本构成

成本列项	2011 年	2012 年
亩总成本（元）	755.35	1133.03
1. 生产准备费	100	150
2. 造林费	458.65	687.98

（续表）

成本列项	2011 年	2012 年
种苗费	48.40	72.60
整地费	380	570
栽植费	30.25	45.38
补植费	0	0
3. 抚育费	120	180
中幼林抚育	120	180
成熟林抚育	0	0
4. 森林保护费	45.70	68.55
5. 管理费	25	37.50
6. 林地使用租金	0	0
7. 其他费用	6	9

2. 湿地松成本效益分析

据 2012 年的监测结果显示，若在此年进行种植，在第九年进行第一次抚育采伐量为 0.6 立方米，估计价格为 950 元 / 立方米；在第十九年进行第二次森林抚育，产量为 0.8 立方米，预计价格为 1068.75 元 / 立方米；在第三十年进行最终的采伐，采伐量为 13.4 立方米，预计价格为 1425 元 / 立方米。

本报告对湿地松进行技术经济评价以30年作为经营核算周期，中幼林的抚育费用已按照用工量折算标准换算到第一年投资中，其理论生长量、间伐时间及采伐时的估算价格，以核心区的出材率65%作为基本出材率进行湿地松成本效益分析。经过计算可知NPV为926.79元，IRR为9.68%，大于折现率7%，TP为第三十年，具体见表4-10。由此可见种植湿地松在不考虑采伐成本的情况下是经济上可行的。

表4-10　湿地松成本效益分析

生长周期（年）	生长量（立方米）	采伐量（立方米）	收入（元）	成本（元）	CI-CO（元）	累计净现金流（元）
1				1133.03	（1133.03）	（1058.91）
2					0	（1058.91）
3					0	（1058.91）
4	0.40				0	（1058.91）
5	0.40				0	（1058.91）
6	0.40				0	（1058.91）

（续表）

生长周期（年）	生长量（立方米）	采伐量（立方米）	收入（元）	成本（元）	CI-CO（元）	累计净现金流（元）
7	0.40				0	（1058.91）
8	0.40				0	（1058.91）
9	0.40	0.60	370.50		370.50	（931.50）
10	0.60				0	（931.50）
11	0.60				0	（931.50）
12	0.60				0	（931.50）
13	0.60				0	（931.50）
14	0.60				0	（931.50）
15	0.60				0	（931.50）
16	0.60				0	（931.50）
17	0.60				0	（931.50）
18	0.60				0	（931.50）
19	0.60	0.80	555.75		555.75	（777.83）
20	0.80				0	（777.83）
21	0.80				0	（777.83）
22	0.80				0	（777.83）
23	0.80				0	（777.83）
24	0.80				0	（777.83）
25	0.80				0	（777.83）
26	0.80				0	（777.83）
27	0.80				0	（777.83）
28	0.80				0	（777.83）
29	0.80				0	（777.83）
30		13.40	12 411.75		12 411.75	852.67

注：CI-CO 为现金流入量 - 现金流出量。

4.1.6 落叶松培育监测

落叶松为松科落叶松属的落叶乔木，是我国东北、内蒙古林区以及华北、西南的高山针叶林的主要森林组成树种，是东北地区主要三大针叶用材林树种之一。落叶松的天然分布很广，它是一个寒温带及温带的树种，在针叶树种中是最耐寒的，垂直分布达到森林分布的最上限。

1．落叶松成本监测结果

根据监测结果显示，本年度落叶松的培育成本为1910.88元/亩。落叶松的生产准备费为150元/亩，造林费为1467.30元/亩，抚育费为180元/亩，其他费用为113.58元/亩。具体见表4-11。

从占总成本的比例显示，培育成本中造林费（76.79%）所占比例最多，其次是森林的抚育费（9.42%），第三的是生产准备费（7.85%），排在最后的是其他费用（5.94%）。

表4-11　落叶松森林培育成本构成

成本列项	2011 年	2012 年
亩总成本（元）	1273.92	1910.88
1. 生产准备费	100	150
2. 造林费	978.20	1467.30
种苗费	132	198
整地费	360	540
栽植费	473	709.50
补植费	13.20	19.80
3. 抚育费	120	180
中幼林抚育	120	180
成熟林抚育	0	0
4. 森林保护费	0	0
5. 管理费	0	0
6. 林地使用租金	0	0
7. 其他费用	75.72	113.58

2．落叶松成本效益分析

据 2012 年的监测结果显示，若在此年进行种植，在第二十年进行第一次抚育采伐量为 0.3 立方米，估计价格为 1000 元 / 立方米；在第三十五年进行第二次森林抚育，产量为 0.4 立方米，预计价格为 1095 元 / 立方米；在第六十年进行最终的采伐，采伐量为 13.1 立方米，预计价格为 1186.25 元 / 立方米。

本报告对落叶松进行技术经济评价以 60 年作为经营核算周期，中幼林的抚育费用已按照用工量折算标准换算到第一年投资中，其理论生长量、间伐时间及采伐时的估算价格，以核心区的出材率 65% 作为基本出材率进行落叶松成本效益分析。经过计算可知 NPV 为 -1534.50 元，在整个计算周期内无收益率，具体见表 4-12。由此可见种植落叶松在不考虑采伐成本的情况下是经济上是不可行的。

表4-12 落叶松成本效益分析

生长周期（年）	生长量（立方米）	采伐量（立方米）	收入（元）	成本（元）	CI-CO（元）	累计净现金流（元）
1				1910.88	（1910.88）	（1785.86）
2					0	（1785.86）
3					0	（1785.86）
4					0	（1785.86）
5					0	（1785.86）
6	0.2				0	（1785.86）
7	0.2				0	（1785.86）
8	0.2				0	（1785.86）
9	0.2				0	（1785.86）
10	0.2				0	（1785.86）
11	0.2				0	（1785.86）
12	0.2				0	（1785.86）
13	0.2				0	（1785.86）
14	0.2				0	（1785.86）
15	0.2				0	（1785.86）
16	0.2				0	（1785.86）
17	0.2				0	（1785.86）
18	0.2				0	（1785.86）
19	0.2				0	（1785.86）
20	0.2	0.3	195		195	（1860.49）
21	0.3				0	（1860.49）
22	0.3				0	（1860.49）
23	0.3				0	（1860.49）
24	0.3				0	（1860.49）
25	0.3				0	（1860.49）
26	0.3				0	（1860.49）
27	0.3				0	（1860.49）
28	0.3				0	（1860.49）
29	0.3				0	（1860.49）
30	0.3				0	（1860.49）
31	0.3				0	（1860.49）

（续表）

生长周期（年）	生长量（立方米）	采伐量（立方米）	收入（元）	成本（元）	CI-CO（元）	累计净现金流（元）
32	0.3				0	（1860.49）
33	0.3				0	（1860.49）
34	0.3				0	（1860.49）
35	0.3	0.4	284.7		284.7	（1833.82）
36	0.4				0	（1833.82）
37	0.4				0	（1833.82）
38	0.4				0	（1833.82）
39	0.4				0	（1833.82）
40	0.4				0	（1833.82）
41	0.4				0	（1833.82）
42	0.4				0	（1833.82）
43	0.4				0	（1833.82）
44	0.4				0	（1833.82）
45	0.4				0	（1833.82）
46	0.4				0	（1833.82）
47	0.4				0	（1833.82）
48	0.4				0	（1833.82）
49	0.4				0	（1833.82）
50	0.4				0	（1833.82）
51	0.4				0	（1833.82）
52	0.4				0	（1833.82）
53	0.4				0	（1833.82）
54	0.4				0	（1833.82）
55	0.4				0	（1833.82）
56	0.4				0	（1833.82）
57	0.4				0	（1833.82）
58	0.4				0	（1833.82）
59	0.4				0	（1833.82）
60		13.1	10 100.92		10 100.92	（1659.51）

注：CI-CO 为现金流入量 - 现金流出量。

4.1.7 泡桐培育监测

泡桐属是泡桐科中仅有的一个属，是速生树种，均产我国，除东北北部、内蒙古、新疆北部、西藏等地区外全国均有分布，栽培或野生，有些地区正在引种，主要用其木材。

1．泡桐成本监测结果

根据监测结果显示，本年度泡桐的培育成本为1317.83元/亩。泡桐的生产准备费为73.70元/亩，造林费为596.56元/亩，抚育费为16.86元/亩，其他费用为136.4元/亩。具体见表4-13。

从占总成本的比例显示，培育成本中造林费（45.27%）所占比例最多，其次是森林的抚育费（26.71%），第三的是管理费（8.26%）。

表4-13 泡桐培育成本构成

项目	2011 年	2012 年
每亩费用合计（元）	1198.03	1317.83
1. 生产准备费	67	73.70
2. 造林费	542.33	596.56
种苗费	84	92.4
整地费	380	418
栽植费	63	69.3
补植费	15.33	16.86
3. 抚育费	320	352
中幼林抚育	0	0
成熟林抚育	0	0
4. 森林保护费	45.70	50.27
5. 管理费	99	108.9
6. 林地使用租金	0	0
7. 其他费用	124	136.4

2．泡桐成本效益分析

据2012年的监测结果显示，若在此年进行种植，在第五年进行第一次抚育采伐量为1.7立方米，估计价格为500元/立方米；在第七年进行第二次森林抚育，产量为1.5立方米，预计价格为625元/立方米；在第十年进行最终的采伐，采伐量为9.1立方米，预计价格为875元/立方米。

本报告对泡桐进行技术经济核算以 10 年作为经营核算周期，中幼林的抚育费用已按照用工量折算标准换算到第一年投资中，其理论生长量、间伐时间及采伐时的估算价格，以核心区的出材率 60% 作为基本出材率进行泡桐成本效益分析。经过计算可知 NPV 为 1910.94 元，IRR 为 20.50%，大于折现率 7%，TP 为第十年，具体见表 4-14。由此可见种植泡桐在不考虑采伐成本的情况下是经济上可行的。

表4-14　泡桐成本效益分析

生长周期（年）	生长量（立方米）	采伐量（立方米）	收入（元）	成本（元）	CI-CO（元）	累计净现金流（元）
1				1317.83	(1317.83)	(1231.62)
2	0.8				0	(1231.62)
3	1				0	(1231.62)
4	1.2				0	(1231.62)
5	1.2	1.70	510		510	(867.99)
6	1.7				0	(867.99)
7	1.7	1.50	562.50		562.50	(517.70)
8	1.5				0	(517.70)
9	1.5				0	(517.70)
10	1.5	9.10	4777.50		4777.50	1910.94

注：CI-CO为现金流入量－现金流出量。

4.2　经济林森林培育监测

4.2.1　油茶培育监测

油茶属茶科油茶属常绿小乔木，因其种子可榨油供食用，故名。油茶叶部含有花黄素、茶碱等，是医药工业的原料，木材可做小型农具。油茶树是世界四大木本油料之一，它生长在我国南方亚热带地区的高山及丘陵地带，是中国的高级油料，产区主要集中在浙江、江西、湖南、广西4省（区）。

1．油茶成本监测结果

根据监测结果显示，本年度油茶的培育成本为703.26元/亩。油茶的造林费为507.33元/亩，管理费为120元/亩，其他费用为75.93元/亩。具体见表4-15。

从占总成本的比例显示，培育成本中造林费（72.14%）所占比例最多，其次是管理费（17.06%），排在最后的是其他费用（10.80%）。

表4-15　油茶培育成本构成

成本列项	2011年	2012年
亩总成本（元）	637.20	703.26
1. 造林费	515.20	507.33
种苗费	145.20	132
整地费		240
栽植费	360	120

（续表）

成本列项	2011 年	2012 年
补植费	10	15.33
2. 管理费	120	120
3. 林地使用租金	0	0
4. 其他费用	2	75.93
苗木转运费		10
验收费	2	2
设计、监理等费用		63.93

2．油茶成本效益分析

为给油茶培育投资者一直观认识，本报告以油茶核心区油茶生产为基础，以 10 年作为经营核算周期，一般情况下干油茶籽收购价 11 元 / 千克，后期每年需要管理抚育、除草 1 个工，工价为 120 元 / 工；每年的采摘的费用为 2 个工，因此后期费用为每年 360 元 / 亩。经过计算可知 NPV 为 9485.93 元，IRR 为 75.96%，大于折现率 7%，TP 为第 3.99 年，具体见表 4-16。由此可见种植油茶是经济上可行的。

表4-16　油茶成本效益分析表

生长周期（年）	产量（千克）	价格（元 / 千克）	收入（元）	成本（元）	CI-CO（元）	累计净现金流（元）
1	-	11	0	703.26	（703.26）	（657.25）
2	-	11	0	0	0	（657.25）
3	-	11	0	0	0	（657.25）
4	121.09	11	1331.99	360	971.99	84.27
5	171.12	11	1882.32	360	1522.32	1169.67
6	241.1	11	2652.10	360	2292.10	2696.99
7	343.11	11	3774.21	360	3414.21	4823.19
8	387.96	11	4267.56	360	3907.56	7097.42
9	272.95	11	3002.45	360	2642.45	8534.74
10	202.83	11	2231.13	360	1871.13	9485.93
年平均	248.59	11	2734.49	360	2374.49	-

注：CI-CO 为现金流入量 - 现金流出量。

4.2.2 核桃培育监测

核桃，落叶乔木，羽状复叶，小叶椭圆形，核果状坚果球形，外果皮平滑，中果皮肉质，内果皮坚硬，有皱纹。木材坚韧，可以做器物，果仁可以吃，可以榨油，也可以入药。核桃主要分布在美洲、欧洲和亚洲。

1．核桃成本监测结果

根据监测结果显示，本年度核桃的培育成本为1365.52元/亩。核桃的造林费为702元/亩，管理费为310元/亩，其他费用为113.52元/亩，采摘费用为240元/亩。具体见表4-17。

从占总成本的比例显示，培育成本中造林费（51.41%）所占比例最多，其次是管理费（22.70%），第三是采摘费用（17.58%），排在最后的是其他费用（8.31%）。

表4-17 核桃培育成本构成

成本列项	2011 年	2012 年
亩总成本（元）	1023.20	1365.52
1. 造林费	702	702
种苗费	420	420
整地费	240	120
栽植费		120
补植费	42	42
2. 管理费	310	310
日常管理		240
农药		20
施肥		50
3. 林地使用租金		0
4. 其他费用	11.20	113.52
苗木转运费	9.20	9.20
验收费	2	2
设计、监理等费用		102.32
5. 采摘费用		240

2．核桃成本效益分析

本报告以核桃核心区核桃生产为基础，以70年作为经营核算周期，核桃每千克价格26元，后期每年需要管理抚育、除草2个工，工价为120元/工；每年的复查验收费用为2元/亩，每年施肥2次，需50元/亩，农药4次20元/亩；采摘需要2个工日需要240元/亩，因此后期费用为每年552元/亩。经过计算可知NPV为3098.61元，IRR为9.84%，大于折现率7%，TP为第30.82年，具体见表4-18。由此可见种植核桃是经济上可行的。

表4-18　核桃成本效益分析

经营周期（年）	鲜核桃（千克）	干核桃（千克）	价格（元/千克）	收益（元）	成本（元）	CI-CO（元）	累计净现金流（元）
1	-	-	26	0	1365.52	（1365.52）	（1276.19）
2	-	-	26	0	312.00	（312.00）	（1548.70）
3	-	-	26	0	312.00	（312.00）	（1803.38）
4	-	-	26	0	312.00	（312.00）	（2041.41）
5	-	-	26	0	312.00	（312.00）	（2263.86）
6	29	6	26	156	325.21	（169.21）	（2376.61）
7	29	6	26	156	325.21	（169.21）	（2481.99）
8	29	6	26	156	325.21	（169.21）	（2580.47）
9	29	6	26	156	325.21	（169.21）	（2672.51）
10	67	13	26	338	340.62	（2.62）	（2673.84）
11	67	13	26	338	340.62	（2.62）	（2675.09）
12	67	13	26	338	340.62	（2.62）	（2676.26）
13	67	13	26	338	340.62	（2.62）	（2677.34）
14	67	13	26	338	340.62	（2.62）	（2678.36）
15	67	13	26	338	340.62	（2.62）	（2679.31）
16	148	30	26	780	378.06	401.94	（2543.16）
17	148	30	26	780	378.06	401.94	（2415.91）
18	148	30	26	780	378.06	401.94	（2296.99）
19	148	30	26	780	378.06	401.94	（2185.85）
20	148	30	26	780	378.06	401.94	（2081.98）
21	308	62	26	1612	448.51	1163.49	（1800.99）
22	308	62	26	1612	448.51	1163.49	（1538.37）
23	308	62	26	1612	448.51	1163.49	（1292.94）
24	308	62	26	1612	448.51	1163.49	（1063.56）
25	308	62	26	1612	448.51	1163.49	（849.19）
26	308	62	26	1612	448.51	1163.49	（648.84）
27	308	62	26	1612	448.51	1163.49	（461.60）
28	308	62	26	1612	448.51	1163.49	（286.61）

（续表）

经营周期（年）	鲜核桃（千克）	干核桃（千克）	价格（元/千克）	收益（元）	成本（元）	CI-CO（元）	累计净现金流（元）
29	308	62	26	1612	448.51	1163.49	（123.07）
30	308	62	26	1612	448.51	1163.49	29.78
31	397	79	26	2054	485.94	1568.06	222.29
32	397	79	26	2054	485.94	1568.06	402.21
33	397	79	26	2054	485.94	1568.06	570.36
34	397	79	26	2054	485.94	1568.06	727.51
35	397	79	26	2054	485.94	1568.06	874.38
36	397	79	26	2054	485.94	1568.06	1011.64
37	397	79	26	2054	485.94	1568.06	1139.92
38	397	79	26	2054	485.94	1568.06	1259.81
39	397	79	26	2054	485.94	1568.06	1371.85
40	397	79	26	2054	485.94	1568.06	1476.57
41	454	91	26	2366	512.37	1853.63	1592.26
42	454	91	26	2366	512.37	1853.63	1700.38
43	454	91	26	2366	512.37	1853.63	1801.42
44	454	91	26	2366	512.37	1853.63	1895.86
45	454	91	26	2366	512.37	1853.63	1984.12
46	454	91	26	2366	512.37	1853.63	2066.60
47	454	91	26	2366	512.37	1853.63	2143.69
48	454	91	26	2366	512.37	1853.63	2215.74
49	454	91	26	2366	512.37	1853.63	2283.07
50	454	91	26	2366	512.37	1853.63	2345.99
51	486	97	26	2522	525.58	1996.42	2409.33
52	486	97	26	2522	525.58	1996.42	2468.53
53	486	97	26	2522	525.58	1996.42	2523.85
54	486	97	26	2522	525.58	1996.42	2575.56
55	486	97	26	2522	525.58	1996.42	2623.88
56	486	97	26	2522	525.58	1996.42	2669.04
57	486	97	26	2522	525.58	1996.42	2711.25
58	486	97	26	2522	525.58	1996.42	2750.69

（续表）

经营周期（年）	鲜核桃（千克）	干核桃（千克）	价格（元/千克）	收益（元）	成本（元）	CI-CO（元）	累计净现金流（元）
59	486	97	26	2522	525.58	1996.42	2787.56
60	486	97	26	2522	525.58	1996.42	2822.01
61	543	109	26	2834	552	2282	2858.81
62	543	109	26	2834	552	2282	2893.21
63	543	109	26	2834	552	2282	2925.36
64	543	109	26	2834	552	2282	2955.40
65	543	109	26	2834	552	2282	2983.48
66	543	109	26	2834	552	2282	3009.72
67	543	109	26	2834	552	2282	3034.25
68	543	109	26	2834	552	2282	3057.17
69	543	109	26	2834	552	2282	3078.59
70	543	109	26	2834	552	2282	3098.61

注：CI-CO 为现金流入量 - 现金流出量。

4.2.3 板栗培育监测

板栗是壳斗科栗属植物，原产于中国，分布于越南、中国台湾以及大陆地区，生长于海拔370～2800米的地区，多见于山地，已由人工广泛栽培。

1. 板栗成本监测结果

根据监测结果显示，本年度板栗的培育成本为1411.59元/亩。板栗的造林费为524.90元/亩，管理费为310元/亩，其他费用为96.69元/亩，采摘费用为480元/亩。具体见表4-19。

从占总成本的比例显示，培育成本中造林费（37.19%）所占比例最多，其次是采摘费用（34.00%），第三是管理费（21.96%），排在最后的是其他费用（6.85%）。

表4-19 板栗培育成本构成

成本列项	2011 年	2012 年
亩总成本（元）	848.90	1411.59
1. 造林费	524.90	524.90
种苗费	259	259
整地费	240	120
栽植费		120

（续表）

成本列项	2011 年	2012 年
补植费	25.90	25.90
2. 管理费	240	310
日常管理	240	240
农药		20
施肥		50
3. 林地使用租金		0
4. 其他费用	84	96.69
苗木转运费		10
验收费	2	2
设计、监理等费用	82	84.69
5. 采摘费用		480

2．板栗成本效益分析

为本报告以板栗生产为基础，以70年作为经营核算周期，板栗每千克价格26元。后期每年需要管理抚育、除草2个工，工价为120元/工，总计240元；每年的复查验收费用为2元/亩，每年施肥2次，需50元/亩，农药4次20元/亩；采摘需要4个工日需要480元/亩，因此后期费用为每年792元/亩。经过计算可知NPV为4318.91元，IRR为10.96%，大于折现率7%，TP为第26.58年，具体见表4-20。由此可见种植板栗是经济上可行的。

表4-20　核桃成本收益分析

经营周期（年）	鲜板栗（千克）	干板栗（千克）	价格（元/千克）	收益（元）	成本（元）	CI-CO（元）	累计净现金流（元）
1			6	0	1411.59	（1411.59）	（1319.24）
2			6	0	312	（312）	（1591.76）
3			6	0	312	（312）	（1846.44）
4			6	0	312	（312）	（2084.46）
5			6	0	312	（312）	（2306.92）
6	57	40	6	342	361.87	（19.87）	（2320.16）
7	57	40	6	342	361.87	（19.87）	（2332.53）
8	57	40	6	342	361.87	（19.87）	（2344.09）
9	57	40	6	342	361.87	（19.87）	（2354.90）
10	80	56	6	480	381.82	98.18	（2304.99）

（续表）

经营周期（年）	鲜板栗（千克）	干板栗（千克）	价格（元/千克）	收益（元）	成本（元）	CI-CO（元）	累计净现金流（元）
11	80	56	6	480	381.82	98.18	（2258.35）
12	80	56	6	480	381.82	98.18	（2214.75）
13	80	56	6	480	381.82	98.18	（2174.01）
14	80	56	6	480	381.82	98.18	（2135.93）
15	80	56	6	480	381.82	98.18	（2100.35）
16	150	105	6	900	442.91	457.09	（1945.52）
17	150	105	6	900	442.91	457.09	（1800.81）
18	150	105	6	900	442.91	457.09	（1665.58）
19	150	105	6	900	442.91	457.09	（1539.19）
20	150	105	6	900	442.91	457.09	（1421.07）
21	300	210	6	1800	573.82	1226.18	（1124.93）
22	300	210	6	1800	573.82	1226.18	（848.16）
23	300	210	6	1800	573.82	1226.18	（589.50）
24	300	210	6	1800	573.82	1226.18	（347.76）
25	300	210	6	1800	573.82	1226.18	（121.84）
26	300	210	6	1800	573.82	1226.18	89.30
27	300	210	6	1800	573.82	1226.18	286.63
28	300	210	6	1800	573.82	1226.18	471.05
29	300	210	6	1800	573.82	1226.18	643.41
30	300	210	6	1800	573.82	1226.18	804.49
31	400	280	6	2400	661.09	1738.91	1017.98
32	400	280	6	2400	661.09	1738.91	1217.50
33	400	280	6	2400	661.09	1738.91	1403.97
34	400	280	6	2400	661.09	1738.91	1578.25
35	400	280	6	2400	661.09	1738.91	1741.12
36	400	280	6	2400	661.09	1738.91	1893.33
37	400	280	6	2400	661.09	1738.91	2035.59
38	400	280	6	2400	661.09	1738.91	2168.54
39	400	280	6	2400	661.09	1738.91	2292.80
40	400	280	6	2400	661.09	1738.91	2408.92
41	480	336	6	2880	730.91	2149.09	2543.05

（续表）

经营周期（年）	鲜板栗（千克）	干板栗（千克）	价格（元/千克）	收益（元）	成本（元）	CI-CO（元）	累计净现金流（元）
42	480	336	6	2880	730.91	2149.09	2668.40
43	480	336	6	2880	730.91	2149.09	2785.56
44	480	336	6	2880	730.91	2149.09	2895.05
45	480	336	6	2880	730.91	2149.09	2997.37
46	480	336	6	2880	730.91	2149.09	3093
47	480	336	6	2880	730.91	2149.09	3182.38
48	480	336	6	2880	730.91	2149.09	3265.91
49	480	336	6	2880	730.91	2149.09	3343.97
50	480	336	6	2880	730.91	2149.09	3416.93
51	550	385	6	3300	792	2508	3496.50
52	550	385	6	3300	792	2508	3570.86
53	550	385	6	3300	792	2508	3640.36
54	550	385	6	3300	792	2508	3705.32
55	550	385	6	3300	792	2508	3766.02
56	550	385	6	3300	792	2508	3822.75
57	550	385	6	3300	792	2508	3875.78
58	550	385	6	3300	792	2508	3925.33
59	550	385	6	3300	792	2508	3971.64
60	550	385	6	3300	792	2508	4014.92
61	550	385	6	3300	792	2508	4055.37
62	550	385	6	3300	792	2508	4093.17
63	550	385	6	3300	792	2508	4128.51
64	550	385	6	3300	792	2508	4161.52
65	550	385	6	3300	792	2508	4192.38
66	550	385	6	3300	792	2508	4221.22
67	550	385	6	3300	792	2508	4248.18
68	550	385	6	3300	792	2508	4273.37
69	550	385	6	3300	792	2508	4296.91
70	550	385	6	3300	792	2508	4318.91

注：CI-CO 为现金流入量 - 现金流出量。

4.2.4 枣培育监测

枣是鼠李科落叶灌木或小乔木植物枣树，也是枣树的成熟果实。原产于中国，在中国南北各地都有分布。花小蜜多，是一种蜜源植物。果实枣，长圆形，未成熟时黄色，成熟后褐红色。枣的品种繁多，大小不一，果皮和种仁可药用，果皮能健脾，种仁能镇静安神；果肉可提取维生素C及酿酒；核壳可制活性碳。

1．枣成本监测结果

根据监测结果显示，本年度枣树的培育成本为1441.95元/亩。枣树的造林费为542.50元/亩，管理费为310元/亩，其他费用为109.45元/亩，采摘费用为480元/亩。具体见表4-21。

从占总成本的比例显示，培育成本中造林费（37.62%）所占比例最多，其次是采摘费用（33.29%），第三是管理费（21.50%），排在最后的是其他费用（7.59%）。

表4-21　枣培育成本构成

成本列项	2011 年	2012 年
亩总成本（元）	846.90	1441.95
1. 造林费	524.90	542.50
种苗费	259	275
整地费	240	120
栽植费		120
补植费	25.90	27.50
2. 管理费	240	310
日常管理	240	240
农药		20
施肥		50
3. 林地使用租金		0
4. 其他费用	82	109.45
苗木转运费		20
验收费	2	2
设计、监理等费用	80	87.45
5. 采摘费用		480

2．枣成本效益分析

为本报告以枣生产为基础，以七十年作为经营核算周期，枣子每千克价格10元，后期每年需要管理抚育、除草2个工，工价为120元/工，总计240元；每年的复查验收费用为2元/亩，每年施肥2次，需50元/亩，农药4次20元/亩；采摘需要4个工日需要480元/亩，因此后期费用为每年792元/亩。

经过计算可知NPV为5708.74元，IRR为16.87%，大于折现率7%，TP为第11.29年，具体见表4-22。由此可见种植枣是经济上可行的。

表4-22 枣成本收益分析

经营周期（年）	产量（千克）	价格（元/千克）	收益（元）	成本（元）	CI-CO（元）	累计净现金流（元）
1	0	10	0	1441.95	（1441.95）	（1346.99）
2	0	10	0	312	（312）	（1619.25）
3	10	10	100	332.78	（232.78）	（1808.88）
4	20	10	200	353.56	（153.56）	（1925.53）
5	40	10	400	395.12	4.88	（1921.39）
6	100	10	1000	519.79	480.21	（1600.44）
7	100	10	1000	519.79	480.21	（1300.33）
8	100	10	1000	519.79	480.21	（1019.72）
9	100	10	1000	519.79	480.21	（757.33）
10	125	10	1250	571.74	678.26	（411.18）
11	125	10	1250	571.74	678.26	（87.55）
12	125	10	1250	571.74	678.26	215.02
13	125	10	1250	571.74	678.26	497.91
14	125	10	1250	571.74	678.26	762.40
15	125	10	1250	571.74	678.26	1009.68
16	138	10	1380	598.75	781.25	1275.82
17	138	10	1380	598.75	781.25	1524.65
18	138	10	1380	598.75	781.25	1757.27
19	138	10	1380	598.75	781.25	1974.76
20	138	10	1380	598.75	781.25	2178.08
21	151	10	1510	625.77	884.23	2393.11
22	151	10	1510	625.77	884.23	2594.14
23	151	10	1510	625.77	884.23	2782.08
24	151	10	1510	625.77	884.23	2957.78
25	151	10	1510	625.77	884.23	3122.04
26	151	10	1510	625.77	884.23	3275.60
27	151	10	1510	625.77	884.23	3419.16

（续表）

经营周期（年）	产量（千克）	价格（元/千克）	收益（元）	成本（元）	CI-CO（元）	累计净现金流（元）
28	151	10	1510	625.77	884.23	3553.37
29	151	10	1510	625.77	884.23	3678.85
30	151	10	1510	625.77	884.23	3796.15
31	166	10	1660	656.94	1003.06	3920.46
32	166	10	1660	656.94	1003.06	4036.67
33	166	10	1660	656.94	1003.06	4145.31
34	166	10	1660	656.94	1003.06	4246.88
35	166	10	1660	656.94	1003.06	4341.82
36	166	10	1660	656.94	1003.06	4430.59
37	166	10	1660	656.94	1003.06	4513.57
38	166	10	1660	656.94	1003.06	4591.14
39	166	10	1660	656.94	1003.06	4663.66
40	166	10	1660	656.94	1003.06	4731.46
41	183	10	1830	692.26	1137.74	4803.29
42	183	10	1830	692.26	1137.74	4870.44
43	183	10	1830	692.26	1137.74	4933.21
44	183	10	1830	692.26	1137.74	4991.89
45	183	10	1830	692.26	1137.74	5046.75
46	183	10	1830	692.26	1137.74	5098.03
47	183	10	1830	692.26	1137.74	5145.97
48	183	10	1830	692.26	1137.74	5190.79
49	183	10	1830	692.26	1137.74	5232.68
50	183	10	1830	692.26	1137.74	5271.85
51	201	10	2010	729.66	1280.34	5313.02
52	201	10	2010	729.66	1280.34	5351.50
53	201	10	2010	729.66	1280.34	5387.47
54	201	10	2010	729.66	1280.34	5421.10
55	201	10	2010	729.66	1280.34	5452.54
56	201	10	2010	729.66	1280.34	5481.93
57	201	10	2010	729.66	1280.34	5509.40

（续表）

经营周期（年）	产量（千克）	价格（元/千克）	收益（元）	成本（元）	CI-CO（元）	累计净现金流（元）
58	201	10	2010	729.66	1280.34	5535.09
59	201	10	2010	729.66	1280.34	5559.09
60	201	10	2010	729.66	1280.34	5581.54
61	231	10	2310	792	1518	5606.38
62	231	10	2310	792	1518	5629.60
63	231	10	2310	792	1518	5651.31
64	231	10	2310	792	1518	5671.60
65	231	10	2310	792	1518	5690.57
66	231	10	2310	792	1518	5708.30
67	231	10	2310	792	1518	5724.88
68	231	10	2310	792	1518	5740.37
69	231	10	2310	792	1518	5754.86
70	231	10	2310	792	1518	5768.40

注：CI-CO为现金流入量-现金流出量。

4.2.5 柑橘培育监测

柑橘，常绿小乔木或灌木，高约2米。小枝较细弱，无毛，通常有刺。叶长卵状披针形，长4～8厘米。花黄白色，单生或簇生叶腋。果扁球形，径5～7厘米，橙黄色或橙红色，果皮薄易剥离。春季开花，10～12月果熟。性喜温暖湿润气候，耐寒性较柚、酸橙、甜橙稍强。柑橘属芸香科柑橘亚科是热带、亚热带常绿果树（除枳以外），用作经济栽培的有3个属：枳属、柑橘属和金柑属。我国和世界其他国家栽培的柑橘主要是柑橘属。

1. 柑橘成本监测结果

根据监测结果显示，本年度柑橘的培育成本为1671.32元/亩。柑橘的造林费为979.20元/亩，管理费为310元/亩，其他费用为142.12元/亩，采摘费用为240。具体见表4-23。

从占总成本的比例显示，培育成本中造林费（58.59%）所占比例最多，其次是管理费（18.55%），第三是采摘费用（14.36%），排在最后的是其他费用（8.50%）。

表4-23 柑橘培育成本构成

成本列项	2011年	2012年
亩总成本（元）	1301.20	1671.32

（续表）

成本列项	2011 年	2012 年
1. 造林费	979.20	979.20
种苗费	672	672
整地费	240	120
栽植费		120
补植费	67.20	67.20
2. 管理费	240	310
日常管理	240	240
农药		20
施肥		50
3. 林地使用租金		0
4. 其他费用	82	142.12
苗木转运费	10	10
验收费	2	2
设计、监理等费用	70	130.12
5. 采摘费用		240

2. 柑橘成本效益分析

为本报告柑橘以二十年作为经营核算周期，后期每年需要管理抚育、除草2个工，工价为120元/工，总计240元；每年的复查验收费用为2元/亩，每年施肥2次，需50元/亩，农药4次20元/亩；采摘需要2个工日需要240元/亩，因此后期费用为每年552元/亩。经过计算可知NPV为42213.38元，IRR为62.54%，大于折现率7%，TP为第4.56年，具体见表4-24。由此可见种植柑橘是经济上可行的。

表4-24 柑橘成本效益分析

经营周期（年）	产量（千克）	价格（元/千克）	收入（元）	成本（元）	CI-CO（元）	累计净现金流（元）
1		3.14	0	1671.32	（1671.32）	（1561.98）
2		3.14	0	312	（312）	（1834.49）
3	200	3.14	628	372.29	255.71	（1625.76）
4	500	3.14	1570	462.72	1107.28	（781.02）
5	800	3.14	2512	553.15	1958.85	615.61
6	1200	3.14	3768	673.73	3094.27	2677.46
7	2500	3.14	7850	1065.60	6784.40	6902.44

（续表）

经营周期（年）	产量（千克）	价格（元/千克）	收入（元）	成本（元）	CI-CO（元）	累计净现金流（元）
8	2500	3.14	7850	1065.60	6784.40	10851.02
9	2500	3.14	7850	1065.60	6784.40	14541.29
10	2500	3.14	7850	1065.60	6784.40	17990.13
11	2500	3.14	7850	1065.60	6784.40	21213.35
12	2500	3.14	7850	1065.60	6784.40	24225.71
13	2500	3.14	7850	1065.60	6784.40	27040.99
14	2500	3.14	7850	1065.60	6784.40	29672.10
15	2500	3.14	7850	1065.60	6784.40	32131.08
16	2500	3.14	7850	1065.60	6784.40	34429.19
17	2500	3.14	7850	1065.60	6784.40	36576.96
18	2500	3.14	7850	1065.60	6784.40	38584.21
19	2500	3.14	7850	1065.60	6784.40	40460.16
20	2500	3.14	7850	1065.60	6784.40	42213.38

注：CI-CO 为现金流入量 - 现金流出量。

4.2.6 茶叶培育监测

1. 茶叶成本监测结果

根据监测结果显示，本年度茶叶的培育成本为6389.20元/亩。茶叶的造林费为2190元/亩，管理费为1960.00元/亩，其他费用为439.20元/亩，采摘费用为1800。具体见表4-25。

从占总成本的比例显示，培育成本中造林费（34.28%）所占比例最多，其次是管理费（30.68%），第三是采摘费用（28.17%），排在最后的是其他费用（6.87%）。

表4-25 茶叶培育成本构成

成本列项	2011 年	2012 年
亩总成本（元）	4062	6389.20
1. 造林费	2100	2190
种苗费	900	900
整地费	800	600
栽植费	400	600
补植费		90

（续表）

成本列项	2011 年	2012 年
2. 管理费	700	1960
日常管理	600	600
农药	100	100
施肥		1260
3. 林地使用租金		0
4. 其他费用	1262	439.20
苗木转运费		20
验收费		2
设计、监理等费用		417.20
5. 采摘费用		1800

2．茶叶成本效益分析

为本报告茶叶以30年作为经营核算周期，前期总成本为4062元/亩，后期每年需要管理抚育、除草5个工，工价为120元/工，总计600元；每年的复查验收费用为2元/亩，每年施肥需1260元/亩，生物防治器械100元/亩；采摘需要15个工日需要1800元/亩，因此后期费用为每年3762元/亩。经过计算可知NPV为28 014.37元，IRR为18.66%，大于折现率7%，TP为第10.93年，具体见表4-26。由此可见种植茶叶是经济上可行的。

表4-26　茶叶成本效益分析

经营周期（年）	产量（千克）	价格（元/千克）	收益（元）	成本（元）	CI-CO（元）	累计净现金流（元）
1		108	0	6389.20	(6389.20)	(5971.21)
2		108	0	1962	(1962)	(7684.90)
3		108	0	1962	(1962)	(9286.48)
4	10	108	1080	2162	(1082)	(10 111.93)
5	30	108	3240	2762	478	(9771.12)
6	40	108	4320	2762	1558	(8732.96)
7	50	108	5400	3162	2238	(7339.25)
8	50	108	5400	3162	2238	(6036.71)
9	50	108	5400	3162	2238	(4819.39)
10	80	108	8640	3562	5078	(2237.99)

（续表）

经营周期（年）	产量（千克）	价格（元 / 千克）	收益（元）	成本（元）	CI-CO（元）	累计净现金流（元）
11	80	108	8640	3562	5078	174.53
12	80	108	8640	3562	5078	2429.22
13	80	108	8640	3562	5078	4536.41
14	80	108	8640	3562	5078	6505.75
15	80	108	8640	3562	5078	8346.25
16	90	108	9720	3762	5958	10 364.43
17	90	108	9720	3762	5958	12 250.58
18	90	108	9720	3762	5958	14 013.34
19	90	108	9720	3762	5958	15 660.77
20	90	108	9720	3762	5958	17 200.43
21	90	108	9720	3762	5958	18 639.37
22	90	108	9720	3762	5958	19 984.17
23	90	108	9720	3762	5958	21 240.99
24	90	108	9720	3762	5958	22 415.59
25	90	108	9720	3762	5958	23 513.35
26	90	108	9720	3762	5958	24 539.29
27	90	108	9720	3762	5958	25 498.11
28	90	108	9720	3762	5958	26 394.21
29	90	108	9720	3762	5958	27 231.68
30	90	108	9720	3762	5958	28 014.37

注：CI-CO 为现金流入量 - 现金流出量。

第五章
木材生产（采运）监测

木材采运是森林培育的后续环节，也是对林业产品进行加工利用的初始环节。为了对森林采伐成本进行准确、科学核算，便于国家指导我国森林培育，便于企业进行培育成本核算，本章主要对木材生产（采运）的涉及的主要两类木材杉木原条和松木原条进行监测。本章主要构建的木材生产（采运）成本模型主要涉及的指标包括直接成本（伐木成本、打枝和造材成本、集运材成本、归楞成本、清理成本及其他费用）、间接成本（以育林费用为主的管理费、修路费、包括外包平均费的其他费用）及原木收购环节税费三大类的成本。

本研究报告中涉及的物质量指标由林产规划设计院经过长期的测量所得，劳动力价格则是由国家林业局经济发展研究中心产业室的监测数据，用材林原木价格数据也是由国家林业局经济发展研究中心监测所得。在后面表格中带括号的说明其为负值，带有“-”的代表没有产量。

5.1 杉木原条生产（采运）监测

5.1.1 杉木原条生产（采运）成本监测

根据2009～2012年监测数据分析，杉木原条成本指数总体呈现上升的趋势。以2009年杉木原条监测成本数据为基期，2012年成本的定基指数为139.76，比2009年上涨39.76，比2011年上涨19.19；从环比指数来看，2012年的环比指数为115.92，比2011年增长了15.92，见图5-1。

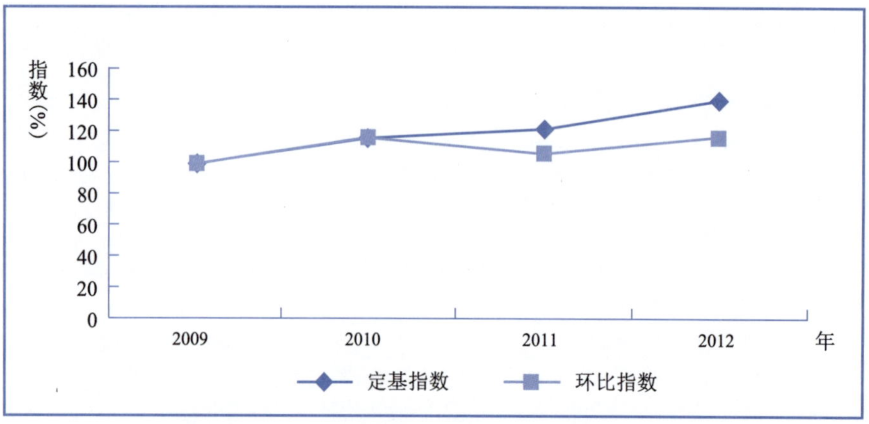

图 5-1　杉木原条生产（采运）成本定基指数及环比指数趋势图

1．三分类成本构成

杉木原条采运成本主要包括直接成本、间接成本以及原木收购环节税费3个部分。由图5-2显示：2009～2012年，直接成本持续上升，由2009年的566.87元/亩，上升到2012年的937.20元/亩，增长了370.33元/亩，增长幅度为65.33%，比2011年增长了204.2元/亩，增长的幅度为26.42%。间接成本和原木收购环节的税费变化较小。

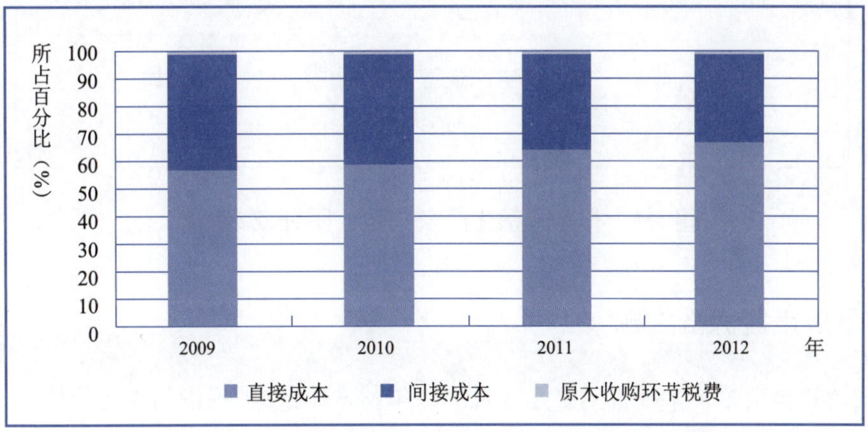

图 5-2　杉木原条生产（采运）三分类成本构成

以2009年为基期，直接成本的定基指数呈现上涨的趋势，2012年的定基指数比2009年的定基指数多60多个点，间接成本和收购环节的税费定基指数变化不大，基本在100～120之间变动。直接成本、间接成本、收购环节的税费环比指数变化不大，具体见图5-3。

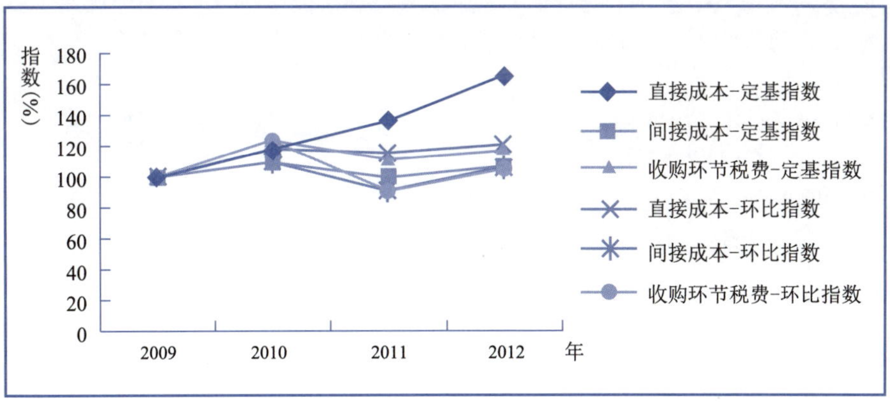

图 5-3　杉木原条生产（采运）三分类成本构成定基指数及环比指数对比

2．明细类成本构成

此部分则是在直接成本、间接成本及原木收购税费的基础上进一步明细杉木原条生产（采运）成本构成。由图5-4显示其他成本的在总成本构成中所占的比例最大，近30%，2009～2012年，呈现下降的趋势；其他的杉木原条在总成本构成中所占的比例变化不大，基本持平。

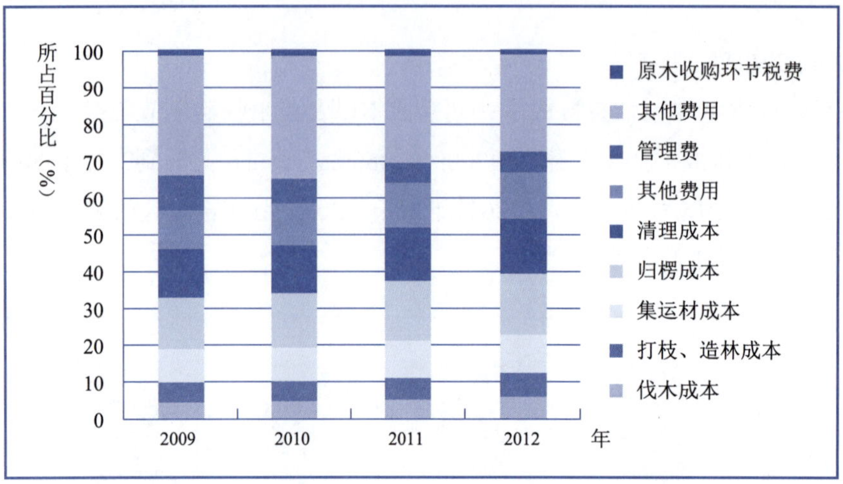

图 5-4　杉木原条生产（采运）明细成本构成

5.1.2　杉木原条销售价格监测

杉木原条的规格很多，本报告主要是综合2012年杉木原条3种规格的销售价格：大径（20厘米以上）、中径（16～20厘米）、小径（8～14厘米），以其产量作为加权的权重，进行加权，计算了2012年12个月杉木原条销售价格指数和最高价格指数。

从图5-5显示，杉木原条销售的最高价格及销售价格在本监测年度内变化不大，基本都稳定在1000～1200元/立方米，变动的幅度很小。但是杉木原条最高销售价格是呈现上升的趋势，销售价格有些许的变化。

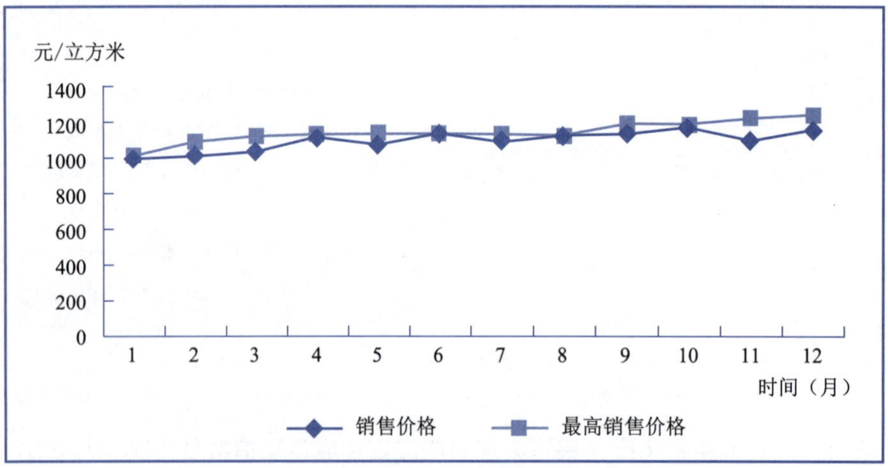

图 5-5　2012 年杉木原条销售价格及最高价格对比

从定基指数和环比指数的变化来看，销售价格和最高销售价格定基指数呈现上升的趋势，从本监测年度的1月份的100，到本监测年度结束，已经到达了120左右；从环比指数看，销售价格及最高价格的环比指数基本稳定，基本持续在100左右变化，具体见图5-6。

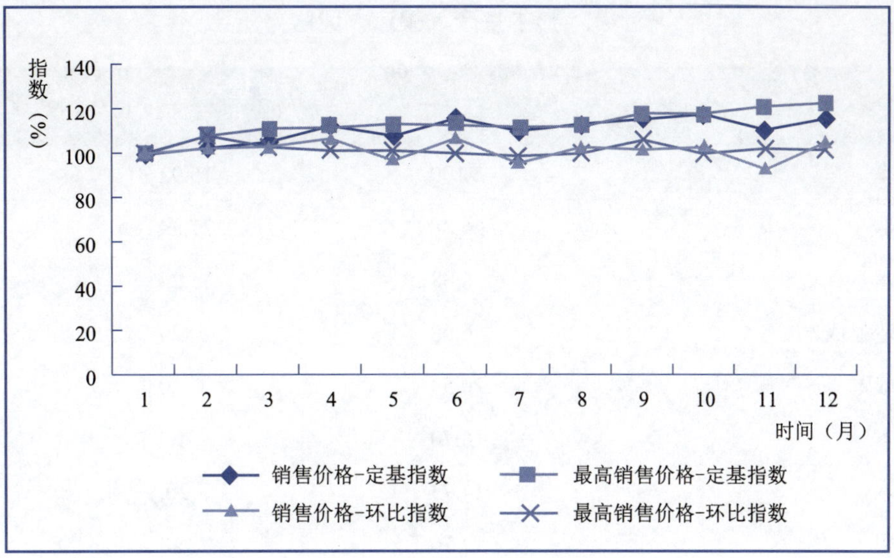

图 5-6 杉木原条销售最高价格及销售价格定基指数、环比指数对比

5.1.3 杉木原条生产（采运）盈利能力测算

根据2009～2012年监测数据分析，杉木原条成本指数总体呈现上升的趋势。以2009年杉木原条监测成本数据为基期，2012年成本的定基指数为139.76，比2009年上涨39.76，比2011年上涨19.19；从环比指数来看，2012年的环比指数为115.92，比2011年增长了15.92，使得杉木原条生产（采运）成本达到2012年的937.20元/亩，每亩能产12立方米，每立方米为78.10元。

而杉木原条销售价格从定基指数和环比指数的变化来看，销售价格和最高销售价格定基指数呈现上升的趋势，从本监测年度的1月份的100，到本监测年度结束，已经到达了120左右；从环比指数看，销售价格及最高价格的环比指数基本稳定，基本持续在100左右变化。杉木原条销售的最高价格及销售价格在本监测年度内变化不大，基本都稳定在1000～1200元/立方米，变动的幅度很小。但是杉木原条最高销售价格是呈现上升趋势，销售价格有些许的变化。因此，杉木原条生产（采运）在成本小于销售价格，且销售价格指数上升的幅度大于成本指数上升的幅度，因此进行杉木原条的生产（采运）是盈利的。

5.1.4 杉木原条生产（采运）风险分析

与2011年度相比，总成本内上升最多的是伐木成本（35.24%），其次是打枝、造材成本（20%）、集运材成本（20%）、归楞成本（20%）、清理成本（20%）及其他费用（20%），其余成本所占的比例很少。在对于成本增长贡献方面，最多的是归楞成本（3.23%），其次是清理成本（2.85%），再次是其他费用（2.47%）和集运材成本（2.03%），其余皆在2%以下，见表5-1。由上述分析可以看出，成本的增加主要是体现在需要大量劳动力的环节，因此为了降低杉木原条生产（采运）经营成本可以考虑提高劳动效率和使用机械化。

表 5-1　杉木生产（采运）风险分析

项目	占总成本份额（%）	比上一年度增长比（%）	对总成本增长贡献率（%）
每亩采运成本	100	15.92	-
1. 直接成本	66.88	21.24	13.58
伐木成本	6.08	35.24	1.84
打枝、造材成本	6.08	20	1.17
集运材成本	10.53	20	2.03
归楞成本	16.70	20	3.23
清理成本	14.73	20.	2.85
其他费用	12.76	20	2.47
2. 间接成本	32.08	6.53	2.28
管理费	5.74	20	1.11
修路费	0	-	0
其他费用	26.34	3.99	1.17
3. 原木收购环节税费	1.04	5.08	0.06

5.2　松木原条生产（采运）监测

5.2.1　松木原条生产（采运）成本监测

根据 2009 ～ 2012 年监测数据分析，松木原条成本指数总体呈现上升的趋势。以 2009 年杉木原条监测成本数据为基期，2012 年成本的定基指数为 139.34，比 2009 年上涨 39.34，比 2011 年上涨 16.91；从环比指数来看，2012 年的环比指数为 113.81，比 2011 年增长了 7.31，见图 5-7。

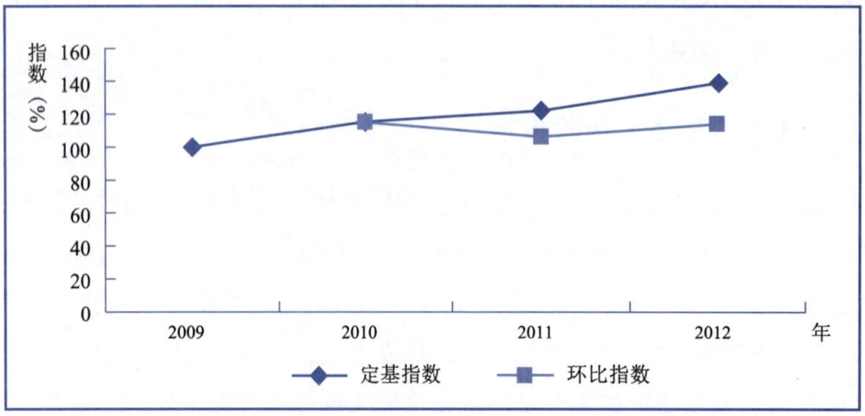

图 5-7　松木原条生产（采运）成本定基指数及环比指数趋势

1．三分类成本构成

松木原条采运成本主要包括直接成本、间接成本以及原木收购环节税费三个部分。由图5-8显示：从2009～2012年，直接成本持续上升，由2009年的680.53元/亩，上升到2012年的1113.60元/亩，增长433.07元/亩，增长幅度为63.64%，比2011年增长了180.60元/亩，增长的幅度为18.94%。间接成本和原木收购环节的税费变化较小。

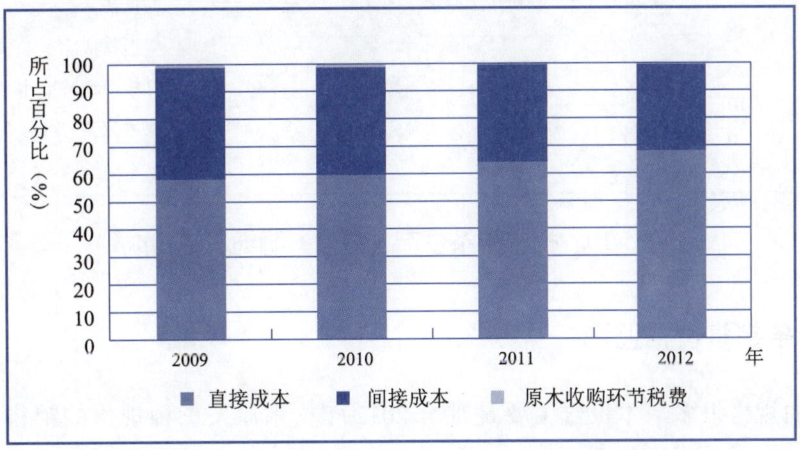

图5-8　松木原条生产（采运）三分类成本构成

以2009年为基期，直接成本的定基指数呈现上涨的趋势，2012年的定基指数比2009年的定基指数多60多个点，间接成本和收购环节的税费定基指数变化不大，基本在100～120之间变动。直接成本、间接成本、收购环节的税费环比指数变化不大，具体见图5-9。

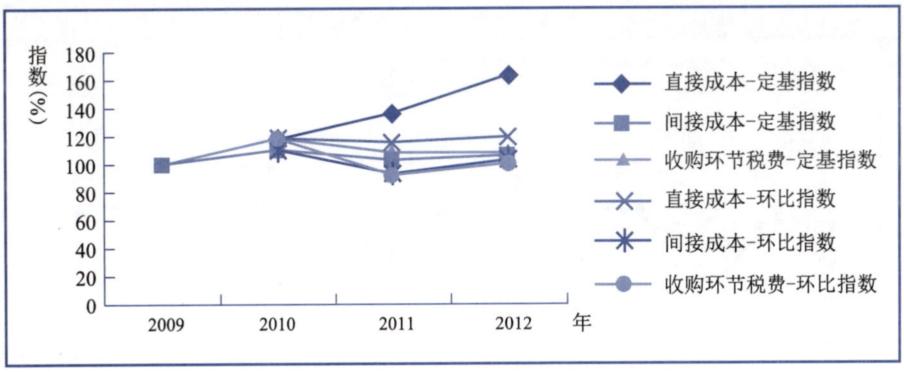

图5-9　松木原条生产（采运）三分类成本构成定基指数及环比指数对比

2．明细类成本构成

此部分则是在直接成本、间接成本及原木收购税费的基础上进一步明细松木原条生产（采运）成本构成。图5-10显示，其他成本的在总成本构成中所占的比例最大，近30%，2009～2012年中，呈现下降的趋势；其他的杉木原条在总成本构成中所占的比例变化不大，基本持平。

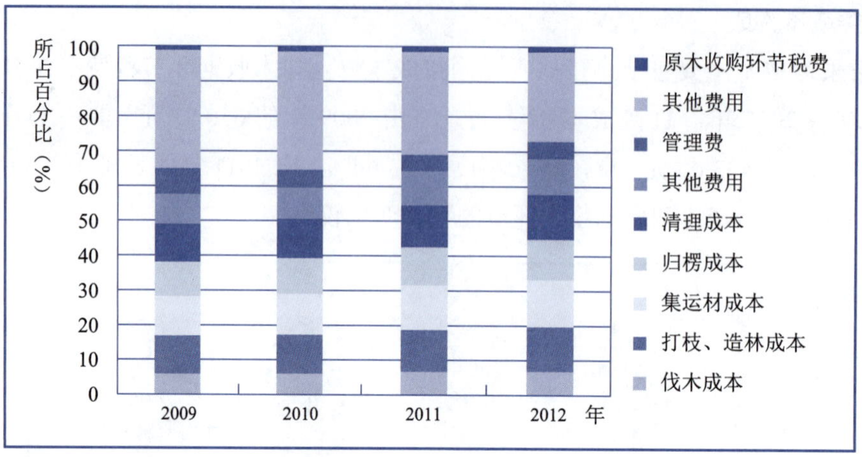

图 5-10 松木原条生产（采运）明细成本构成

5.2.2 松木原条销售价格监测

松木原条的规格很多，本报告主要是综合 2012 年松木原条三种规格的销售价格：大径（20 厘米以上）、中径（16～20 厘米）、小径（8～14 厘米），以其产量作为加权的权重，进行加权，计算了 2012 年 12 个月松木原条销售价格指数和最高价格指数。

从图5-11显示，松木原条销售的最高价格及销售价格在本监测年度内变化比较剧烈，销售价格最低的月份出现在监测年度的2月只有780元/立方米，最高出现在监测年度的5月，是846元/立方米，极差达到了66元/立方米。最高销售价格的极大值出现在监测年度的3月和4月，达到860元/立方米，最小值出现在监测年度的8月，为825元/立方米，极差为35元/立方米。

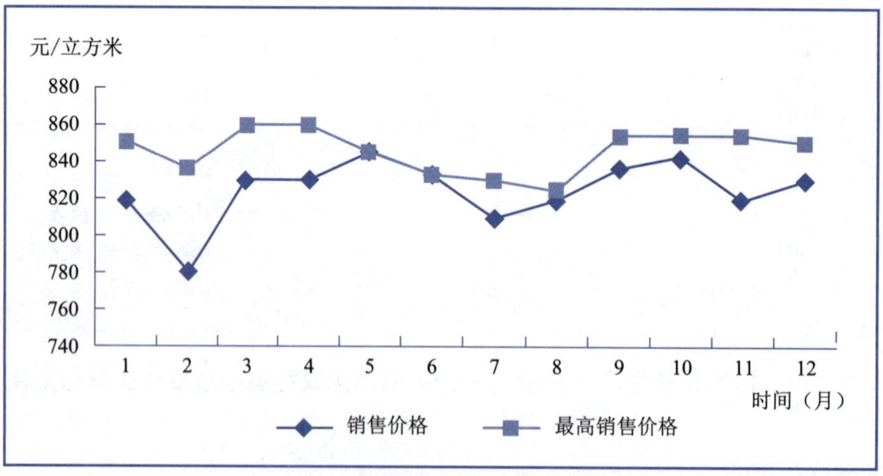

图 5-11 松木原条销售价格及最高价格对比

从定基指数和环比指数的变化来看，销售价格和最高销售价格定基指数变化不大。从本监测年度的12月份里，基本稳定在91～103区间内；从环比指数看，销售价格及最高价格的环比指数基本稳定，基本持续在95～102区间内变化，具体见图5-12。

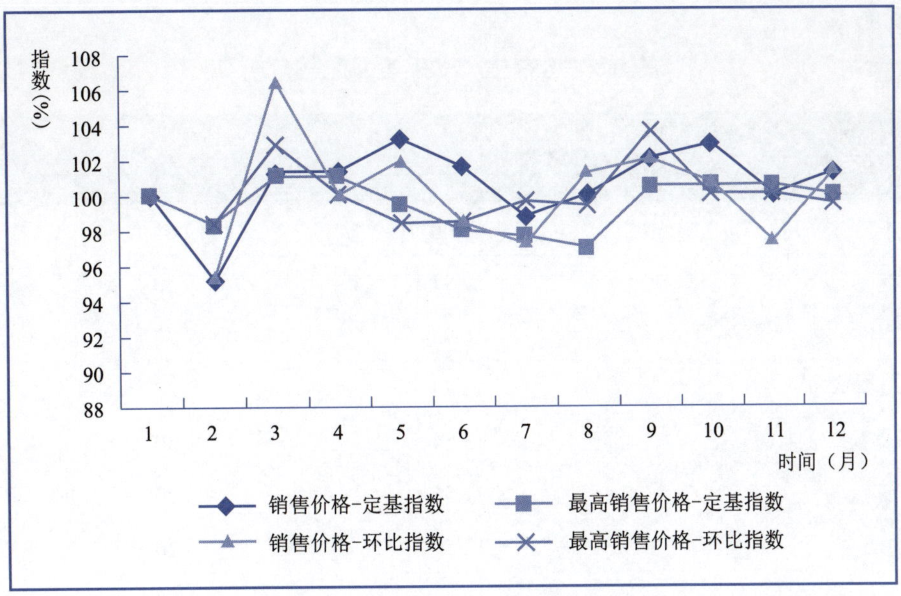

图 5-12 松木原条销售最高价格及销售价格定基指数、环比指数对比

5.2.3 松木原条生产（采运）盈利能力测算

根据2009～2012年监测数据分析，松木原条成本指数总体呈现上升的趋势。以2009年杉木原条监测成本数据为基期，2012年成本的定基指数为139.34，比2009年上涨39.34，比2011年上涨16.91；从环比指数来看，2012年的环比指数为113.81，比2011年增长了7.31，使得松木采伐成本达到1113.60元/亩，能采伐11.50立方米，故每立方米的采伐成本为96.83元。

松木原条销售的最高价格及销售价格在本监测年度内变化比较剧烈，销售价格在780～846元/立方米之间变动。最高销售价格在825～860元/立方米之间变动。从定基指数和环比指数的变化来看，销售价格和最高销售价格定基指数及环比指数变化不大，基本稳定在91～103区间内；从环比指数基本持续在95～102区间内变化。经对比分析松木原条生产（采运）是盈利的。

5.2.4 松木原条生产（采运）风险分析

与2011年度相比，总成本内上升最多的是伐木成本（20%）、打枝和造材成本（20%）、集运材成本（20%）、归楞成本（20%）、清理成本（20%）及其他费用（20%），其余成本所占的比例很少。在对于成本增长贡献方面，最多的是集运材成本（2.57%），其次是打枝、造材成本（2.42%），再次是归楞成本（2.19%）、清理费用（2.39）及其他费用（2%），其余皆在2%以下，具体见表5-2。由上述分析可以看出，成本的增加主要是体现在需要大量劳动力的环节，因此为了降低松木原条生产（采运）经营成本可以考虑提高劳动效率和使用机械化。

表 5-2　松木生产（采运）风险分析

项目	占总成本份额（%）	比上一年度增长比（%）	对总成本增长贡献率（%）
每亩采运成本	100	13.81	-
1. 直接成本	67.91	20	12.88
伐木成本	6.95	20	1.32
打枝、造材成本	12.73	20	2.42
集运材成本	13.54	20	2.57
归楞成本	11.56	20	2.19
清理费用	12.59	20	2.39
其他费用	10.54	20	2
2. 间接成本	31.23	2.69	0.93
管理费	4.90	20	0.93
修路费	0	-	0
其他费用	26.32	0	0
3. 原木收购环节税费	0.86	0.02	0

第六章
人造板生产监测

人造板，以木材或其他非木材植物为原料，经一定机械加工分离成各种单元材料后，施加或不施加胶黏剂和其他添加剂胶合而成的板材或模压制品，一般而言，人造板包括纤维板、刨花板、胶合板及细木工板等。目前，人造板在建筑业、家具业、地板等行业中广泛应用，对国民经济发展也至关重要。

6.1 刨花板生产监测

6.1.1 刨花板成本监测

6.1.1.1 10万立方米刨花板成本监测

在2012年，刨花板生产成本环比指数较为稳定，全年指数基本围绕100点波动，上下振幅未超过10%；在6月份达到最高点，为104.74点，在8月份达到最低点，为93.87点。从成本环比指数可以看出，2012年度10万立方米刨花板生产所需成本总体稳定，未发生较大波动。与之相应，成本定基指数小幅波动，围绕145点振动；在4月份达到最低点，为139.93点，在7月份达到最高点，为153.16点；从全年来看，除4月份略低于140点外，其余月份都高于140点，表明2012年刨花板生产成本较之2010年基期，上涨40%以上，具体见图6-1。

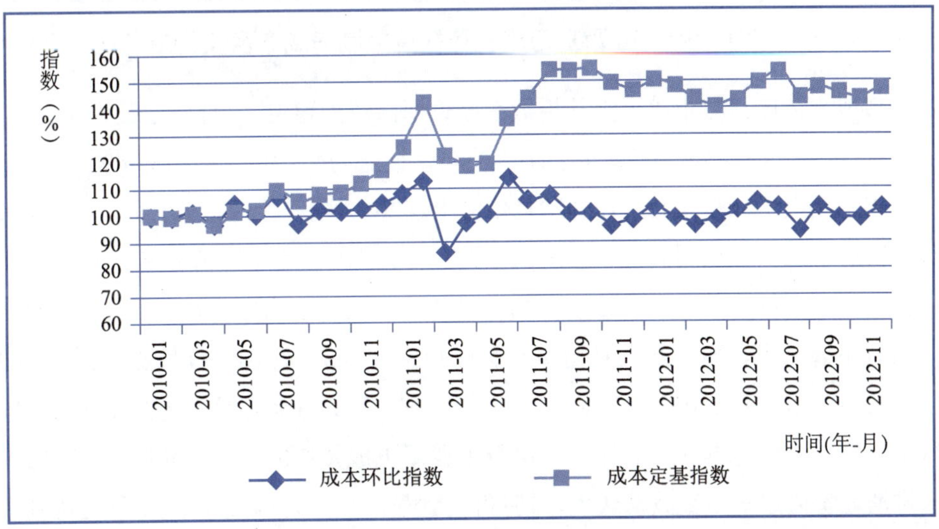

图6-1 2010～2012年产10万立方米刨花板生产成本环比与定基指数变化走势

（1）直接制造成本监测

在整个报告期内，直接制造成本环比指数波动较小，除1月份指数高达115点以外，其余月份基本稳定在100点左右，上下振幅未超过10%，表明2012年度成本水平整体高于2011年度。辅助材料消耗环比指数在报告期内整体维稳，除3月份较低为94.31点以外，其余月份波动均处于95点与105点之间，表明全年各种辅助材料价格变动较小；水、电、热消耗环比指数基本稳定，除1月份高达136点以外，其余月份基本稳定，波动极小，表明2012年水、电、热消耗水平整体高于2011年度，这主要是由于电价上涨导致，水价也略有上涨，但因消耗较小，故影响不大；木材消耗环比指数在整个报告期内波动较大，在7月份达到最高点，为119.82点，在8月份达到最低点，为72.42点，从7月份到8月份的降幅达到47.4%，波动主要集中于第三季度，其余月份指数在90点与110点之间波动，产生波动的主要原因是10万立方米刨花板生产所需小径木、枝丫材的价格变动，尤其在第三季度变动极大，具体见图6-2。

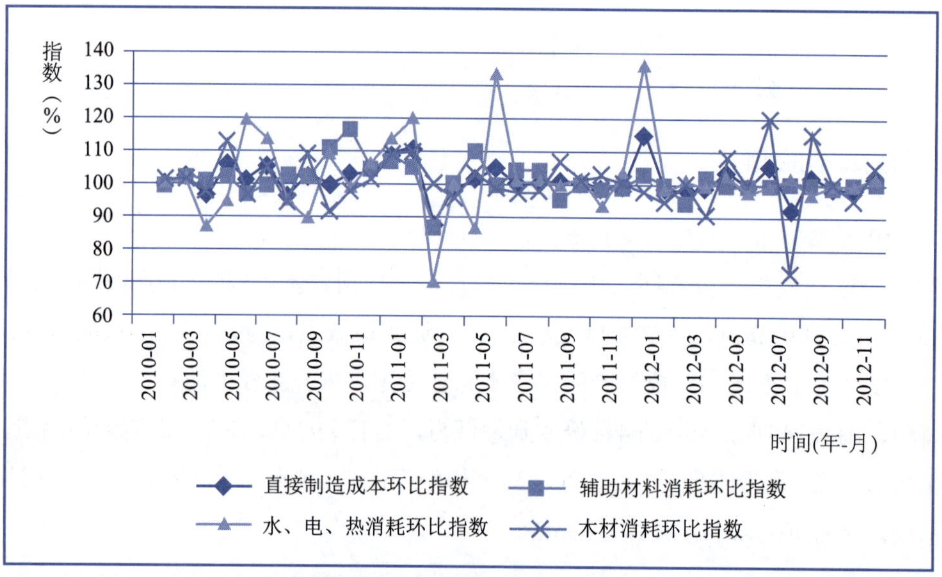

图 6-2　2010 ～ 2012 年产 10 万立方米刨花板直接制造成本及其构成环比指数走势

与直接制造成本环比指数相比，定基指数在报告期内较为稳定，1月份指数为160点，其后各月份都维持于155点左右，最高为7月份，达到163.06点，最低为4月份，达到151.49点，表明2012年度成本较之2010年基期上涨50%以上，较之2011年度上涨20%以上，可得10万立方米刨花板生产所需成本在3年内持续上涨。辅助材料消耗定基指数在2012年呈现出稳中有降趋势，1、2月份指数值达到160点，其后逐渐降至150点左右，相较于2010年基期，上涨达50%以上，相较于2011年，辅助材料消耗成本略有下降；水、电、热消耗定基指数在报告期内基本稳定，1月份达到176.03点，其后月份都处于176点以上，表明2012年度水、电、热消耗较之2010年基期上涨76%以上，较之2011年度上涨40%以上，这主要由电价上涨导致，可得工业用电成本在3年内持续上涨，2012年度上涨较为迅猛；木材消耗价值定基指数波动较大，7月份达到最高点，为144.97点，8月份达到最低点，为104.99点，但整体水平维持于120点左右，相较于2010年基期上涨20%左右，但相较于2011年略有下降，可得10万立方米刨花板生产所需木材原料价格在3年内呈现出先大幅上升后小幅下降的趋势，具体见图6-3。

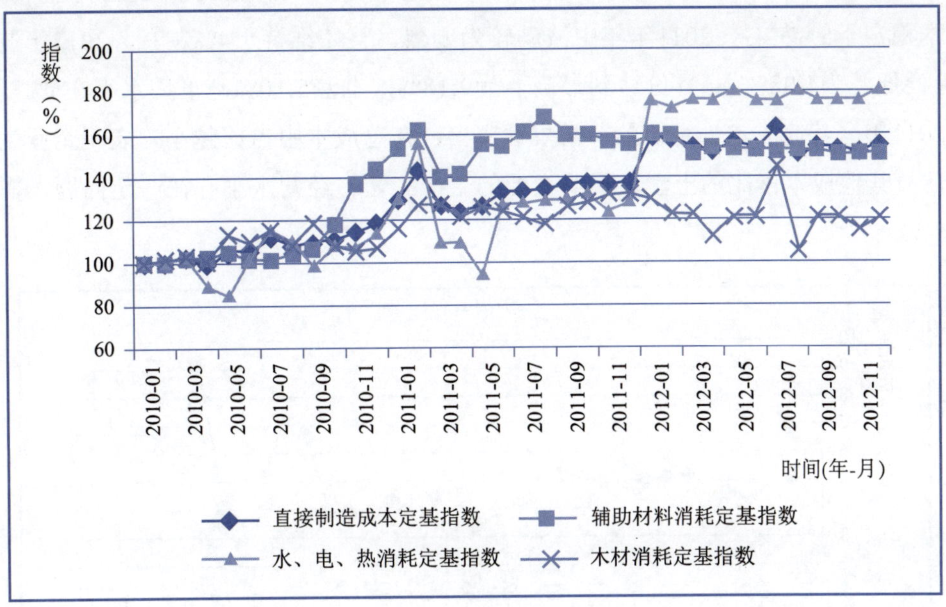

图6-3　2010～2012年产10万立方米刨花板直接制造成本及其构成定基指数走势

（2）固定成本监测

固定成本环比指数在2012年度保持稳中有升态势，1月份最低，为64.1点，其后逐渐上升，于8月份达到最高点，为123.31点。其余月份固定成本环比指数基本持平，保持在100点左右。

与此相应，固定成本定基指数波动较小，前半年基本稳定于150点左右，从7月份开始上升，8月份达到最高点，为220.69点，之后基本稳定于200点左右。这主要由于下半年人工成本上升及折旧增加导致，其中折旧增加是主要因素，但折旧由企业自行决定，故2012年度固定成本的上升所反

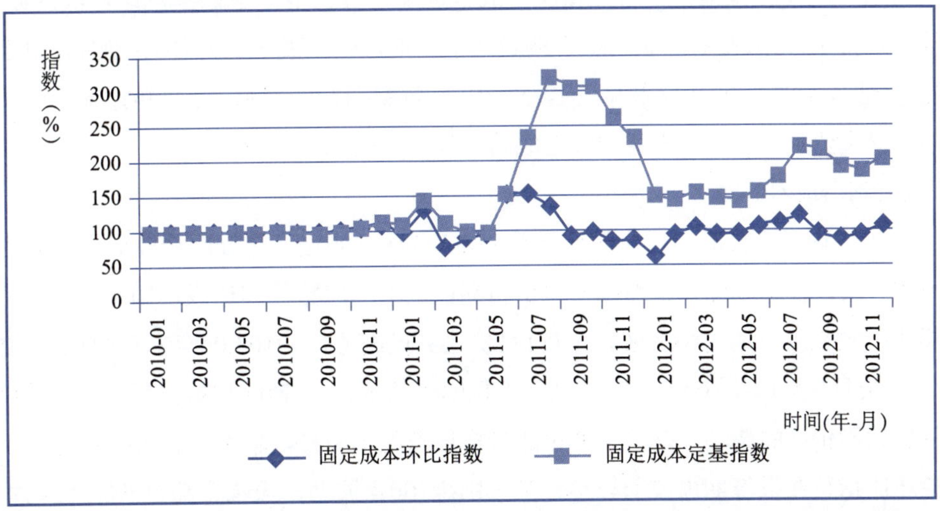

图6-4　2010～2012年产10万立方米刨花板固定成本环比指数与定基指数变化走势

映出来的只有人工成本的略微上涨，具体见图6-4。

（3）其他成本监测

在2010～2012期间，10万立方米刨花板生产所需其他成本占总成本比重，呈现明显波动。2010年基本稳定于5%左右，2011年年中波动较为剧烈，整体维持于4%左右，2012年波动更加剧烈，5月份最低，为4.08%，6月份达到最高，为9.18%，上涨5.10%，平均水平在6%以上，高于2010年与2011年。其他成本为企业的非常规性支出，在总成本中占比越小，表明企业生产、经营效率越高，故其他成本占比的上涨，表明企业的生产工艺、经营水平存在一定问题，需要改进，具体见图6-5。

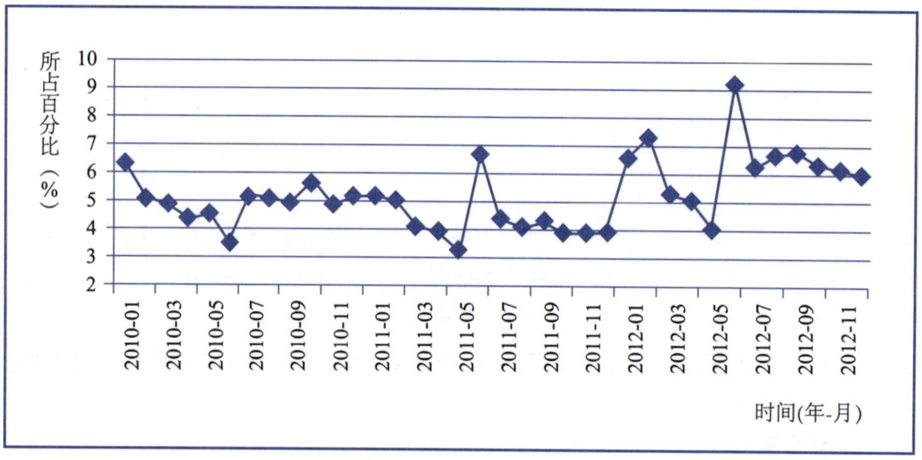

图 6-5　2010 ～ 2012 年产 10 万立方米刨花板其他成本占总成本比重变化走势

6.1.1.2　15 万立方米刨花板成本监测

在2012年，年产15万立方米刨花板生产成本环比指数波动较小，全年基本保持平稳态势，最大波动出现在1月份，指数为103.46点，其余月份皆维持于100点左右，表明报告期较前一年成本略有上涨，期内生产成本总体维稳。与此相应，成本定基指数亦全年平稳；在一月份指数上升为110点，之后基本维持于110点左右，表明报告期较之于基期，生产成本上升10%；8月份以后，指数值在110点以上，表明后半年生产成本存在上升，但上升幅度极小。环比指数和定基指数的平稳，表明在报告期内，企业对于生产成本控制较为成功，具体见图6-6。

（1）直接制造成本监测

在整个报告期内，直接制造成本环比指数基本稳定于100点，这表明企业对于15万立方米刨花板制造所需各原材料控制较佳，虽然原材料价格存在波动，但整体制造成本却基本维持不变。辅助材料消耗环比指数在报告期内略有波动，在1月份达到最高值，为103.04点，在3月份达到最低点，为94.56点；其余月份皆围绕100点上下波动，但振幅未超过1%；辅助材料消耗在第一季度的波动主要是由于脲醛树脂价格的波动，随着脲醛树脂价格逐渐趋于平稳，辅助材料消耗也趋于平稳。水、电、热消耗环比指数在报告期内波动较小，基本围绕100点波动，振幅未超过3%；波动主要是由于工业电价的变动导致，虽然水价也存在波动，但由于消耗较小，故影响较小。木材消耗环比指数在

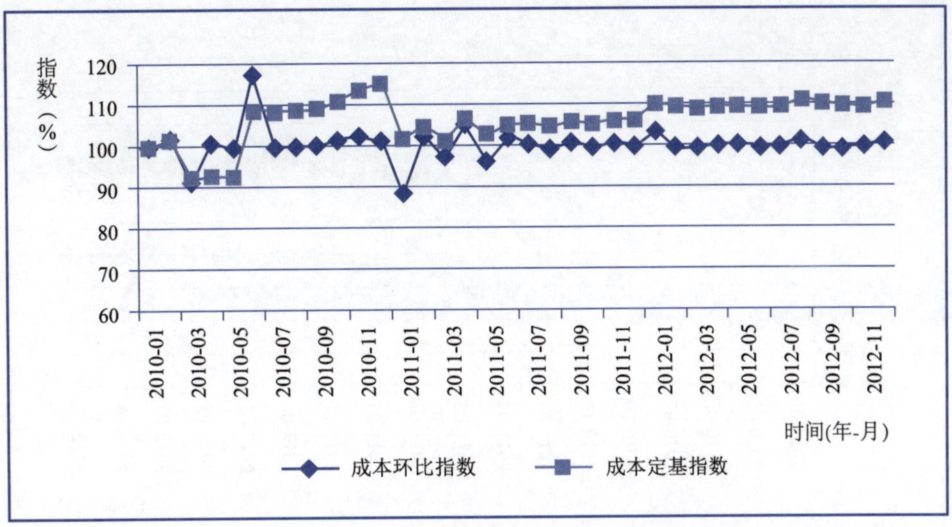

图 6-6 2010～2012 年产 15 万立方米刨花板生产成本环比指数与定基指数变化走势

报告期内呈现稳定趋势，基本不存在波动，说明15万立方米刨花板生产所需木材原料在报告期内价格波动极小，具体见图6-7。

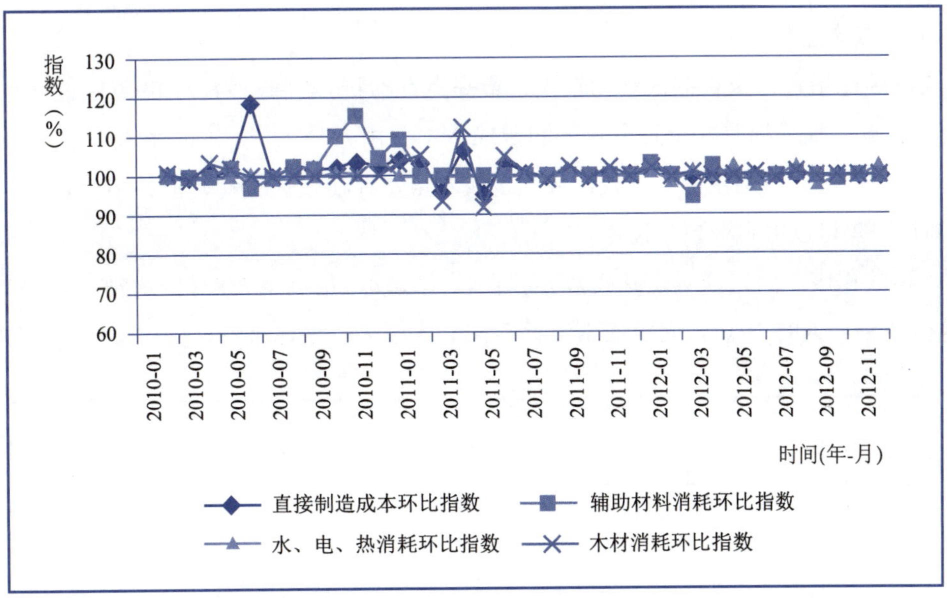

图 6-7 2010～2012 年产 15 万立方米刨花板直接制造成本及其构成环比指数变化走势

与直接制造成本环比指数相比，定基指数在报告期内亦较为平稳，全年基本维持与150点左右。辅助材料消耗定基指数在第一季度略有波动，之后则较为平稳；在1月份指数达到最高点，为155点，在3月份降回平均水平，为146.57点，之后各月份基本维持于147点左右。水、电、热消耗定基指数基本平稳，全年维持于105点左右，波动程度略高于2011年度。木材消耗定基指数程序平稳态势，全年基本维持于120点左右，基本不存在超过1%的波动，具体见图6-8。

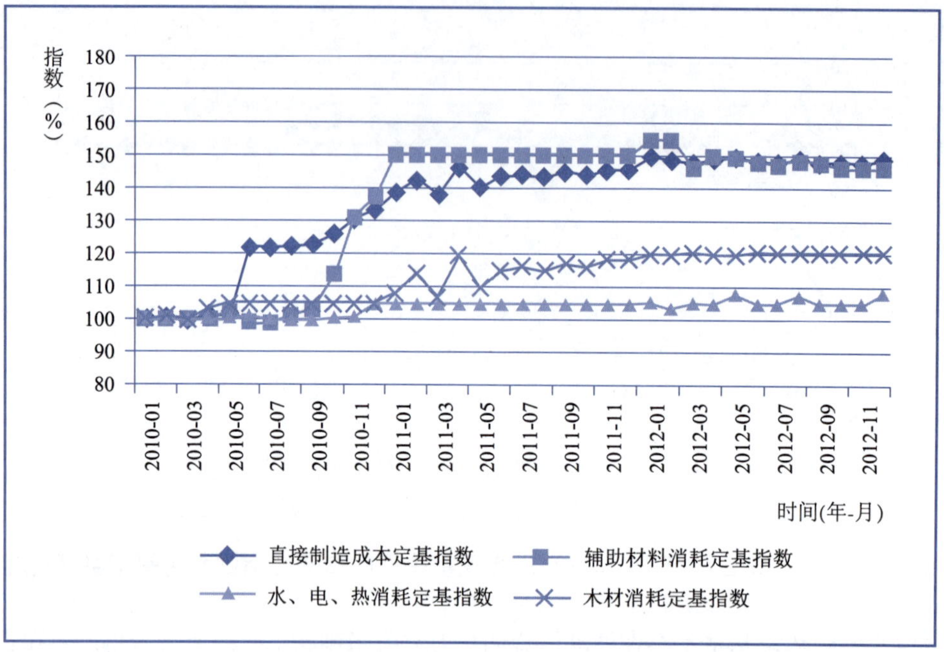

图 6-8 2010 ～ 2012 年产 15 万立方米刨花板直接制造成本及其构成定基指数变化走势

（2）固定成本监测

固定成本环比指数在报告期内波动较大，最高点在8月份达到，为127.59点，最低点在10月份达到，为87.28点，几乎相差40个百分点；固定成本主要由人员工资、折旧和增值税构成，其中人员工资波动较小，波动主要由折旧导致，故固定成本虽然存在较大波动，但并不代表固定成本控制不佳，因为折旧额可以由企业自行设定。

与环比指数相应，固定成本定基指数亦存在较大波动，最高点在8月份达到，为157.02点，最低点在5月份达到，为95.19点，固定成本消耗存在上扬趋势；整体来看，固定成本定基指数在下半

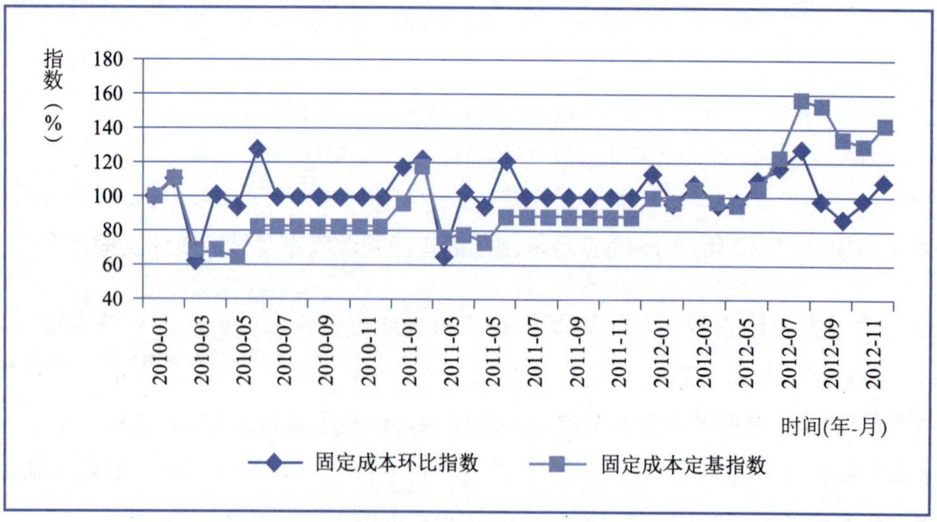

图 6-9 2010 ～ 2012 年产 15 万立方米刨花板固定成本环比指数与定基指数变化走势

年基本处于130点以上，表明较之于2010年基期，固定成本上涨达到30%以上，具体见图6-9。

（3）其他成本监测

在2010～2012期间，15万立方米刨花板生产所需其他成本占总成本比重，呈现出先波动后逐渐平稳的态势。2010年波动较大，处于16%到20%之间，2011年年逐渐开始趋于平稳，并存在一定的下降趋势，从18%左右，降至17.35%，2012年基本平稳，全年基本处于18%偏下。其他成本为企业的非常规性支出，在总成本中占比越小，表明企业生产、经营效率越高，占比越稳定，表明企业对于其他成本的控制力度越强，2012年度其他成本占比的平稳，表明企业的生产工艺、经营水平较之前两年存在一定改进，具体见图6-10。

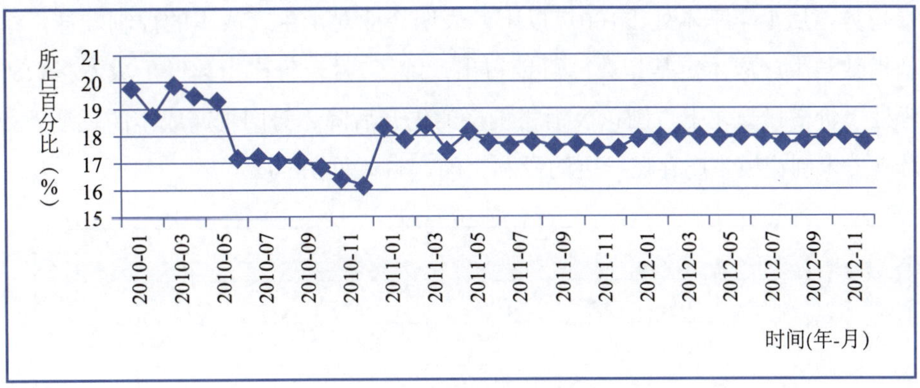

图 6-10　2010 ～ 2012 年产 15 万立方米刨花板其他成本占总成本比重变化走势

6.1.2　刨花板价格监测

2012年度刨花板销售价格较为平稳，前半年有上升趋势，后半年逐渐降至平均水平。价格环比指数基本围绕100点波动，最高点在9月份达到，为108.33点，最低点在7月份达到，为92.49点，上下波动幅度未超过10%。与之相应，价格定基指数在整个报告期内波动较小，最高点在5月份达到，为109.92点，最低点在8月份达到，为98.43点；整体呈现先升后降的趋势，但第四季度基本回归于100点左右，表明全年价格变动较小，具体见图6-11。

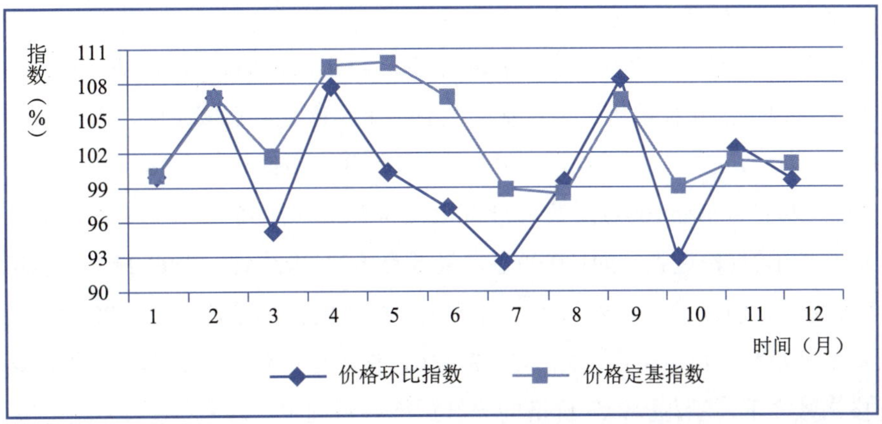

图 6-11　2012 年刨花板销售价格环比指数与定基指数变化走势

6.1.3 刨花板利润空间测算

6.1.3.1 10万立方米刨花板企业盈利能力测算

将2012年年产10万立方米刨花板企业成本定基指数与刨花板销售价格定基指数绘成综合变化趋势图。从图中可以看出，刨花板销售价格定基指数总体上呈现先升后降态势，前半年略有上升，在5月份达到最高点，为109.92点，之后逐渐下降，于8月份降至最低点，为98.43点，之后逐渐稳定于100点。7、8、10月份指数低于100点，其余月份指数高于100点。企业生产成本定基指数在报告期内略有波动，最高点于8月份达到，为102.11点，最低点于4月份达到，为93.28点。总体来看，存在一定的下行趋势，后半年基本处于100点以下，表明企业对于生产成本的控制较佳。综合2012年销售价格定基指数与生产成本定基指数，可以得出，除了7月份价格指数低于成本指数外，其余月份成本指数皆处于价格指数之下，刨花板销售价格的先升后降趋势同生产成本的逐渐下行趋势相结合，可得10万立方米刨花板生产存在一定的盈利空间，具体见图6-12。

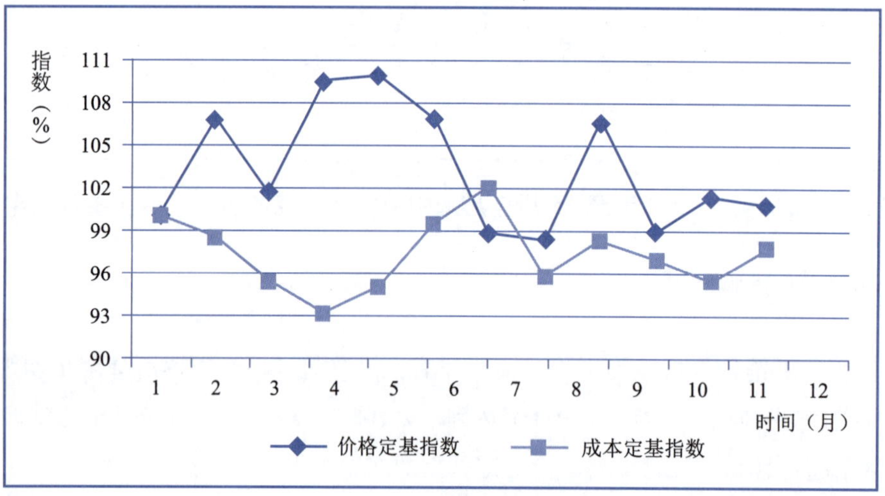

图6-12 2012年产10万立方米刨花板销售价格与生产成本定基指数变化走势

6.1.3.2 15万立方米刨花板企业盈利能力测算

将2012年年产15万立方米刨花板企业成本定基指数与刨花板销售价格定基指数绘成综合变化趋势图。从图中可以看出，刨花板销售价格定基指数总体上呈现先升后降态势，前半年略有上升，在5月份达到最高点，为109.92点，之后逐渐下降，于8月份降至最低点，为98.43点，之后逐渐稳定于100点。7、8、10月份指数低于100点，其余月份指数高于100点。企业生产成本定基指数在报告期内基本平稳，最高点于8月份达到，为100.99点，最低点于3月份达到，为99.23点。全年基本稳定于100点左右，未发生异常波动情况，表明企业对于生产成本的控制较佳。综合2012年销售价格定基指数与生产成本定基指数，可以得出，除了7、8、10月份价格指数低于成本指数外，其余月份成本指数皆处于价格指数之下，刨花板销售价格的先升后降趋势同生产成本的全年平稳态势相结合，可得15万立方米刨花板生产存在一定的盈利空间，具体见图6-13。

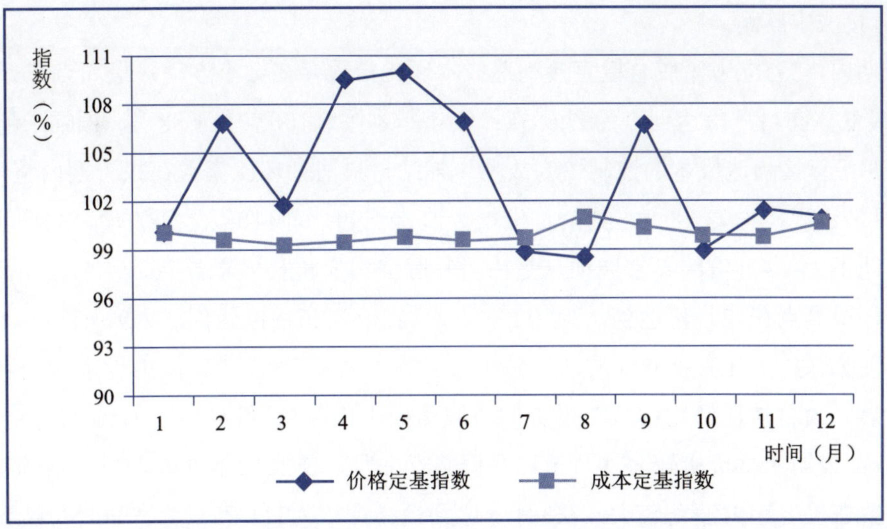

图 6-13　2012 年产 15 万立方米刨花板销售价格与生产成本定基指数变化走势

6.2　胶合板生产监测

6.2.1　胶合板成本监测

6.2.1.1　2 万立方米胶合板成本监测

在报告期内，2万立方米胶合板成本变动较小，且与2011年基本持平，表明2012年度，2万立方米胶合板生产厂家对于成本控制较为成功。成本环比指数基本围绕100点波动，振幅未超过5%，最高点在3月份达到，为103.71点，最低点在4月份达到，为97.51点。与之相应，成本定基指数亦较为稳定，最高点在3月份达到，为124.91点，最低点在11月份达到，为119.24点；平均水平为121点，表明报告期较之于基期2010年1月份，成本上涨约21%，具体见图6-14。

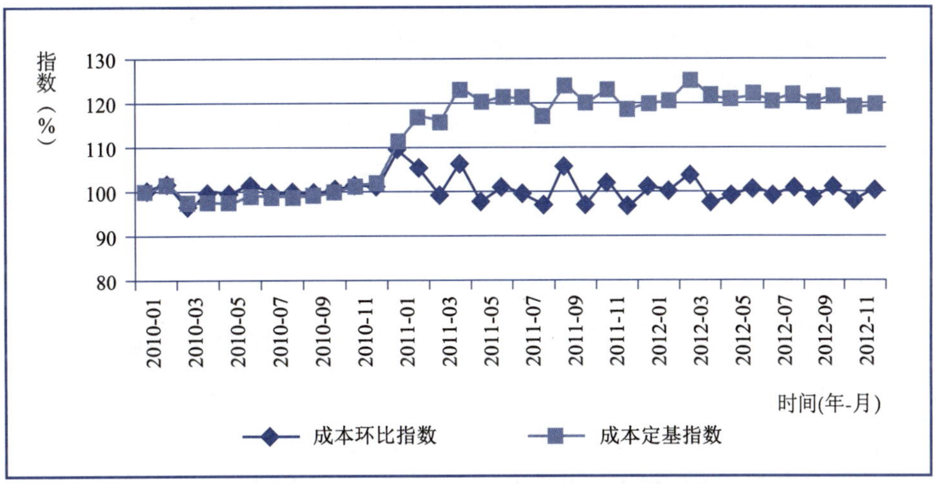

图 6-14　2010 ～ 2012 年产 2 万立方米胶合板成本环比指数与定基指数变化走势

（1）直接成本监测

在报告期内，2万立方米胶合板直接制造成本环比指数存在微小波动，最高点在3月份达到，为104.37点，最低点在11月份达到，为97.68点；全年基本围绕100点上下波动，振幅未超过5%，表明胶合板企业对于直接制造成本的控制较为成功。辅助材料消耗环比指数在报告期内整体波动不大，最低点在3月份出现，为93.78点，其余月份指数值皆于99点与110点之间波动，表明生产所需辅助材料价格波动不大；3月份的异常波动，是由当月脲醛树脂价格较低导致。水、电、热消耗环比指数略有波动，最高点在12月份达到，为102.79点，最低点在6月份达到，为97.45点，其余月份约为100点左右；波动主要由工业电价波动导致，工业水价亦存在波动，但由于水费消耗占比较小，故影响不明显。木材消耗环比指数在报告期内波动极小，除1月份最高，为103.17点外，其余月份基本为100点；表明木材价格较之2011年12月份略有上升，在2012年度内木材价格变动较小。废料消耗环比指数在报告期内波动较大，在3月份达到最高点，为111.05点，在11月份达到最低点，为94.72点；由于废料消耗占直接制造成本比重较大，故直接制造成本的波动很大程度上由废料消耗的波动导致，具体见图6-15。

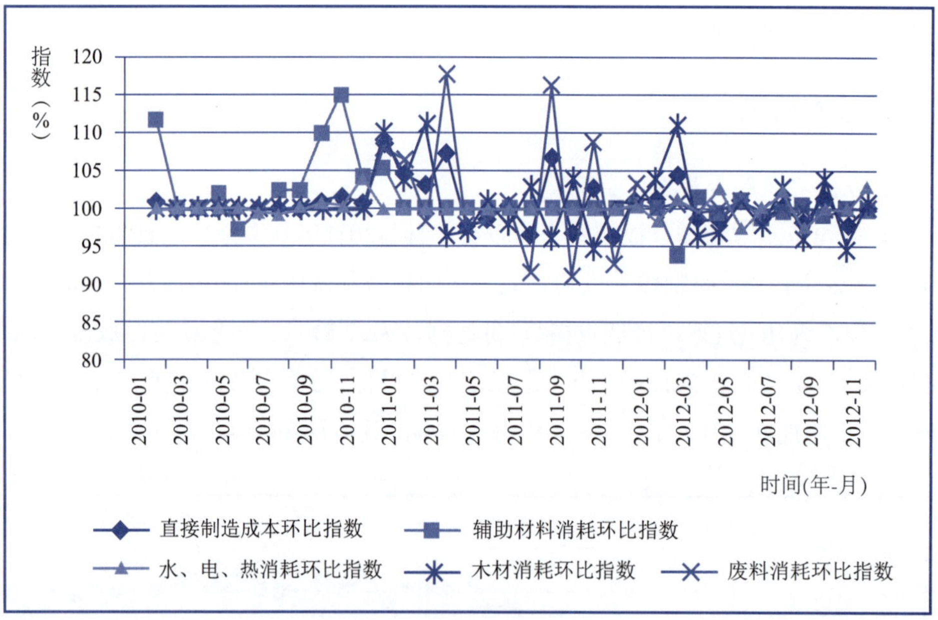

图 6-15　2010 ～ 2012 年产 2 万立方米胶合板直接制作成及其构成环比指数变化走势

与环比指数相应，直接制造成本定基指数在报告期内基本保持平稳态势，最高点在3月份达到，为132.25点，最低点在1月份达到，为125点；全年平均水平为128点左右，表明较之于2010年1月份，2万立方米胶合板生产所需直接制造成本上涨28%左右。辅助材料消耗定基指数呈现出先下行后平稳的趋势，3月份降至全年平均水平，基本为150点，之后各月份定基指数皆围绕150点上下波动，振幅未超过1%；指数下行的原因主要是由脲醛树脂价格在3月份下降导致，其余辅助材料价格也存在一定波动，但由于占比较小，故影响不大。水、电、热消耗定基指数在报告期内较为平稳，且与2011年度基本持平，全年均值约为105点；表明较之于基期2010年1月，水、电、热消耗上涨约5%，变动极小；上涨主要是由于工业电价的上涨导致。木材消耗定基指数在1月达到130点，之后基本保持于130点左右，表明木材消耗较之基期上涨约30%。废料消耗定基指数在报告期内波动较大，最高点于3月份达到，为132.37点，最低点在1月份达到，为115点；整体来看，存在先升后降的趋势；曲线形状与直接制造成本定基指数曲线形状较为相似，表明2万立方米胶合板直接制造成本的波动很大程度上由废料消耗的波动导致，具体见图6-16。

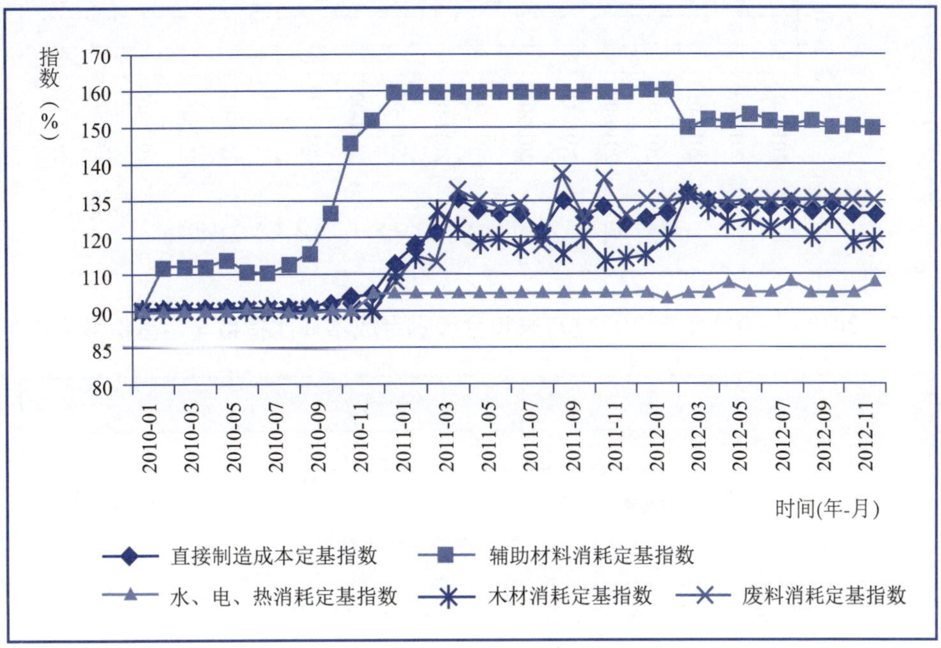

图6-16　2010～2012年产2万立方米胶合板直接制造成本及其构成定基指数变化走势

（2）固定成本监测

在整个报告期内，固定成本环比指数基本稳定于100点，最高点在1月份达到，为113.55点，最低点在4月份达到，为92.16点；其余月份波动幅度未超过5%。1月份环比指数的上升主要由2012年度人员工资较之2011年度略有上涨导致。

与环比指数相应，固定成本定基指数在报告期内亦较为平稳，于3月份升至最高点，为101.78点，接着于4月份降至最低点，为93.80点；之后基本稳定于全年平均水平95点，波动基本围绕95点，振幅未超过1%。表明在报告期内，定基指数先存在上升趋势，之后下降，进而达到稳定，企业对于固定成本的控制较为成功，具体见图6-17。

（3）其他成本监测

在2010～2012期间，2万立方米胶合板生产所需其他成本占总成本比重呈现先下行后上升的趋势。2010年基本稳定于8%左右， 2011年逐渐降于7%左右，2012年又上升到8%以上。其他成本为企业的非常规性支出，在总成本中占比越小，表明企业生产、经营效率越高，故2011其他成本占比的下行曲线，表明企业的生产工艺、经营水平在提升；而2012年其他成本占比的上升曲线，表明企业的生产工艺、经营水平可能不适合生产经营，或者出现了新的问题，具体见图6-18。

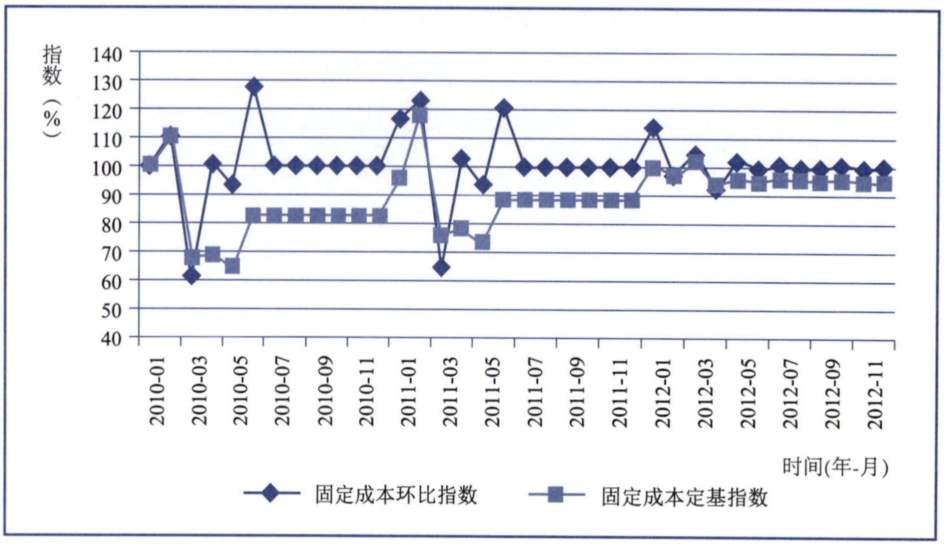

图 6-17　2010 ～ 2012 年产 2 万立方米胶合板固定成本环比指数与定基指数变化走势

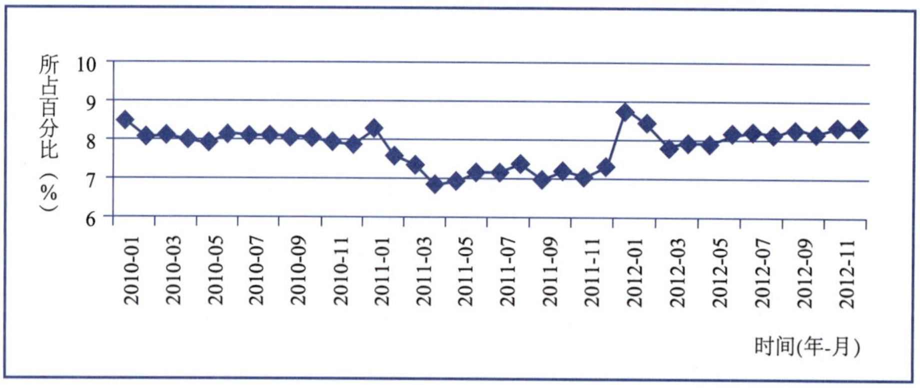

图 6-18　2010 ～ 2012 年产 2 万立方米胶合板其他成本占总成本比重变化走势

6.2.1.2　5 万立方米胶合板成本监测

在2012年，成本环比指数与成本定基指数都保持平稳态势，第一季度略有波动，但波动极小。环比指数于3月份达到最高点，为104.53点，于4月份达到最低点，为97.31点；其余月份皆围绕100点微幅振动，振幅未超过3%；表明全年生产成本变动不大，无异常波动存在，5万立方米胶合板生产企业对于成本控制较佳。与环比指数相应，成本定基指数亦较为平稳，于3月份达到最高点，为122.55点，之后逐渐降至平均水平，约为117点；表明较之于基期2010年1月，报告期内成本上涨约17%，与2011年度相比，也存在微小上浮，具体见图6-19。

（1）直接制造成本监测

在报告期内，直接制造成本环比指数基本保持平稳态势，于3月份达到最高点，为104.72点，于11月份达到最低点，为97.30点；其余月份皆围绕100点微幅振动，振幅未超过2%；表明企业在2012年度，对于成本控制较佳，从未出现异常波动。辅助材料消耗环比指数在第一季度波动较大，最低点于3月份达到，为93.70点，最高点在1月份出现，为103.71点；其余月份皆处于99点与101点

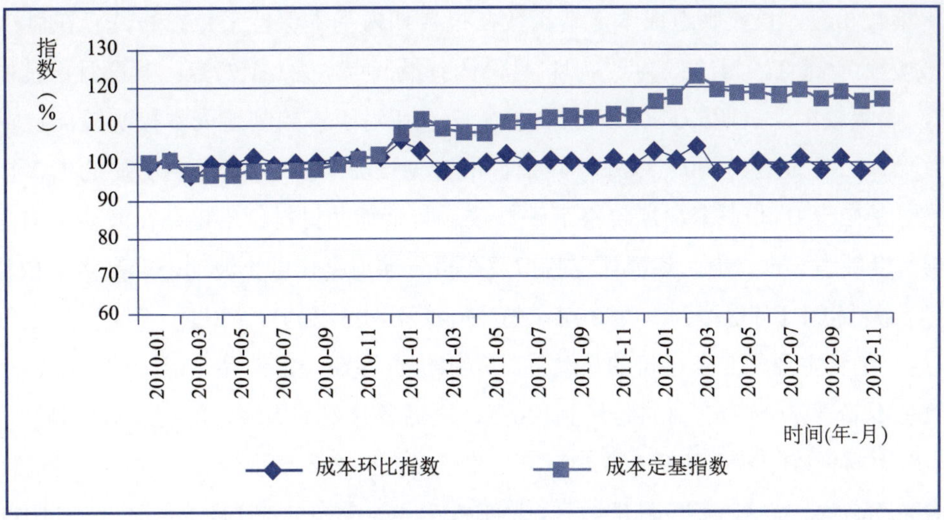

图 6-19 2010～2012 年产 5 万立方米胶合板生产成本环比指数与定基指数变化走势

之间；3月份的异常波动，是由脲醛树脂价格的下降导致；全年内其他辅助材料价格也存在一定波动，但由于占比不大，故影响程度较小。水、电、热消耗环比指数在报告期内存在微小波动，于1月份达到最高点，为105.25点，于6月份达到最低点，为97.46点；波动主要由工业电价的波动导致，水价虽然也存在波动，但是影响程度较小。木材消耗环比指数在报告期内基本保持稳定态势，除1月份达到105.79点外，其余月份皆围绕100点微幅振动，振幅未超过1%；表明2012年度木材价格较之于2011年度略有上升，年内价格基本保持不变。废料消耗环比指数在报告期内波动较大，于3月份达到最高点，为111.05点，于11月份达到最低点，为94.72点；由于废料消耗占直接制造成本比重较大，故直接制造成本的波动很大程度上由废料消耗的波动导致，具体见图6-20。

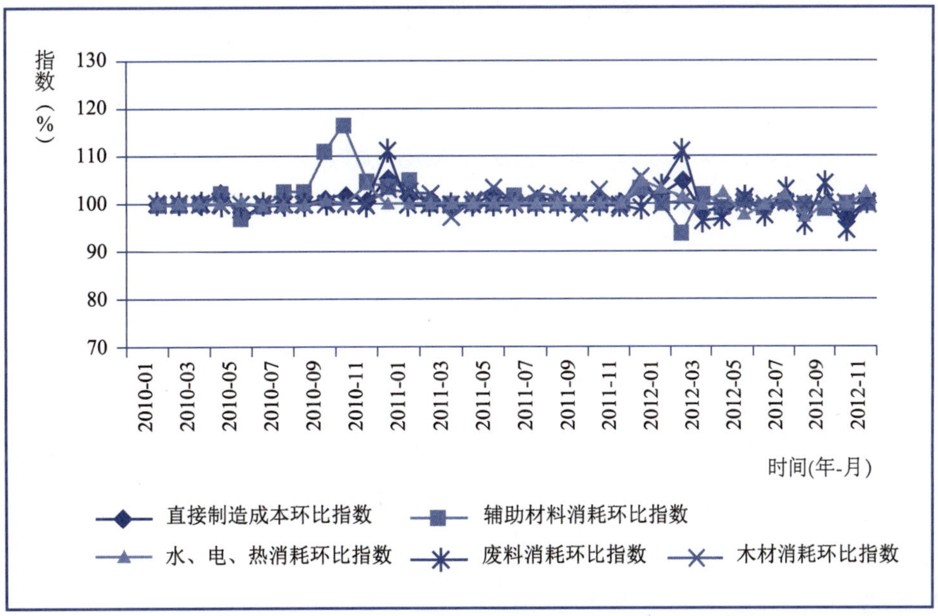

图 6-20 2010～2012 年产 5 万立方米胶合板直接制造成本及其构成环比指数变化走势

与环比指数相应，直接制造成本定基指数在报告期内基本保持平稳态势，存在微小的下行趋势；于3月份达到最高点，为128.31点，于11月份达到最低点，为121.27点；其余月份基本围绕均值124点振动，振幅较小；表明5万立方米胶合板生产企业对于直接制造成本控制较佳。辅助材料消耗定基指数除1、2月份达到160点以外，其余月份皆为150点左右，表现出明显的先下行后平稳趋势；这种趋势是由于3月份脲醛树脂价格下跌导致，其余辅助材料价格也存在波动，但由于占比不大，故影响程度较小。水、电、热消耗定基指数在报告期内存在微小波动，最高点于12月份达到，为118.61点，最低点于1月份达到，为110点；整体表现出上行趋势，经过一个季度的上行，达到均值116点；这一趋势主要由工业电价的波动导致，水价也存在一定波动，但影响程度较小。木材消耗定基指数基本趋于完全稳定，1月份达到120点，之后各月份均围绕120点波动，振幅未超过1%；表明2012年度木材价格相较于基期上涨20%，但在年度内价格未出现较大波动。废料消耗定基指数在报告期内波动较大，最高点于3月份达到，为126.61点，最低点在1月份达到，为110点；整体来看，存在先升后降的趋势；曲线形状与直接制造成本定基指数曲线形状较为相似，表明5万立方米胶合板直接制造成本的波动很大程度上由废料消耗的波动导致，具体见图6-21。

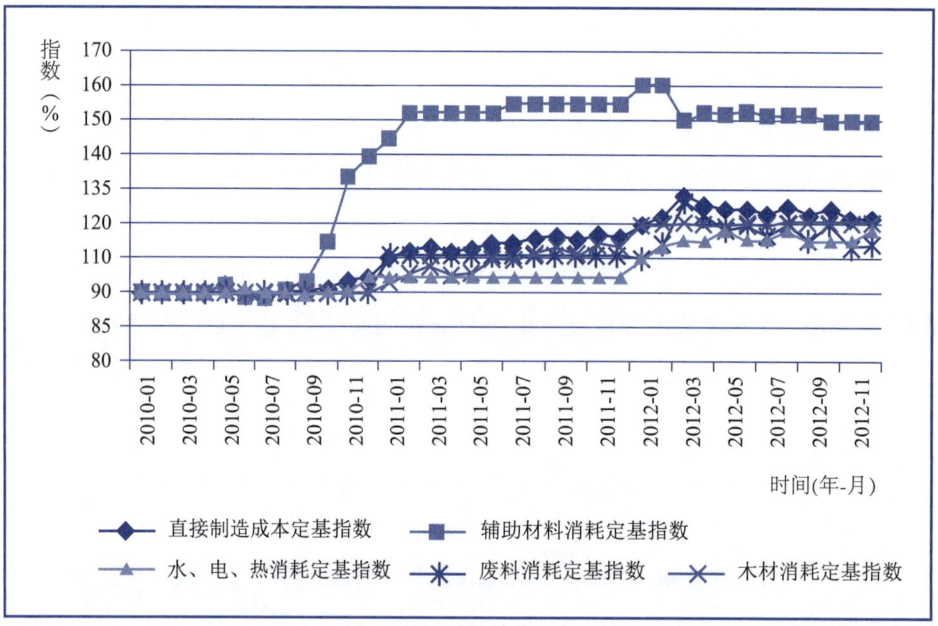

图6-21　2010～2012年产5万立方米胶合板直接制造成本及其构成定基指数变化走势

（2）固定成本监测

从总体上看，固定成本在前半年存在较大波动，在后半年基本趋于平稳。环比指数在3月份达到最高点，为106.84点，在4月份达到最低点，为88.55点，上半年指数围绕100点波动，上下振幅为3%；下半年指数波动极小，基本于99点于101点之间波动；表明5万立方米胶合板生产企业经过上半年的调整，逐渐实现对于固定成本的良好控制。

与环比指数相应，固定成本定基指数表现出先波动后稳定的态势。于3月份达到最高点，为101.55点，于4月份达到最低点，为89.91点；下半年逐渐稳定于92点左右；表明企业生产所需固定成本相较于基期略有下降，约下降8%，具体见图6-22。

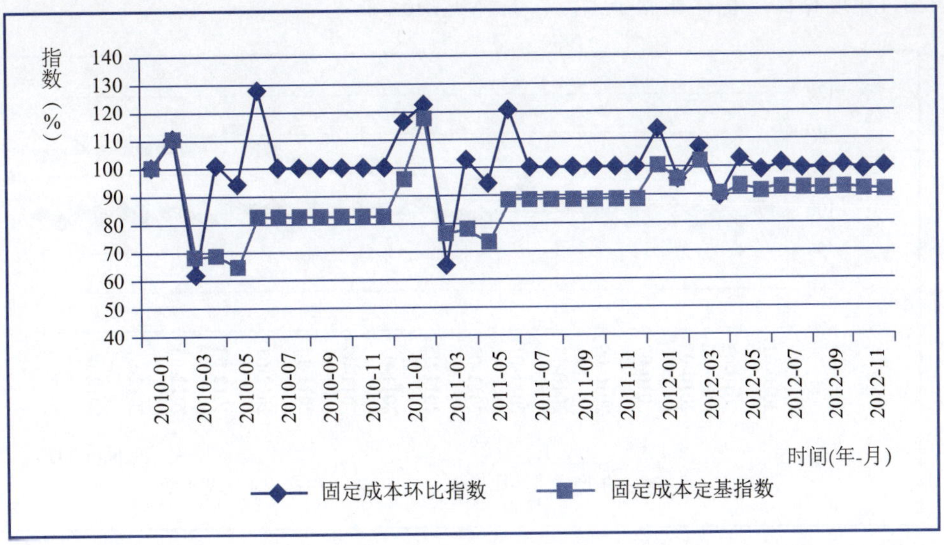

图 6-22　2010 ～ 2012 年产 5 万立方米胶合板固定成本环比指数与定基指数变化走势

（3）其他成本监测

在2010～2012期间，5万立方米胶合板生产所需其他成本占总成本比重呈现先下行后上升的趋势。2010年基本稳定于7.8%左右， 2011年逐渐降到7%左右，2012年迅速上升到9%左右。其他成本为企业的非常规性支出，在总成本中占比越小，表明企业生产、经营效率越高，故2011其他成本占比的下行曲线，表明企业的生产工艺、经营水平在提升；而2012年其他成本占比的急速上升曲线，表明企业的生产工艺、经营水平可能不适合生产经营，或者出现了新的问题，具体见图6-23。

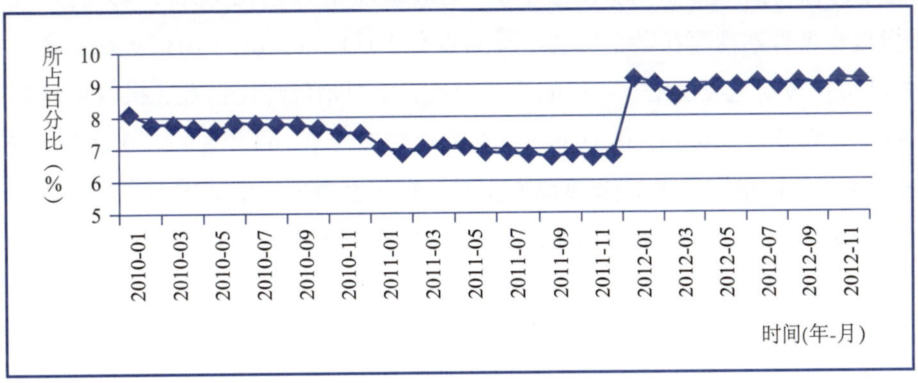

图 6-23　2010 ～ 2012 年产 5 万立方米胶合板其他成本占总成本比重变化走势

6.1.2.3　10 万立方米胶合板成本监测

在2012年，成本环比指数与成本定基指数都保持平稳态势，第一季度略有波动，但波动极小。环比指数于3月份达到最高点，为104.14点，于4月份达到最低点，为97.46点；其余月份皆围绕100点微幅振动，振幅未超过2%；表明全年生产成本变动不大，无异常波动存在，10万立方米胶合板生产企业对于成本控制较佳。与环比指数相应，成本定基指数亦较为平稳，于3月份达到最高点，为120.72点，之后逐渐降至平均水平，约为116点；表明较之于基期2010年1月，报告期内成本上涨约16%，与2011年度相比，也存在微小上浮，具体见图6-24。

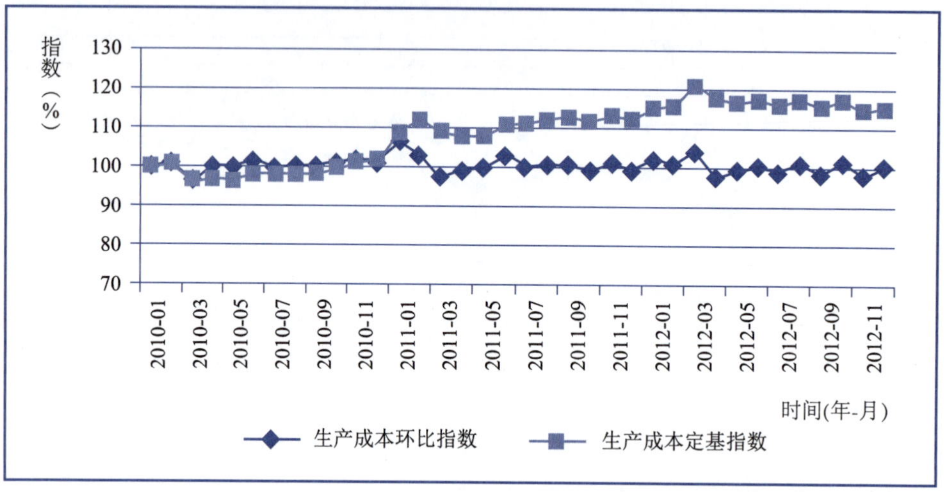

图 6-24　2010～2012 年产 10 万立方米胶合板生产成本环比指数与定基指数变化走势

（1）直接制造成本监测

2012 年，直接制造成本环比指数在总体上基本保持稳定，个别月份存在小幅波动；于 3 月份达到最高点，为 104.04 点，于 11 月份达到最低点，为 97.73 点；其余月份基本围绕 100 点微幅振动，振幅未超过 1%；表明 10 万立方米胶合板生产企业对于直接制造成本控制较佳。辅助材料消耗环比指数在第一季度波动较大，于 1 月份达到最高点，为 105.17 点，于 3 月份达到最低点，为 94.15 点；在后三季度较为稳定，基本维持于 100 点左右，偏离程度较小；一季度的指数波动主要由脲醛树脂的价格波动导致，其他辅助材料价格虽然也存在一定波动，但由于占比不大，故影响程度较小。水、电、热消耗环比指数在报告期内存在微小波动，最高点在 2 月份达到，为 103.39 点，最低点在 6 月份达到，为 97.44 点；波动主要由工业电价的变动导致。木材消耗环比指数在报告期内基本保持平稳态势，除 1 月份达到最高点为 101.38 点外，其余月份皆保持于 100 点左右，上下振幅未超过 1%；表明 2012 年度木材价格相较于 2011 年度略有上升，在年度内价格变动极小。废料消耗环比指数在报告期内波动较大，于 3 月份达到最高点，为 111.05 点，于 11 月份达到最低点，为 94.72 点；由于废料消耗占直接制造成本比重较大，故直接制造成本的波动很大程度上由废料消耗的波动导致，具体见图 6-25。

与环比指数相应，直接制造成本定基指数在报告期内基本保持平稳态势，波动极小；最高点于3月份达到，为126.94点，最低点于1月份达到为120点；其余月份皆围绕均值122点上下波动，振幅未超过2%；表明10万立方米胶合板生产所需直接制造成本相较于基期，上涨约22%，且在2012年度内，直接制造成本控制较为成功。辅助材料消耗定基指数在第一季度存在较大波动，1、2月份基本维持于160点，3月份降至150.68点，之后基本维持于151点左右，上下振幅未超过1%；总体来看，辅助材料价格波动不大；一季度的波动主要由脲醛树脂价格的下降导致，其他辅助材料价格的波动由于占比过小，影响程度可以忽略不计。水、电、热消耗定基指数存在微小波动，于5月份达到最

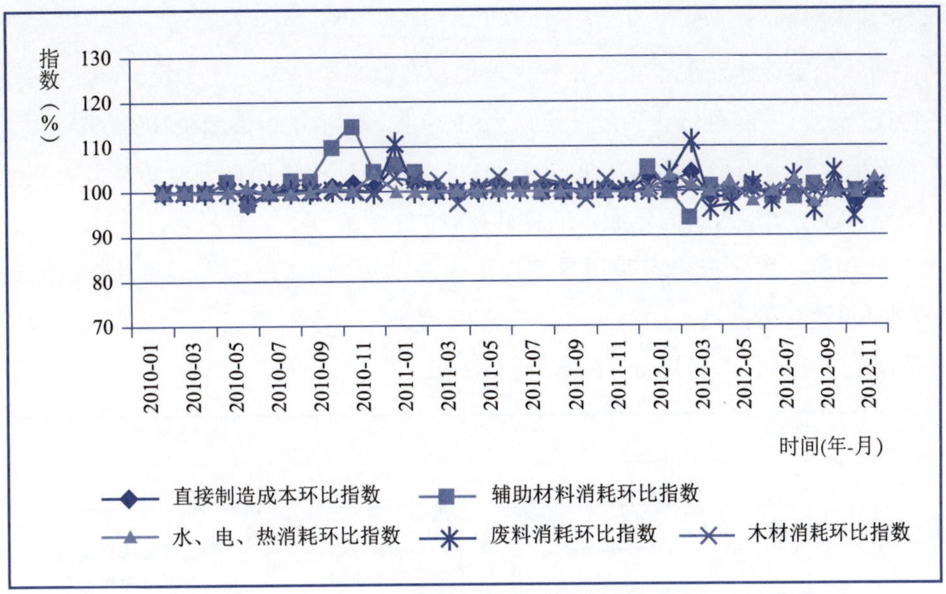

图 6-25 2010～2012 年产 10 万立方米胶合板直接制造成本及其构成环比指数变化走势

高点，为113.24点，于1月份达到最低点，为105点；其余月份均围绕均值110点波动；表明10万立方米胶合板生产所需水、电、热消耗较之于基期上涨约10%；年度内的波动主要由工业电价变动导致。木材消耗定基指数在报告期内基本维持稳定态势，各月份皆围绕115点波动，上下振幅未超过1%；表明年度内10万立方米胶合板生产所需木材价格变动较小。废料消耗定基指数在报告期内波动较大，最高点于3月份达到，为126.61点，最低点在1月份达到，为110点；整体来看，存在先升后降的趋势；曲线形状与直接制造成本定基指数曲线形状较为相似，表明5万立方米胶合板直接制造成本的波动很大程度上由废料消耗的波动导致，具体见图6-26。

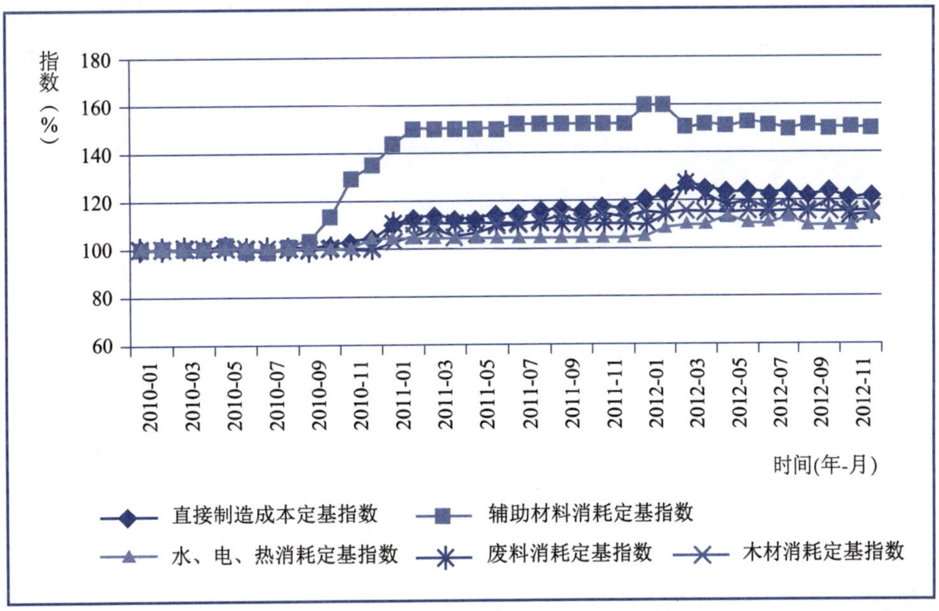

图 6-26 2010～2012 年产 10 万立方米胶合板直接制造成本及其构成定基指数变化走势

（2）固定成本监测

从总体上看，固定成本在前半年存在较大波动，在后半年基本趋于平稳。环比指数在1月份达到最高点，为113.55点，在4月份达到最低点，为83.39点，上半年指数围绕100点波动，上下振幅超过15%；下半年指数波动极小，基本于99点于101点之间波动；表明10万立方米胶合板生产企业经过上半年的调整，逐渐实现对于固定成本的良好控制。

与环比指数相应，固定成本定基指数表现出先波动后稳定的态势。于3月份达到最高点，为101.20点，于4月份达到最低点，为84.15点；下半年逐渐稳定于87点左右；表明企业生产所需固定成本相较于基期略有下降，约为13%，具体见图6-27。

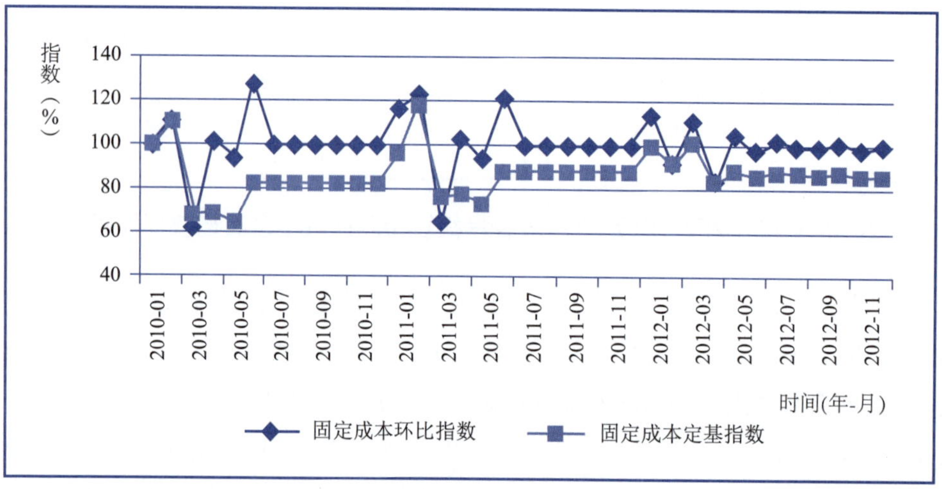

图 6-27 2010 ～ 2012 年产 10 万立方米胶合板固定成本环比指数与定基指数变化走势

（3）其他成本监测

在2010～2012期间，10万立方米胶合板生产所需其他成本占总成本比重呈现先下行后上升的趋势。2010年基本稳定于7.8%左右， 2011年逐渐降于7%左右，2012年上升到8%左右。其他成本为企业的非常规性支出，在总成本中占比越小，表明企业生产、经营效率越高，故2011其他成本占比的下行曲线，表明企业的生产工艺、经营水平在提升；而2012年其他成本占比的上升曲线，表明企业的生产工艺、经营水平可能不适合生产经营，或者出现了新的问题，具体见图6-28。

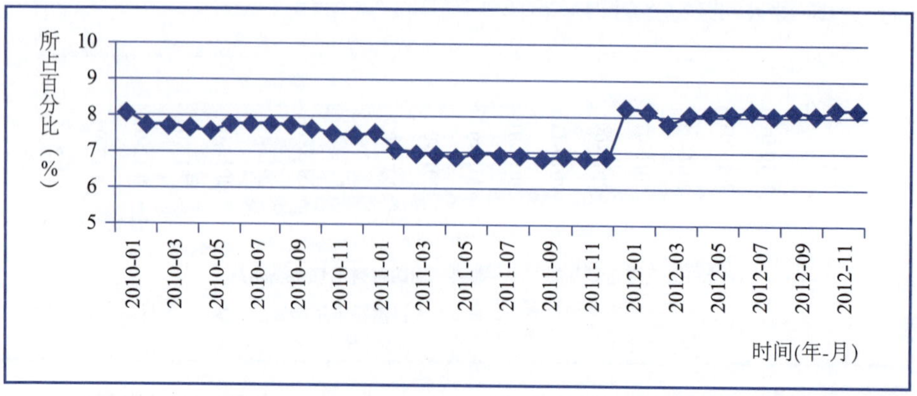

图 6-28 2010 ～ 2012 年产 10 万立方米胶合板其他成本占总成本比重变化走势

6.2.2 胶合板价格监测

整体来看，2012年度胶合板销售价格波动较小，呈现出稳中有升的趋势。价格环比指数围绕100点上下波动，12月份达到最高，为102.67点，5月份最低，为97.33点。与此相应，价格定基指数在5月份达到最低点，为100.69点，之后逐步小幅上升，于12月份达到最高点，为106.21点，比1月份销售价格上涨6.21%，具体见图6-29。

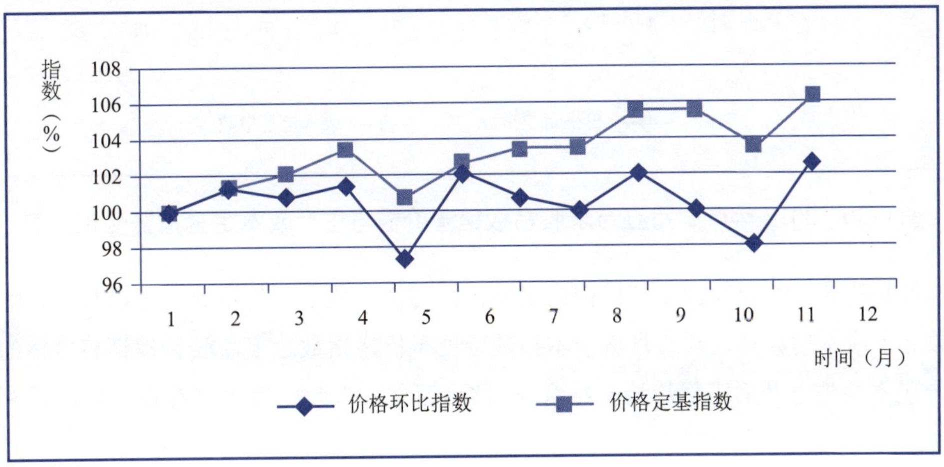

图 6-29　2012 年胶合板销售价格环比指数与定基指数变化走势

6.2.3 胶合板利润空间测算

6.2.3.1　2 万立方米胶合板企业盈利能力测算

将2012年年产2万立方米胶合板企业成本定基指数与胶合板销售价格定基指数绘成综合变化趋势图。从图中可以看出，胶合板销售价格定基指数总体上呈现稳中有升态势，前半年较为平稳，平均为102点左右，下半年开始小幅上升，在12月份达到106.21点。全年价格定基指数均高于100点，价格上扬趋势明显。企业生产成本定基指数总体上呈现先升后降的趋势，于3月份达到最高点，为104.09点，之后逐渐下降，于11月份达到最低点，为99.37点；成本定基指数的下行趋势，表明企业对生产成本控制较佳。综合2012年销售价格定基指数与生产成本定基指数，可以得出，除了3月份价格指数低于成本指数外，其余月份成本指数皆处于价格指数之下，胶合板销售价格的稳中有升趋势同生产成本的先上升后下降趋势相结合，可得2万立方米胶合板生产存在一定的盈利空间，具体见图6-30。

6.2.3.2　5 万立方米胶合板企业盈利能力测算

将2012年年产5万立方米胶合板企业成本定基指数与胶合板销售价格定基指数绘成综合变化趋势图。从图中可以看出，胶合板销售价格定基指数总体上呈现稳中有升态势，前半年较为平稳，平均为102点左右，下半年开始小幅上升，在12月份达到106.21点。全年价格定基指数均高于100点，价格上扬趋势明显。企业生产成本定基指数总体上呈现先升后降的趋势，于3月份达到最高点，为105.65点，之后逐渐下降，于11月份达到最低点，为99.81点；成本定基指数的下行趋势，表明企业

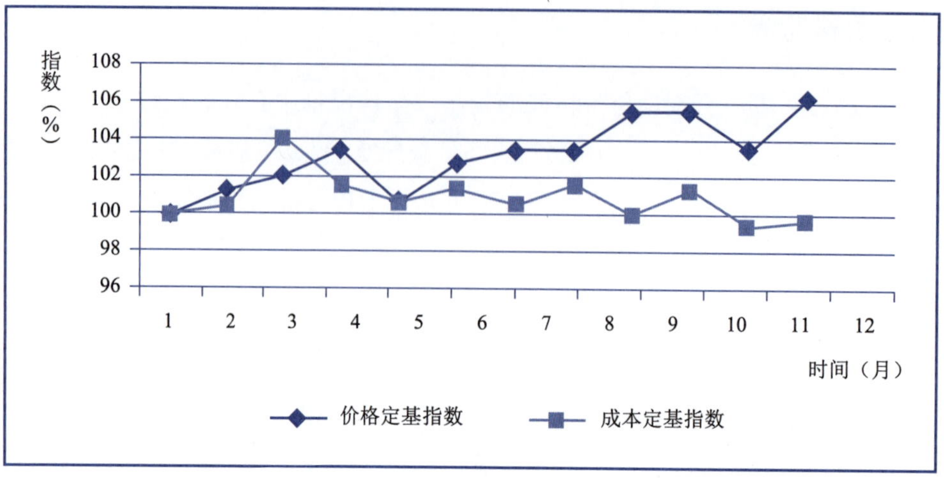

图 6-30　2012 年产 2 万立方米胶合板销售价格与生产成本定基指数变化走势

对生产成本控制较佳。综合2012年销售价格定基指数与生产成本定基指数，可以得出，除了3、5月份价格指数低于成本指数外，其余月份成本指数皆处于价格指数之下，胶合板销售价格的稳中有升趋势同生产成本的先上升后下降趋势相结合，可得5万立方米胶合板生产存在一定的盈利空间，具体见图6-31。

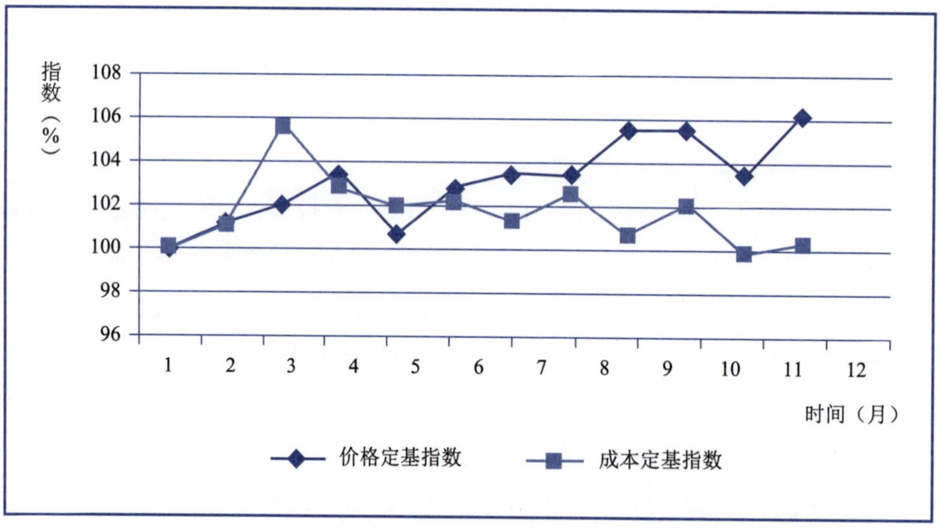

图 6-31　2012 年产 5 万立方米胶合板销售价格与生产成本定基指数变化走势

6.2.3.3　10 万立方米胶合板企业盈利能力测算

将2012年年产10万立方米胶合板企业成本定基指数与胶合板销售价格定基指数绘成综合变化趋势图。从图中可以看出，胶合板销售价格定基指数总体上呈现稳中有升态势，前半年较为平稳，平均为102点左右，下半年开始小幅上升，在12月份达到106.21点。全年价格定基指数均高于100点，价格上扬趋势明显。企业生产成本定基指数总体上呈现先升后降的趋势，于3月份达到最高点，为104.97点，之后逐渐下降，于11月份达到最低点，为99.75点；成本定基指数的下行趋势，表明企业对生产成本控制较佳。综合2012年销售价格定基指数与生产成本定基指数，可以得出，除了3、5月份价格指数低于成本指数外，其余月份成本指数皆处于价格指数之下，胶合板销售价格的稳中有升趋势同生产成本的先上升后下降趋势相结合，可得10万立方米胶合板生产存在一定的盈利空间，具体见图6-32。

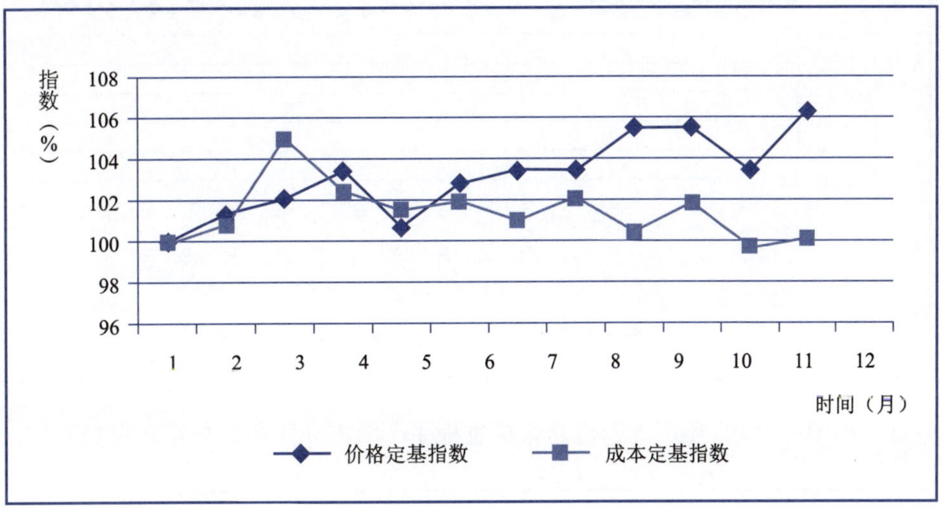

图 6-32　2012 年产 10 万立方米胶合板销售价格与生产厂定基指数变化走势

6.3　纤维板生产监测

6.3.1　纤维板成本监测

6.3.1.1　5 万立方米纤维板成本监测

2012年，5万立方米纤维板监测中，每立方米产品生产成本环比指数波动幅度较小，接近100，基本保持平稳态势，表明5万立方米纤维板生产在本年度内未出现异常情况；以2010年1月份为基期，每立方米产品生产成本定基指数保持于114左右，表明全年生产成本较之基期上涨14%左右，参考2011年度内定基指数，曲线基本保持平稳，表明2012年度产品生产成本较之2011年度内上涨较少，基本保持于1%以内，具体见图6-33。

（1）直接制造成本指数监测

2012年直接制造成本环比指数基本保持稳定，波动幅度较小，全年内皆保持于98～102之间；其中辅助材料消耗环比指数整体保持稳定，但在第一季度略有波动，波动幅度在95～105之间，其后三季度波动幅度皆在1%以内，表明全年范围内，5万立方米纤维板生产所消耗的辅助材料价格基本保持稳定，不存在价格的异常波动；水、电、热消耗环比指数在2012年度内略有波动，但波动幅度不大，振幅未超过3%，主要是由于电价的微调导致；木材消耗价值环比指数整体来看波动未超过1%，表明5万立方米纤维板生产所需木材原料价格在全年内基本未发生变化，市场供需稳定，具体见图6-34。

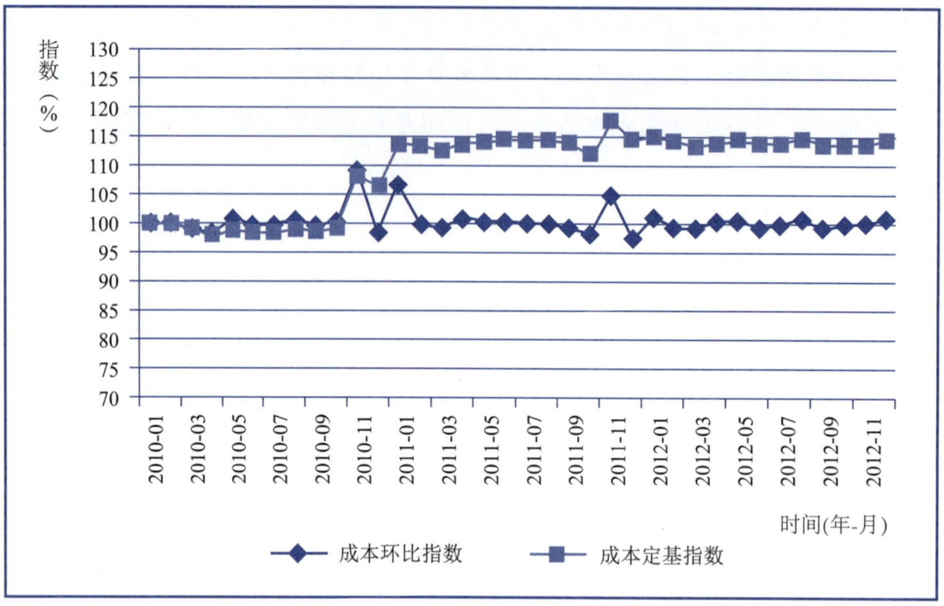

图 6-33　2010 ～ 2012 年产 5 万立方米纤维板生产成本环比指数与定基指数变化走势

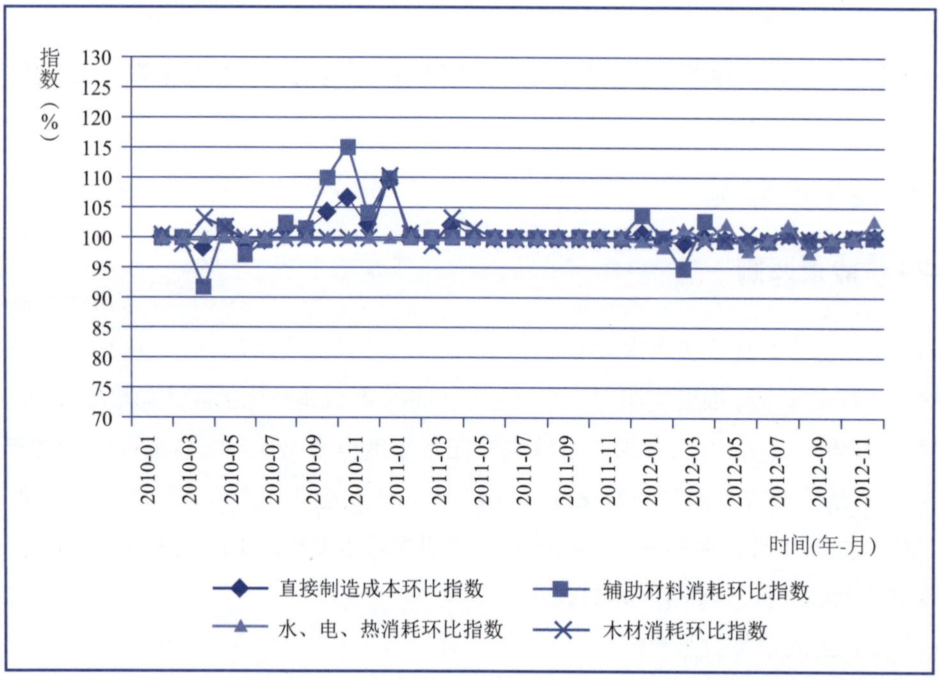

图 6-34　2010 ～ 2012 年产 5 万立方米纤维板直接制造成本及其构成环比指数变化走势

与直接制造成本环比指数相应，直接制造成本定基指数在整个报告期内保持平稳态势。较之基期上涨27%左右，与2011年度基本持平。其中，辅助材料消耗定基指数在第一季度略有波动，最高出现于1、2月份，值为141左右，最低为133；之后两季度基本维持在135左右，第四季度基本维护在133左右，与2011年度较为接近，表明2012年度5万立方米纤维板生产所需辅助材料价格与2011年度相比变化较小。水、电、热消耗定基指数在报告期内有微小波动，但振幅较小；从整个时间段来看，水、电、热消耗价值定基指数在3年内不存在上扬或下降趋势，表明水价、电价、热力价格在3年内基本未发生较大变化。木材消耗定基指数在2012年度内维持于120，且与2011年度持平，表明5万立方米纤维板生产所需木材价格在2011和2012年内未发生明显变化，具体见图6-35。

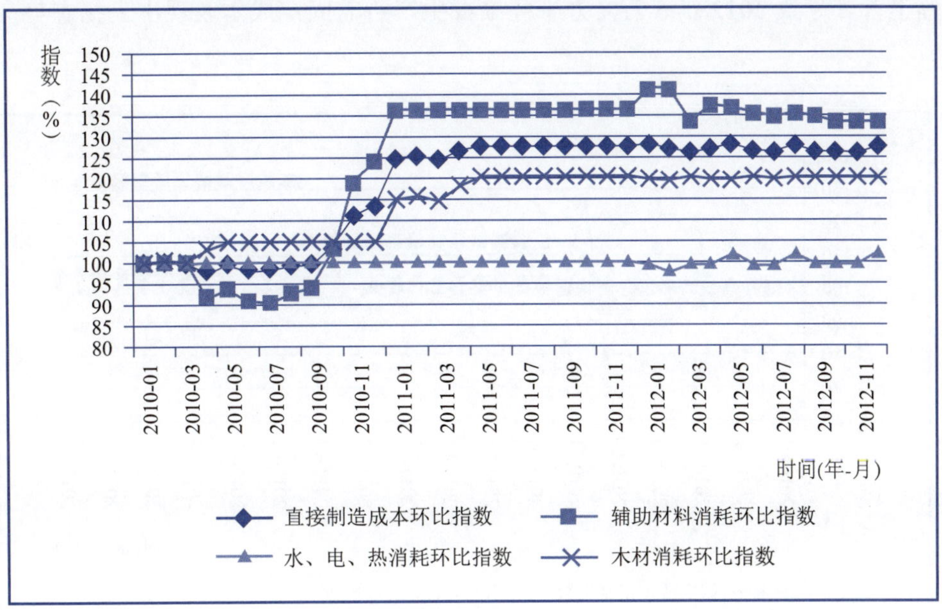

图 6-35　2010～2012 年产 5 万立方米纤维板直接制造成本及其构成定基指数变化走势

（2）固定成本指数监测

从总体上看，固定成本环比指数除了在2012年1、2月份外，其余月份皆为100。由于企业按照直线折旧法来计提折旧，所以各月份折旧额保持不变；造成固定成本环比指数波动出现的原因是工资变动，2012年全国工资较之2011年有所提升，导致工资环比指数在2012年1月份为116，进而相应推高固定成本环比指数，具体见图6-36。

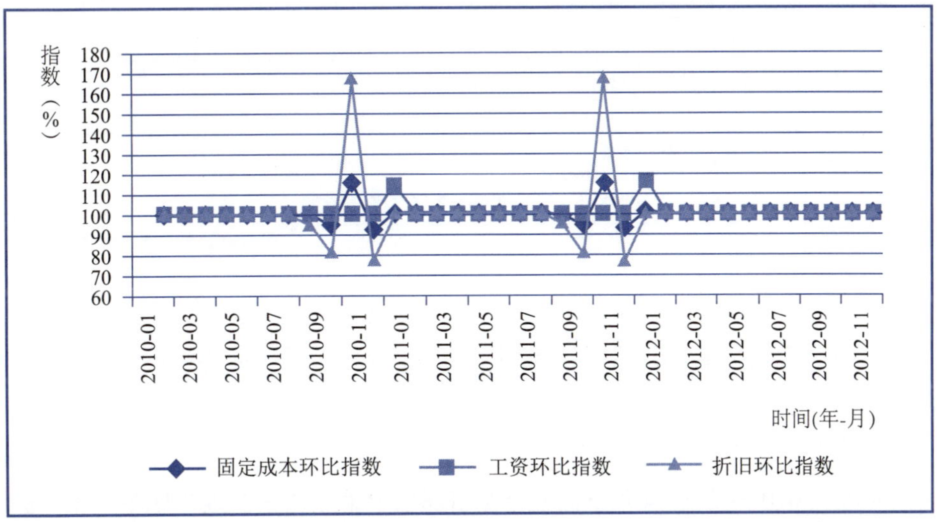

图 6-36　2010～2012 年产 5 万立方米纤维板固定成本及其构成环比指数变化走势

在整个报告期内，固定成本定基指数较之2011年上扬，全年稳定于104点。由于企业采取直线法计提折旧，故折旧定基指数稳定于100点；2012年全国工资水平相比2011年有大幅上升，工资定基指数全年稳定为133点，较之基期上涨33点，较之2011年上涨20点。正是由于工资水平的大幅上升，导致2012年5万立方米纤维板生产所需固定成本表现出上扬态势，具体见图6-37。

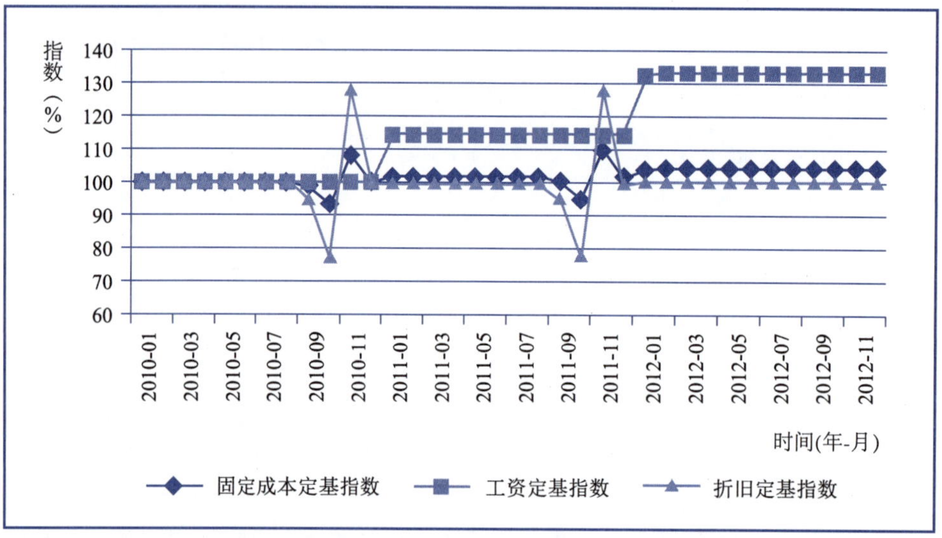

图6-37　2010～2012年产5万立方米纤维板固定成本及其构成定基指数变化走势

（3）其他成本监测

在2010～2012期间，5万立方米纤维板生产所需其他成本占总成本比重，呈现明显下降趋势。2010年为10%左右，2011年降为9%左右，2012年降为7～8%之间。其他成本为企业的非常规性支出，在总成本中占比越小，表明企业生产、经营效率越高，故其他成本占比的下行曲线，表明企业的生产工艺、经营水平在逐年提升，具体见图6-38。

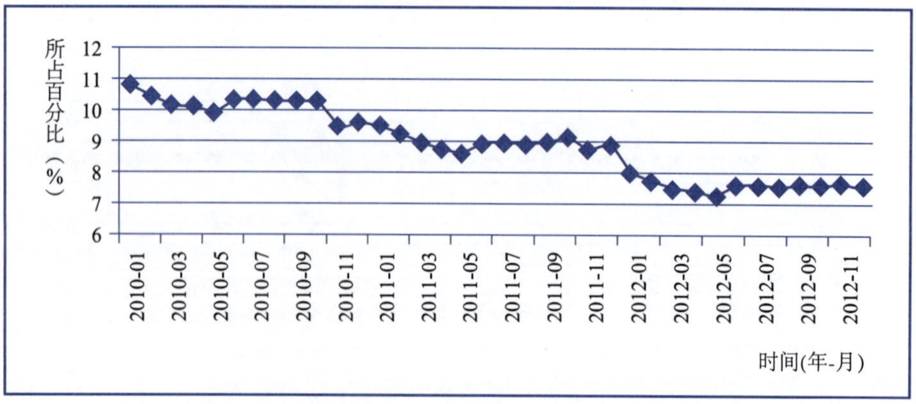

图6-38　2010～2012年产5万立方米纤维板其他成本占总成本比重变化走势

6.3.1.2　8万立方米纤维板成本监测

在整个报告期内，成本环比指数和成本定基指数的变化趋势基本保持稳定。环比指数在2012年1月份存在上扬，达到107点；在2012年2月份小幅下跌，降为93.77点。除此之外，其余月份围绕100点振动，上下振幅未超过3%。与此相应，成本定基指数在前两月存在波动，此后基本稳定于100点。1月份指数存在上扬，主要受季节、气候、春节临近等因素影响，一方面企业产量减少，故单位产量所分摊固定成本上升，总成本相应上升；另一方面，部分原材料价格上涨，推动总成本上升。2月份随着企业生产恢复正常，总成本逐渐回落，接近全国平均水平，具体见图6-39。

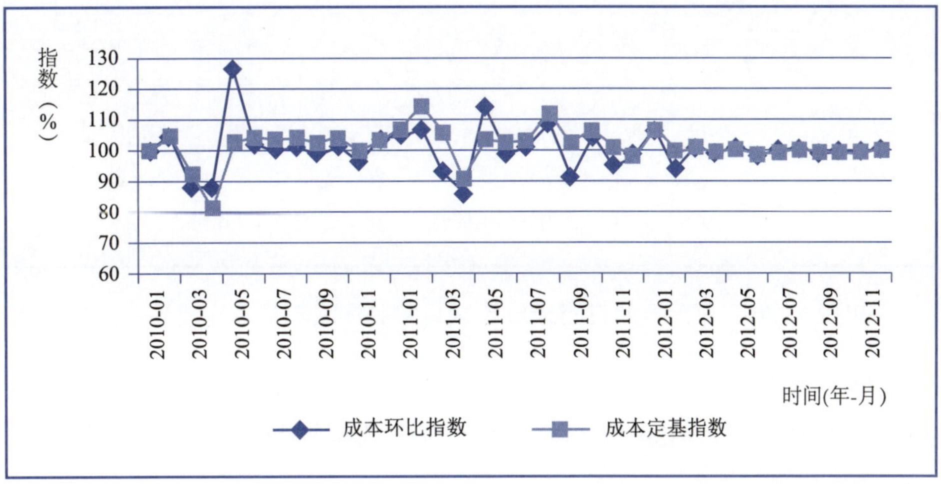

图6-39　2010～2012年产8万立方米纤维板生产成本环比指数与定基指数变化走势

（1）直接制造成本监测

在整个报告期内，8万立方米纤维板直接制造成本环比指数波动较小，涨跌幅未超过5%，基本维持于100点左右。波动程度远小于2010年与2011年；2012年1月份环比指数为100.74，说明与2011年相比，直接制造成本略有上升，但上升幅度较小。

其中辅助材料消耗环比指数在2012年1～4月期间存在较大波动，最高为1月份，达到104点，最低为3月份，达到94点；从5月份开始，指数开始保持稳定，上下振幅在2%以内，基本维持于100点。前4个月的指数波动主要由脲醛树脂价格波动导致，石蜡价格的涨跌也造成了部分影响，氨水与氯化铵的价格虽然也存在波动，但由于在生产中耗用较小，所以影响不大。水、电、热消耗环比指数相较于2011年波动较小，基本维持于100点左右，最高为103点，最低为97点。木材耗用价值环比指数在整个报告期内都比较平缓，波动幅度极小，仅在4月份与6月份稍有变动，但未超过2%，其他月份基本保持在100点，具体见图6-40。

与直接制造成本环比指数相对应，直接制造成本定基指数曲线在整个报告期内呈现小幅波动的形态。在整个报告期内直接制造成本定基指数平均维持在98.67，比2010年基期略有下降。

辅助材料消耗定基指数在第一季度存在较大波动，最高为101点，最低为94点；在报告期内，整体存在下行趋势，在后三季度平均维持于95点，相较于2010年基期，存在5%的降幅。水、电、

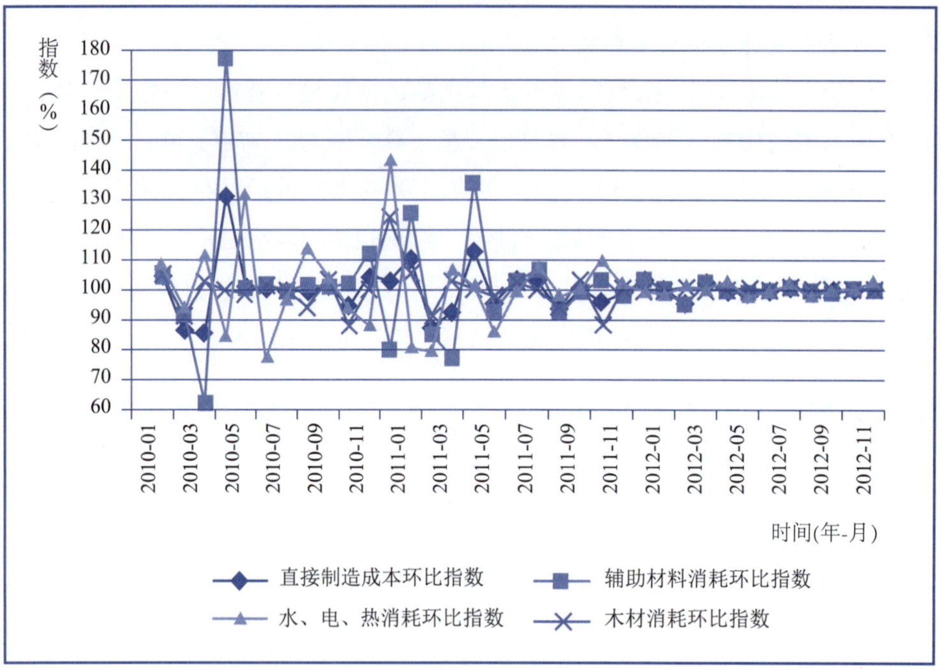

图 6-40　2010 ～ 2012 年产 8 万立方米纤维板直接制造成本及其构成环比指数变化走势

热消耗定基指数相较于2010年和2011年波动较小，波动振幅未超过5%，主要由电价的小幅波动导致。木材消耗定基指数与环比指数类似，波动极小，具体见图6-41。

（2）固定成本监测

从总体上看，固定成本环比指数在前半年变化幅度较大，1月份达到最高点110.92，4月份达到最低点86.69；后半年波动幅度较小，基本维持于100点左右。其中工资水平未发生变化，导致固

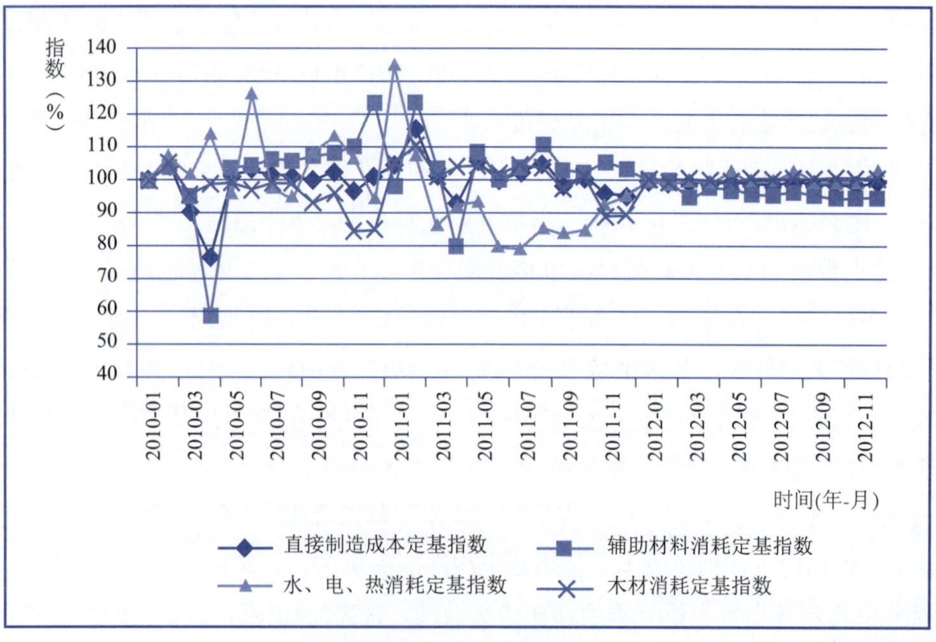

图 6-41　2010 ～ 2012 年产 8 万立方米纤维板直接制造成本及其构成定基指数变化走势

定成本环比指数波动的最主要因素是折旧指数的变动。折旧指数在1月份达到最高点131.89，在4月份达到最低点64，在整个报告期内波动剧烈，具体见图6-42。

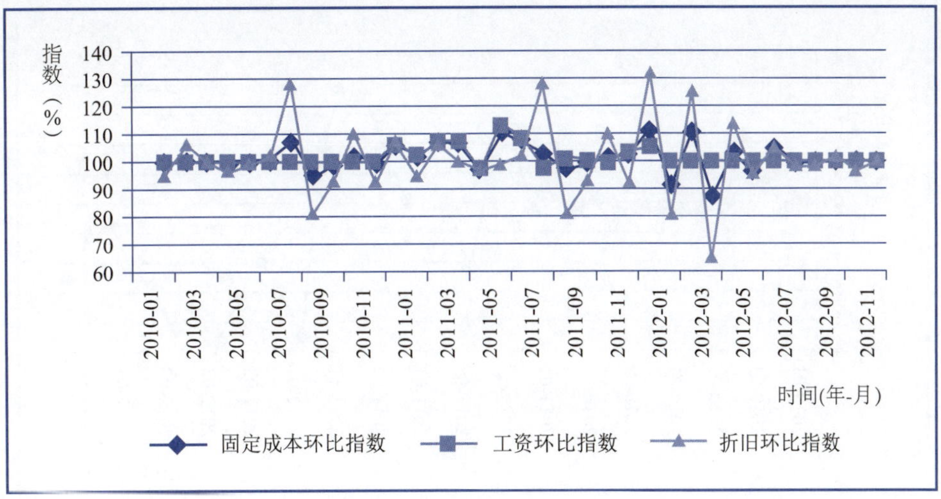

图 6-42 2010 ～ 2012 年产 8 万立方米纤维板固定成本及其构成环比指数变化走势

在整个报告期内，与固定成本环比指数相吻合，固定成本定基指数在前半年存在较大波动，后半年较为平缓；相较于2010年基期，固定成本上涨基本在30%以上。工资相较于基期大幅上升，达到55%，推动固定成本的整体上升。折旧定基指数波动极大，但是围绕中心为100点，说明相较于2010年基期，折旧变动较小，具体见图6-43。

（3）其他成本监测

在2010～2012期间，8万立方米纤维板生产所需其他成本占总成本比重，波动较为明显。2010年为9%左右，2011年在7.47%与11.15%之间波动，2012年最低降至4.20%，最高为8.27%，未达到9%。总体来看，其他成本占总成本的比重在3年内存在下行趋势。其他成本为企业的非常规性支

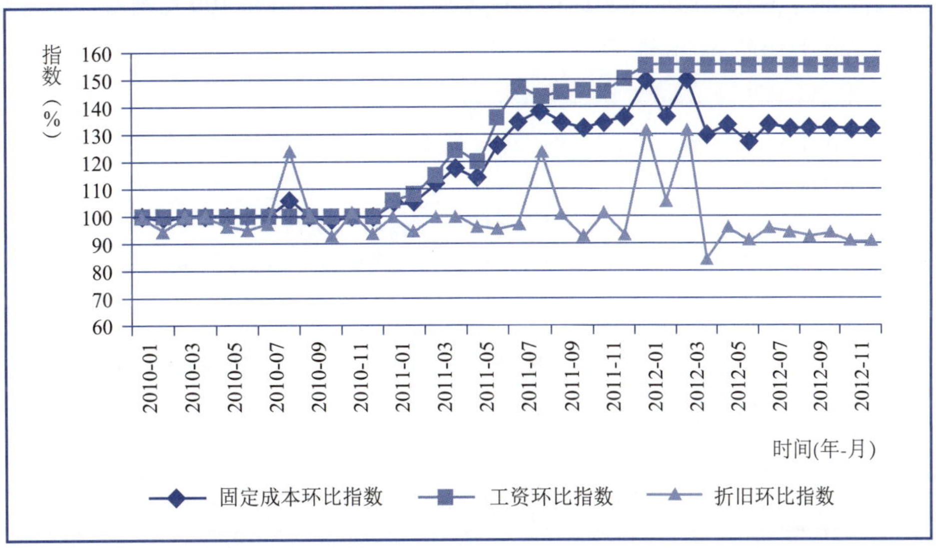

图 6-43 2010 ～ 2012 年产 8 万立方米纤维板固定成本及其构成定基指数变化走势

出，在总成本中占比越小，表明企业生产、经营效率越高，故其他成本占比的下行曲线，表明企业的生产工艺、经营水平在逐年提升，具体见图6-44。

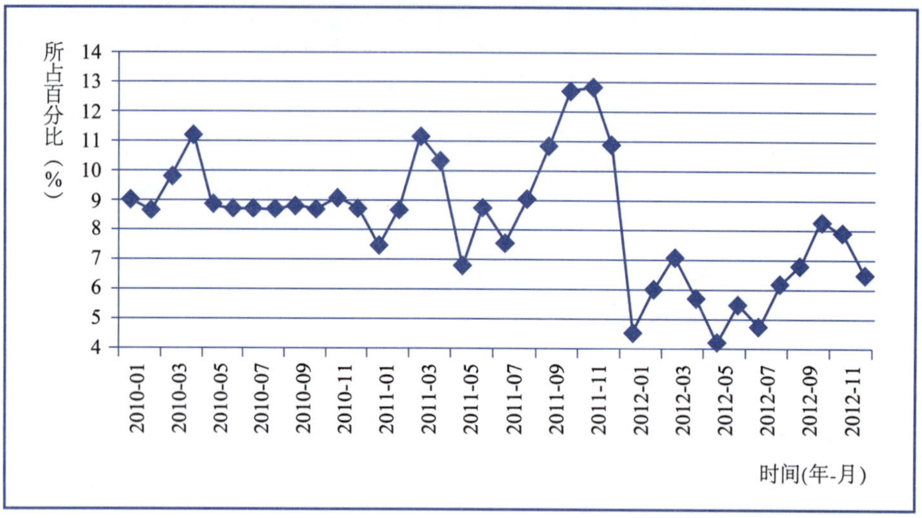

图 6-44　2010 ～ 2012 年产 8 万立方米纤维板其他成本占总成本比重变化走势

6.3.1.3　20 万立方米纤维板成本监测

在整个报告期内，成本环比指数和成本定基指数呈现较为平稳的态势。除 1 月份，成本环比指数达到 107.01，存在明显上升趋势外，其余月份，成本环比指数皆比较平稳，围绕 100 点上下波动，振幅未超过 2%。与之相应，成本定基指数在 1 月份达到 110 点，为报告期内最高，其余月份波动较小；整体来看，报告期内 20 万立方米纤维板生产所需成本较之 2010 年与 2011 年有所上升，但上升程度不大，未超过 10%，说明原材料、劳动力等市场较为稳定，具体见图 6-45。

（1）直接制造成本监测

在整个报告期内，直接制造成本环比指数基本保持稳定，维持在 100 点左右，最高为 1 月份的 103.04 点，最低为 6 月份的 98.76 点。

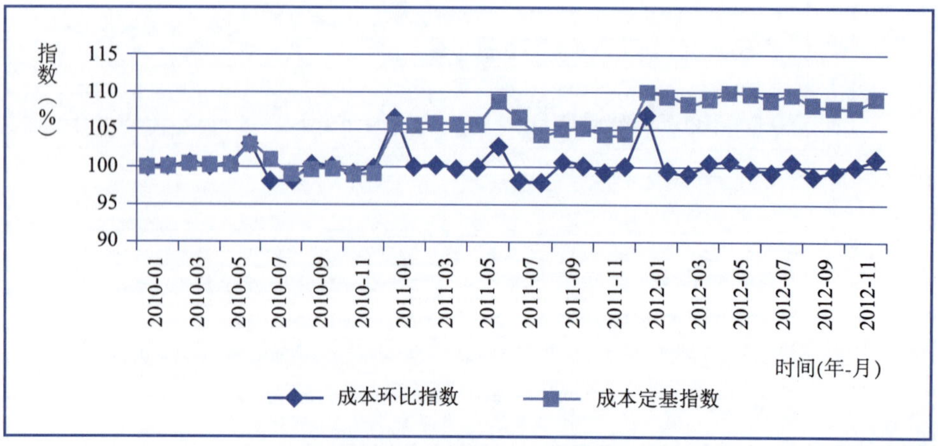

图 6-45　2010 ～ 2012 年产 20 万立方米纤维板生产成本环比指数与定基指数变化走势

其中，辅助材料消耗环比指数在第一季度波动较大，最高为 1 月份，达到 103.87 点，最低为 3 月份的 94.67 点；在后三季度基本保持平稳，围绕 100 点波动，上下振幅未超过 2%。在整个报告期内，水、电、热消耗环比指数波动较小，稳定于 98.47 与 102.38 之间。木材消耗价值环比指数同样较为平稳，仅在 1 月份达到 104.80 点，其余月份均稳定于 100 点左右，具体见图 6-46。

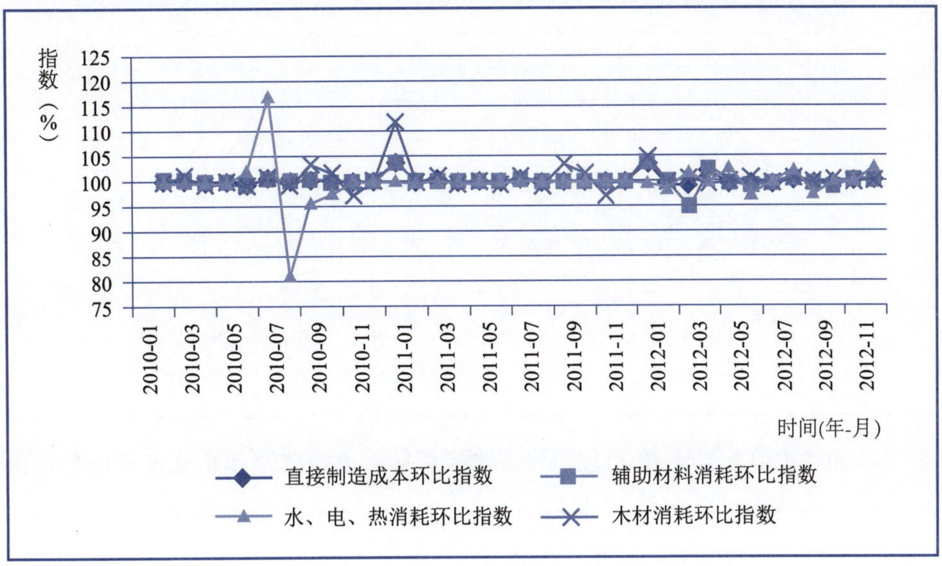

图 6-46　2010 ～ 2012 年产 20 万立方米纤维板直接制造成本及其构成环比指数变化走势

与直接制造成本环比指数相比，直接制造成本定基指数在整个报告期内同样保持稳定，基本维持于 109 点左右。相较于 2011 年，报告期内 20 万立方米纤维板生产所需直接制造成本约上涨 5%。

其中，辅助材料消耗定基指数 1 月份与 2 月份上升到 110 点后，于 3 月份开始重新降回 105 点左右，基本与 2011 年度持平；1、2 月份的指数上升主要由脲醛树脂价格上升引起，随着 3 月份脲醛树脂价格恢复于 2011 年水平，指数也逐渐下行。水、电、热消耗定基指数波动较小，保持于 100 点左右，整体来看，高于 2011 年平均水平，但是与 2010 年 1 月份基期相比较，水、电、热消耗价值未发生明显变化。木材消耗定基指数与环比指数相吻合，基本稳定于 120 点，波动极小；说明 20 万立方米纤维板生产所需木材在整个报告期内价格变动较小，并且比 2010 年基期价格水平，上涨约 20%，具体见图 6-47。

（2）其他成本监测

在 2010 ～ 2012 期间，20 万立方米纤维板生产所需其他成本占总成本比重呈现明显下行趋势。2010 年与 2011 年为 16% 到 19% 之间，2012 年最低降至 13.00%，最高为 14.16%，相较于前两年，降幅在 3% 到 6% 之间。其他成本为企业的非常规性支出，在总成本中占比越小，表明企业生产、经营效率越高，故其他成本占比的下行曲线，表明企业的生产工艺、经营水平在逐年提升，具体见图 6-48。

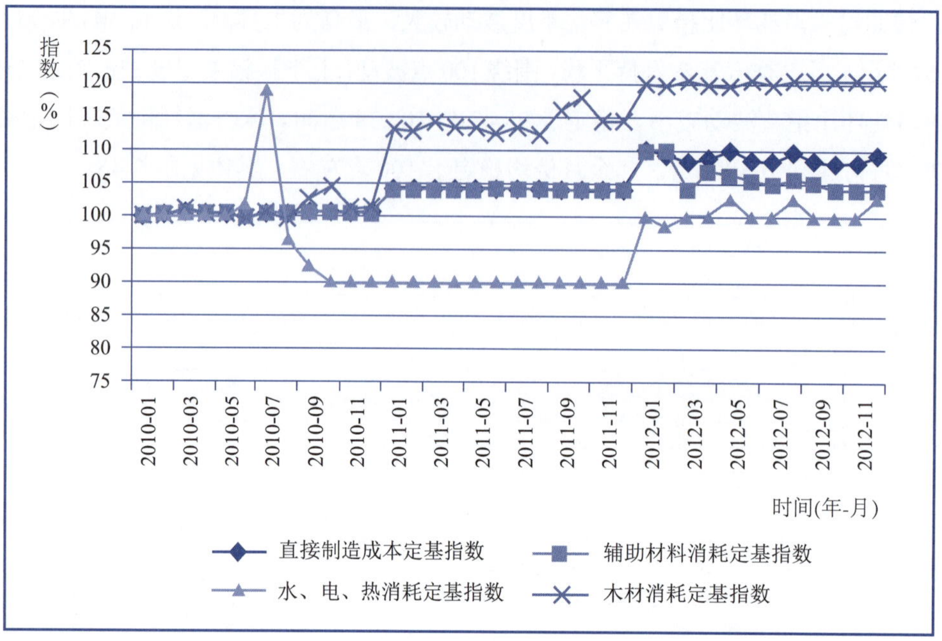

图 6-47　2010 ~ 2012 年产 20 万立方米纤维板直接制造成本及其构成定基指数变化走势

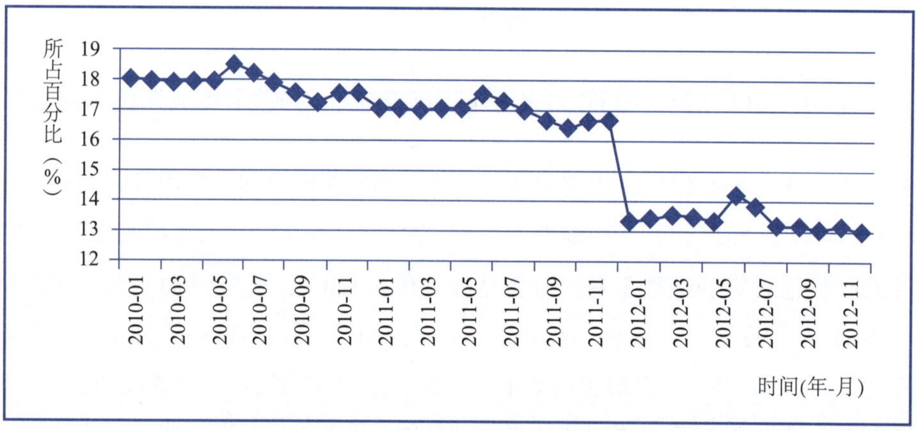

图 6-48　2010 ~ 2012 年产 20 万立方米纤维板其他成本占总成本比重变化走势

6.3.2　纤维板价格监测

整体来看，2012年度纤维板销售价格波动较小，呈现出稳中有升的趋势。价格环比指数围绕100点上下波动，9月份达到最高，为104.35点，7月份最低，为94.07点。与此相应，价格定基指数在7月份达到最低点，为94.87点，之后逐步小幅上升，于12月份达到最高点，为105.13点，比1月份销售价格上涨5.13%，具体见图6-49。

6.3.3　纤维板利润空间测算

6.3.3.1　5 万立方米纤维板企业盈利能力测算

将2012年年产5万立方米纤维板企业成本定基指数与纤维板销售价格定基指数绘成综合变化趋

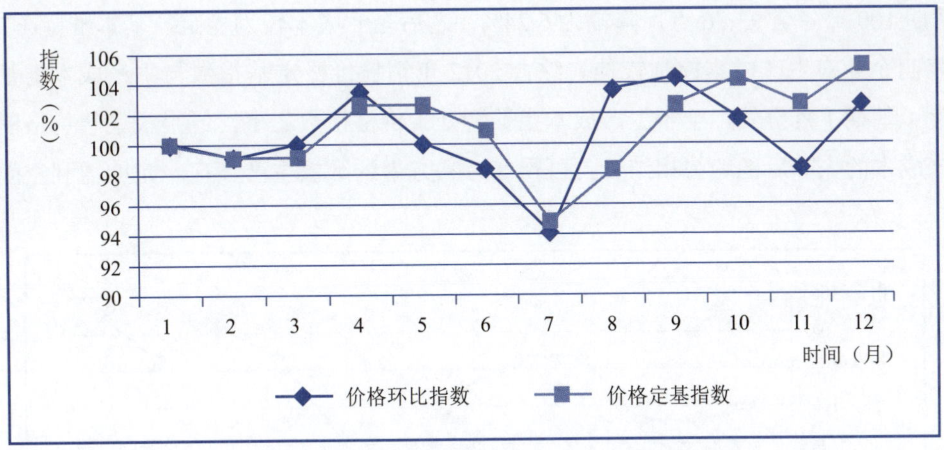

图 6-49 2012 年纤维板销售价格环比指数与定基指数变化走势

势图。从图中可以看出，纤维板销售价格定基指数总体上呈现稳中有升态势，第一季度基本平稳，第二季度略有上升，7月份下降较大，为94.87点，之后逐渐小幅上升，在12月份达到105.13点。2、3、7、8月份指数低于100点，其余月份指数高于100点。企业生产成本定基指数总体上保持平稳态势，全年皆处于98点到100点之间，比基期略有下降，表明企业对生产成本控制较佳。综合2012年销售价格定基指数与生产成本定基指数，可以得出，除了7、8月份价格指数低于成本指数外，其余月份成本指数皆处于价格指数之下，纤维板销售价格的稳中有升趋势同生产成本的稳中有降趋势相结合，可得5万立方米纤维板生产存在一定的盈利空间，具体见图6-50。

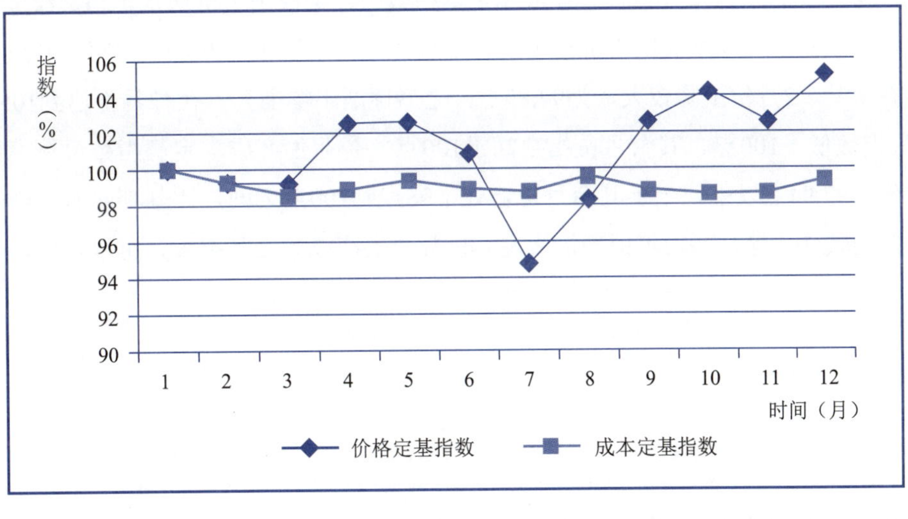

图 6-50 2012 年产 5 万立方米纤维板销售价格与生产成本定基指数变化走势

6.3.3.2 8 万立方米纤维板企业盈利能力测算

将 2012 年年产 8 万立方米纤维板企业成本定基指数与纤维板销售价格定基指数绘成综合变化趋势图。从图中可以看出，纤维板销售价格定基指数总体上呈现稳中有升态势，第一季度基本平稳，第二季度略有上升，7 月份下降较大，为 94.87 点，之后逐渐小幅上升，在 12 月份达到 105.13 点。2、3、7、8 月份指数低于 100 点，其余月份指数高于 100 点。企业生产成本定基指数总体上先下行后平稳，

2 月份从基期 100 点降至 93.76 点，降幅为 6.24%，之后企业成本较为稳定，基本维持在 92 点与 94 点之间，表明企业对生产成本控制较佳。综合 2012 年销售价格定基指数与生产成本定基指数，可以得出，除了基期 1 月份外，全年生产成本指数皆处于价格指数之下，纤维板销售价格的稳中有升趋势同生产成本的先降后稳趋势相结合，可得 8 万立方米纤维板生产存在一定的盈利空间，具体见图 6-51。

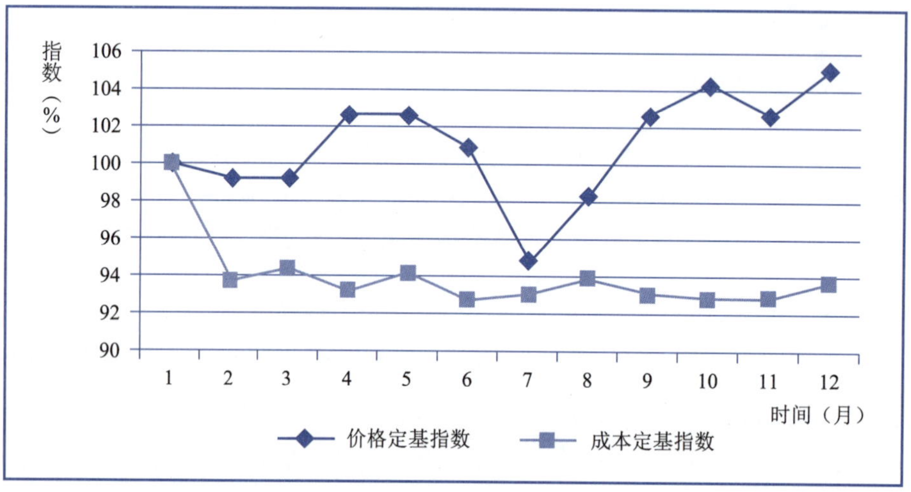

图 6-51　2012 年产 8 万立方米纤维板销售价格与生产成本定基指数变化走势

6.3.3.3　20 万立方米纤维板企业盈利能力测算

将2012年年产20万立方米纤维板企业成本定基指数与纤维板销售价格定基指数绘成综合变化趋势图。从图中可以看出，纤维板销售价格定基指数总体上呈现稳中有升态势，第一季度基本平稳，第二季度略有上升，7月份下降较大，为94.87点，之后逐渐小幅上升，在12月份达到105.13点。2、3、7、8月份指数低于100点，其余月份指数高于100点。企业生产成本定基指数总体上保持平稳态势，除10月份为97.94点以外，全年其余月份皆处于98点到100点之间，比基期略有下降，表明企业对生产成本控制较佳。综合2012年销售价格定基指数与生产成本定基指数，可以得出，除了2、7、

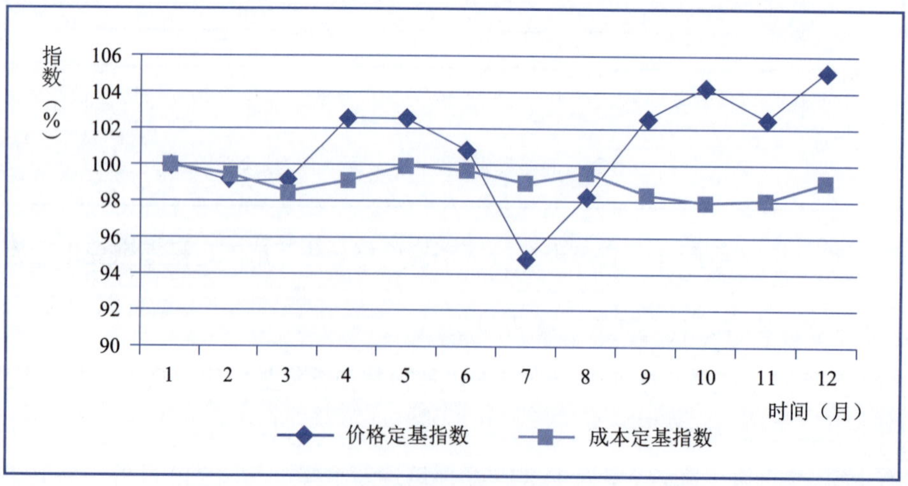

图 6-52　2012 年产 20 万立方米纤维板销售价格与生产成本定基指数变化走势

8月份价格指数低于成本指数外，其余月份成本指数皆处于价格指数之下，纤维板销售价格的稳中有升趋势同生产成本的稳中有降趋势相结合，可得20万立方米纤维板生产存在一定的盈利空间，具体见图6-52。

6.4 细木工板生产成本监测

6.4.1 5万立方米细木工板成本监测

2012 年，5 万立方米细木工板生产成本环比指数和成本定基指数曲线整体来看波动较小，呈现出稳定态势。成本环比指数基本围绕 100 点波动，在 12 月份达到最高点，为 103.91 点，在 3 月份达到最低点，为 97.89 点；表明 5 万立方米细木工板生产企业对于成本控制较佳，不存在成本的异常波动。与环比指数相应，成本定基指数亦基本平稳，存在微小的先下行后上升趋势；于 1 月份达到最高点，为 110 点，于 8 月份达到最低点，为 103.19 点；除 1、2、12 月份以外，其余月份基本为均值 105 点；表明相较于基期 2010 年 1 月，5 万立方米细木工板生产所需成本上涨约 5%，具体见图 6-53。

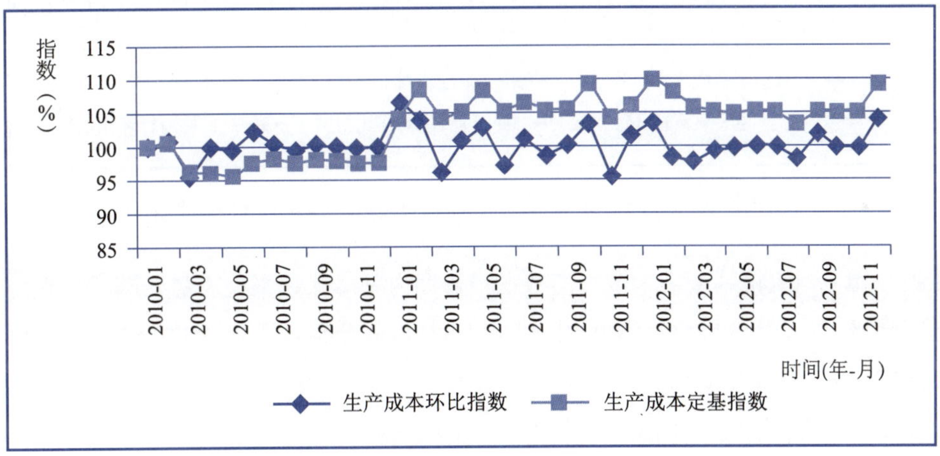

图 6-53 2010 ～ 2012 年产 5 万立方米细木工板生产成本环比指数与定基指数变化走势

（1）直接制造成本监测

直接制造成本环比指数在报告期内基本保持平稳态势，波动极小；于12月份达到最高点，为105.26点，于3月份达到最低点，为97.19点；整体来看，基本围绕100点波动，上下振幅未超过5%；表明5万立方米细木工板生产企业对于直接制造成本控制较佳，未出现异常波动。辅助材料消耗环比指数除3月份较为异常，达到最低点93.81点外，其余月份都较为正常，波动基本处于99点于101点之间；3月份指数值较低是由于当月脲醛树脂价格较低导致，其他辅助材料价格也存在一定波动，但由于占比不大，故影响程度较低。水、电、热消耗环比指数存在微小波动，于1月份达到最高点，为106.02点，于6月份达到最低点，为97.45点；其余月份波动皆围绕100点，波动幅度未超过3%；水、电、热消耗的波动主要由工业电价的变动导致，工业水价也存在波动，但由于水费消耗占总消耗较小，故影响程度不大。木材消耗环比指数存在较大波动，于1月份达到最高点，为107.71点，于3月份达到最低点，为97.23点，之间幅度达到10个百分点；其余月份波动也达到5%左右；指数的波动主要是由于干板材的价格变动导致，报告期干板材价格略高于2011年度通过1月份的环比指数值表现出来。废料消耗环比指数波动不大，于1月份达到最高点，为104.80点，于4月份达到最低点，为98.24点；其余月份均围绕100点波动，上下振幅较小；表明报告期内废料价格相较于2011年度略有上升，但年度内较为稳定，具体见图6-54。

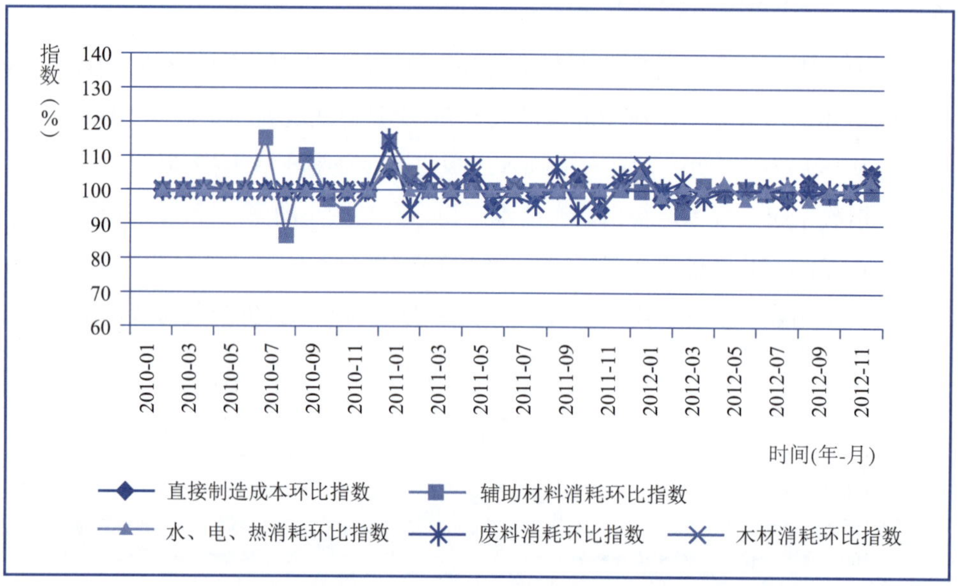

图 6-54　2010 ～ 2012 年产 5 万立方米细木工板直接制造成本及其构成环比指数变化走势

与环比指数相应，直接制造成本定基指数在报告期内基本保持平稳态势，略微表现出先降后升的态势，但幅度极小；2月份指数值为118.13点，于8月份降至最低点，为110.87点，于12月份升至最高点，为119.66点；这种变动趋势表明企业于年中对于成本控制较佳，在年初和年底由于气候、季节、节假日等因素的影响，成本出现异常波动。辅助材料消耗定基指数存在明显的先上升后下降的趋势，从1月份的110点上升至2月份的最高点115.35点，3月份降至全年平均水平，为108.21点；之后各月份均围绕109点上下波动，幅度未超过1%；表明辅助材料价格于3月份下跌，之后各月份价格变动不大；这种价格变动主要由脲醛树脂的价格变动导致，其余辅助材料价格也存在一定波动，但由于占比不大，故影响程度较小。水、电、热消耗定基指数在报告期内波动不大，于12月份达到最高点，为132.90点，于2月份达到最低点，为127.34点；其余月份基本稳定于129点左右，表明5万立方米细木工板生产所需水、电、热消耗较之于基期上涨约29%；并且相较于2011年度，存在明显上升。木材消耗定基指数在报告期内存在微小波动，于12月份达到最高点，为114.89点，于8月份达到最低点，为105.65点；其余月份基本稳定于108点左右；由于木材消耗在5万立方米细木工板生产中占比较大，故直接制造成本的波动主要由木材消耗的波动导致。废料消耗定基指数波动较小，除12月份达到最高点，为124.12点外，其余月份皆围绕120点上下波动，振幅未超过2%；表明废料价格在报告期内变动较小；且价格相较于基期2010年1月，上涨约20%，具体见图6-55。

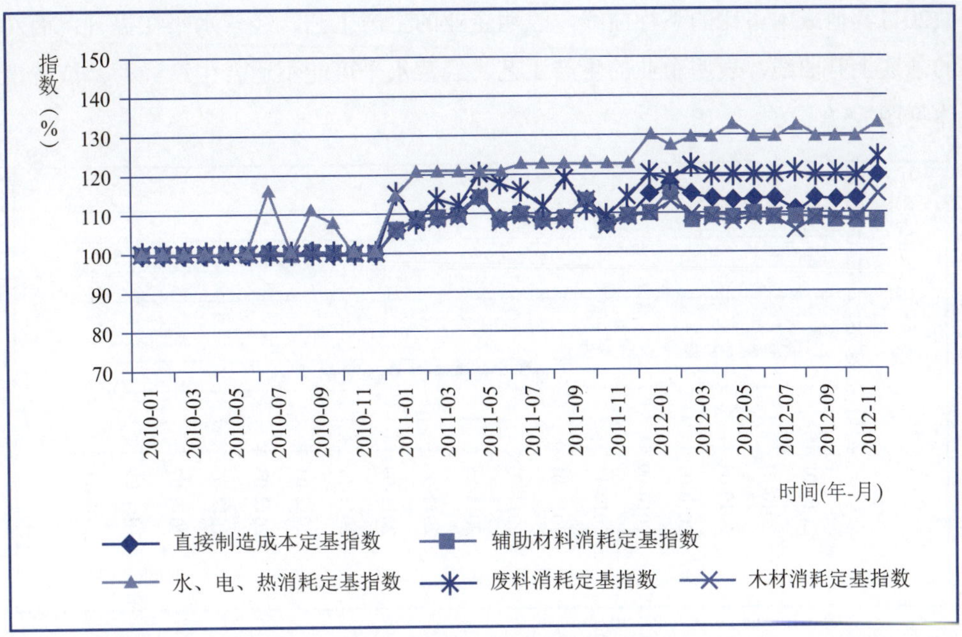

图 6-55 2010～2012 年产 5 万立方米细木工板直接制造成本及其构成定基指数变化走势

（2）固定成本监测

从总体来看，固定成本环比指数与固定成本定基指数基本保持于100点，从图中可以看出，固定成本于1月份存在上扬，表明2012年度，固定成本相较于2011年度有所上升。指数值的不变是由折旧值的固定不变导致，每月人员工资存在微小波动，但由于人员工资于固定成本中占比极小，故影响程度极不明显，具体见图6-56。

（3）其他成本监测

在2010～2012期间，5万立方米细木工板生产所需其他成本占总成本比重呈现先下行后上升的趋势。2010年基本稳定于9.5%左右， 2011年逐渐降于8.5%左右，2012年急速上升到12.5%左右，上升约4个百分点。其他成本为企业的非常规性支出，在总成本中占比越小，表明企业生产、经营效

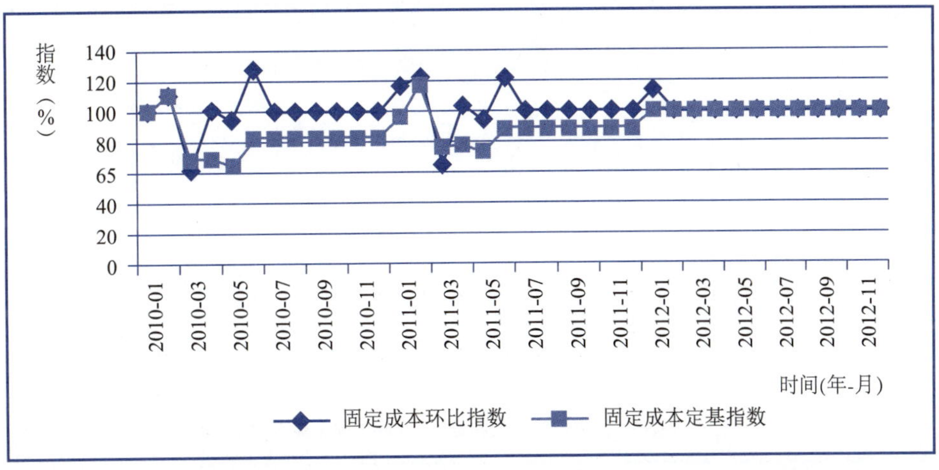

图 6-56 2010～2012 年产 5 万立方米细木工板固定成本环比指数与定基指数变化走势

率越高，故2011其他成本占比的下行曲线，表明企业的生产工艺、经营水平在提升；而2012年其他成本占比的急速上升曲线，表明企业的生产工艺、经营水平可能不适合生产经营，或者出现了新的问题，具体见图6-57。

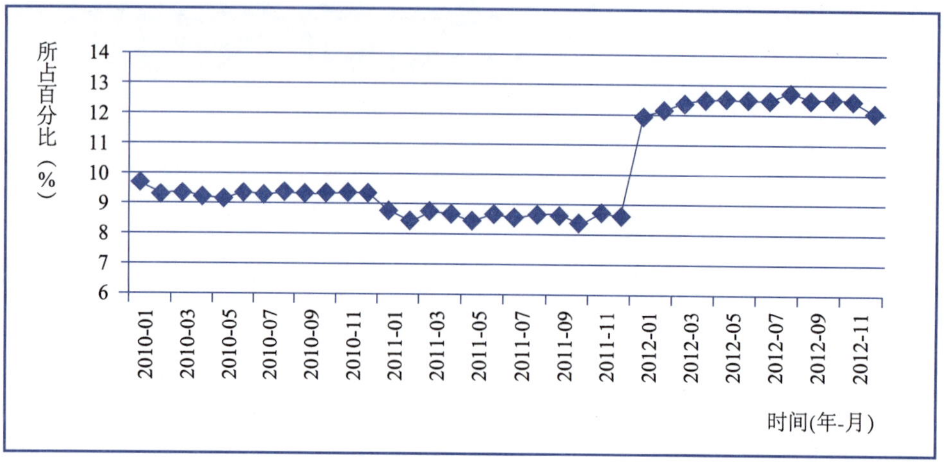

图 6-57　2010 ~ 2012 年产 5 万立方米细木工板其他成本占总成本比重变化走势

6.4.2　8万立方米细木工板成本监测

2012年，8万立方米细木工板生产成本环比指数和成本定基指数曲线整体来看略有波动，但波动幅度不大。成本环比指数基本围绕100点波动，在12月份达到最高点，为107.63点，在3月份达到最低点，为95.99点；表明8万立方米细木工板生产企业对于成本控制较佳，不存在成本的异常波动。与环比指数相应，成本定基指数亦基本保持平稳态势，存在微小的先下行后上升趋势；于1月份的109点，降至8月份的最低点103.01点，于12月份升至最高点，为111.40点；除1、2、12月份以外，其余月份基本为均值105点；表明相较于基期2010年1月，8万立方米细木工板生产所需成本上涨约5%，具体见图6-58。

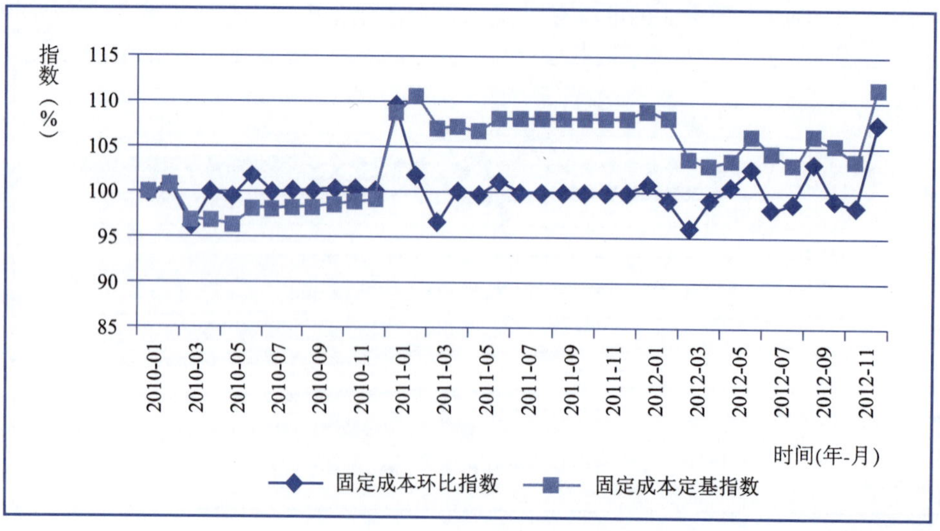

图 6-58　2010 ~ 2012 年产 8 万立方米细木工板生产成本环比指数与定基指数变化走势

（1）直接制造成本监测

8万立方米细木工板直接制造成本环比指数在报告期内略有波动，于12月份达到最高点，为110.48点，于3月份达到最低点，为94.58点；其余月份皆围绕100点波动，上下振幅未超过5%；表明企业对于直接制造成本控制较佳，未出现成本的异常波动。辅助材料消耗环比指数在第一季度波动明显，于1月份达到最高点，为104.89点，于3月份达到最低点，为93.82点；之后各月份指数值皆围绕100点波动，振幅未超过1%；表明第一季度辅助材料，价格波动较为明确，之后价格基本趋于稳定；总体来看，波动是由脲醛树脂价格波动导致，其余各辅助材料价格虽然也存在波动，但由于占比较小，故影响程度不明显。水、电、热消耗环比指数在报告期内较为稳定，与12月份达到最高点，为102.78点，于6月份达到最低点，为97.45点；其余月份皆围绕100点波动，振幅在2%以内；波动主要由工业电价的变动导致，工业水价虽然也有变动，但由于占比较小，故影响程度不明显。木材消耗环比指数波动较大，于12月份达到最高点，为111.56点，于3月份达到最低点，为94.38点；其余月份皆存在较明显波动；波动主要是由于干板材的价格变动导致；由于木材消耗在直接制造成本中占比较大，故直接制造成本环比指数的波动主要由木材消耗环比指数的波动导致，两条曲线吻合较好。废料消耗环比指数波动较小，最高点于12月份达到，为103.82点，最低点于4月份达到，为98.24点；其余月份皆围绕100点波动，振幅未超过2%；表明废料价格在报告期内变动不明显，具体见图6-59。

与环比指数相应，直接制造成本定基指数基本保持平稳态势，存在微小的先下行后上升的趋势。从1月份的112点，逐渐降至4月份的最低点，为103.42点，于12月份上升至最高点，为115.17点；表明在2012年年中企业对于直接制造成本控制较佳，在年初和年末由于气候、季节、节假日等因素影响，直接制造成本略有上升。辅助材料消耗定基指数在报告期内呈现出明显的下行趋势，

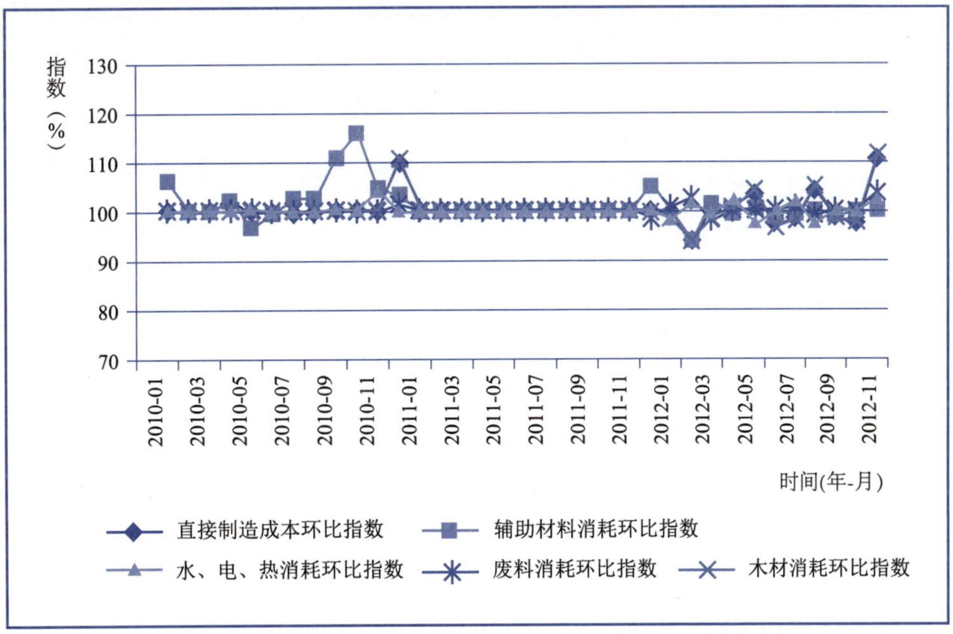

图6-59　2010～2012年产8万立方米细木工板直接制造成本及其构成环比指数变化走势

1、2月份保持于160点，之后于3月份降至全年平均水平，为150.14点，其后各月基本围绕150点波动；表明8万立方米细木工板生产所需辅助材料相较于基期，上涨约50%；年初的价格波动主要由脲醛树脂的价格变动导致，其他辅助材料价格虽然也存在一定波动，但由于占比较小，故影响程度不明显。水、电、热消耗定基指数在报告期内基本保持平稳态势，于12月份达到最高点，为107.92点，于2月份达到最低点，为103.41点；其余月份皆围绕均值105点波动，振幅未超过1%；波动主要由工业电价的变动导致，工业水价虽然也有变动，但由于水费消耗占比较小，故影响程度不明显。木材消耗定基指数波动较为明显，呈现出明显的先下行后上升趋势，从1月份的110点，降至4月份的最低点，为101.02点，后逐渐上升至12月份的最高点，为113.83点；除1、2、12月份外，其余月份皆围绕均值103点波动；由于木材消耗在直接制造成本中占比较大，故直接制造成本定基指数的波动主要由木材消耗定基指数的波动导致；两条曲线吻合较好。废料消耗定基指数在报告期内波动极小，除12月份达到最高点105.11点外，其余月份皆围绕均值101点波动；表明废料价格相较于基期2010年1月上升幅度极小，且在报告期内波动极小，具体见图6-60。

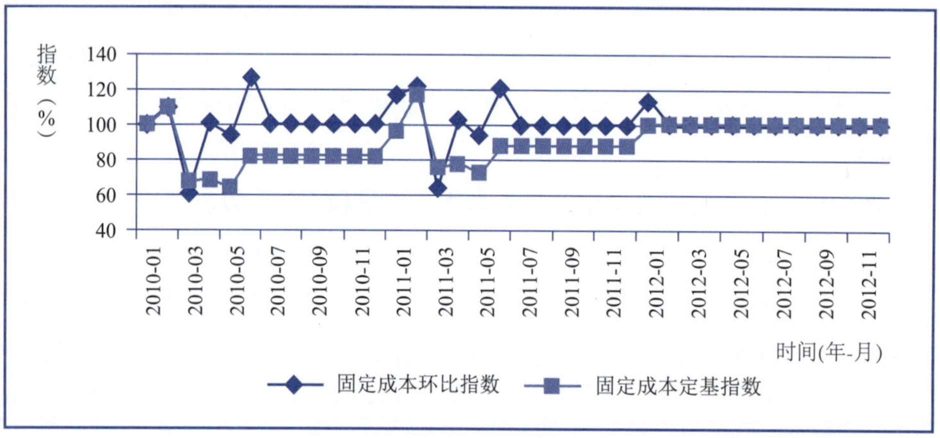

图 6-60　2010～2012 年产 8 万立方米细木工板直接制造成本及其构成定基指数变化走势

（2）固定成本监测

从总体来看，固定成本环比指数与固定成本定基指数基本保持于100点，从图中可以看出，固定成本于1月份存在上扬，表明2012年度，固定成本相较于2011年度有所上升。指数值的不变是由折旧值的固定不变导致，每月人员工资存在微小波动，但由于人员工资于固定成本中占比极小，故影响程度极不明显，具体见图6-61。

（3）其他成本监测

在2010～2012期间，8万立方米细木工板生产所需其他成本占总成本比重呈现先下行后上升的趋势。2010年基本稳定于8%左右， 2011年逐渐降于7%左右，2012年急速上升到15%左右，上升约8个百分点。其他成本为企业的非常规性支出，在总成本中占比越小，表明企业生产、经营效率越高，故2011其他成本占比的下行曲线，表明企业的生产工艺、经营水平在提升；而2012年其他成本占比的急速上升曲线，表明企业的生产工艺、经营水平可能不适合生产经营，或者出现了新的问题，具体见图6-62。

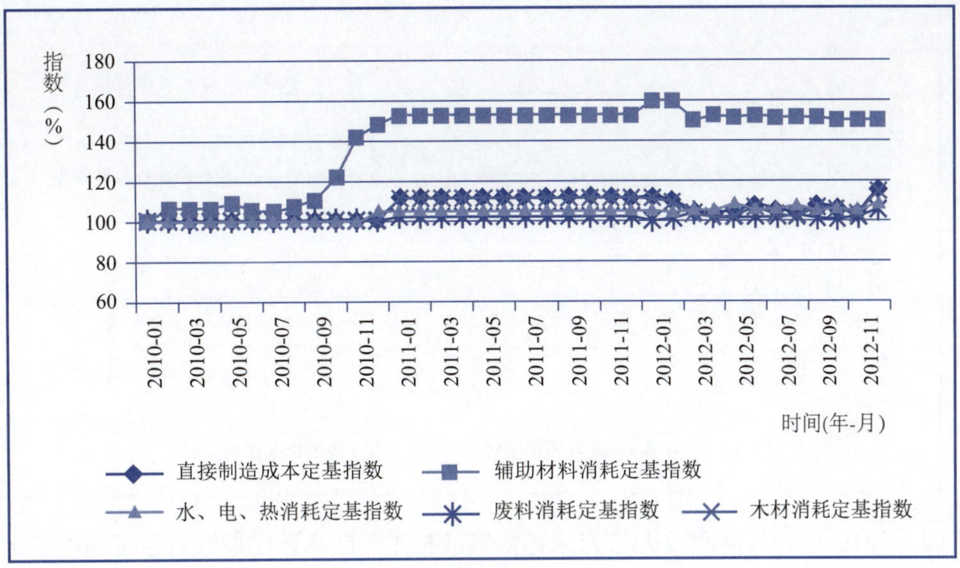

图 6-61　2010 ～ 2012 年 8 万立方米细木工板固定成本环比指数与定基指数变化走势

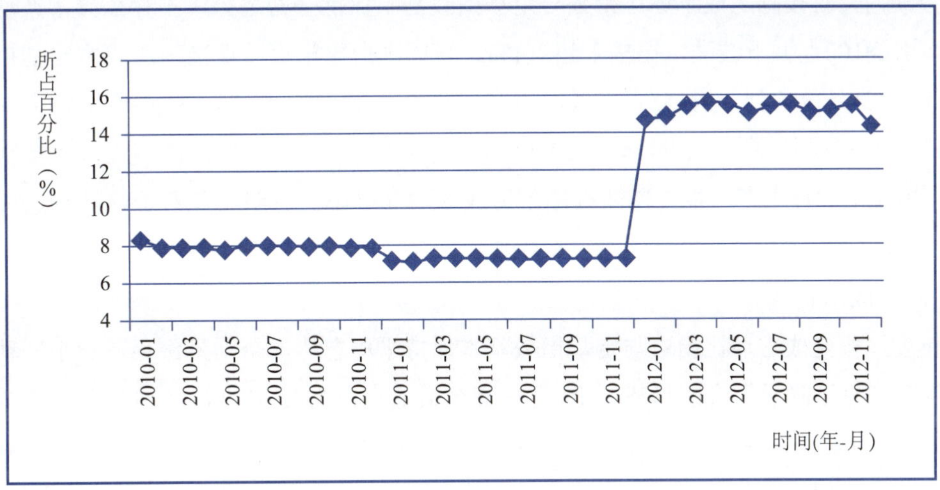

图 6-62　2010 ～ 2012 年产 8 万立方米细木工板其他成本占总成本比重变化走势

6.5　指接集成材生产成本监测

6.5.1　2万立方米指接集成材成本监测

在报告期内，生产成本环比指数与定基指数基本保持平稳态势，未有异常波动存在。成本环比指数基本围绕100点上下波动，振幅未超过1%。与环比指数相应，成本定基指数也整体稳定，1月份达到最高点，为125点，4月份降至最低点，为122.52点；整体来看，报告期全年定基指数基本围绕124点波动，振幅未超过2%，表明相较于2010年1月份基期，2012年度2万立方米指接集成材生产成本上涨约24%；并且相较于2011年度，成本略有上升，但是波动程度远远小于2011年度，表明2012年度企业对于成本的控制较佳，具体见图6-63。

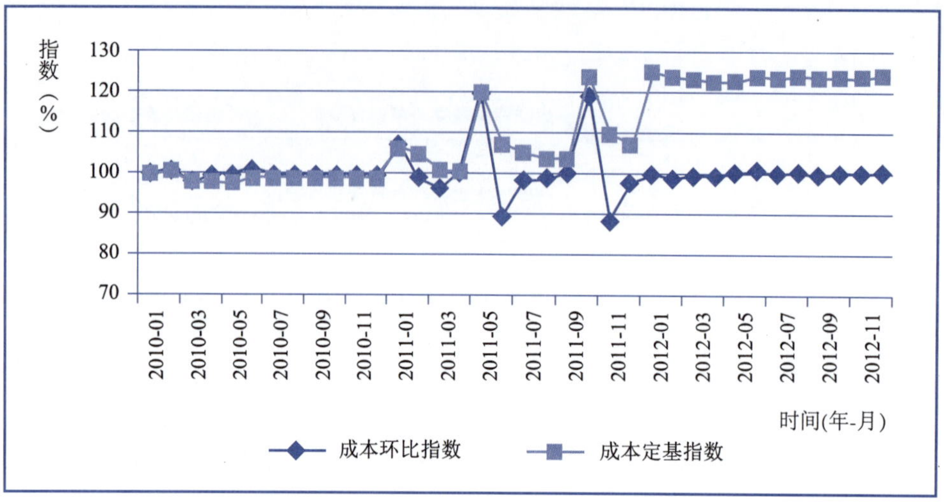

图 6-63　2010 ～ 2012 年产 2 万立方米指接集成材生产成本环比指数与定基指数变化走势

（1）直接制造成本指数监测

在报告期内，直接制造成本环比指数与定基指数基本保持平稳态势，不存在异常波动。成本环比指数基本围绕100点上下波动，振幅未超过1%。与环比指数相应，直接制造成本定基指数也基本平稳，最低点在1月份达到，为115点，最高点在12月份达到，为116.78点；在整个报告期内，定基指数基本稳定于116点左右，表明相较于2010年1月份基期，2万立方米指接集成材直接制造成本上涨约16%；相较于2011年度，报告期的直接制造成本波动极小，表明企业对于直接制造成本的控制较佳，具体见图6-64。

（2）固定成本监测

2012年度，固定成本环比指数与定基指数基本保持平稳态势，个别月份存在微小波动。环比指数在前半年存在先下降后上升的趋势，于2月份降至最低点，为95.01点，经过几个月的微小上升，

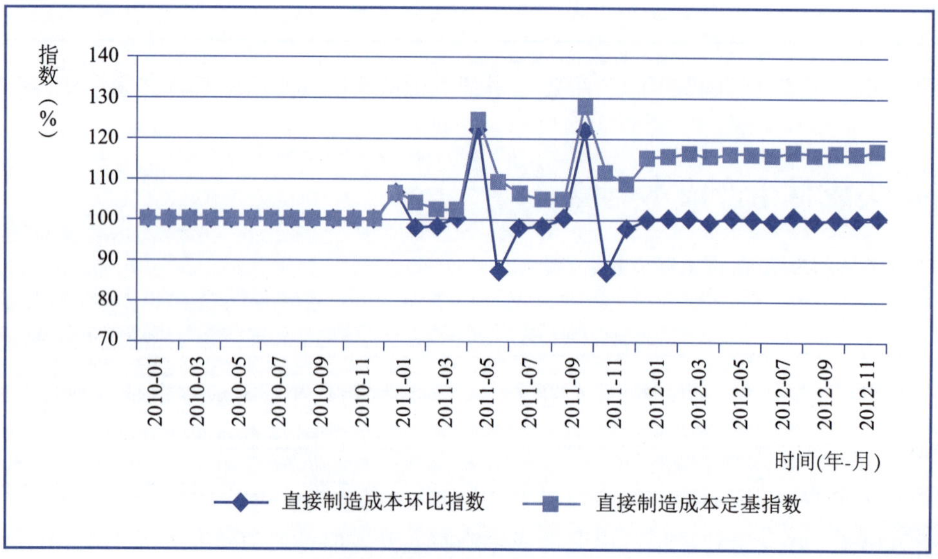

图 6-64　2010 ～ 2012 年产 2 万立方米指接集成材直接制造成本环比指数与定基指数走势

于6月份达到最高点，为102.88点；后半年环比指数基本围绕100点上下波动，振幅未超过1%。与环比指数相应，固定成本定基指数也存在先下降后上升的趋势，1月份时达到最高点，为160点，随后几月逐渐下降，于5月份降至最低点，为145.97点，6月份开始上升，之后各月基本保持于150点左右，表明相较于2010年1月份基期，报告期2万立方米指接集成材固定成本上涨约50%，上涨主要是由人员工资上调导致，折旧等项虽然也存在上升态势，但由于该项完全由企业内部决定，故不需过多考虑，具体见图6-65。

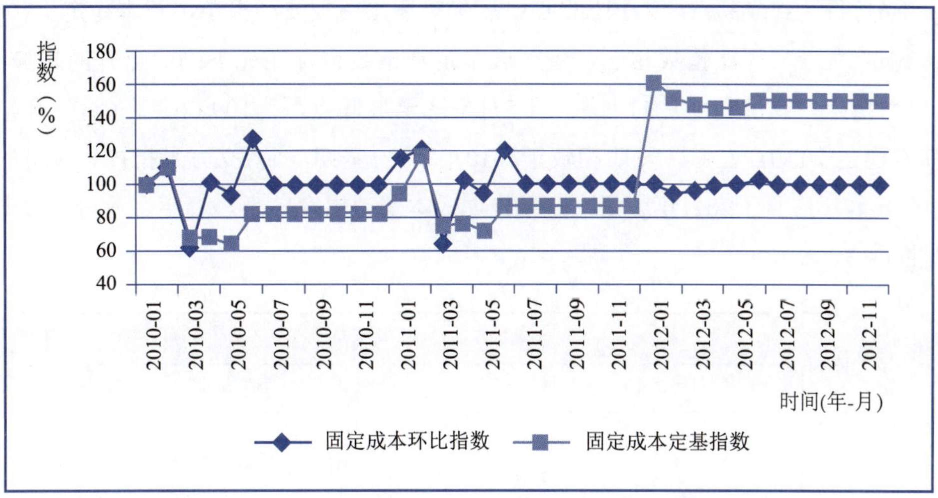

图 6-65　2010 ～ 2012 年产 2 万立方米指接集成材固定成本环比指数与定基指数变化走势

（3）其他成本监测

在2010～2012期间，2万立方米指接集成材生产所需其他成本占总成本比重呈现先下行后上升的趋势。2010年基本稳定于5.5%左右， 2011年逐渐降于5%左右，2012年急速上升到10%左右，上升约5个百分点。其他成本为企业的非常规性支出，在总成本中占比越小，表明企业生产、经营效率越高，故2011其他成本占比的略微下行态势，表明企业的生产工艺、经营水平在提升；而2012年

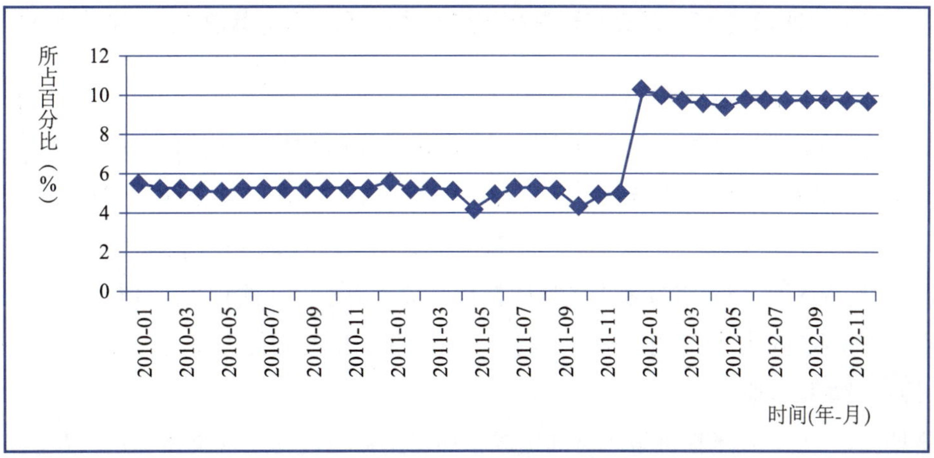

图 6-66　2010 ～ 2012 年 2 万立方米指接集成材其他成本占总成本比重变化走势

其他成本占比的急速上升曲线，表明企业的生产工艺、经营水平可能不适合生产经营，或者出现了新的问题，具体见图6-66。

6.5.2 5万立方米指接集成材成本监测

在报告期内，5万立方米指接集成材生产成本环比指数和定基指数基本保持平稳态势，波动较小。成本环比指数存在微小的先下降后上升趋势，于2月份降至最低点，为98.24点，随后经过几个月的上升，于6月份达到最高点，为101.45点；后半年环比指数波动极小，基本稳定于100点左右，上下振幅未超过1%。与环比指数相应，生产成本定基指数也存在先下降后上升的趋势，1月份达到最高点，为113点，经过几个月的下降，于5月份降至最低点，为109.06点，6月份开始上升，并在后半年基本稳定于110点左右，表明相较于2010年1月份基期，5万立方米指接集成材生产成本上涨约10%，涨幅较小；且于2011年度相比，报告期成本变动幅度较小，表明企业对于成本的控制较好，具体见图6-67。

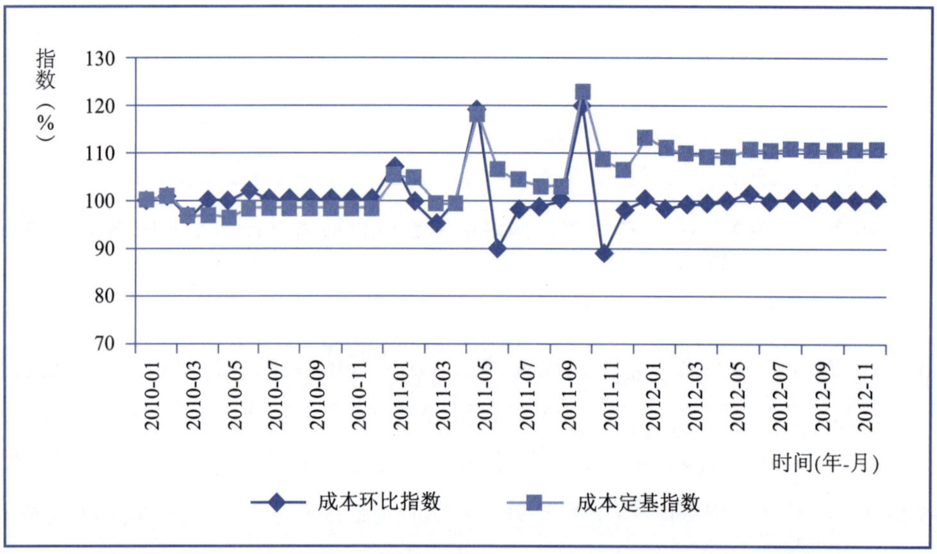

6-67 2010～2012 年产 5 万立方米指接集成材生产成本环比指数与定基指数变化走势

（1）直接制造成本指数监测

在报告期内，5万立方米指接集成材直接制造成本环比指数与定基指数皆极为稳定，波动程度极小。成本环比指数基本稳定于100点左右，上下振幅未超过1%，表明企业对于直接制造成本控制极佳。与环比指数相应，直接制造成本定基指数基本稳定于115点左右，波动幅度为超过1%，表明相较于2010年1月份基期，5万立方米指接集成材直接制造成本上涨约15%；且与2011年度相比，报告期内直接制造成本定基指数波动极小，表明企业对于生产的控制能力有所提高，具体见图6-68。

（2）固定成本指数监测

在报告期内，5万立方米指接集成材固定成本环比指数与定基指数整体稳定，存在微小波动。环比指数存在先下降后上升再下降的趋势，于2月份降至最低点，为93.66点，随后逐渐上升，于6

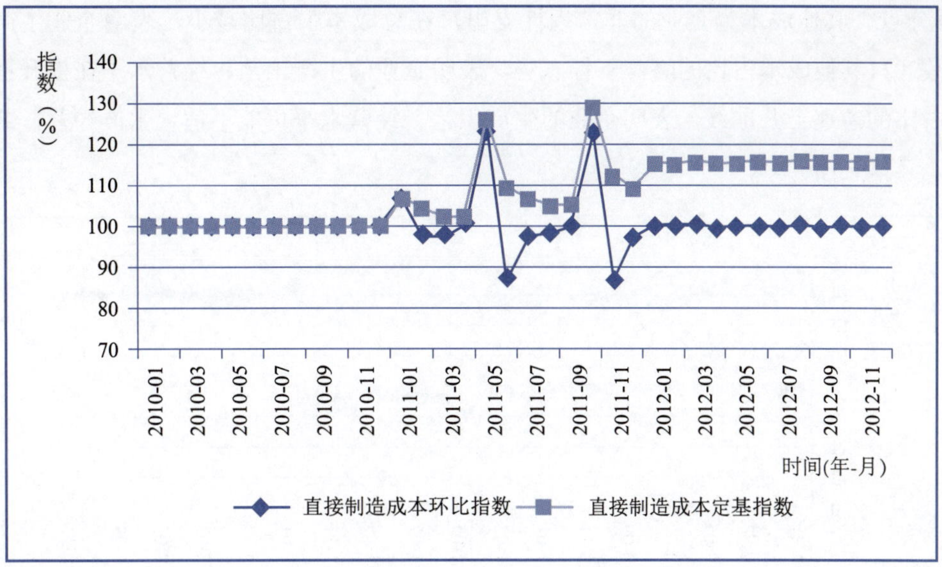

图 6-68　2010 ～ 2012 年产 5 万立方米指接集成材直接制造成本环比指数与定基指数走势

月份升至最高点，为103.75点，后半年略有下降，基本稳定于100点左右，振幅未超过1%；整体来看，企业对于固定成本控制能力较佳。与环比指数相应，固定成本定基指数在报告期内，于1月份达到最高点，为100.03点，随后各月逐渐下降，于5月份降至最低点，为90.59点，6月开始上升，并于后半年基本稳定于94点左右，表明相较于2010年1月份基期，2012年度固定成本下降约6个百分点；且与2011年度相比，2012年度固定成本定基指数波动较小，表明企业对于固定成本的控制能力有所提高，具体见图6-69。

（3）其他成本监测

在2010～2012期间，5万立方米指接集成材生产所需其他成本占总成本比重呈现先下行后上升的趋势。2010年基本稳定于8%左右， 2011年逐渐降于7.5%左右，2012年急速上升到14%左右，上

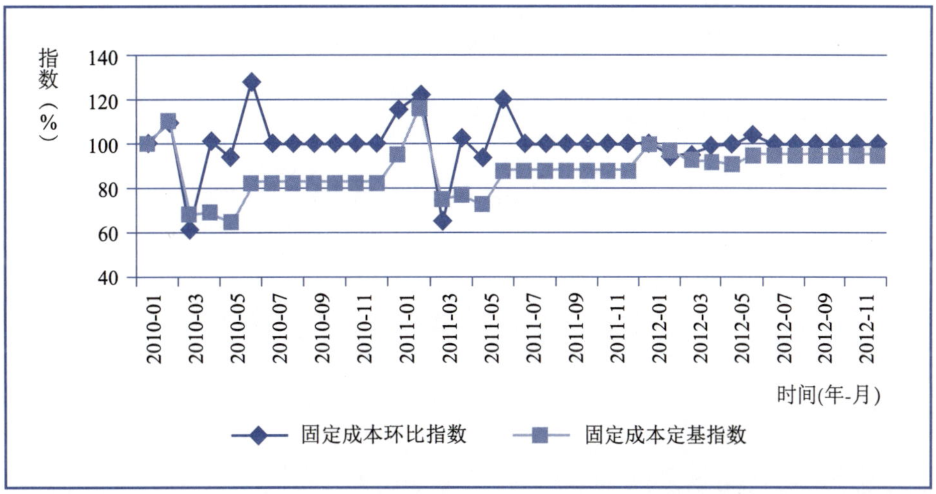

图 6-69　2010 ～ 2012 年产 5 万立方米指接集成材固定成本环比指数与定基指数变化走势

升约6个百分点。其他成本为企业的非常规性支出，在总成本中占比越小，表明企业生产、经营效率越高，故2011其他成本占比的略微下行态势，表明企业的生产工艺、经营水平在提升；而2012年其他成本占比的急速上升曲线，表明企业的生产工艺、经营水平可能不适合生产经营，或者出现了新的问题，具体见图6-70。

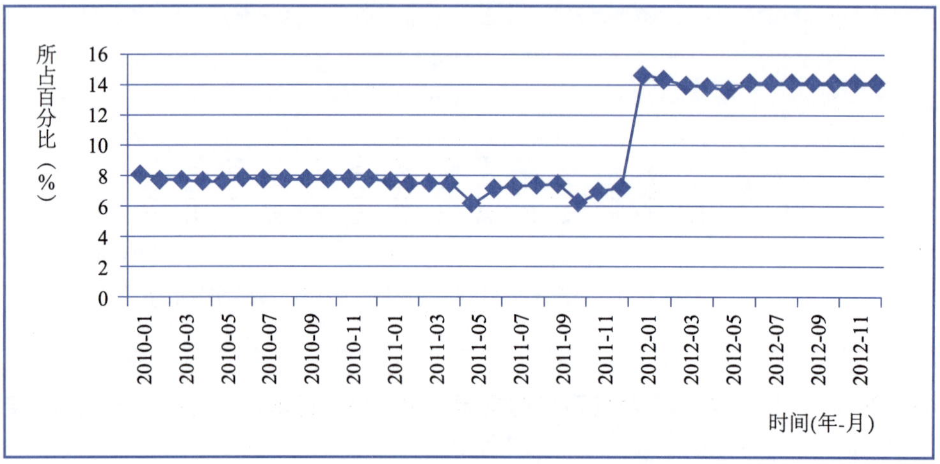

图 6-70　2010～2012 年产 5 万立方米指接集成材其他成本占总成本比重变化走势

第七章
木地板生产监测

木地板是指用木材制成的地板，中国生产的木地主要分为实木地板、强化木地板、实木复合地板、竹材地板和软木地板五大类。目前，木地板在建筑业、家具业等行业中广泛应用，对国民经济发展也至关重要。

7.1 200万平方米强化木地板成本监测

2012年，每立方米强化木地板生产成本环比指数基本保持平稳态势，除7月份达到最高点101.78点外，其余月份皆围绕100点微幅波动，振幅未超过1%；表明200万平方米强化板生产企业对于成本控制极佳。与环比指数相应，成本定基指数也基本保持平稳态势，上半年指数值约为134点，下半年指数值约为136点；表明下半年成本略微上升；相较于基期2010年1月，成本上涨约为35%左右，相较于2011年度，上涨也达到30%以上，具体见图7-1。

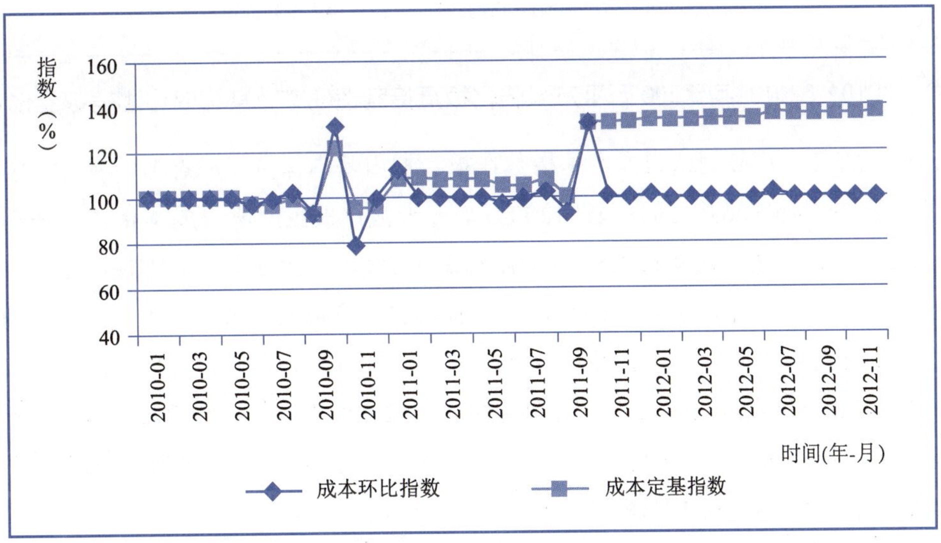

图7-1　2010～2012年产200万平方米强化板生产成本环比指数与定基指数变化走势

（1）直接制造成本监测

在报告期内，直接制造成本环比指数基本保持平稳态势，于1月份达到最高点，为102.60点，之后略有下降，基本稳定于100点，各月份波动幅度未超过1%；表明200万平方米强化板生产企业对于直接制造成本控制较佳。辅助材料消耗环比指数基本不存在波动，在整个报告期内稳定于100点；表明200万平方米强化板生产所需辅助材料价格在2012年度内波动极小。水、电、热消耗环比指数在1月份存在异常波动，为295.39点，其余月份皆围绕100点波动，上下振幅未超过3%；异常波动可能是由于统计口径的不同导致，其余月份的正常波动是由工业电价的变动导致，虽然工业水价也存在一定变动，但由于水费消耗占比较小，故影响程度不明显。中密度纤维板环比指数在报告期内同样较为平稳，除1月份指数达到最高点105.06点外，其余月份皆稳定于100点左右；表明2012年度中密度纤维板价格较之于2011年度略有上升，在本年度内价格变化极小，具体见图7-2。

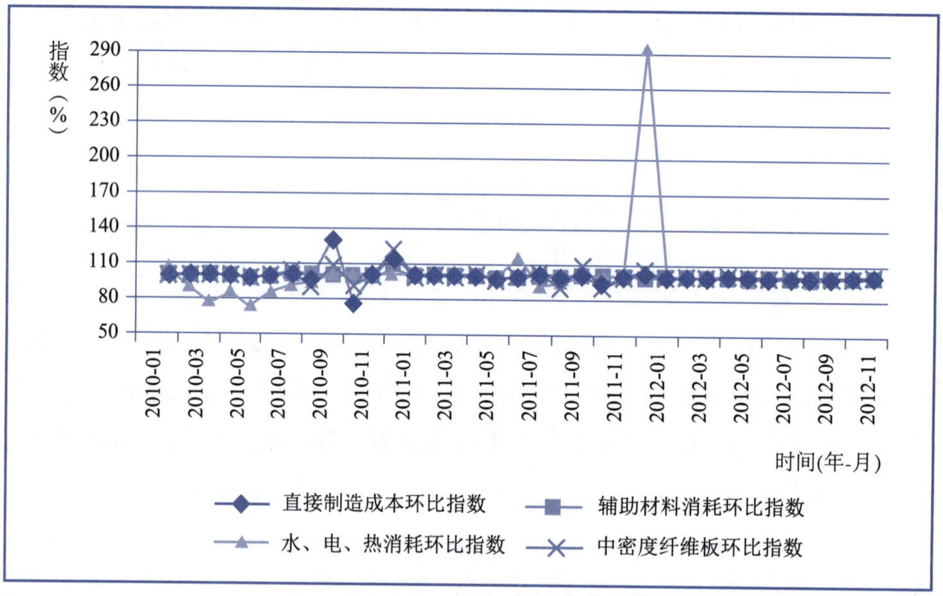

图7-2 2010～2012年产200万平方米强化板直接制造成本及其构成环比指数变化走势

与环比指数相应，直接制造成本定基指数在报告期内基本保持平稳态势，各月份波动幅度极小，波动皆处于105点与106点之间；表明200万平方米强化板生产所需成本相较于基期上涨约为5%，且在2012年度内，生产成本较为稳定，未出现异常波动，企业对于成本控制较佳。辅助材料消耗定基指数在报告期内基本稳定于105点，表明辅助材料价格波动极小。水、电、热消耗定基指数存在微小的上行趋势，由1月份的105点，逐渐上升于12月份的最高113.29点；总体来看，水、电、热消耗基本围绕111点波动；表明相较于基期，2012年度水、电、热消耗上涨约11%。中密度纤维板定基指数在报告期内极为平稳，基本稳定于105点，波动幅度未超过1%；表明中密度纤维板价格相较于基期上涨约5%，具体见图7-3。

（2）固定成本监测

从总体上看，固定成本环比指数、工资环比指数、折旧环比指数曲线基本上完全重合，且稳定于100点，表明各项成本波动极小，可以忽略。但工资环比指数在1、2月份存在下行，1月份为115.36点，2月份为102.30点；表明相较于2011年，报告期内人员工资先急速上涨，然后趋于稳定，具体见图7-4。

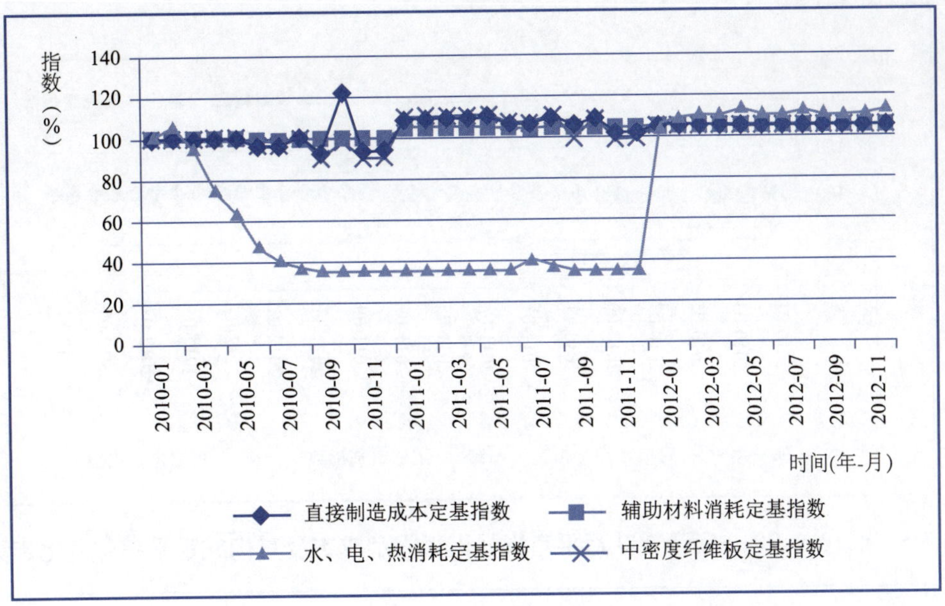

图 7-3 2010～2012 年产 200 万平方米强化板直接制造成本及其构成定基指数变化走势

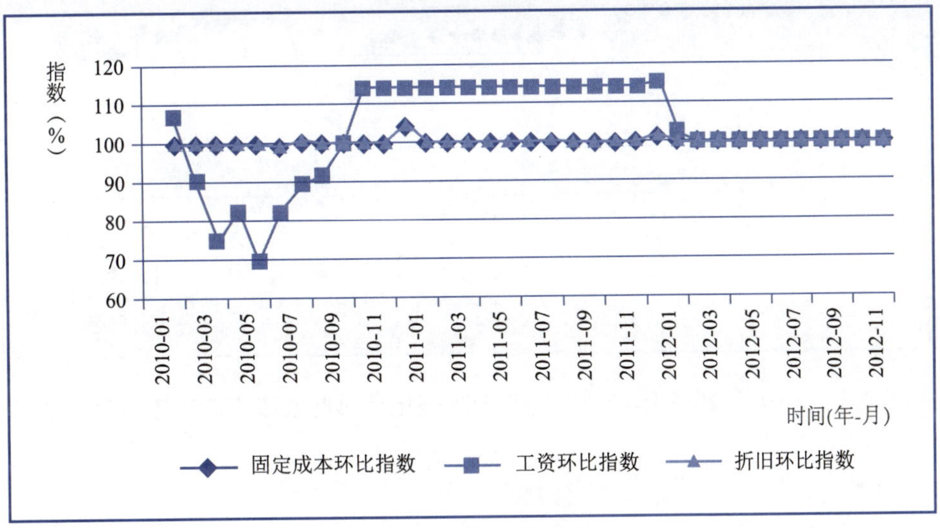

图 7-4 2010～2012 年产 200 万平方米强化板固定成本及其构成环比指数变化走势

与环比指数相应，固定成本定基指数亦基本保持平稳态势，稳定于106点左右，波动幅度极小。工资定基指数基本稳定于204点，表明相较于基期2010年1月，人员工资上涨约104%。折旧定基指数基本稳定于106点，表明相较于基期2010年1月，折旧额上涨约6%，具体见图7-5。

（3）其他成本监测

在2010～2012期间，200万平方米强化板生产所需其他成本占总成本比重基本呈现平稳趋势，稳中有降。2010年基本稳定于1.3%～1.4%之间，2011年基本稳定于1.3%，在第四季度存在急速下降，2012年急速上升到1.3%左右，然后逐渐降至1.2%。其他成本为企业的非常规性支出，在总成本中占比越小，表明企业生产、经营效率越高，故3年内其他成本占比的下行趋势，表明企业的生产工艺、经营水平在提升，具体见图7-6。

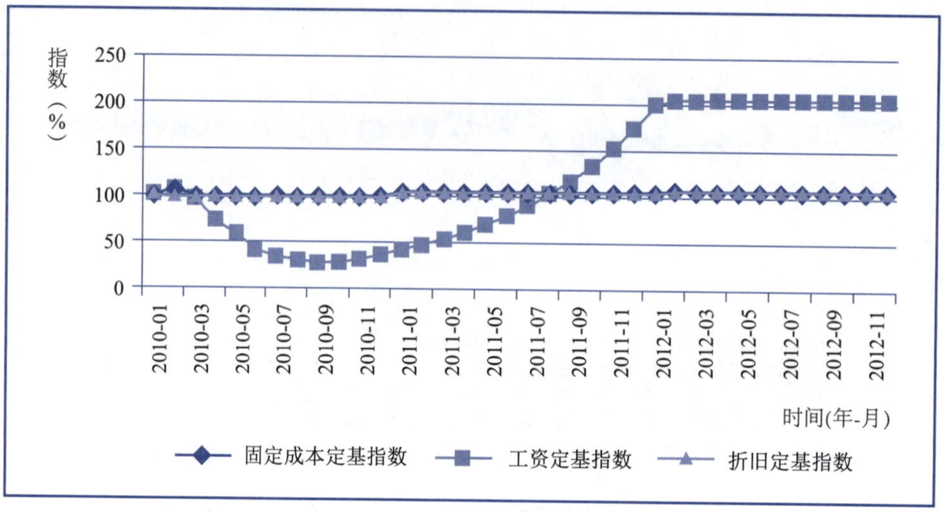

图 7-5 2010 ～ 2012 年产 200 万平方米强化板固定成本及其构成定基指数变化走势

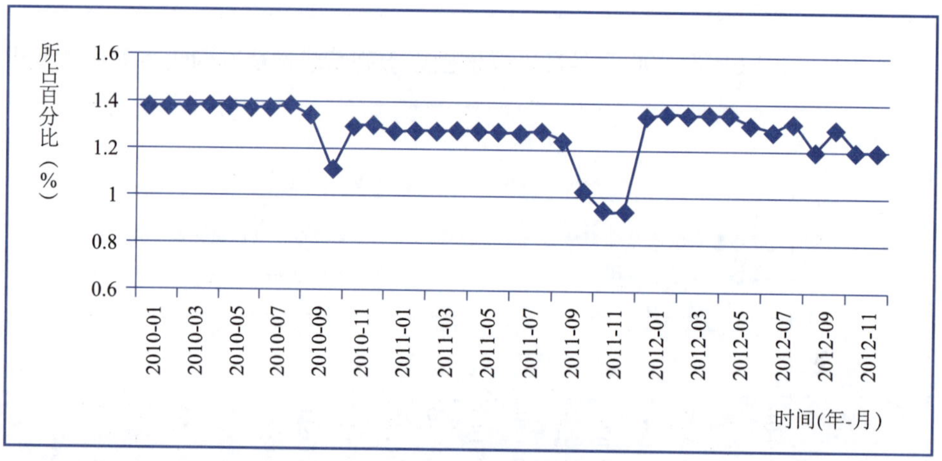

图 7-6 2010 ～ 2012 年产 200 万平方米强化板其他成本占总成本变化走势

7.2 600 万平方米强化板成本监测

2012年，每立方米强化板生产成本环比指数基本保持平稳态势，各月份皆围绕100点微幅波动，振幅未超过1%；表明600万平方米强化板生产企业对于成本控制极佳。与环比指数相应，成本定基指数也基本保持平稳态势，全年基本于112点与113点之间波动；表明相较于基期2010年1月，成本上涨约为12%左右，具体见图7-7。

（1）直接制造成本监测

在报告期内，直接制造成本环比指数基本保持平稳态势，稳定于100点，各月份波动幅度未超过1%；表明600万平方米强化板生产企业对于直接制造成本控制较佳。辅助材料消耗环比指数基本不存在波动，在整个报告期内稳定于100点；表明600万平方米强化板生产所需辅助材料价格在2012年度内波动极小。水、电、热消耗环比指数在1月份存在较大波动，为116.33点，其余月份皆围绕100点波动，上下振幅未超过3%；1月份的波动可能是由于电价相较于2011年度上涨导致，其余月

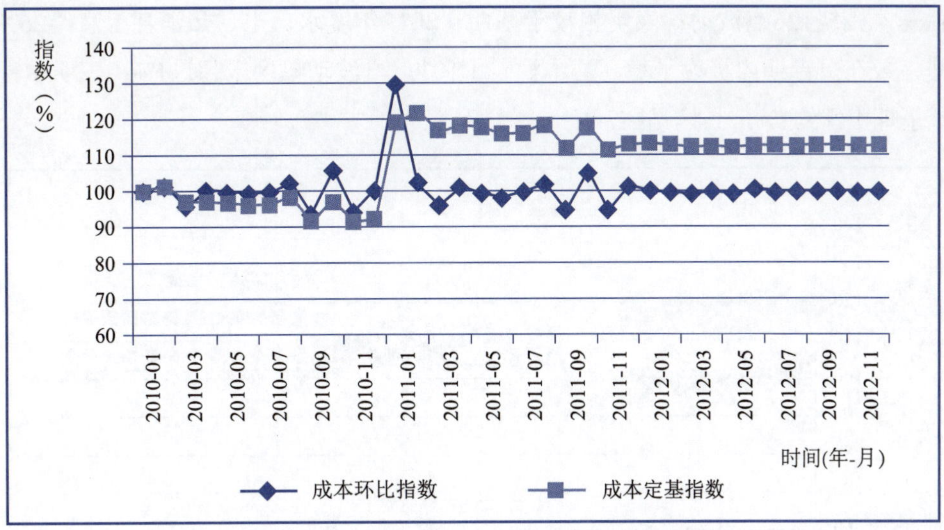

图 7-7　2010 ～ 2012 年产 600 万平方米强化板生产成本环比指数与定基指数变化走势

份的波动同样是由工业电价的变动导致，虽然工业水价也存在一定变动，但由于水费消耗占比较小，故影响程度不明显。中密度纤维板环比指数在报告期内同样较为平稳，各月份皆稳定于100点左右；表明在2012年度内中密度纤维板价格变化极小，具体见图7-8。

与环比指数相应，直接制造成本定基指数在报告期内基本保持平稳态势，各月份波动幅度极小，波动皆处于105点与106点之间；表明600万平方米强化板生产所需成本相较于基期上涨约为5%，且在2012年度内，生产成本较为稳定，未出现异常波动，企业对于成本控制较佳。辅助材料消耗定基指数在报告期内基本稳定于116点，表明辅助材料价格波动极小。水、电、热消耗定基指数存在微小的上行趋势，由1月份的120点，逐渐上升于12月份的最高129.49点；总体来看，水、

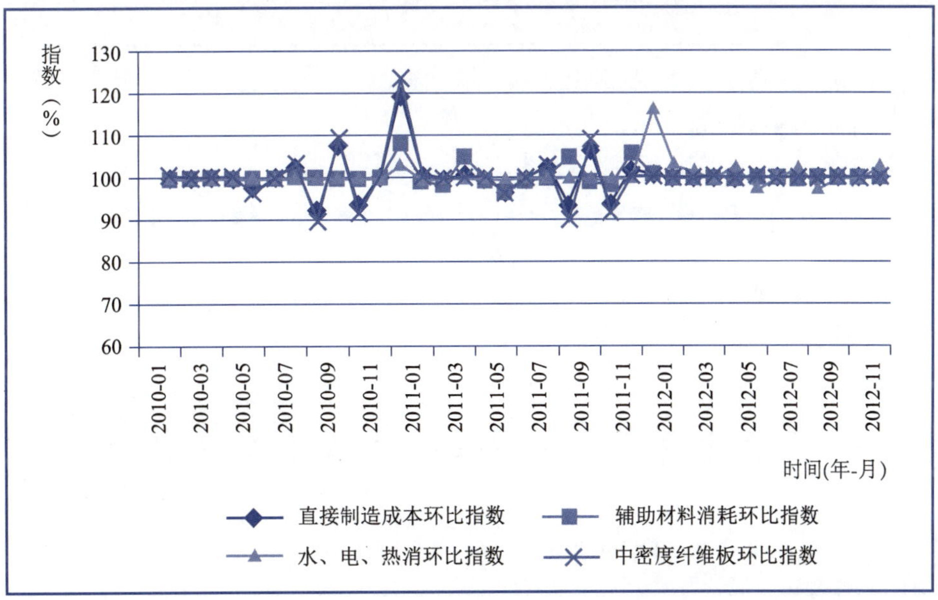

图 7-8　2010 ～ 2012 年产 600 万强化板直接制造成本及其构成环比指数变化走势

电、热消耗基本围绕126点波动；表明相较于基期，2012年度水、电、热消耗上涨约26%。中密度纤维板定基指数在报告期内极为平稳，基本稳定于101点，波动幅度未超过1%；表明中密度纤维板价格相较于基期上涨约1%，具体见图7-9。

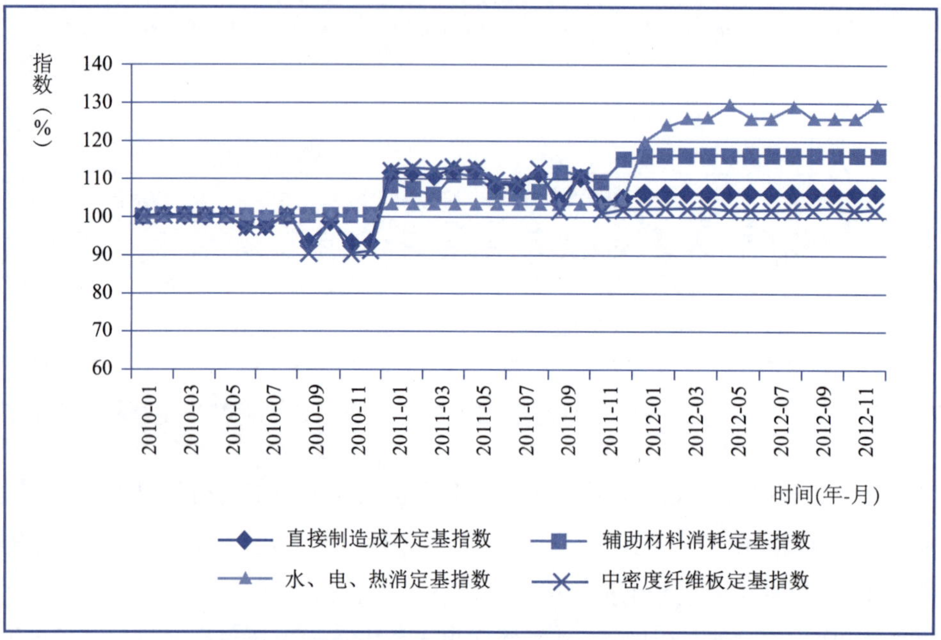

图 7-9　2010 ～ 2012 年产 600 万平方米强化板直接制造成本及其构成定基指数变化走势

（2）固定成本监测

从总体上看，固定成本环比指数、工资环比指数、折旧环比指数曲线基本上完全重合，且稳定于100点，表明各项成本波动极小，可以忽略，具体见图7-10。与环比指数相应，固定成本定基指

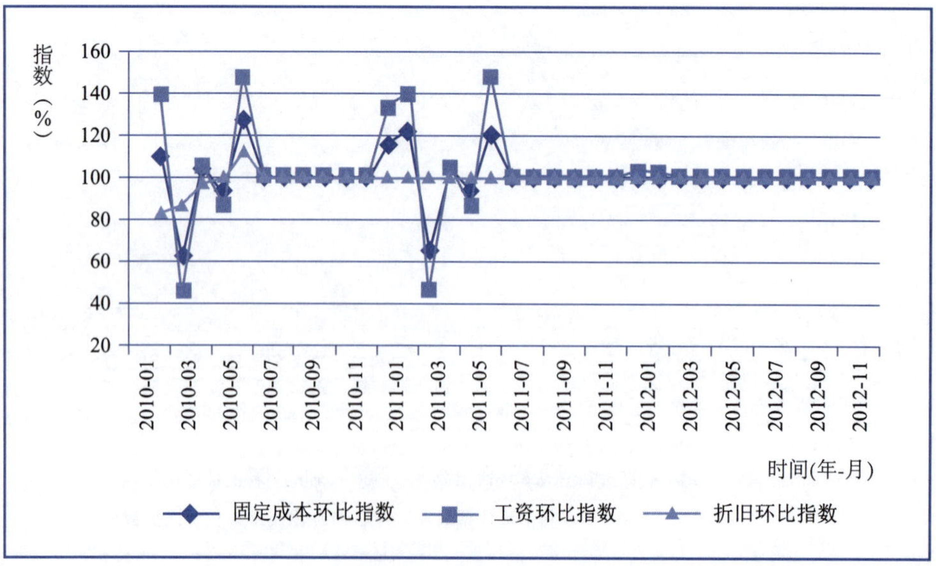

图 7-10　2010 ～ 2012 年产 600 万平方米强化板固定成本及其构成环比指数变化走势

数亦基本保持平稳态势，稳定于90点左右，波动幅度极小；表明相较于基期2010年1月，固定成本下降约10%。工资定基指数基本稳定于102点，表明相较于基期2010年1月，人员工资上涨约2%。折旧定基指数基本稳定于80点，表明相较于基期2010年1月，折旧额下降约20%，具体见图7-11。

（3）其他成本监测

在2010～2012期间，600万平方米强化板生产所需其他成本占总成本比重基本呈现先下行后上升的趋势。2010年基本稳定于10%～11%之间，2011年基本稳定于8%～9%之间，2012年急速上升到10.3%左右。其他成本为企业的非常规性支出，在总成本中占比越小，表明企业生产、经营效率越高，故2011其他成本占比的下行曲线，表明企业的生产工艺、经营水平在提升；而2012年其他成本占比的急速上升曲线，表明企业的生产工艺、经营水平可能不适合生产经营，或者出现了新的问题，具体见图7-12。

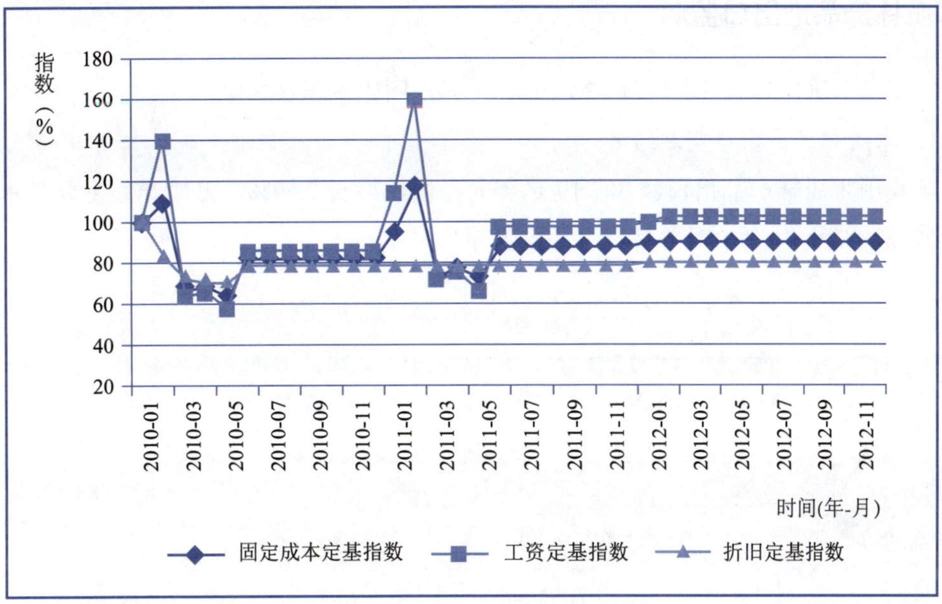

图 7-11　2010 ～ 2012 年产 600 万平方米强化板固定成本及其构成定基指数变化走势

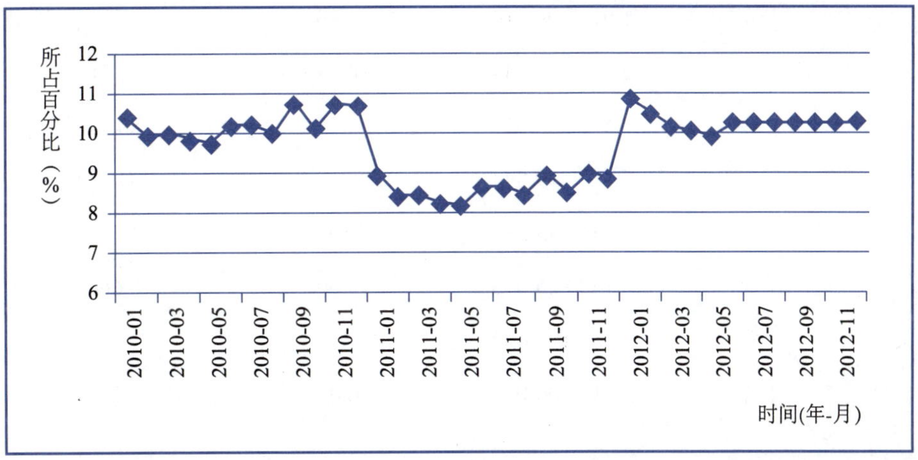

图 7-12　2010 ～ 2012 年产 600 万平方米强化板其他成本占总成本比重变化走势

第八章
林产品进出口贸易监测

8.1 林产品进出口贸易监测

8.1.1 木质林产品进出口监测

2012 年我国木质林产品进出口额 634.45* 亿美元，同比下降 0.59%。

8.1.1.1 木质林产品出口监测结果

2012 年我国木质林产品出口额 307.19 亿美元，同比增长 7.69%。出口产品主要是木竹家具、木竹纸制品、胶合板、木竹制品等林产品，见表 8-1。

表 8-1 2012 年我国木质林产品出口状况

项　目	单位	出口数量	同比（%）	出口金额（万美元）	同比（%）
总　计	-	-	-	3 071 901	7.69
木竹家具	-	-	-	1 839 588	6.93
木竹纸制品	千克	7 580 557 997	2.50	-	-
胶合板	立方米	10 033 668	4.82	479 567	10.50
木竹制品	千克	1 711 847 968	0.77	437 987	9.31
印刷品	千克	1 073 606 214	6.86	-	-
纤维板	千克	2 775 869 844	10.93	161 360	12.39
木竹地板	千克	472 935 021	4.75	80 426	9.93
锯　材	立方米	479 844	（11.82）	33 135	（8.08）
单　板	千克	154 233 330	（16.71）	23 442	（14.28）
刨花板	千克	140 845 075	13.50	6645	31.88
木竹果炭	千克	64 192 000	（4.85）	4443	13.66
异形材	千克	19 000 012	6.09	2641	8.60

* 不含木竹纸制品、印刷品进出口金额，下同

项　目	单位	出口数量	同比（%）	出口金额（万美元）	同比（%）
木竹浆	千克	21 527 597	(34.70)	1438	(59.51)
强化木	千克	3 732 917	11.87	613	(4.56)
锯末等	千克	10 524 735	(78.13)	360	(65.89)
原　木	立方米	3569	(75.18)	172	(74.53)
废　纸	千克	2 432 167	(31.79)	81	5.55
木　片	千克	69 444	(98.64)	3	(95.85)

8.1.1.2　木质林产品进口监测结果

2012 年我国木质林产品进口额 327.26 亿美元，同比下降 7.28%。进口产品主要是纸浆、原木、废纸、木竹纸制品、锯材、木片等，原木进口额 72.51 亿美元，同比下降 12.37%，见表 8-2。

表 8-2　2012 年我国木质林产品进口状况

项目	单位	进口数量	同比（%）	进口金额（万美元）	同比（%）
总　计		-	-	3 272 584	(7.28)
木竹浆	千克	16 402 477 362	13.61	1 091 813	(8.39)
原　木	立方米	37 893 308	(10.46)	725 143	(12.37)
废　纸	千克	30 067 144 653	10.22	627 399	(9.96)
锯　材	立方米	20 668 867	(4.34)	552 381	(3.47)
木竹纸制品	千克	3 252 636 368	(3.94)	-	-
印刷品	千克	75 674 955	18.60	-	-
木　片	千克	7 580 384 285	15.46	133 181	14.85
木竹家具	-	-	-	59 814	9.05
木竹制品	千克	189 284 015	265.44	25 823	75.74
单　板	千克	257 237 448	71.27	13 513	13.97
胶合板	立方米	178 777	(5.14)	11 954	(0.19)
刨花板	千克	351 486 776	(1.06)	11 692	(4.16)
纤维板	千克	145 117 172	(28.49)	9370	(12.52)
木竹果炭	千克	167 654 721	(11.15)	5804	29.24
木竹地板	千克	13 113 580	15.02	3352	13.51
异形材	千克	3 947 246	(7.76)	904	8.13
强化木	千克	840 105	19.34	335	4.69
锯末等	千克	4 601 783	(88.39)	106	(76.91)

8.1.2 我国林主要产品进出口监测

8.1.2.1 原木进出口监测

1. 原木出口监测

2012 年我国原木出口量为 3569 立方米，比 2011 年的 14 380 立方米同比下降 75.18%，出口总额达到 1 724 184 美元，比 2011 年的 6 768 467 美元同比下降 74.53%。出口原木产品主要包括未列名本章子目注释 2 所列热带木原木（44034990）、水曲柳原木（44039950）、未列名非针叶木原木（44039990）等 3 类原木产品。

未列名本章子目注释 2 所列热带木原木（44034990）2012 年出口量为 241 立方米，比 2011 年的 194 立方米上升 24.23%；出口额为 162 300 美元，比 2011 年的 133 996 美元增长 21.12%；其平均价格为 673.44 美元 / 立方米，比 2011 年的 690.70 美元 / 立方米下降 2.50%。

水曲柳原木（44039950）2012 年出口量为 443 立方米，比 2011 年的 681 立方米下降 34.95%；出口额为 323 855 美元，比 2011 年的 331 118 美元减少 2.19%；其平均价格为 731.05 美元 / 立方米，比 2011 年的 486.22 美元 / 立方米上升 50.35%，最高价格为 777.19 美元 / 立方米，最低价格为 398.67 美元 / 立方米，以出口国产量与出口总量比作为权重计算前 10 个国家加权平均价格为 731.05 美元 / 立方米，比 2011 年的 486.22 美元 / 立方米增长 50.35%，以 2011 年为基期计算 2012 年水曲柳原木价格指数为 150.35。

未列名非针叶木原木（44039990）2012 年出口量为 2885 立方米，比 2011 年的 13 464 立方米下降 78.57%；出口额为 1 238 029 美元，比 2011 年的 6 265 034 美元减少 80.24%；其平均价格为 429.17 美元 / 立方米，比 2011 年的 465.32 美元 / 立方米下降 7.78%，以出口国产量与出口总量比作为权重计算前 10 个国家加权平均价格为 429.17 美元 / 立方米，比 2011 年的 465.322 美元 / 立方米减少 7.78%，以 2011 年为基期计算 2012 年未列名非针叶木原木价格指数为 92.22。

2. 原木进口监测

2012 年我国原木进口量为 37 893 079 立方米，比 2011 年的 42 321 305 立方米同比减少 10.46%，进口总额达到 7 251 378 168 美元，比 2011 年的 8 274 748 483 美元同比下降 12.37%。进口原木产品主要包括用油漆、着色剂、杂酚油等防腐剂处理的原木（44031000）、红松和樟子松原木（44032010）、白松原木（44032020）、辐射松原木（44032030）、落叶松原木（44032040）、未列名针叶木原木（44032090）、未列名针叶木深红色红柳桉木、浅红色红柳桉木及巴栲红柳桉木原木（44034100）、柚木原木（44034910）、奥克曼木 Okoume（奥克榄）原木（44034920）、龙脑香木 Dipterocarpusspp.（克隆木）原木（44034930）、山樟木 Kapur（香木 Dryobalan ops spp.）原木（44034940）、印加木 Intsia app.（波罗格 Men 克 aris）（44034950）、大干巴豆木 Koompassia spp.（门格里斯或康派斯）原木（44034960）、异翅香木 Anisopter spp. 原木（44034970）、未列名本章子目注释 2 所列热带木原木（44034990）、栎木（橡木）原木（44039100）、山毛榉木原木（44039200）、楠木原木（44039910）、樟木原木（44039920）、红木原木（44039930）、水曲柳原木（44039950）、北美硬阔叶木（包括樱桃木、黑胡桃木、枫木）原木（44039960）、未列名的温带针叶木原木（44039980）、未列名非针叶木原木（44039990）等24类原木产品。

用油漆、着色剂、杂酚油等防腐剂处理的原木（44031000）2012年进口量为83 978立方米，比2011年的18 098立方米上升364.02%；进口额为15 468 281美元，比2011年的3 617 904美元增加327.55%；其平均价格为184.19美元/立方米，比2011年的199.91美元/立方米下降7.86%，最高价格为5296.55美元/立方米，最低价格为120.29美元/立方米，以进口国产量与进口总量比作为权重计算前10个国家加权平均价格为184.19美元/立方米，比2011年的196.92美元/立方米减少6.47%，以2011年为基期计算2012年用油漆、着色剂、杂酚油等防腐剂处理的原木价格指数为93.53。

红松和樟子松原木（44032010）2012年进口量为4 979 748立方米，比2011年的7 572 895立方米下降34.24%；进口额为682 833 973美元，比2011年的1 071 537 326美元减少36.28%；其平均价格为137.12美元/立方米，比2011年的141.50美元/立方米下降3.09%，最高价格为163.50美元/立方米，最低价格为68.02美元/立方米，以进口国产量与进口总量比作为权重计算前10个国家加权平均价格为137.11美元/立方米，比2011年的141.22美元/立方米减少2.91%，以2011年为基期计算2012年红松和樟子松原木价格指数为97.09。

白松原木（44032020）2012年进口量为4 329 200立方米，比2011年的4 516 928立方米下降4.16%；进口额为608 674 835美元，比2011年的739 941 019美元减少17.74%；其平均价格为140.60美元/立方米，比2011年的163.82美元/立方米下降14.17%，最高价格为179.39美元/立方米，最低价格为109.32美元/立方米，以进口国产量与进口总量比作为权重计算前10个国家加权平均价格为139.91美元/立方米，比2011年的161.44美元/立方米减少13.33%，以2011年为基期计算2012年白松原木价格指数为86.87。

辐射松原木（44032030）2012年进口量为8974597立方米，比2011年的9 025 951立方米下降0.57%；进口额为1 147 408 036美元，比2011年的1 271 360 091美元减少9.75%；其平均价格为127.85美元/立方米，比2011年的140.86美元/立方米下降9.23%，最高价格为163.87美元/立方米，最低价格为114.47美元/立方米，以进口国产量与进口总量比作为权重计算前10个国家加权平均价格为127.85美元/立方米，比2011年的140.69美元/立方米减少9.13%，以2011年为基期计算2012年辐射松原木价格指数为90.87。

落叶松原木（44032040）2012年进口量为2 907 496立方米，比2011年的3 440 682立方米下降15.50%；进口额为409 060 475美元，比2011年的538 699 715美元减少24.07%；其平均价格为140.69美元/立方米，比2011年的156.57美元/立方米下降10.14%，最高价格为171.96美元/立方米，最低价格为63.19美元/立方米，以进口国产量与进口总量比作为权重计算前10个国家加权平均价格为140.68美元/立方米，比2011年的156.53美元/立方米减少10.12%，以2011年为基期计算2012年落叶松原木价格指数为89.88。

未列名针叶木原木（44032090）2012年进口量为5 494 556立方米，比2011年的6 886 222立方米下降20.21%；进口额为897 325 172美元，比2011年的1 239 664 397美元减少27.62%；其平均价格为163.31美元/立方米，比2011年的180.02美元/立方米下降9.28%，最高价格为199.53

美元/立方米，最低价格为101.06美元/立方米，以进口国产量与进口总量比作为权重计算前10个国家加权平均价格为162.99美元/立方米，比2011年的179.13美元/立方米减少9.01%，以2011年为基期计算2012年未列名针叶木原木价格指数为90.99。

未列名针叶木深红色红柳桉木、浅红色红柳桉木及巴栲红柳桉木原木（44034100）2012年进口量为57 992立方米，比2011年的73 995立方米下降21.63%；进口额为14 589 400美元，比2011年的17 624 048美元减少17.22%；其平均价格为251.58美元/立方米，比2011年的238.18美元/立方米上升5.62%，最高价格为578.26美元/立方米，最低价格为101.71美元/立方米，以进口国产量与进口总量比作为权重计算前10个国家加权平均价格为251.58美元/立方米，比2011年的237.31美元/立方米增加6.01%，以2011年为基期计算2012年未列名针叶木深红色红柳桉木、浅红色红柳桉木及巴栲红柳桉木原木价格指数为106.01。

柚木原木（44034910）2012年进口量为114 159立方米，比2011年的87 813立方米上升30%；进口额为92 515 320美元，比2011年的60 775 244美元增加52.23%；其平均价格为810.41美元/立方米，比2011年的692.10美元/立方米上升17.09%，最高价格为862.39美元/立方米，最低价格为510.66美元/立方米，以进口国产量与进口总量比作为权重计算前10个国家加权平均价格为804.13美元/立方米，比2011年的651.78美元/立方米增加23.37%，以2011年为基期计算2012年柚木原木价格指数为123.37。

奥克曼木Okoume（奥克榄）原木（44034920）2012年进口量为655 531立方米，比2011年的675 370立方米下降2.94%；进口额为265 228 707美元，比2011年的300 004 086美元减少11.59%；其平均价格为404.60美元/立方米，比2011年的444.21美元/立方米下降8.92%，最高价格为430.11美元/立方米，最低价格为324.39美元/立方米，以进口国产量与进口总量比作为权重计算前10个国家加权平均价格为404.60美元/立方米，比2011年的444.18美元/立方米下降8.91%，以2011年为基期计算2012年奥克曼木Okoume（奥克榄）原木价格指数为91.09。

龙脑香木Dipterocarpusspp.（克隆木）原木（44034930）2012年进口量为103 257立方米，比2011年的190 594立方米下降45.82%；进口额为20 903 439美元，比2011年的44 524 581美元减少53.05%；其平均价格为202.44美元/立方米，比2011年的233.61美元/立方米下降13.34%，最高价格为615美元/立方米，最低价格为193.60美元/立方米，以进口国产量与进口总量比作为权重计算前10个国家加权平均价格为202.44美元/立方米，比2011年的233.21美元/立方米下降13.19%，以2011年为基期计算2012年龙脑香木Dipterocarpusspp.（克隆木）原木价格指数为86.81。

山樟木Kapur（香木Dryobalan ops spp.）原木（44034940）2012年进口量为40 019立方米，比2011年的69 592立方米下降42.49%；进口额为12 543 739美元，比2011年的22 541 781美元减少44.35%；其平均价格为313.44美元/立方米，比2011年的323.91美元/立方米下降3.23%，最高价格为319.58美元/立方米，最低价格为164.01美元/立方米，以进口国产量与进口总量比作为权重计算前10个国家加权平均价格为313.44美元/立方米，比2011年的323.61美元/立方米下降3.14%，以2011年为基期计算2012年山樟木Kapur（香木Dryobalan ops spp.）原木价格指数为

96.86。

印加木 Intsia app.（波罗格 Men 克 aris）（44034950）2012 年进口量为 89095 立方米，比 2011 年的 202 957 立方米下降 56.10%；进口额为 44 925 366 美元，比 2011 年的 107 182 316 美元减少 58.09%；其平均价格为 504.24 美元 / 立方米，比 2011 年的 528.10 美元 / 立方米下降 4.52%，最高价格为 1498.75 美元 / 立方米，最低价格为 343.62 美元 / 立方米，以进口国产量与进口总量比作为权重计算前 10 个国家加权平均价格为 504.24 美元 / 立方米，比 2011 年的 527.89 美元 / 立方米下降 4.48%，以 2011 年为基期计算 2012 年印加木 Intsia app.（波罗格 Men 克 aris）价格指数为 95.52。

大干巴豆木 Koompassia spp.（门格里斯或康派斯）原木（44034960）2012 年进口量为 77 927 立方米，比 2011 年的 73 612 立方米增加 5.86%；进口额为 18 319 231 美元，比 2011 年的 17 191 701 美元增加 6.56%；其平均价格为 235.08 美元 / 立方米，比 2011 年的 233.54 美元 / 立方米上升 0.66%，最高价格为 357.21 美元 / 立方米，最低价格为 216.39 美元 / 立方米，以进口国产量与进口总量比作为权重计算前 10 个国家加权平均价格为 235.08 美元 / 立方米，比 2011 年的 233.47 美元 / 立方米上升 0.69%，以 2011 年为基期计算 2012 年大干巴豆木 Koompassia spp.（门格里斯或康派斯）原木价格指数为 100.69。

异翅香木 Anisopter spp. 原木（44034970）2012 年进口量为 96 230 立方米，比 2011 年的 73 184 立方米增加 31.49%；进口额为 23 272 565 美元，比 2011 年的 179 726 26 美元增加 29.49%；其平均价格为 241.84 美元 / 立方米，比 2011 年的 245.58 美元 / 立方米减少 1.52%，最高价格为 246.13 美元 / 立方米，最低价格为 241.81 美元 / 立方米，以进口国产量与进口总量比作为权重计算前 10 个国家加权平均价格为 241.84 美元 / 立方米，比 2011 年的 245.06 美元 / 立方米下降 1.31%，以 2011 年为基期计算 2012 年异翅香木 Anisopter spp. 原木价格指数为 98.69。

未列名本章子目注释 2 所列热带木原木（44034990）2012 年进口量为 521 300 立方米，比 2011 年的 482 574 立方米增加 8.02%；进口额为 191 882 694 美元，比 2011 年的 188 187 247 美元增加 1.96%；其平均价格为 368.09 美元 / 立方米，比 2011 年的 389.97 美元 / 立方米减少 5.61%，最高价格为 548.17 美元 / 立方米，最低价格为 335.13 美元 / 立方米，以进口国产量与进口总量比作为权重计算前 10 个国家加权平均价格为 335.04 美元 / 立方米，比 2011 年的 338.84 美元 / 立方米下降 1.12%，以 2011 年为基期计算 2012 年未列名本章子目注释 2 所列热带木原木价格指数为 98.88。

栎木（橡木）原木（44039100）2012 年进口量为 380 312 立方米，比 2011 年的 563 719 立方米减少 32.54%；进口额为 125 228 370 美元，比 2011 年的 180 883 748 美元减少 30.77%；其平均价格为 329.28 美元 / 立方米，比 2011 年的 320.88 美元 / 立方米上升 2.62%，最高价格为 552.66 美元 / 立方米，最低价格为 83.03 美元 / 立方米，以进口国产量与进口总量比作为权重计算前 10 个国家加权平均价格为 323.27 美元 / 立方米，比 2011 年的 301.07 美元 / 立方米增加 7.37%，以 2011 年为基期计算 2012 年栎木（橡木）原木价格指数为 107.37。

山毛榉木原木（44039200）2012 年进口量为 578 376 立方米，比 2011 年的 601 891 立方米减少 3.91%；进口额为 106 479 563 美元，比 2011 年的 116 690 814 美元减少 8.75%；其平均价格为 184.10 美元 / 立方米，比 2011 年的 193.87 美元 / 立方米减少 5.04%，最高价格为 190.76 美元 / 立方

米，最低价格为 167.79 美元 / 立方米，以进口国产量与进口总量比作为权重计算前 10 个国家加权平均价格为 182.06 美元 / 立方米，比 2011 年的 192.88 美元 / 立方米减少 5.61%，以 2011 年为基期计算 2012 年山毛榉木原木价格指数为 94.39。

楠木原木（44039910）2012 年进口量为 147 立方米，比 2011 年的 247 立方米减少 40.49%；进口额为 34 030 美元，比 2011 年的 138 677 美元减少 75.46%；其平均价格为 231.50 美元 / 立方米，比 2011 年的 561.45 美元 / 立方米减少 58.77%，最高价格为 314.29 美元 / 立方米，最低价格为 125.89 美元 / 立方米，以进口国产量与进口总量比作为权重计算前 10 个国家加权平均价格为 208.40 美元 / 立方米，比 2011 年的 523.82 美元 / 立方米减少 60.21%，以 2011 年为基期计算 2012 年楠木原木价格指数为 39.78。

樟木原木（44039920）2012 年进口量为 800 立方米，比 2011 年的 795 立方米增加 0.63%；进口额为 375 577 美元，比 2011 年的 260 050 美元增加 44.42%；其平均价格为 469.47 美元 / 立方米，比 2011 年的 327.11 美元 / 立方米增加 43.52%，最高价格为 1100.42 美元 / 立方米，最低价格为 214.15 美元 / 立方米，以进口国产量与进口总量比作为权重计算前 10 个国家加权平均价格为 469.47 美元 / 立方米，比 2011 年的 198.16 美元 / 立方米上升 136.91%，以 2011 年为基期计算 2012 年樟木原木价格指数为 236.91。

红木原木（44039930）2012 年进口量为 757 159 立方米，比 2011 年的 565 646 立方米增加 33.86%；进口额为 789 127 041 美元，比 2011 年的 716 080 759 美元增加 10.20%；其平均价格为 1042.22 美元 / 立方米，比 2011 年的 1265.95 美元 / 立方米减少 17.67%，最高价格为 1831.95 美元 / 立方米，最低价格为 509.86 美元 / 立方米，以进口国产量与进口总量比作为权重计算前 10 个国家加权平均价格为 912.15 美元 / 立方米，比 2011 年的 1081.15 美元 / 立方米下降 15.63%，以 2011 年为基期计算 2012 年红木原木价格指数为 84.37。

水曲柳原木（44039950）2012 年进口量为 204 562 立方米，比 2011 年的 242 479 立方米减少 15.64%；进口额为 59 990 691 美元，比 2011 年的 73 483 578 美元减少 18.36%；其平均价格为 293.26 美元 / 立方米，比 2011 年的 303.05 美元 / 立方米减少 3.23%，最高价格为 340.84 美元 / 立方米，最低价格为 226.80 美元 / 立方米，以进口国产量与进口总量比作为权重计算前 10 个国家加权平均价格为 291.52 美元 / 立方米，比 2011 年的 295.24 美元 / 立方米下降 1.26%，以 2011 年为基期计算 2012 年水曲柳原木价格指数为 98.74。

北美硬阔叶木（包括樱桃木、黑胡桃木、枫木）原木（44039960）2012 年进口量为 97 255 立方米，比 2011 年的 107 589 立方米减少 9.61%；进口额为 82 366 153 美元，比 2011 年的 92 685 603 美元减少 11.13%；其平均价格为 846.91 美元 / 立方米，比 2011 年的 861.48 美元 / 立方米减少 1.69%，最高价格为 899.38 美元 / 立方米，最低价格为 135.63 美元 / 立方米，以进口国产量与进口总量比作为权重计算前 10 个国家加权平均价格为 846.86 美元 / 立方米，比 2011 年的 860.67 美元 / 立方米下降 1.60%，以 2011 年为基期计算 2012 年北美硬阔叶木（包括樱桃木、黑胡桃木、枫木）原木价格指数为 98.40。

未列名的温带针叶木原木（44039980）2012 年进口量为 920 574 立方米，比 2011 年的 789 012

立方米增加 16.67%；进口额为 129 995 099 美元，比 2011 年的 108 711 232 美元增加 19.58%；其平均价格为 141.21 美元 / 立方米，比 2011 年的 137.78 美元 / 立方米增加 2.49%，最高价格为 286.99 美元 / 立方米，最低价格为 95.76 美元 / 立方米，以进口国产量与进口总量比作为权重计算前 10 个国家加权平均价格为 135.85 美元 / 立方米，比 2011 年的 131.83 美元 / 立方米增加 3.05%，以 2011 年为基期计算 2012 年未列名的温带针叶木原木价格指数为 103.05。

未列名非针叶木原木（44039990）2012 年进口量为 6428 809 立方米，比 2011 年的 6 059 460 立方米增加 6.10%；进口额为 1 512 830 411 美元，比 2011 年的 1 344 989 940 美元增加 12.48%；其平均价格为 235.32 美元 / 立方米，比 2011 年的 221.97 美元 / 立方米增加 6.02%，最高价格为 446.41 美元 / 立方米，最低价格为 144.25 美元 / 立方米，以进口国产量与进口总量比作为权重计算前 10 个国家加权平均价格为 201.86 美元 / 立方米，比 2011 年的 193.79 美元 / 立方米增加 4.16%，以 2011 年为基期计算 2012 年未列名非针叶木原木价格指数为 104.16。

8.1.2.2 单板进出口监测

1．单板出口监测

2012 年我国单板出口量为 154 088 723 千克，比 2011 年的 185 168 816 千克同比下降 16.78%，出口总额达到 234 301 911 美元，比 2011 年的 273 467 573 美元同比下降工 14.32%。出口单板产品主要包括用胶合板等制的针叶木饰面用单板，厚≤ 6 毫米（44081011）、其他针叶木饰面用单板，厚≤ 6 毫米（44081019）、针叶木制胶合板用单板，厚≤ 6 毫米（44081020）、其他纵锯切、刨或旋切的针叶木木材，厚≤ 6 毫米（44081090）、用胶合板等制饰面单板，红柳桉木制，厚≤ 6 毫米（44083111）、其他饰面用单板，红柳桉木制，厚≤ 6 毫米（44083119）、用胶合板等制其他子目注释 2 所列的热带木饰面用单板，厚≤ 6 毫米（44083911）、其他其他子目注释 2 所列的热带木制饰面用单板，厚≤ 6 毫米（44083919）、其他子目注释 2 所列的热带木制胶合板用单板，厚≤ 6 毫米（44083920）、其他纵锯切、刨或旋切的子目注释 2 所列的热带木木材，厚≤ 6 毫米（44083990）、用胶合板等制其他非针叶木饰面单板，厚≤ 6 毫米（44089011）、温带非针叶木制其他饰面用单板，厚≤ 6 毫米（44089012）、其他非针叶木饰面用单板，厚≤ 6 毫米（44089019）、温带非针叶木制胶合板用单板，厚≤ 6 毫米（44089021）、其他非针叶木制胶合板用单板，厚≤ 6 毫米（44089029）、温带非针叶木制经纵刨旋切的木材，厚≤ 6 毫米（44089091）、其他非针叶木制经纵刨旋切的木材，厚≤ 6 毫米（44089099）等 17 类单板产品。

用胶合板等制的针叶木饰面用单板、厚≤ 6 毫米（44081011），2012 年出口量为 141 239 千克，比 2011 年的 497 085 千克减少 71.59%；出口额为 115 847 美元，比 2011 年的 196 706 美元减少 41.11%；其平均价格为 0.82 美元 / 千克，比 2011 年的 0.40 美元 / 千克增加 107.27%，最高价格为 40.28 美元 / 千克，最低价格为 0.57 美元 / 千克，以出口国产量与出口总量比作为权重计算前 10 个国家加权平均价格为 0.82 美元 / 千克，比 2011 年的 0.16 美元 / 千克增加 403.85%，以 2011 年为基期计算 2012 年用胶合板等制的针叶木饰面用单板、厚≤ 6 毫米的价格指数为 503.85。

其他针叶木饰面用单板、厚≤ 6 毫米（44081019），2012 年出口量为 10 076 785 千克，比 2011 年的 9 563 457 千克增加 5.37%；出口额为 6 007 580 美元，比 2011 年的 5 771 751 美元增加 4.09%；

其平均价格为0.59美元/千克，比2011年的0.60美元/千克减少1.22%，最高价格为7.24美元/千克，最低价格为0.48美元/千克，以出口国产量与出口总量比作为权重计算前10个国家加权平均价格为0.596美元/千克，比2011年的0.597美元/千克，减少0.21%，以2011年为基期计算2012年其他针叶木饰面用单板，厚≤6毫米的价格指数为99.78。

针叶木制胶合板用单板、厚≤6毫米，（44081020）2012年出口量为19 019千克，比2011年的161 864千克减少88.25%；出口额为13 804美元，比2011年的196327美元减少92.97%；其平均价格为0.73美元/千克，比2011年的1.21美元/千克减少40.16%，最高价格为0.85美元/千克，最低价格为0.64美元/千克，以出口国产量与出口总量比作为权重计算前10个国家加权平均价格为0.73美元/千克，比2011年的0.10美元/千克增加591.88%，以2011年为基期计算2012年针叶木制胶合板用单板、厚≤6毫米的价格指数为691.88。

其他纵锯切、刨或旋切的针叶木木材、厚≤6毫米，（44081090）2012年出口量为4223303千克，比2011年的6 161 139千克减少31.45%；出口额为16 008 878美元，比2011年的21 074 147美元减少24.04%；其平均价格为3.79美元/千克，比2011年的3.42美元/千克增加10.82%，最高价格为4.56美元/千克，最低价格为2.82美元/千克，以出口国产量与出口总量比作为权重计算前10个国家加权平均价格为3.65美元/千克，比2011年的3.33美元/千克增加9.79%，以2011年为基期计算2012年其他纵锯切、刨或旋切的针叶木木材、厚≤6毫米的价格指数为109.79。

用胶合板等制饰面单板，红柳桉木制，厚≤6毫米（44083111）2012年出口量为13千克，比2011年的16 350千克减少99.92%；出口额为144美元，比2011年的20 100美元减少99.28%；其平均价格为11.08美元/千克，比2011年的1.23美元/千克增加801.03%。

其他饰面用单板，红柳桉木制，厚≤6毫米（44083119）2012年出口量为105 200千克，比2011年的2500千克增加4108%；出口额为38 650美元，比2011年的24 447美元增加了58.10%；其平均价格为0.37美元/千克，比2011年的9.78美元/千克下降96.24%，最高价格为10.54美元/千克，最低价格为0.25美元/千克。

用胶合板等制其他子目注释2所列的热带木饰面用单板、厚≤6毫米，（44083911）2012年出口量为847 335千克，比2011年的177 403千克增加377.63%；出口额为5 393 831美元，比2011年的1029 342美元增加424.01%；其平均价格为6.37美元/千克，比2011年的5.80美元/千克增加9.71%，最高价格为21.91美元/千克，最低价格为0.69美元/千克，以出口国产量与出口总量比作为权重计算前10个国家加权平均价格为6.37美元/千克，比2011年的4.80美元/千克增加32.61%，以2011年为基期计算2012年用胶合板等制其他子目注释2所列的热带木饰面用单板、厚≤6毫米的价格指数为132.61。

其他其他子目注释2所列的热带木制饰面用单板，厚≤6毫米（44083919）2012年出口量为401 523千克，比2011年的448 198千克减少10.41%；出口额为2 288 598美元，比2011年的2327598美元减少1.68%；其平均价格为5.70美元/千克，比2011年的5.19美元/千克增加9.75%，最高价格为19.77美元/千克，最低价格为1.14美元/千克，以出口国产量与出口总量比作为权重计算前10个国家加权平均价格为5.66美元/千克，比2011年的4.03美元/千克增加40.18%，以

2011 年为基期计算 2012 年其他其他子目注释 2 所列的热带木制饰面用单板、厚≤ 6 毫米的价格指数为 140.18。

其他子目注释 2 所列的热带木制胶合板用单板、厚≤ 6 毫米，（44083920）2012 年出口量为 7 392 764 千克，比 2011 年的 5 633 818 千克增加 31.22%；出口额为 11 776 247 美元，比 2011 年的 10 717 367 美元增加 9.88%；其平均价格为 1.59 美元 / 千克，比 2011 年的 1.90 美元 / 千克减少 16.26%，最高价格为 2.86 美元 / 千克，最低价格为 0.44 美元 / 千克，以出口国产量与出口总量比作为权重计算前 10 个国家加权平均价格为 1.50 美元 / 千克，比 2011 年的 1.68 美元 / 千克减少 10.46%，以 2011 年为基期计算 2012 年其他子目注释 2 所列的热带木制胶合板用单板、厚≤ 6 毫米的价格指数为 89.54。

其他纵锯切、刨或旋切的子目注释 2 所列的热带木木材、厚≤ 6 毫米，（44083990）2012 年出口量为 961 504 千克，比 2011 年的 780 684 千克增加 23.16%；出口额为 1 116 202 美元，比 2011 年的 2 684 110 美元减少 58.41%；其平均价格为 1.16 美元 / 千克，比 2011 年的 3.44 美元 / 千克减少 66.24%，最高价格为 14.11 美元 / 千克，最低价格为 0.84 美元 / 千克，以出口国产量与出口总量比作为权重计算前 10 个国家加权平均价格为 1.14 美元 / 千克，比 2011 年的 2.56 美元 / 千克减少 55.35%，以 2011 年为基期计算 2012 年其他纵锯切、刨或旋切的子目注释 2 所列的热带木木材，厚≤ 6 毫米的价格指数为 44.65。

用胶合板等制其他非针叶木饰面单板、厚≤ 6 毫米，（44089011）2012 年出口量为 3140372 千克，比 2011 年的 30 768 035 千克减少 89.79%；出口额为 7 342 835 美元，比 2011 年的 23 234 898 美元减少 68.40%；其平均价格为 2.34 美元 / 千克，比 2011 年的 0.76 美元 / 千克增加 209.62%，最高价格为 11.04 美元 / 千克，最低价格为 0.30 美元 / 千克，以出口国产量与出口总量比作为权重计算前 10 个国家加权平均价格为 1.97 美元 / 千克，比 2011 年的 0.32 美元 / 千克增加 524.48%，以 2011 年为基期计算 2012 年用胶合板等制其他非针叶木饰面单板、厚≤ 6 毫米的价格指数为 624.48。

温带非针叶木制其他饰面用单板、厚≤ 6 毫米，（44089012）2012 年出口量为 6 703 665 千克，比 2011 年的 4 439 626 千克增加 51%；出口额为 14 252 142 美元，比 2011 年的 11 564 504 美元增加 23.24%；其平均价格为 2.13 美元 / 千克，比 2011 年的 2.60 美元 / 千克下降 18.38%，最高价格为 5.02 美元 / 千克，最低价格为 0.22 美元 / 千克，以出口国产量与出口总量比作为权重计算前 10 个国家加权平均价格为 2.01 美元 / 千克，比 2011 年的 2.27 美元 / 千克下降 11.67%，以 2011 年为基期计算 2012 年温带非针叶木制其他饰面用单板、厚≤ 6 毫米的价格指数为 88.33。

其他非针叶木饰面用单板、厚≤ 6 毫米，（44089019）2012 年出口量为 44 178 163 千克，比 2011 年的 46 604 479 千克减少 5.21%；出口额为 84 911 026 美元，比 2011 年的 97 973 304 美元减少 13.33%；其平均价格为 1.92 美元 / 千克，比 2011 年的 2.10 美元 / 千克下降 8.57%，最高价格为 5.29 美元 / 千克，最低价格为 0.60 美元 / 千克，以出口国产量与出口总量比作为权重计算前 10 个国家加权平均价格为 1.41 美元 / 千克，比 2011 年的 1.27 美元 / 千克上升 10.98%，以 2011 年为基期计算 2012 年其他非针叶木饰面用单板、厚≤ 6 毫米的价格指数为 110.98。

温带非针叶木制胶合板用单板、厚≤6毫米，（44089021）2012年出口量为109 035千克，比

2011年的804 850千克减少86.45%；出口额为155 282美元，比2011年的511 463美元减少69.64%；其平均价格为1.42美元/千克，比2011年的0.64美元/千克上升124.11%，最高价格为1.66美元/千克，最低价格为0.52美元/千克，以出口国产量与出口总量比作为权重计算前10个国家加权平均价格为1.42美元/千克，比2011年的0.13美元/千克上升1022.07%，以2011年为基期计算2012年温带非针叶木制胶合板用单板，厚≤6毫米的价格指数为1122.07。

其他非针叶木制胶合板用单板、厚≤ 6 毫米，（44089029）2012 年出口量为 51 453 078 千克，比 2011 年的 49 403 331 千克增加 4.15%；出口额为 28 445 664 美元，比 2011 年的 31 657 024 美元减少 10.14%；其平均价格为 0.55 美元 / 千克，比 2011 年的 0.64 美元 / 千克下降 13.72%，最高价格为 0.76 美元 / 千克，最低价格为 0.36 美元 / 千克，以出口国产量与出口总量比作为权重计算前 10 个国家加权平均价格为 0.53 美元 / 千克，比 2011 年的 0.62 美元 / 千克下降 15.10%，以 2011 年为基期计算 2012 年其他非针叶木制胶合板用单板、厚≤ 6 毫米的价格指数为 84.89。

温带非针叶木制经纵刨旋切的木材、厚≤ 6 毫米，（44089091）2012 年出口量为 14 698 600 千克，比 2011 年的 21 168 287 千克减少 30.56%；出口额为 34 933 260 美元，比 2011 年的 49 144 830 美元减少 28.92%；其平均价格为 2.38 美元 / 千克，比 2011 年的 2.32 美元 / 千克上升 2.37%，最高价格为 3.85 美元 / 千克，最低价格为 1.31 美元 / 千克，以出口国产量与出口总量比作为权重计算前 10 个国家加权平均价格为 2.19 美元 / 千克，比 2011 年的 2.03 美元 / 千克上升 7.85%，以 2011 年为基期计算 2012 年温带非针叶木制经纵刨旋切的木材、厚≤ 6 毫米的价格指数为 107.85。

其他非针叶木制经纵刨旋切的木材、厚≤ 6 毫米，（44089099）2012 年出口量为 9 637 025 千克，比 2011 年的 8 537 710 千克增加 12.88%；出口额为 21 501 921 美元，比 2011 年的 15 339 655 美元增加 40.17%；其平均价格为 2.23 美元 / 千克，比 2011 年的 1.80 美元 / 千克上升 24.18%，最高价格为 3.35 美元 / 千克，最低价格为 1.39 美元 / 千克，以出口国产量与出口总量比作为权重计算前 10 个国家加权平均价格为 2.04 美元 / 千克，比 2011 年的 1.51 美元 / 千克上升 35.53%，以 2011 年为基期计算 2012 年其他非针叶木制经纵刨旋切的木材、厚≤ 6 毫米的价格指数为 135.53。

2. 单板进口监测

2012 年我国单板进口量为 257237448 千克，比 2011 年的 150 197 211 千克同比上升 71.27%，进口总额达到 135 133 389 美元，比 2011 年的 118 568 629 美元同比上升 13.97%。进口单板产品主要包括用胶合板等制的针叶木饰面用单板，厚≤ 6 毫米（44081011）、其他针叶木饰面用单板，厚≤ 6 毫米（44081019）、针叶木制胶合板用单板，厚≤ 6 毫米（44081020）、其他纵锯切、刨或旋切的针叶木木材，厚≤ 6 毫米（44081090）、用胶合板等制饰面单板，红柳桉木制，厚≤ 6 毫米（44083111）、其他饰面用单板，红柳桉木制，厚≤ 6 毫米（44083119）、制胶合板用单板，红柳桉木制，厚≤ 6 毫米（44083120）、其他纵锯切刨或旋切的红柳桉木木材，厚≤ 6 毫米（44083190）、用胶合板等制其他子目注释 2 所列的热带木饰面用单板，厚≤ 6 毫米（44083911）、其他其他子目注释 2 所列的热带木制饰面用单板，厚≤ 6 毫米（44083919）、其他子目注释 2 所列的热带木制胶合板用单板，厚≤ 6 毫米（44083920）、其他纵锯切、刨或旋切的子目注释 2 所列的热带木木材，厚≤ 6 毫米（44083990）、用胶合板等制其他非针叶木饰面单板，厚≤ 6 毫米（44089011）、温带非针叶木制其他饰面用单板，厚≤6毫米（44089012）、其他非针叶木饰面用单板，厚≤6毫米（44089019）、温带非针叶木制胶合板用单板，厚≤6毫米（44089021）、其他非针叶木制胶合板用单板，厚≤6毫米（44089029）、温带非针叶木制经纵刨旋切的木材，厚≤6毫米（44089091）、其他非针叶木经纵刨旋切的木材，厚≤6毫米（44089099）等19类单板产品。

用胶合板等制的针叶木饰面用单板、厚≤6毫米，（44081011）2012年进口量为15 295千克，比2011年的1 962 674千克减少99.22%；进口额为22 439美元，比2011年的359 623美元减少93.76%；其平均价格为1.47美元/千克，比2011年的0.18美元/千克上升700.67%，最高价格为35.17美元/千克，最低价格为0.22美元/千克，以进口国产量与进口总量比作为权重计算前10个国家加权平均价格为1.47美元/千克，比2011年的0.18美元/千克上升726.88%，以2011年为基期计算2012年用胶合板等制的针叶木饰面用单板、厚≤6毫米的价格指数为826.88。

其他针叶木饰面用单板、厚≤6毫米，（44081019）2012年进口量为429 641千克，比2011年的372 444千克增加15.36%；进口额为2 692 077美元，比2011年的2 297 874美元增加17.16%；其平均价格为6.27美元/千克，比2011年的6.17美元/千克上升1.56%，最高价格为12.28美元/千克，最低价格为1.06美元/千克，以进口国产量与进口总量比作为权重计算前10个国家加权平均价格为6.13美元/千克，比2011年的5.95美元/千克上升3.10%，以2011年为基期计算2012年其他针叶木饰面用单板、厚≤6毫米的价格指数为103.10。

针叶木制胶合板用单板、厚≤6毫米，（44081020）2012年进口量为13 783 578千克，比2011年的2 715 885千克增加407.52%；进口额为9 135 983美元，比2011年的1 975 191美元增加362.54%；其平均价格为0.66美元/千克，比2011年的0.73美元/千克下降8.86%，最高价格为1.05美元/千克，最低价格为0.12美元/千克，以进口国产量与进口总量比作为权重计算前10个国家加权平均价格为0.66美元/千克，比2011年的0.72美元/千克下降8.50%，以2011年为基期计算2012年针叶木制胶合板用单板、厚≤6毫米的价格指数为91.50。

其他纵锯切、刨或旋切的针叶木木材、厚≤6毫米，（44081090）2012年进口量为378 684千克，比2011年的662 842千克减少42.87%；进口额为1 950 912美元，比2011年的1 659 503美元增加17.56%；其平均价格为5.15美元/千克，比2011年的2.50美元/千克上升105.78%，最高价格为15.79美元/千克，最低价格为2.09美元/千克，以进口国产量与进口总量比作为权重计算前10个国家加权平均价格为5.11美元/千克，比2011年的2.14美元/千克上升138.64%，以2011年为基期计算2012年其他纵锯切、刨或旋切的针叶木木材、厚≤6毫米的价格指数为238.64。

用胶合板等制饰面单板，红柳桉木制、厚≤6毫米（44083111）2012年进口量为58 177千克，比2011年的280 204千克减少79.24%；进口额为44 625美元，比2011年的183 004美元减少75.62%；其平均价格为0.77美元/千克，比2011年的0.65美元/千克上升17.45%，最高价格为8.57美元/千克，最低价格为0.36美元/千克，以进口国产量与进口总量比作为权重计算前10个国家加权平均价格为0.77美元/千克，比2011年的0.65美元/千克上升17.51%，以2011年为基期计算2012年用胶合板等制饰面单板，红柳桉木制、厚≤6毫米的价格指数为117.51。

其他饰面用单板，红柳桉木制、厚≤6毫米，（44083119）2012年进口量为1 177 095千克，比 2011 年的 566 986 千克增加 107.61%；进口额为 482 138 美元，比 2011 年的 407268 美元增加 18.38%；其平均价格为 0.41 美元 / 千克，比 2011 年的 0.72 美元 / 千克下降 42.98%，最高价格为 5.64 美元 / 千克，最低价格为 0.10 美元 / 千克，以进口国产量与进口总量比作为权重计算前 10 个国家加权平均价格为 0.41 美元 / 千克，比 2011 年的 0.60 美元 / 千克下降 32.27%，以 2011 年为基期计算 2012 年其他饰面用单板，红柳桉木制、厚≤ 6 毫米的价格指数为 67.73。

制胶合板用单板，红柳桉木制、厚≤ 6 毫米，（44083120）2012 年进口量为 1 035 262 千克，比 2011 年的 896 895 千克增加 15.43%；进口额为 344 111 美元，比 2011 年的 531 361 美元减少 35.24%；其平均价格为 0.33 美元 / 千克，比 2011 年的 0.59 美元 / 千克下降 43.90%，最高价格为 3.17 美元 / 千克，最低价格为 0.19 美元 / 千克，以进口国产量与进口总量比作为权重计算前 10 个国家加权平均价格为 0.33 美元 / 千克，比 2011 年的 0.25 美元 / 千克上升 31.79%，以 2011 年为基期计算 2012 年制胶合板用单板，红柳桉木制、厚≤ 6 毫米的价格指数为 131.79。

其他纵锯切刨或旋切的红柳桉木木材、厚≤ 6 毫米，（44083190）2012 年进口量为 107 千克，比 2011 年的 339 千克减少 68.44%；进口额为 217 美元，比 2011 年的 1747 美元减少 87.58%；其平均价格为 2.03 美元 / 千克，比 2011 年的 5.15 美元 / 千克下降 60.65%。

用胶合板等制其他子目注释 2 所列的热带木饰面用单板、厚≤ 6 毫米，（44083911）2012 年进口量为 5748 千克，比 2011 年的 6220 千克减少 7.59%；进口额为 18 394 美元，比 2011 年的 121 369 美元减少 84.84%；其平均价格为 3.20 美元 / 千克，比 2011 年的 19.51 美元 / 千克下降 83.60%，最高价格为 4.76 美元 / 千克，最低价格为 0.39 美元 / 千克，以进口国产量与进口总量比作为权重计算前 10 个国家加权平均价格为 3.20 美元 / 千克，比 2011 年的 6.79 美元 / 千克下降 52.86%，以 2011 年为基期计算 2012 年用胶合板等制其他子目注释 2 所列的热带木饰面用单板、厚≤ 6 毫米的价格指数为 47.14。

其他其他子目注释 2 所列的热带木制饰面用单板、厚≤ 6 毫米，（44083919）2012 年进口量为 2 047 495 千克，比 2011 年的 1 210 769 千克增加 69.11%；进口额为 3 452 386 美元，比 2011 年的 3 513 770 美元减少 1.75%；其平均价格为 1.69 美元 / 千克，比 2011 年的 2.90 美元 / 千克下降 41.90%，最高价格为 10.50 美元 / 千克，最低价格为 0.39 美元 / 千克，以进口国产量与进口总量比作为权重计算前 10 个国家加权平均价格为 1.44 美元 / 千克，比 2011 年的 2.30 美元 / 千克下降 37.43%，以 2011 年为基期计算 2012 年其他其他子目注释 2 所列的热带木制饰面用单板、厚≤ 6 毫米的价格指数为 62.57。

其他子目注释 2 所列的热带木制胶合板用单板，厚≤ 6 毫米（44083920）2012 年进口量为 3 366 274 千克，比 2011 年的 5 444 526 千克减少 38.17%；进口额为 2 629 125 美元，比 2011 年的 3 822 952 美元减少 31.23%；其平均价格为 0.78 美元 / 千克，比 2011 年的 0.70 美元 / 千克上升 11.23%，最高价格为 4.01 美元 / 千克，最低价格为 0.14 美元 / 千克，以进口国产量与进口总量比作为权重计算前 10 个国家加权平均价格为 0.78 美元 / 千克，比 2011 年的 0.64 美元 / 千克上升 21.72%，以 2011 年为基期计算 2012 年其他子目注释 2 所列的热带木制胶合板用单板，厚≤ 6 毫米的价格指数为 121.72。

其他纵锯切、刨或旋切的子目注释 2 所列的热带木木材、厚≤ 6 毫米，（44083990）2012 年进口量为 725 928 千克，比 2011 年的 1 944 678 千克减少 62.67%；进口额为 1 784 689 美元，比 2011 年的 1 923 664 美元减少 7.22%；其平均价格为 2.46 美元 / 千克，比 2011 年的 0.99 美元 / 千克上升 148.53%，最高价格为 15.61 美元 / 千克，最低价格为 0.49 美元 / 千克，以进口国产量与进口总量比作为权重计算前 10 个国家加权平均价格为 2.28 美元 / 千克，比 2011 年的 0.80 美元 / 千克上升 184.91%，以 2011 年为基期计算 2012 年其他纵锯切、刨或旋切的子目注释 2 所列的热带木木材、厚≤ 6 毫米的价格指数为 284.91。

用胶合板等制其他非针叶木饰面单板、厚≤ 6 毫米，（44089011）2012 年进口量为 686 090 千克，比 2011 年的 17 151 千克增加 3900.29%；进口额为 295 014 美元，比 2011 年的 83 532 美元增加 253.17%；其平均价格为 0.43 美元 / 千克，比 2011 年的 4.87 美元 / 千克下降 91.17%，最高价格为 27.47 美元 / 千克，最低价格为 0.18 美元 / 千克，以进口国产量与进口总量比作为权重计算前 10 个国家加权平均价格为 0.43 美元 / 千克，比 2011 年的 2.66 美元 / 千克下降 83.89%，以 2011 年为基期计算 2012 年用胶合板等制其他非针叶木饰面单板、厚≤ 6 毫米的价格指数为 16.11。

温带非针叶木制其他饰面用单板、厚≤ 6 毫米，（44089012）2012 年进口量为 7 328 617 千克，比 2011 年的 5 575 498 千克增加 31.44%；进口额为 19 433 778 美元，比 2011 年的 13 841 104 美元增加 40.41%；其平均价格为 2.65 美元 / 千克，比 2011 年的 2.48 美元 / 千克上升 6.82%，最高价格为 19.54 美元 / 千克，最低价格为 0.70 美元 / 千克，以进口国产量与进口总量比作为权重计算前 10 个国家加权平均价格为 2.46 美元 / 千克，比 2011 年的 2.28 美元 / 千克上升 8.10%，以 2011 年为基期计算 2012 年温带非针叶木制其他饰面用单板、厚≤ 6 毫米的价格指数为 108.10。

其他非针叶木饰面用单板、厚≤ 6 毫米，（44089019）2012 年进口量为 9 822 839 千克，比 2011 年的 9 833 090 千克减少 0.10%；进口额为 44 150 511 美元，比 2011 年的 52 810 559 美元减少 16.40%；其平均价格为 4.49 美元 / 千克，比 2011 年的 5.37 美元 / 千克下降 16.31%，最高价格为 71.51 美元 / 千克，最低价格为 3.09 美元 / 千克，以进口国产量与进口总量比作为权重计算前 10 个国家加权平均价格为 3.69 美元 / 千克，比 2011 年的 4.34 美元 / 千克下降 14.96%，以 2011 年为基期计算 2012 年其他非针叶木饰面用单板、厚≤ 6 毫米的价格指数为 85.04。

温带非针叶木制胶合板用单板、厚≤ 6 毫米，（44089021）2012 年进口量为 18 771 014 千克，比 2011 年的 12 338 428 千克增加 52.13%；进口额为 7 677 250 美元，比 2011 年的 5 153 209 美元增加 48.98%；其平均价格为 0.41 美元 / 千克，比 2011 年的 0.42 美元 / 千克下降 2.07%，最高价格为 15.20 美元 / 千克，最低价格为 0.15 美元 / 千克，以进口国产量与进口总量比作为权重计算前 10 个国家加权平均价格为 0.41 美元 / 千克，比 2011 年的 0.41 美元 / 千克上升 0.45%，以 2011 年为基期计算 2012 年温带非针叶木制胶合板用单板、厚≤ 6 毫米的价格指数为 100.45。

其他非针叶木制胶合板用单板、厚≤ 6 毫米，（44089029）2012 年进口量为 183 803 724 千克，比 2011 年的 93 741 662 千克增加 96.07%；进口额为 22 900 829 美元，比 2011 年的 14 686 837 美元增加 55.93%；其平均价格为 0.12 美元 / 千克，比 2011 年的 0.16 美元 / 千克下降 20.48%，最高价格为 8.85 美元 / 千克，最低价格为 0.09 美元 / 千克，以进口国产量与进口总量比作为权重计算前

10 个国家加权平均价格为 0.12 美元 / 千克，比 2011 年的 0.15 美元 / 千克下降 16.26%，以 2011 年为基期计算 2012 年其他非针叶木制胶合板用单板、厚≤ 6 毫米的价格指数为 83.74。

温带非针叶木制经纵刨旋切的木材、厚≤6毫米，（44089091）2012年进口量为13 673 334千克，比2011年的10 690 261千克增加27.90%；进口额为17 032 646美元，比2011年的13412995美元增加26.99%；其平均价格为1.24美元/千克，比2011年的1.25美元/千克下降0.72%，最高价格为8.06美元/千克，最低价格为0.53美元/千克，以进口国产量与进口总量比作为权重计算前10个国家加权平均价格为1.25美元/千克，比2011年的1.23美元/千克上升0.84%，以2011年为基期计算2012年温带非针叶木制经纵刨旋切的木材、厚≤6毫米的价格指数为100.84。

其他非针叶木经纵刨旋切的木材、厚≤ 6 毫米，（44089099）2012 年进口量为 128 546 千克，比 2011 年的 1 936 659 千克减少 93.36%；进口额为 1 086 265 美元，比 2011 年的 1 783 067 美元减少 39.08%；其平均价格为 8.45 美元 / 千克，比 2011 年的 0.92 美元 / 千克上升 817.83%，最高价格为 343.31 美元 / 千克，最低价格为 0.17 美元 / 千克，以进口国产量与进口总量比作为权重计算前 10 个国家加权平均价格为 8.45 美元 / 千克，比 2011 年的 0.88 美元 / 千克上升 856.82%，以 2011 年为基期计算 2012 年其他非针叶木经纵刨旋切的木材、厚≤ 6 毫米的价格指数为 956.82。

8.1.2.3 锯材进出口监测

1. 锯材出口监测

2012年我国锯材出口量为479 842立方米，比2011年的544 148立方米同比下降11.82%，出口总额达到331 344 715美元，比2011年的360 470 739美元同比下降8.08%。出口锯材产品主要包括已浸渍铁道及电车道枕木（44069000）、纵锯纵切刨或旋切红色和樟子松木材，厚>6毫米（44071010）、纵锯切刨或旋切白松（云、冷杉）木材，厚>6毫米（44071020）、纵锯、纵切刨或旋切的辐射松木材，厚>6毫米（44071030）、经纵锯、纵切刨或旋切的花旗松木材，厚>6毫米（44071040）、其他纵锯切、刨或旋切的针叶木木材，厚>6毫米（44071090）、经纵锯切刨或旋切的肉豆蔻木等木材，厚>6毫米（44072200）、经纵锯切刨或旋切的红柳桉木材，厚>6毫米（44072500）、纵锯切刨或旋切的白黄柳桉木等木材，厚>6毫米（44072600）、经纵锯切刨切或旋切的柚木木材，厚>6毫米（44072910）、经纵锯切、刨或旋切的波罗格木木材，厚>6毫米（44072930）、其他纵锯切、刨或旋切的子目注释2所列的热带木木材，厚>6毫米（44072990）、经纵锯纵切、刨或旋切的栎木木材，厚>6毫米（44079100）、经纵锯纵切、刨或旋切的山毛榉木木材，厚>6毫米（44079200）、经纵锯纵切、刨或旋切的枫木木材，厚>6毫米（44079300）、经纵锯纵切、刨或旋切的白蜡木木材，厚>6毫米（44079500）、经纵锯切、刨或旋切的泡桐木木材，厚>6毫米（44079920）、经纵锯切、刨或旋切的北美硬阔叶材，厚>6毫米（44079930）、纵锯切刨或旋切其他温带非针叶木材，厚>6毫米（44079980）、其他纵锯切、刨或旋切的非针叶木木材，厚>6毫米（44079990）等20类锯材产品。

已浸渍铁道及电车道枕木（44069000）2012 年出口量为 5414 立方米，比 2011 年的 5087 立方米增加 6.43%；出口额为 1 855 697 美元，比 2011 年的 1 463 968 美元增加 26.76%；其平均价格为 342.76 美元 / 立方米，比 2011 年的 287.79 美元 / 立方米上升 19.10%，最高价格为 739.88 美元 / 立方米，最低价格为 92.52 美元 / 立方米，以出口国产量与出口总量比作为权重计算前 10 个国家加权平均价格为 324.75 美元 / 立方米，比 2011 年的 194.61 美元 / 立方米上升 66.87%，以 2011 年为基期计算 2012 年已浸渍铁道及电车道枕木的价格指数为 166.87。

纵锯纵切刨或旋切红色和樟子松木材，厚 >6 毫米（44071010）2012 年出口量为 84 465 立方米，比 2011 年的 99 024 立方米减少 14.70%；出口额为 46 463 313 美元，比 2011 年的 52 741 991 美元减少 11.90%；其平均价格为 550.09 美元 / 立方米，比 2011 年的 532.62 美元 / 立方米上升 3.28%，最高价格为 853.63 美元 / 立方米，最低价格为 295.45 美元 / 立方米，以出口国产量与出口总量比作为权重计算前 10 个国家加权平均价格为 550.09 美元 / 立方米，比 2011 年的 531.41 美元 / 立方米上升 3.51%，以 2011 年为基期计算 2012 年纵锯纵切刨或旋切红色和樟子松木材，厚 >6 毫米的价格指数为 103.51。

纵锯切刨或旋切白松（云、冷杉）木材，厚 >6 毫米（44071020）2012 年出口量为 21 539 立方米，比 2011 年的 19 612 立方米增加 9.83%；出口额为 13 175 735 美元，比 2011 年的 11 638 753 美元增加 13.21%；其平均价格为 611.72 美元 / 立方米，比 2011 年的 593.45 美元 / 立方米上升 3.08%，最高价格为 1462.20 美元 / 立方米，最低价格为 272.02 美元 / 立方米，以出口国产量与出口总量比作为权重计算前 10 个国家加权平均价格为 609.66 美元 / 立方米，比 2011 年的 584.53 美元 / 立方米上升 4.30%，以 2011 年为基期计算 2012 年纵锯切刨或旋切白松（云、冷杉）木材，厚 >6 毫米的价格指数为 104.30。

纵锯、纵切刨或旋切的辐射松木材，厚 >6 毫米（44071030）2012 年出口量为 36 759 立方米，比 2011 年的 40 673 立方米减少 9.62%；出口额为 24 270 006 美元，比 2011 年的 25 037 166 美元减少 3.06%；其平均价格为 660.25 美元 / 立方米，比 2011 年的 615.57 美元 / 立方米上升 7.26%，最高价格为 745.25 美元 / 立方米，最低价格为 467.71 美元 / 立方米，以出口国产量与出口总量比作为权重计算前 10 个国家加权平均价格为 660.25 美元 / 立方米，比 2011 年的 584.02 美元 / 立方米上升 13.05%，以 2011 年为基期计算 2012 年纵锯、纵切刨或旋切的辐射松木材，厚 >6 毫米的价格指数为 113.05。

经纵锯、纵切刨或旋切的花旗松木材，厚 >6 毫米（44071040）2012 年出口量为 1659 立方米，比 2011 年的 3767 立方米减少 55.96%；出口额为 997 843 美元，比 2011 年的 1 807 322 美元减少 44.79%；其平均价格为 601.47 美元 / 立方米，比 2011 年的 479.78 美元 / 立方米上升 25.36%，最高价格为 967.01 美元 / 立方米，最低价格为 392.59 美元 / 立方米，以出口国产量与出口总量比作为权重计算前 10 个国家加权平均价格为 601.47 美元 / 立方米，比 2011 年的 429.83 美元 / 立方米上升 39.93%，以 2011 年为基期计算 2012 年经纵锯、纵切刨或旋切的花旗松木材，厚 >6 毫米的价格指数为 139.93。

其他纵锯切、刨或旋切的针叶木木材，厚 >6 毫米（44071090）2012 年出口量为 50 078 立方米，比 2011 年的 58 798 立方米减少 14.83%；出口额为 34 196 945 美元，比 2011 年的 36 925 196 美元减少 7.39%；其平均价格为 682.87 美元 / 立方米，比 2011 年的 628 美元 / 立方米上升 8.74%，最高价格为 1289.12 美元 / 立方米，最低价格为 329.70 美元 / 立方米，以出口国产量与出口总量比作为权重计算前10个国家加权平均价格为679.07美元/立方米，比2011年的600.91美元/立方米上升13.01%，以2011年为基期计算2012年其他纵锯切、刨或旋切的针叶木木材，厚>6毫米的价格指数为113.01。

经纵锯切刨或旋切的肉豆蔻木等木材，厚>6毫米（44072200）2012年出口量为53立方米，比2011年的133立方米减少60.15%；出口额为77 125美元，比2011年的201 688美元减少61.76%；其平均价格为1455.19美元/立方米，比2011年的1516.45美元/立方米下降4.04%，最高价格为1499美元/立方米，最低价格为1454.35美元/立方米，以出口国产量与出口总量比作为权重计算前10个国家加权平均价格为1455.19美元/立方米，比2011年的768.59美元/立方米上升89.33%，以2011年为基期计算2012年经纵锯切刨或旋切的肉豆蔻木等木材，厚>6毫米的价格指数为189.33。

经纵锯切刨或旋切的红柳桉木材，厚>6毫米（44072500）2012年出口量为2644立方米，比2011年的4225立方米减少37.42%；出口额为853 578美元，比2011年的1 369 805美元减少37.69%；其平均价格为322.84美元/立方米，比2011年的324.21美元/立方米下降0.43%，最高价格为1036.90美元/立方米，最低价格为316.79美元/立方米，以出口国产量与出口总量比作为权重计算前10个国家加权平均价格为322.27美元/立方米，比2011年的323.26美元/立方米下降0.31%，以2011年为基期计算2012年经纵锯切刨或旋切的红柳桉木材，厚>6毫米的价格指数为99.69。

纵锯切刨或旋切的白黄柳桉木等木材，厚>6毫米（44072600）2012年出口量为3913立方米，比2011年的4792立方米减少18.34%；出口额为1 087 338美元，比2011年的1 326 440美元减少18.03%；其平均价格为277.88美元/立方米，比2011年的276.80美元/立方米上升0.39%，最高价格为428美元/立方米，最低价格为276.91美元/立方米，以出口国产量与出口总量比作为权重计算前10个国家加权平均价格为277.88美元/立方米，比2011年的275.13美元/立方米上升1.00%，以2011年为基期计算2012年纵锯切刨或旋切的白黄柳桉木等木材，厚>6毫米的价格指数为101.00。

经纵锯切刨切或旋切的柚木木材，厚>6毫米（44072910）2012年出口量为1571立方米，比2011年的1314立方米增加19.56%；出口额为1872494美元，比2011年的1 468 031美元增加27.55%；其平均价格为1191.91美元/立方米，比2011年的1117.22美元/立方米上升6.69%，最高价格为2622.31美元/立方米，最低价格为297.01美元/立方米，以出口国产量与出口总量比作为权重计算前10个国家加权平均价格为1191.91美元/立方米，比2011年的1003.32美元/立方米上升18.80%，以2011年为基期计算2012年经纵锯切刨切或旋切的柚木木材，厚>6毫米的价格指数为118.80。

经纵锯切、刨或旋切的波罗格木木材，厚>6毫米（44072930）2012年出口量为101立方米，比2011年的110立方米下降8.18%；出口额为87436美元，比2011年的30 055美元增加190.92%；其平均价格为865.70美元/立方米，比2011年的273.23美元/立方米上升216.84%，最高价格为1844.69美元/立方米，最低价格为198.20美元/立方米，以出口国产量与出口总量比作为权重计算前10个国家加权平均价格为865.70美元/立方米，比2011年的43.85美元/立方米上升1874.03%，以2011年为基期计算2012年经纵锯切、刨或旋切的波罗格木木材，厚>6毫米的价格指数为1974.03。

其他纵锯切、刨或旋切的子目注释2所列的热带木木材，厚>6毫米（44072990）2012年出口量为916立方米，比2011年的4942立方米下降81.47%；出口额为869 068美元，比2011年的3 765 543美元下降76.92%；其平均价格为948.76美元/立方米，比2011年的761.95美元/立方米上升24.52%，最高价格为1990.86美元/立方米，最低价格为155.46美元/立方米，以出口国产量与出口总量比作为权重计算前10个国家加权平均价格为948.76美元/立方米，比2011年的738.10美元/立方米上升28.54%，以2011年为基期计算2012年其他纵锯切、刨或旋切的子目注释2所列的热带木木材，厚>6毫米的价格指数为128.54。

经纵锯纵切、刨或旋切的栎木木材，厚>6毫米（44079100）2012年出口量为16 624立方米，比2011年的16 410立方米增加1.30%；出口额为16 537 002美元，比2011年的17 957 504美元下降7.91%；其平均价格为994.77美元/立方米，比2011年的1094.30美元/立方米下降9.10%，最高价格为1849.67美元/立方米，最低价格为671.18美元/立方米，以出口国产量与出口总量比作为权重计算前10个国家加权平均价格为980.18美元/立方米，比2011年的1058.92美元/立方米下降7.44%，以2011年为基期计算2012年经纵锯纵切、刨或旋切的栎木木材，厚>6毫米的价格指数为92.56。

经纵锯纵切、刨或旋切的山毛榉木木材，厚>6毫米（44079200）2012年出口量为703立方米，比2011年的1051立方米减少33.11%；出口额为1 034 647美元，比2011年的1410835美元下降26.66%；其平均价格为1471.76美元/立方米，比2011年的1342.37美元/立方米上升9.64%，最高价格为1492.89美元/立方米，最低价格为1271.15美元/立方米，以出口国产量与出口总量比作为权重计算前10个国家加权平均价格为1471.76美元/立方米，比2011年的1332.05美元/立方米上升10.49%，以2011年为基期计算2012年经纵锯纵切、刨或旋切的山毛榉木木材，厚>6毫米的价格指数为110.49。

经纵锯纵切、刨或旋切的枫木木材，厚>6毫米（44079300）2012年出口量为624立方米，比2011年的702立方米减少11.11%；出口额为676 933美元，比2011年的789 030美元下降14.21%；其平均价格为1084.83美元/立方米，比2011年的1123.97美元/立方米下降3.48%，最高价格为1231.35美元/立方米，最低价格为770.75美元/立方米，以出口国产量与出口总量比作为权重计算前10个国家加权平均价格为1084.83美元/立方米，比2011年的1123.97美元/立方米下降3.48%，以2011年为基期计算2012年经纵锯纵切、刨或旋切的枫木木材，厚>6毫米的价格指数为96.52。

经纵锯纵切、刨或旋切的白蜡木木材，厚>6毫米（44079500）2012年出口量为899立方米，比2011年的821立方米增加9.50%；出口额为918 679美元，比2011年的1 222 744美元下降24.87%；其平均价格为1021.89美元/立方米，比2011年的1489.34美元/立方米下降31.39%，最高价格为1341.35美元/立方米，最低价格为828.95美元/立方米，以出口国产量与出口总量比作为权重计算前 10 个国家加权平均价格为 1021.89 美元 / 立方米，比 2011 年的 1489.34 美元 / 立方米下降 31.39%，以 2011 年为基期计算 2012 年经纵锯纵切、刨或旋切的白蜡木木材，厚 >6 毫米的价格指数为 68.61。

经纵锯切、刨或旋切的泡桐木木材，厚 >6 毫米（44079920）2012 年出口量为 186 869 立方米，比 2011 年的 195 848 立方米减少 4.58%；出口额为 126 185 859 美元，比 2011 年的 122 186 558 美元增加 3.27%；其平均价格为 675.26 美元 / 立方米，比 2011 年的 623.88 美元 / 立方米增加 8.24%，最高价格为 877.79 美元 / 立方米，最低价格为 456.04 美元 / 立方米，以出口国产量与出口总量比作为权重计算前 10 个国家加权平均价格为 652.27 美元 / 立方米，比 2011 年的 606.12 美元 / 立方米上升 7.61%，以 2011 年为基期计算 2012 年经纵锯切、刨或旋切的泡桐木木材，厚 >6 毫米的价格指数为 107.61。

经纵锯切、刨或旋切的北美硬阔叶材，厚 >6 毫米（44079930）2012 年出口量为 14 004 立方米，比 2011 年的 23 720 立方米减少 40.96%；出口额为 15 575 076 美元，比 2011 年的 247 06 324 美元减少 36.96%；其平均价格为 1112.19 美元 / 立方米，比 2011 年的 1041.58 美元 / 立方米增加 6.78%，最高价格为 1276.20 美元 / 立方米，最低价格为 1001.99 美元 / 立方米，以出口国产量与出口总量比作为权重计算前 10 个国家加权平均价格为 1047.95 美元 / 立方米，比 2011 年的 894.19 美元 / 立方米上升 17.20%，以 2011 年为基期计算 2012 年经纵锯切、刨或旋切的北美硬阔叶材，厚 >6 毫米的价格指数为 117.20。

纵锯切刨或旋切其他温带非针叶木材，厚 >6 毫米（44079980）2012 年出口量为 20 673 立方米，比 2011 年的 30 761 立方米减少 32.79%；出口额为 19 139 923 美元，比 2011 年的 23 714 682 美元减少 19.29%；其平均价格为 925.84 美元 / 立方米，比 2011 年的 770.93 美元 / 立方米增加 20.09%，最高价格为 2692.19 美元 / 立方米，最低价格为 70 美元 / 立方米，以出口国产量与出口总量比作为权重计算前 10 个国家加权平均价格为 925.84 美元 / 立方米，比 2011 年的 763.96 美元 / 立方米上升 21.19%，以 2011 年为基期计算 2012 年纵锯切刨或旋切其他温带非针叶木材，厚 >6 毫米的价格指数为 121.19。

其他纵锯切、刨或旋切的非针叶木木材，厚 >6 毫米（44079990）2012 年出口量为 30 334 立方米，比 2011 年的 32 148 立方米减少 5.64%；出口额为 25 470 018 美元，比 2011 年的 30 630 106 美元减少 16.85%；其平均价格为 839.65 美元 / 立方米，比 2011 年的 952.78 美元 / 立方米减少 11.87%，最高价格为 1037.91 美元 / 立方米，最低价格为 269.19 美元 / 立方米，以出口国产量与出口总量比作为权重计算前 10 个国家加权平均价格为 831.01 美元 / 立方米，比 2011 年的 931.45 美元 / 立方米下降 10.78%，以 2011 年为基期计算 2012 年其他纵锯切、刨或旋切的非针叶木木材，厚 >6 毫米的价格指数为 89.22。

2．锯材进口监测

2012年我国锯材进口量为20 668 867立方米，比2011年的21 605 851立方米同比下降4.34%，进口总额达到5 523 805 520美元，比2011年的5 722 167 897美元同比下降3.47%。进口锯材产品主要包括未浸渍铁道及电车道枕木（44061000）、已浸渍铁道及电车道枕木（44069000）、纵锯纵切刨或旋切红松和樟子松木材，厚>6毫米（44071010）、纵锯切刨或旋切白松（云、冷杉）木材，厚>6毫米（44071020）、纵锯、纵切刨或旋切的辐射松木材，厚>6毫米（44071030）、经纵锯、纵切刨或旋切的花旗木木材，厚>6毫米（44071040）、其他纵锯切、刨或旋切的针叶木木材，厚>6毫米（44071090）、经纵锯切刨或旋切的肉豆蔻木等木材，厚>6毫米（44072200）、经纵锯切刨或旋切的红柳桉木材，厚>6毫米（44072500）、经纵锯切刨或旋切的白黄柳桉木等木材，厚>6毫米（44072600）、经纵锯切刨或旋切的沙比利木材，厚>6毫米（44072700）、经纵锯切刨或旋切的伊罗科木木材，厚>6毫米（44072800）、经纵锯切刨切或旋切的柚木木材，厚>6毫米（44072910）、纵锯切刨或旋切非洲桃花心木木材，厚>6毫米（44072920）、经纵锯切、刨或旋切的波罗格木木材，厚>6毫米（44072930）、其他纵锯切、刨或旋切的子目注释2所列的热带木木材，厚>6毫米（44072990）、经纵锯纵切、刨或旋切的栎木木材，厚>6毫米（44079100）、经纵锯纵切、刨或旋切山毛榉木木材，厚>6毫米（44079200）、经纵锯纵切、刨或旋切枫木木材，厚>6毫米（44079300）、经纵锯纵切、刨或旋切樱桃木木材，厚>6毫米（44079400）、经纵锯纵切、刨或旋切白蜡木木材，厚>6毫米（44079500）、纵锯切刨或旋切的樟木、楠木、红木，厚>6毫米（44079910）、经纵锯切、刨或旋切的泡桐木木材，厚>6毫米（44079920）、经纵锯切、刨或旋切的北美硬阔叶材，厚>6毫米（44079930）、纵锯切刨或旋切其他温带非针叶木材，厚>6毫米（44079980）、其他纵锯切、刨或旋切的非针叶木木材，厚>6毫米（44079990）等26类锯材产品。

未浸渍铁道及电车道枕木（44061000）2012年进口量为35 805立方米，比2011年的47 627立方米减少24.82%；进口额为6 251 266美元，比2011年的8 651 008美元减少27.74%；其平均价格为174.59美元/立方米，比2011年的181.64美元/立方米减少3.88%，最高价格为268.12美元/立方米，最低价格为171.75美元/立方米，以进口国产量与进口总量比作为权重计算前10个国家加权平均价格为174.54美元/立方米，比2011年的181.64美元/立方米下降3.91%，以2011年为基期计算2012年未浸渍铁道及电车道枕木的价格指数为96.09。

已浸渍铁道及电车道枕木（44069000）2012 年进口量为 2980 立方米，比 2011 年的 3928 立方米减少 24.13%；进口额为 453 165 美元，比 2011 年的 785 801 美元减少 42.33%；其平均价格为 152.07 美元 / 立方米，比 2011 年的 200.05 美元 / 立方米减少 23.99%，最高价格为 831.85 美元 / 立方米，最低价格为 48.16 美元 / 立方米，以进口国产量与进口总量比作为权重计算前 10 个国家加权平均价格为 151.77 美元 / 立方米，比 2011 年的 200.05 美元 / 立方米下降 24.14%，以 2011 年为基期计算 2012 年已浸渍铁道及电车道枕木的价格指数为 78.86。

纵锯纵切刨或旋切红松和樟子松木材，厚 >6 毫米（44071010）2012 年进口量为 3 954 369 立方米，比 2011 年的 4 101 622 立方米减少 3.59%；进口额为 794 847 504 美元，比 2011 年的 852 337 081 美元减少 6.74%；其平均价格为 201 美元 / 立方米，比 2011 年的 207.80 美元 / 立方米减少 3.27%，最高价格为 672.05 美元 / 立方米，最低价格为 198.81 美元 / 立方米，以进口国产量与进口总量比作为权重计算前 10 个国家加权平均价格为 200.46 美元 / 立方米，比 2011 年的 206.04 美元 / 立方米下降 2.71%，以 2011 年为基期计算 2012 年纵锯纵切刨或旋切红松和樟子松木材，厚 >6 毫米的价格指数为 97.29。

纵锯切刨或旋切白松（云、冷杉）木材，厚>6 毫米（44071020）2012 年进口量为 6 192 647 立方米，比 2011 年的 6 304 552 立方米减少 1.78%；进口额为 1 176 639 507 美元，比 2011 年的 1 260 512 481 美元减少 6.65%；其平均价格为 190.01 美元 / 立方米，比 2011 年的 199.94 美元 / 立方米减少 4.97%，最高价格为 832.02 美元 / 立方米，最低价格为 168.12 美元 / 立方米，以进口国产量与进口总量比作为权重计算前 10 个国家加权平均价格为 189.21 美元 / 立方米，比 2011 年的 199.15 美元 / 立方米下降 4.99%，以 2011 年为基期计算 2012 年纵锯切刨或旋切白松（云、冷杉）木材，厚 >6 毫米的价格指数为 95.01。

纵锯、纵切刨或旋切的辐射松木材，厚 >6 毫米（44071030）2012 年进口量为 999 654 立方米，比 2011 年的 874 935 立方米增加 14.25%；进口额为 265 991 736 美元，比 2011 年的 230 565 759 美元增加 15.36%；其平均价格为 266.08 美元 / 立方米，比 2011 年的 263.52 美元 / 立方米上升 0.97%，最高价格为 298.01 美元 / 立方米，最低价格为 222.38 美元 / 立方米，以进口国产量与进口总量比作为权重计算前 10 个国家加权平均价格为 266.07 美元 / 立方米，比 2011 年的 263.10 美元 / 立方米上升 1.13%，以 2011 年为基期计算 2012 年纵锯、纵切刨或旋切的辐射松木材，厚 >6 毫米的价格指数为 101.13。

经纵锯、纵切刨或旋切的花旗木木材，厚>6 毫米（44071040）2012 年进口量为 355 394 立方米，比 2011 年的 883 817 立方米减少 59.79%；进口额为 686 505 47 美元，比 2011 年的 182 512 953 美元减少 62.39%；其平均价格为 193.17 美元 / 立方米，比 2011 年的 206.51 美元 / 立方米下降 6.46%，最高价格为 416 美元 / 立方米，最低价格为 170.86 美元 / 立方米，以进口国产量与进口总量比作为权重计算前 10 个国家加权平均价格为 193.17 美元 / 立方米，比 2011 年的 206.46 美元 / 立方米下降 6.44%，以 2011 年为基期计算 2012 年经纵锯、纵切刨或旋切的花旗木木材，厚 >6 毫米的价格指数为 93.56。

其他纵锯切、刨或旋切的针叶木木材，厚>6 毫米（44071090）2012 年进口量为 2 719 292 立方米，比 2011 年的 1 760 313 立方米减少 1.49%；进口额为 546 549 747 美元，比 2011 年的 575 253 785 美元减少 4.99%；其平均价格为 200.99 美元 / 立方米，比 2011 年的 208.40 美元 / 立方米下降 3.56%，最高价格为 320.47 美元 / 立方米，最低价格为 172.15 美元 / 立方米，以进口国产量与进口总量比作为权重计算前 10 个国家加权平均价格为 196.74 美元 / 立方米，比 2011 年的 199.67 美元 / 立方米下降 1.47%，以 2011 年为基期计算 2012 年其他纵锯切、刨或旋切的针叶木木材，厚 >6 毫米的价格指数为 98.53。

经纵锯切刨或旋切的肉豆蔻木等木材，厚>6 毫米（44072200）2012 年进口量为 13 065 立方米，比 2011 年的 40 669 立方米减少 67.87%；进口额为 10 608 333 美元，比 2011 年的 28 752 947 美元减少 63.11%；其平均价格为 811.97 美元 / 立方米，比 2011 年的 707.00 美元 / 立方米上升 14.85%，最高价格为 867.03 美元 / 立方米，最低价格为 289.00 美元 / 立方米，以进口国产量与进口总量比作为权重计算前 10 个国家加权平均价格为 811.97 美元 / 立方米，比 2011 年的 704.56 美元 / 立方米上升 15.25%，以 2011 年为基期计算 2012 年经纵锯切刨或旋切的肉豆蔻木等木材，厚 >6 毫米的价格指数为 115.25。

经纵锯切刨或旋切的红柳桉木材，厚 >6 毫米（44072500）2012 年进口量为 9614 立方米，比 2011 年的 16 378 立方米减少 41.30%；进口额为 3 398 674 美元，比 2011 年的 5 450 245 美元减少 37.64%；其平均价格为 353.51 美元 / 立方米，比 2011 年的 332.78 美元 / 立方米上升 6.23%，最高价格为 1625.89 美元 / 立方米，最低价格为 310.66 美元 / 立方米，以进口国产量与进口总量比作为权重计算前 10 个国家加权平均价格为 353.51 美元 / 立方米，比 2011 年的 327.51 美元 / 立方米上升 7.94%，以 2011 年为基期计算 2012 年经纵锯切刨或旋切的红柳桉木材，厚 >6 毫米的价格指数为 107.94。

经纵锯切刨或旋切的白黄柳桉木等木材，厚 >6 毫米（44072600）2012 年进口量为 15 903 立方米，比 2011 年的 20 894 立方米减少 23.89%；进口额为 5 798 552 美元，比 2011 年的 6 420 859 美元减少 9.69%；其平均价格为 364.62 美元 / 立方米，比 2011 年的 307.31 美元 / 立方米上升 18.65%，最高价格为 881.99 美元 / 立方米，最低价格为 264.20 美元 / 立方米，以进口国产量与进口总量比作为权重计算前 10 个国家加权平均价格为 361.15 美元 / 立方米，比 2011 年的 297.08 美元 / 立方米上升 21.57%，以 2011 年为基期计算 2012 年经纵锯切刨或旋切的白黄柳桉木等木材，厚 >6 毫米的价格指数为 121.57。

经纵锯切刨或旋切的沙比利木材，厚 >6 毫米（44072700）2012 年进口量为 56 949 立方米，比 2011 年的 31 700 立方米增加 79.65%；进口额为 34 281 572 美元，比 2011 年的 19 075 458 美元增加 79.72%；其平均价格为 601.97 美元 / 立方米，比 2011 年的 601.75 美元 / 立方米上升 0.04%，最高价格为 763.43 美元 / 立方米，最低价格为 249.32 美元 / 立方米，以进口国产量与进口总量比作为权重计算前 10 个国家加权平均价格为 601.84 美元 / 立方米，比 2011 年的 593.96 美元 / 立方米上升 1.33%，以 2011 年为基期计算 2012 年经纵锯切刨或旋切的沙比利木材，厚 >6 毫米的价格指数为 101.33。

经纵锯切刨或旋切的伊罗科木木材，厚 >6 毫米（44072800）2012 年进口量为 30 立方米，比 2011 年的 24 立方米增加 25%；进口额为 9907 美元，比 2011 年的 12215 美元减少 18.89%；其平均价格为 330.23 美元 / 立方米，比 2011 年的 508.96 美元 / 立方米下降 35.12%，最高价格为 388.90 美元 / 立方米，最低价格为 300.90 美元 / 立方米，以进口国产量与进口总量比作为权重计算前 10 个国家加权平均价格为 330.23 美元 / 立方米，比 2011 年的 508.96 美元 / 立方米下降 35.12%，以 2011 年为基期计算 2012 年经纵锯切刨或旋切的伊罗科木木材，厚 >6 毫米的价格指数为 64.88。

经纵锯切刨切或旋切的柚木木材，厚 >6 毫米（44072910）2012 年进口量为 55 846 立方米，比 2011 年的 53 902 立方米增加 3.61%；进口额为 48 673 731 美元，比 2011 年的 45 073 536 美元增加 7.99%；其平均价格为 871.57 美元 / 立方米，比 2011 年的 836.21 美元 / 立方米增加 4.23%，最高价格为 1553.25 美元 / 立方米，最低价格为 500.74 美元 / 立方米，以进口国产量与进口总量比作为权重计算前 10 个国家加权平均价格为 864.90 美元 / 立方米，比 2011 年的 820.81 美元 / 立方米上升 5.37%，以 2011 年为基期计算 2012 年经纵锯切刨切或旋切的柚木木材，厚 >6 毫米的价格指数为 105.37。

纵锯切刨或旋切非洲桃花心木木材，厚 >6 毫米（44072920）2012 年进口量为 6724 立方米，比2011年的5249立方米增加28.10%；进口额为3 790 495美元，比2011年的3 544 600美元增加6.94%；其平均价格为563.73美元/立方米，比2011年的675.29美元/立方米下降16.52%，最高价格为2644.15美元/立方米，最低价格为396.02美元/立方米，以进口国产量与进口总量比作为权重计算前10个国家加权平均价格为540.03美元/立方米，比2011年的601.92美元/立方米下降10.28%，以2011年为基期计算2012年纵锯切刨或旋切非洲桃花心木木材，厚>6毫米的价格指数为89.72。

经纵锯切、刨或旋切的波罗格木木材，厚>6毫米（44072930）2012年进口量为75 903立方米，比2011年的93 368立方米减少18.71%；进口额为35 972 702美元，比2011年的45 772 732美元减少21.41%；其平均价格为473.93美元/立方米，比2011年的490.24美元/立方米下降3.33%，最高价格为720.48美元/立方米，最低价格为353.50美元/立方米，以进口国产量与进口总量比作为权重计算前10个国家加权平均价格为473.88美元/立方米，比2011年的489.50美元/立方米下降3.19%，以2011年为基期计算2012年经纵锯切、刨或旋切的波罗格木木材，厚>6毫米的价格指数为96.81。

其他纵锯切、刨或旋切的子目注释2所列的热带木木材，厚>6毫米（44072990）2012年进口量为216 733立方米，比2011年的222 354立方米减少2.53%；进口额为97 445 526美元，比2011年的97 007 207美元增加0.45%；其平均价格为449.61美元/立方米，比2011年的436.27美元/立方米上升3.06%，最高价格为816.24美元/立方米，最低价格为301.31美元/立方米，以进口国产量与进口总量比作为权重计算前10个国家加权平均价格为394.39美元/立方米，比2011年的350.70美元/立方米上升12.46%，以2011年为基期计算2012年其他纵锯切、刨或旋切的子目注释2所列的热带木木材，厚>6毫米的价格指数为112.46。

经纵锯纵切、刨或旋切的栎木木材，厚>6毫米（44079100）2012年进口量为888 736立方米，比2011年的893 862立方米减少0.57%；进口额为444 932 621美元，比2011年的453 368 943美元减少1.86%；其平均价格为500.64美元/立方米，比2011年的507.20美元/立方米下降1.30%，最高价格为904.38美元/立方米，最低价格为427.15美元/立方米，以进口国产量与进口总量比作为权重计算前10个国家加权平均价格为497.30美元/立方米，比2011年的501.51美元/立方米下降0.84%，以2011年为基期计算2012年经纵锯纵切、刨或旋切的栎木木材，厚>6毫米的价格指数为99.16。

经纵锯纵切、刨或旋切山毛榉木木材，厚>6毫米（44079200）2012年进口量为315 105立方米，比2011年的284 462立方米增加10.77%；进口额为115 964 319美元，比2011年的196 758 782美元增加8.62%；其平均价格为368.02美元/立方米，比2011年的375.30美元/立方米下降1.94%，最高价格为469.01美元/立方米，最低价格为343.82美元/立方米，以进口国产量与进口总量比作为权重计算前10个国家加权平均价格为359.14美元/立方米，比2011年的359.66美元/立方米下降0.15%，以2011年为基期计算2012年经纵锯纵切、刨或旋切山毛榉木木材，厚>6毫米的价格指数为99.85。

经纵锯纵切、刨或旋切枫木木材，厚>6毫米（44079300）2012年进口量为65 831立方米，比 2011 年的 74064 立方米减少 11.12%；进口额为 35 093 749 美元，比 2011 年的 36 020 807 美元减少 2.57%；其平均价格为 533.09 美元 / 立方米，比 2011 年的 486.35 美元 / 立方米上升 9.61%，最高价格为 4777.73 美元 / 立方米，最低价格为 332.47 美元 / 立方米，以进口国产量与进口总量比作为权重计算前 10 个国家加权平均价格为 531.78 美元 / 立方米，比 2011 年的 481.89 美元 / 立方米上升 10.35%，以 2011 年为基期计算 2012 年经纵锯纵切、刨或旋切枫木木材，厚 >6 毫米的价格指数为 110.35。

经纵锯纵切、刨或旋切樱桃木木材，厚 >6 毫米（44079400）2012 年进口量为 36 755 立方米，比 2011 年的 24 631 立方米增加 49.22%；进口额为 25 469 975 美元，比 2011 年的 16 458 281 美元增加 54.75%；其平均价格为 692.97 美元 / 立方米，比 2011 年的 668.19 美元 / 立方米上升 3.71%，最高价格为 1580.45 美元 / 立方米，最低价格为 426.48 美元 / 立方米，以进口国产量与进口总量比作为权重计算前 10 个国家加权平均价格为 692.53 美元 / 立方米，比 2011 年的 667.23 美元 / 立方米上升 3.79%，以 2011 年为基期计算 2012 年经纵锯纵切、刨或旋切樱桃木木材，厚 >6 毫米的价格指数为 103.79。

经纵锯纵切、刨或旋切白蜡木木材，厚 >6 毫米（44079500）2012 年进口量为 182 365 立方米，比 2011 年的 169 555 立方米增加 7.56%；进口额为 99 616 244 美元，比 2011 年的 85 592 299 美元增加 16.38%；其平均价格为 546.25 美元 / 立方米，比 2011 年的 504.81 美元 / 立方米上升 8.21%，最高价格为 680.86 美元 / 立方米，最低价格为 392.50 美元 / 立方米，以进口国产量与进口总量比作为权重计算前 10 个国家加权平均价格为 546.04 美元 / 立方米，比 2011 年的 504.08 美元 / 立方米上升 8.32%，以 2011 年为基期计算 2012 年经纵锯纵切、刨或旋切白蜡木木材，厚 >6 毫米的价格指数为 108.32。

纵锯切刨或旋切的樟木、楠木、红木，厚 >6 毫米（44079910）2012 年进口量为 74 474 立方米，比 2011 年的 68 324 立方米增加 9%；进口额为 116 184 899 美元，比 2011 年的 101 002 368 美元增加 15.03%；其平均价格为 1560.07 美元 / 立方米，比 2011 年的 1478.29 美元 / 立方米上升 5.53%，最高价格为 2701.44 美元 / 立方米，最低价格为 503.00 美元 / 立方米，以进口国产量与进口总量比作为权重计算前 10 个国家加权平均价格为 1501.28 美元 / 立方米，比 2011 年的 1410.60 美元 / 立方米上升 6.43%，以 2011 年为基期计算 2012 年纵锯切刨或旋切的樟木、楠木、红木，厚 >6 毫米的价格指数为 106.43。

经纵锯切、刨或旋切的泡桐木木材，厚 >6 毫米（44079920）2012 年进口量为 1318 立方米，比 2011 年的 1970 立方米减少 33.10%；进口额为 1 650 503 美元，比 2011 年的 2 186 778 美元减少 24.52%；其平均价格为 1252.28 美元 / 立方米，比 2011 年的 1110.04 美元 / 立方米上升 12.81%，最高价格为 6507.60 美元 / 立方米，最低价格为 497.53 美元 / 立方米，以进口国产量与进口总量比作为权重计算前 10 个国家加权平均价格为 1252.28 美元 / 立方米，比 2011 年的 1109.58 美元 / 立方米上升 12.86%，以 2011 年为基期计算 2012 年经纵锯切、刨或旋切的泡桐木木材，厚 >6 毫米的价格指数为 112.86。

经纵锯切、刨或旋切的北美硬阔叶材，厚 >6 毫米（44079930）2012 年进口量为 357 399 立方米，比 2011 年的 316 090 立方米增加 13.07%；进口额为 156 229 502 美元，比 2011 年的 140 922 329 美元增加 10.86%；其平均价格为 437.13 美元 / 立方米，比 2011 年的 445.83 美元 / 立方米下降 1.95%，最高价格为 16184 美元 / 立方米，最低价格为 250.31 美元 / 立方米，以进口国产量与进口总量比作为权重计算前 10 个国家加权平均价格为 437.08 美元 / 立方米，比 2011 年的 445.33 美元 / 立方米下降 1.85%，以 2011 年为基期计算 2012 年经纵锯切、刨或旋切的北美硬阔叶材，厚 >6 毫米的价格指数为 98.15。

纵锯切刨或旋切其他温带非针叶木材，厚 >6 毫米（44079980）2012 年进口量为 569 593 立方米，比 2011 年的 592 977 立方米减少 3.94%；进口额为 168 796 273 美元，比 2011 年的 190 627 764 美元减少 11.45%；其平均价格为 296.35 美元 / 立方米，比 2011 年的 321.48 美元 / 立方米下降 7.82%，最高价格为 772.44 美元 / 立方米，最低价格为 150.01 美元 / 立方米，以进口国产量与进口总量比作为权重计算前 10 个国家加权平均价格为 292.36 美元 / 立方米，比 2011 年的 313.56 美元 / 立方米下降 6.76%，以 2011 年为基期计算 2012 年纵锯切刨或旋切其他温带非针叶木材，厚 >6 毫米的价格指数为 93.24。

其他纵锯切、刨或旋切的非针叶木木材，厚 >6 毫米（44079990）2012 年进口量为 3 466 383 立方米，比 2011 年的 3 718 584 立方米减少 6.78%；进口额为 1 260 504 471 美元，比 2011 年的 1 227 500 879 美元增加 2.69%；其平均价格为 363.64 美元 / 立方米，比 2011 年的 330.10 美元 / 立方米上升 10.16%，最高价格为 672.08 美元 / 立方米，最低价格为 125.10 美元 / 立方米，以进口国产量与进口总量比作为权重计算前 10 个国家加权平均价格为 340.71 美元 / 立方米，比 2011 年的 302.66 美元 / 立方米上升 12.57%，以 2011 年为基期计算 2012 年其他纵锯切、刨或旋切的非针叶木木材，厚 >6 毫米的价格指数为 112.57。

8.1.2.4 刨花板进出口监测

1. 刨花板出口监测

2012 年我国刨花板出口量为 135 219 597 千克，比 2011 年的 124 087 243 千克同比上升 8.97%，出口总额达到 63 102 986 美元，比 2011 年的 50 390 725 美元同比上升 25.23%。出口刨花板产品主要包括木制碎料板（44101100）、木制定向刨花板（OSB）（44101200）、其他木制类似板（如华夫板）（44101900）等 3 类刨花板产品。

木制碎料板（44101100）2012 年出口量为 44 894 994 千克，比 2011 年的 38 464 040 千克增加 16.72%；出口额为 20 872 758 美元，比 2011 年的 15 846 065 美元增加 31.72%；其平均价格为 0.46 美元 / 千克，比 2011 年的 0.41 美元 / 千克上升 12.85%，最高价格为 1.85 美元 / 千克，最低价格为 0.31 美元 / 千克，以出口国产量与出口总量比作为权重计算前 10 个国家加权平均价格为 0.28 美元 / 千克，比 2011 年的 0.15 美元 / 千克上升 82.17%，以 2011 年为基期计算 2012 年木制碎料板的价格指数为 182.17。

木制定向刨花板（OSB）（44101200）2012年出口量为23 606 960千克，比2011年的22 966 335千克增加2.79%；出口额为8 064 568美元，比2011年的7 596 169美元增加6.17%；其平均价格为0.34美元/千克，比2011年的0.33美元/千克上升3.29%，最高价格为1.85美元/千克，最低价格为0.17美元/

千克，以出口国产量与出口总量比作为权重计算前10个国家加权平均价格为0.25美元/千克，比2011年的0.18美元/千克上升38.48%，以2011年为基期计算2012年木制定向刨花板（OSB）的价格指数为138.48。

其他木制类似板（44101900）2012 年出口量为 66 717 643 千克，比 2011 年的 62 656 868 千克增加 6.48%；出口额为 34 165 660 美元，比 2011 年的 26 948 491 美元增加 26.78%；其平均价格为 0.51 美元 / 千克，比 2011 年的 0.43 美元 / 千克上升 19.04%，最高价格为 1.76 美元 / 千克，最低价格为 0.33 美元 / 千克，以出口国产量与出口总量比作为权重计算前 10 个国家加权平均价格为 0.38 美元 / 千克，比 2011 年的 0.32 美元 / 千克上升 21.50%，以 2011 年为基期计算 2012 年其他木制类似板的价格指数为 121.50。

2．刨花板进口监测

2012 年我国刨花板进口量为 351 210 816 千克，比 2011 年的 355 266 010 千克同比减少 1.14%，进口总额达到 116 539 906 美元，比 2011 年的 121 990 682 美元同比减少 4.47%。进口刨花板产品主要包括木制碎料板（44101100）、木制定向刨花板（OSB）（44101200）、其他木制类似板（如华夫板）等 3 类刨花板产品。

木制碎料板（44101100）2012 年进口量为 121 895 854 千克，比 2011 年的 170 190 687 千克减少 28.38%；进口额为 41 572 640 美元，比 2011 年的 51 128 401 美元减少 18.69%；其平均价格为 0.34 美元 / 千克，比 2011 年的 0.30 美元 / 千克上升 13.53%，最高价格为 0.89 美元 / 千克，最低价格为 0.21 美元 / 千克，以进口国产量与进口总量比作为权重计算前 10 个国家加权平均价格为 0.33 美元 / 千克，比 2011 年的 0.28 美元 / 千克上升 14.86%，以 2011 年为基期计算 2012 年木制碎料板的价格指数为 114.86。

木制定向刨花板（OSB）（44101200）2012年进口量为58 962 347千克，比2011年的81 006 816千克减少27.21%；进口额为21 888 259美元，比2011年的35 508 524美元减少38.36%；其平均价格为0.37美元/千克，比2011年的0.44美元/千克下降15.31%，最高价格为1.33美元/千克，最低价格为0.25美元/千克，以进口国产量与进口总量比作为权重计算前10个国家加权平均价格为0.37美元/千克，比2011年的0.42美元/千克下降12.02%，以2011年为基期计算2012年木制定向刨花板（OSB）的价格指数为87.98。

其他木制类似板（44101900）2012 年进口量为 170 352 615 千克，比 2011 年的 104 068 507 千克增加 63.69%；进口额为 53 079 007 美元，比 2011 年的 35 353 757 美元增加 50.14%；其平均价格为 0.31 美元 / 千克，比 2011 年的 0.34 美元 / 千克下降 8.28%，最高价格为 1.17 美元 / 千克，最低价格为 0.23 美元 / 千克，以进口国产量与进口总量比作为权重计算前 10 个国家加权平均价格为 0.31 美元 / 千克，比 2011 年的 0.33 美元 / 千克下降 6.31%，以 2011 年为基期计算 2012 年其他木制类似板的价格指数为 93.69。

8.1.2.5 纤维板进出口监测

1．纤维板出口监测

2012 年我国纤维板出口量为 2 775 869 844 千克，比 2011 年的 2 502 311 025 千克同比上升

10.93%，出口总额达到 1 613 604 367 美元，比 2011 年的 1 435 693 254 美元同比上升 12.39%。出口纤维板产品主要包括未机械加工中密度板，密度＞ 0.8 克 / 立方厘米，厚≤ 5 毫米（44111211）、经机械加工中密度板，密度＞ 0.8 克 / 立方厘米，厚≤ 5 毫米（44111219）、辐射松制的中密度板，0.5 克 / 立方厘米＜密度≤ 0.8 克 / 立方厘米，厚≤ 5 毫米（44111221）、其他中密度板 0.5 克 / 立方厘米＜密度≤ 0.8 克 / 立方厘米，厚≤ 5 毫米（44111229）、未加工中密度板，密度≤ 0.5 克 / 立方厘米，厚≤ 5 毫米（44111291）、加工中密度板，密度≤ 0.5 克 / 立方厘米，厚≤ 5 毫米（44111299）、未加工中密度板，密度＞ 0.8 克 / 立方厘米，5 毫米＜厚≤ 9 毫米（44111311）、加工中密度板，密度＞ 0.8 克 / 立方厘米，5 毫米＜厚≤ 9 毫米（44111319）、辐射松制的中密度板，5 毫米＜厚≤ 9 毫米（44111321）、其他中密度板 0.5 克＜密度≤ 0.8 克，5 毫米＜厚≤ 9 毫米（44111329）、未加工中密度板，密度≤ 0.5 克 / 立方厘米，5 毫米＜厚≤ 9 毫米（44111391）、加工中密度板，密度≤ 0.5 克 / 立方厘米，5 毫米＜厚≤ 9 毫米（44111399）、未加工中密度板，密度＞ 0.8 克 / 立方厘米，厚＞ 9 毫米（44111411）、加工中密度板，密度＞ 0.8 克 / 立方厘米，厚＞ 9 毫米（44111419）、辐射松制的中密度板，厚＞ 9 毫米（44111421）、其他中密度板 0.5 克 / 立方厘米＜密度≤ 0.8 克 / 立方厘米，厚＞ 9 毫米（44111429）、未加工中密度板，密度≤ 0.5 克 / 立方厘米，厚＞ 9 毫米（44111491）、其他厚度>9毫米的中密度纤维板（44111499）、未加工木纤维板，密度＞ 0.8 克 / 立方厘米（44119210）、加工木纤维板，密度＞ 0.8 克 / 立方厘米（44119290）、辐射松制的纤板，0.5 克＜密度≤ 0.9 克（44119310）、木纤板，0.5 克 / 立方厘米＜密度≤ 0.10 克 / 立方厘米（44119390）、木纤板，0.35 克 / 立方厘米＜密度≤ 0.5 克 / 立方厘米（44119410）、未加工木纤板，密度≤ 0.35 克 / 立方厘米（44119421）、加工木纤板，密度≤ 0.35 克 / 立方厘米（44119429）等 25 类纤维板产品。

未机械加工中密度板，密度＞0.8克/立方厘米，厚≤5毫米（44111211）2012年出口量为57 419 357千克，比2011年的40 701 644千克增加41.07%；出口额为23 848 330美元，比2011年的15 926 579美元增加49.74%；其平均价格为0.42美元/千克，比2011年的0.39美元/千克上升6.14%，最高价格为0.51美元/千克，最低价格为0.35美元/千克，以出口国产量与出口总量比作为权重计算前10个国家加权平均价格为0.31美元/千克，比2011年的0.24美元/千克上升30.43%，以2011年为基期计算2012年未机械加工中密度板，密度＞0.8克/立方厘米，厚≤5毫米的价格指数为130.43。

经机械加工中密度板，密度＞ 0.8 克 / 立方厘米，厚≤ 5 毫米（44111219）2012 年出口量为 95 466 918 千克，比 2011 年的 93 680 557 千克增加 1.91%；出口额为 56 210 479 美元，比 2011 年的 51 208 043 美元增加 9.77%；其平均价格为 0.59 美元 / 千克，比 2011 年的 0.55 美元 / 千克上升 7.71%，最高价格为 1.69 美元 / 千克，最低价格为 0.43 美元 / 千克，以出口国产量与出口总量比作为权重计算前 10 个国家加权平均价格为 0.43 美元 / 千克，比 2011 年的 0.41 美元 / 千克上升 5.35%，以 2011 年为基期计算 2012 年经机械加工中密度板，密度＞ 0.8 克 / 立方厘米，厚≤ 5 毫米的价格指数为 105.35。

辐射松制的中密度板，0.5 克 / 立方厘米＜密度≤ 0.8 克 / 立方厘米，厚≤ 5 毫米（44111221）2012 年出口量为 25 千克，比 2011 年的 6575 千克减少 99.62%；出口额为 48 美元，比 2011 年的 20112 美元减少 99.76%；其平均价格为 1.92 美元 / 千克，比 2011 年的 3.06 美元 / 千克减少

37.23%。

其他中密度板 0.5 克 / 立方厘米＜密度≤ 0.8 克 / 立方厘米，厚≤ 5 毫米（44111229）2012 年出口量为 68 667 110 千克，比 2011 年的 55 856 485 千克增加 22.93%；出口额为 40 261 357 美元，比 2011 年的 31578224 美元增加 27.50%；其平均价格为 0.59 美元 / 千克，比 2011 年的 0.57 美元 / 千克上升 3.71%，最高价格为 0.96 美元 / 千克，最低价格为 0.35 美元 / 千克，以出口国产量与出口总量比作为权重计算前 10 个国家加权平均价格为 0.46 美元 / 千克，比 2011 年的 0.44 美元 / 千克上升 4.67%，以 2011 年为基期计算 2012 年其他中密度板 0.5 克 / 立方厘米＜密度≤ 0.8 克 / 立方厘米，厚≤ 5 毫米的价格指数为 104.67。

未加工中密度板，密度≤0.5克/立方厘米，厚≤5毫米（44111291）2012年出口量为3 096 407千克，比2011年的5 418 049千克减少42.85%；出口额为1 260 128美元，比2011年的2 075 049美元减少39.27%；其平均价格为0.41美元/千克，比2011年的0.38美元/千克上升6.26%，最高价格为0.80美元/千克，最低价格为0.30美元/千克，以出口国产量与出口总量比作为权重计算前10个国家加权平均价格为0.40美元/千克，比2011年的0.30美元/千克上升31.71%，以2011年为基期计算2012年未加工中密度板，密度≤0.5克/立方厘米，厚≤5毫米的价格指数为131.71。

加工中密度板，密度≤0.5克/立方厘米，厚≤5毫米（44111299）2012年出口量为47 574 422千克，比2011年的66 654 350千克减少28.63%；出口额为30 012 584美元，比2011年的40 858 109美元减少26.54%；其平均价格为0.63美元/千克，比2011年的0.61美元/千克上升2.92%，最高价格为1.36美元/千克，最低价格为0.37美元/千克，以出口国产量与出口总量比作为权重计算前10个国家加权平均价格为0.47美元/千克，比2011年的0.44美元/千克上升8.14%，以2011年为基期计算2012年加工中密度板，密度≤0.5克/立方厘米，厚≤5毫米的价格指数为108.14。

未加工中密度板，密度＞ 0.8 克 / 立方厘米，5 毫米＜厚≤ 9 毫米（44111311）2012 年出口量为 26 986 832 千克，比 2011 年的 7 619 306 千克增加 254.19%；出口额为 11 749 359 美元，比 2011 年的 2 612 596 美元增加 349.72%；其平均价格为 0.44 美元 / 千克，比 2011 年的 0.34 美元 / 千克上升 26.97%，最高价格为 0.47 美元 / 千克，最低价格为 0.33 美元 / 千克，以出口国产量与出口总量比作为权重计算前 10 个国家加权平均价格为 0.41 美元 / 千克，比 2011 年的 0.23 美元 / 千克上升 80.47%，以 2011 年为基期计算 2012 年未加工中密度板，密度＞ 0.8 克 / 立方厘米，5 毫米＜厚≤ 9 毫米的价格指数为 180.47。

加工中密度板，密度＞ 0.8 克 / 立方厘米，5 毫米＜厚≤ 9 毫米（44111319）2012 年出口量为 677 259 802 千克，比 2011 年的 650 837 429 千克增加 4.06%；出口额为 452 155 027 美元，比 2011 年的 415 106 597 美元增加 8.93%；其平均价格为 0.67 美元 / 千克，比 2011 年的 0.64 美元 / 千克上升 4.68%，最高价格为 0.84 美元 / 千克，最低价格为 0.53 美元 / 千克，以出口国产量与出口总量比作为权重计算前 10 个国家加权平均价格为 0.48 美元 / 千克，比 2011 年的 0.44 美元 / 千克上升 8.43%，以 2011 年为基期计算 2012 年加工中密度板，密度＞ 0.8 克 / 立方厘米，5 毫米＜厚≤ 9 毫米的价格指数为 108.43。

辐射松制的中密度板，5 毫米＜厚≤ 9 毫米（44111321）2012 年出口量为 1 908 456 千克，比

2011 年的 2 334 957 千克减少 18.27%；出口额为 7 236 979 美元，比 2011 年的 7 895 328 美元减少 8.34%；其平均价格为 3.79 美元 / 千克，比 2011 年的 3.38 美元 / 千克上升 12.15%，最高价格为 4.05 美元 / 千克，最低价格为 0.64 美元 / 千克，以出口国产量与出口总量比作为权重计算前 10 个国家加权平均价格为 3.79 美元 / 千克，比 2011 年的 3.38 美元 / 千克上升 12.15%，以 2011 年为基期计算 2012 年辐射松制的中密度板，5 毫米＜厚≤ 9 毫米的价格指数为 112.15。

其他中密度板 0.5 克 / 立方厘米＜密度≤ 0.8 克 / 立方厘米，5 毫米＜厚≤ 9 毫米（44111329）2012 年出口量为 54 106 260 千克，比 2011 年的 44 443 231 千克增加 21.74%；出口额为 32 166 613 美元，比 2011 年的 23 359 611 美元增加 37.70%；其平均价格为 0.59 美元 / 千克，比 2011 年的 0.53 美元 / 千克上升 13.11%，最高价格为 3.41 美元 / 千克，最低价格为 0.30 美元 / 千克，以出口国产量与出口总量比作为权重计算前 10 个国家加权平均价格为 0.52 美元 / 千克，比 2011 年的 0.45 美元 / 千克上升 15.50%，以 2011 年为基期计算 2012 年其他中密度板 0.5 克 / 立方厘米＜密度≤ 0.8 克 / 立方厘米，5 毫米＜厚≤ 9 毫米的价格指数为 115.50。

未加工中密度板，密度≤ 0.5 克 / 立方厘米，5 毫米＜厚≤ 9 毫米（44111391）2012 年出口量为 1 962 540 千克，比 2011 年的 2 535 142 千克减少 22.59%；出口额为 743 926 美元，比 2011 年的 981225 美元减少 24.18%；其平均价格为 0.38 美元 / 千克，比 2011 年的 0.39 美元 / 千克下降 2.06%，最高价格为 0.48 美元 / 千克，最低价格为 0.31 美元 / 千克，以出口国产量与出口总量比作为权重计算前 10 个国家加权平均价格为 0.38 美元 / 千克，比 2011 年的 0.32 美元 / 千克上升 19.31%，以 2011 年为基期计算 2012 年未加工中密度板，密度≤ 0.5 克 / 立方厘米，5 毫米＜厚≤ 9 毫米的价格指数为 119.31。

加工中密度板，密度≤ 0.5 克 / 立方厘米，5 毫米＜厚≤ 9 毫米（44111399）2012 年出口量为 7 616 450 千克，比 2011 年的 11 665 390 千克减少 34.71%；出口额为 6 065 700 美元，比 2011 年的 7 657 976 美元减少 20.79%；其平均价格为 0.80 美元 / 千克，比 2011 年的 0.66 美元 / 千克上升 21.31%，最高价格为 3.19 美元 / 千克，最低价格为 0.44 美元 / 千克，以出口国产量与出口总量比作为权重计算前 10 个国家加权平均价格为 0.67 美元 / 千克，比 2011 年的 0.52 美元 / 千克上升 28.33%，以 2011 年为基期计算 2012 年加工中密度板，密度≤ 0.5 克 / 立方厘米，5 毫米＜厚≤ 9 毫米的价格指数为 128.33。

未加工中密度板，密度＞0.8克/立方厘米，厚＞9毫米（44111411）2012年出口量为2 434 567 千克，比2011年的24 372 29千克减少0.11%；出口额为925 964美元，比2011年的915 151美元增加 1.18%；其平均价格为0.38美元/千克，比2011年的0.37美元/千克上升1.29%，最高价格为1.65美元/千克，最低价格为0.12美元/千克，以出口国产量与出口总量比作为权重计算前10个国家加权平均价格为0.34美元/千克，比2011年的0.30美元/千克上升12.34%，以2011年为基期计算2012年未加工中密度板，密度＞0.8克/立方厘米，厚＞9毫米的价格指数为112.34。

加工中密度板，密度＞0.8克/立方厘米，厚＞9毫米（44111419）2012年出口量为559 888 995千克，比2011年的443 591 384千克增加26.22%；出口额为389 846 158美元，比2011年的310 294 682美元增加25.64%；其平均价格为0.70美元/千克，比2011年的0.70美元/千克无变化，最高价格为0.76美元/千克，最低价格为0.56美元/千克，以出口国产量与出口总量比作为权重计算前10个国家加权平均价格为0.62美元/千克，比2011年的0.61美元/千克上升1.55%，以2011年为基期计算2012年加工中密度板，密度>0.8克/立方厘米，厚>9毫米的价格指数为101.55。

辐射松制的中密度板，厚> 9 毫米（44111421）2012 年出口量为 286 201 千克，比 2011 年的 586 966 千克减少 51.24%；出口额为 1 166 084 美元，比 2011 年的 1 832 844 美元减少 36.38%；其平均价格为 4.07 美元 / 千克，比 2011 年的 3.12 美元 / 千克上升 30.48%，最高价格为 5.86 美元 / 千克，最低价格为 0.33 美元 / 千克，以出口国产量与出口总量比作为权重计算前 10 个国家加权平均价格为 4.07 美元 / 千克，比 2011 年的 2.90 美元 / 千克上升 40.59%，以 2011 年为基期计算 2012 年辐射松制的中密度板，厚> 9 毫米的价格指数为 140.59。

其他中密度板0.5克/立方厘米<密度≤0.8克/立方厘米，厚>9毫米（44111429）2012年出口量为799 012 474千克，比2011年的633 692 244千克增加26.09%；出口额为317 620 540美元，比2011年的240 869 528美元增加31.86%；其平均价格为0.40美元/千克，比2011年的0.38美元/千克上升4.58%，最高价格为2.20美元/千克，最低价格为0.29美元/千克，以出口国产量与出口总量比作为权重计算前10个国家加权平均价格为0.34美元/千克，比2011年的0.32美元/千克上升6.97%，以2011年为基期计算2012年其他中密度板0.5克/立方厘米<密度≤0.8克/立方厘米，厚>9毫米的价格指数为106.97。

未加工中密度板，密度≤0.5克/立方厘米，厚>9毫米（44111491）2012年出口量为35 721 842千克，比2011年的37 319 763千克减少4.28%；出口额为12 111 687美元，比2011年的13 599 753美元减少10.94%；其平均价格为0.34美元/千克，比2011年的0.36美元/千克减少5.88%，最高价格为0.40美元/千克，最低价格为0.28美元/千克，以出口国产量与出口总量比作为权重计算前10个国家加权平均价格为0.32美元/千克，比2011年的0.28美元/千克上升14.15%，以2011年为基期计算2012年未加工中密度板，密度≤0.5克/立方厘米，厚>9毫米的价格指数为114.15。

其他厚度 >9 毫米的中密度纤维板（44111499）2012 年出口量为 81 585 813 千克，比 2011 年的 99 216 487 千克减少 17.77%；出口额为 40 859 432 美元，比 2011 年的 48 430 453 美元减少 15.63%；其平均价格为 0.50 美元 / 千克，比 2011 年的 0.49 美元 / 千克增加 2.60%，最高价格为 2.72 美元 / 千克，最低价格为 0.35 美元 / 千克，以出口国产量与出口总量比作为权重计算前 10 个国家加权平均价格为 0.36 美元 / 千克，比 2011 年的 0.35 美元 / 千克上升 2.77%，以 2011 年为基期计算 2012 年其他厚度 >9 毫米的中密度纤维板的价格指数为 102.77。

未加工木纤维板，密度> 0.8 克 / 立方厘米（44119210）2012 年出口量为 5 160 803 千克，比 2011 年的 9 717 095 千克减少 46.89%；出口额为 5 282 272 美元，比 2011 年的 9 845 367 美元减少 46.35%；其平均价格为 1.02 美元 / 千克，比 2011 年的 1.01 美元 / 千克增加 1.02%，最高价格为 1.49 美元 / 千克，最低价格为 0.80 美元 / 千克，以出口国产量与出口总量比作为权重计算前 10 个国家加权平均价格为 0.92 美元 / 千克，比 2011 年的 0.92 美元 / 千克保持不变，以 2011 年为基期计算 2012 年未加工木纤维板，密度> 0.8 克 / 立方厘米的价格指数为 100。

加工木纤维板，密度> 0.8 克 / 立方厘米（44119290）2012 年出口量为 243 576 424 千克，比

2011年的284 596 464千克减少14.41%；出口额为176 002 572美元，比2011年的201 218 581美元减少12.53%；其平均价格为0.72美元/千克，比2011年的0.71美元/千克增加2.20%，最高价格为0.96美元/千克，最低价格为0.43美元/千克，以出口国产量与出口总量比作为权重计算前10个国家加权平均价格为0.58美元/千克，比2011年的0.54美元/千克上升7.34%，以2011年为基期计算2012年加工木纤维板，密度＞0.8克/立方厘米的价格指数为107.34。

辐射松制的纤板，0.5克＜密度≤0.9克（44119310）2012年出口量为1404千克，比2011年的154千克增加811.69%；出口额为2677美元，比2011年的238美元增加1024.79%；其平均价格为1.91美元/千克，比2011年的1.55美元/千克增加23.37%。

木纤板，0.5克/立方厘米＜密度≤0.10克/立方厘米（44119390）2012年出口量为4 270 169千克，比2011年的7 165 455千克减少40.41%；出口额为3 090 992美元，比2011年的4 675 177美元减少33.89%；其平均价格为0.72美元/千克，比2011年的0.65美元/千克增加10.94%，最高价格为1.43美元/千克，最低价格为0.55美元/千克，以出口国产量与出口总量比作为权重计算前10个国家加权平均价格为0.64美元/千克，比2011年的0.53美元/千克上升20.24%，以2011年为基期计算2012年木纤板，0.5克/立方厘米＜密度≤0.10克/立方厘米的价格指数为120.24。

木纤板，0.35克/立方厘米＜密度≤0.5克/立方厘米（44119410）2012年出口量为308 989千克，比2011年的477 781千克减少35.33%；出口额为448 824美元，比2011年的717 548美元减少37.45%；其平均价格为1.45美元/千克，比2011年的1.50美元/千克减少3.28%，最高价格为6.60美元/千克，最低价格为0.52美元/千克，以出口国产量与出口总量比作为权重计算前10个国家加权平均价格为1.43美元/千克，比2011年的1.46美元/千克下降2.41%，以2011年为基期计算2012年木纤板，0.35克/立方厘米＜密度≤0.5克/立方厘米的价格指数为97.59。

未加工木纤板，密度≤0.35克/立方厘米（44119421）2012年出口量为39 394千克，比2011年的124 880千克减少68.45%；出口额为38 349美元，比2011年的57 429美元减少33.22%；其平均价格为0.97美元/千克，比2011年的0.46美元/千克上升111.68%，最高价格为9.01美元/千克，最低价格为0.35美元/千克，以出口国产量与出口总量比作为权重计算前10个国家加权平均价格为0.97美元/千克，比2011年的0.46美元/千克上升111.68%，以2011年为基期计算2012年未加工木纤板，密度≤0.35克/立方厘米的价格指数为211.68。

加工木纤板，密度≤0.35克/立方厘米（44119429）2012年出口量为1 518 190千克，比2011年的1 632 008千克减少6.97%；出口额为4 498 286美元，比2011年的3 957 054美元增加13.68%；其平均价格为2.96美元/千克，比2011年的2.42美元/千克上升22.20%，最高价格为6.97美元/千克，最低价格为2.20美元/千克，以出口国产量与出口总量比作为权重计算前10个国家加权平均价格为2.49美元/千克，比2011年的1.58美元/千克上升57.45%，以2011年为基期计算2012年加工木纤板，密度≤0.35克/立方厘米的价格指数为157.45。

2．纤维板进口监测

2012年我国纤维板进口量为145 117 172千克，比2011年的202 945 307千克同比下降28.49%，进口总额达到93 702 787美元，比2011年的107 113 584美元同比下降12.52%。进口纤维板产品主要包括未机械加工中密度板，密度＞0.8克/立方厘米，厚≤5毫米（44111211）、经机械加工中密度板，密度＞0.8克/立方厘米，厚≤5毫米（44111219）、辐射松制的中密度板，0.5克/立方厘米＜密度≤0.8克/立方厘米，厚≤5毫米（44111221）、其他中密度板0.5克/立方厘米＜密度≤0.8克/立方厘米，厚≤5毫米（44111229）、未加工中密度板，密度≤0.5克/立方厘米，厚≤5毫米（44111291）、加工中密度板，密度≤0.5克/立方厘米，厚≤5毫米（44111299）、未加工中密度板，密度＞0.8克/立方厘米，5毫米＜厚≤9毫米（44111311）、加工中密度板，密度＞0.8克/立方厘米，5毫米＜厚≤9毫米（44111319）、辐射松制的中密度板，5毫米＜厚≤9毫米（44111321）、其他中密度板0.5克＜密度≤0.8克，5毫米＜厚≤9毫米（44111329）、未加工中密度板，密度≤0.5克/立方厘米，5毫米＜厚≤9毫米（44111391）、加工中密度板，密度≤0.5克/立方厘米，5毫米＜厚≤9毫米（44111399）、未加工中密度板，密度＞0.8克/立方厘米，厚＞9毫米（44111411）、加工中密度板，密度＞0.8克/立方厘米，厚＞9毫米（44111419）、辐射松制的中密度板，厚＞9毫米（44111421）、其他中密度板0.5克/立方厘米＜密度≤0.8克/立方厘米，厚＞9毫米（44111429）、未加工中密度板，密度≤0.5克/立方厘米，厚＞9毫米（44111491）、其他厚度＞9毫米的中密度纤维板（44111499）、未加工木纤维板，密度＞0.8克/立方厘米（44119210）、加工木纤维板，密度＞0.8克/立方厘米（44119290）、辐射松制的纤板，0.5克＜密度≤0.9克（44119310）、木纤板，0.5克/立方厘米＜密度≤0.10克/立方厘米（44119390）、木纤板，0.35克/立方厘米＜密度≤0.5克/立方厘米（44119410）、未加工木纤板，密度≤0.35克/立方厘米（44119421）、加工木纤板，密度≤0.35克/立方厘米（44119429）等25类纤维板产品。

未机械加工中密度板，密度＞0.8克/立方厘米，厚≤5毫米（44111211）2012年进口量为12 441 185千克，比2011年的15 365 858千克减少19.03%；进口额为6 367 738美元，比2011年的6 844 514美元减少6.97%；其平均价格为0.51美元/千克，比2011年的0.45美元/千克上升14.90%，最高价格为0.95美元/千克，最低价格为0.33美元/千克，以进口国产量与进口总量比作为权重计算前10个国家加权平均价格为0.51美元/千克，比2011年的0.44美元/千克上升15.54%，以2011年为基期计算2012年未机械加工中密度板，密度＞0.8克/立方厘米，厚≤5毫米的价格指数为115.54。

经机械加工中密度板，密度＞0.8克/立方厘米，厚≤5毫米（44111219）2012年进口量为2 905 536千克，比2011年的2 500 956千克增加16.18%；进口额为4 926 786美元，比2011年的2 521 065美元增加95.42%；其平均价格为1.70美元/千克，比2011年的1.01美元/千克上升68.21%，最高价格为10.10美元/千克，最低价格为0.45美元/千克，以进口国产量与进口总量比作为权重计算前10个国家加权平均价格为1.59美元/千克，比2011年的0.91美元/千克上升74.44%，以2011年为基期计算2012年经机械加工中密度板，密度＞0.8克/立方厘米，厚≤5毫米的价格指数为174.44。

辐射松制的中密度板，0.5克/立方厘米＜密度≤0.8克/立方厘米，厚≤5毫米（44111221）2012年进口量为9 371 182千克，比2011年的9 598 346千克减少2.37%；进口额为4 516 799美元，比2011年的4 196 171美元增加7.64%；其平均价格为0.48美元/千克，比2011年的0.44美

元 / 千克上升 10.25%，最高价格为 0.48 美元 / 千克，最低价格为 0.47 美元 / 千克，以进口国产量与进口总量比作为权重计算前 10 个国家加权平均价格为 0.48 美元 / 千克，比 2011 年的 0.43 美元 / 千克上升 13.41%，以 2011 年为基期计算 2012 年辐射松制的中密度板，0.5 克 / 立方厘米＜密度≤ 0.8 克 / 立方厘米，厚≤ 5 毫米的价格指数为 113.41。

其他中密度板 0.5 克 / 立方厘米＜密度≤ 0.8 克 / 立方厘米，厚≤ 5 毫米（44111229）2012 年进口量为 11 509 100 千克，比 2011 年的 15 727 835 千克减少 26.82%；进口额为 4 949 503 美元，比 2011 年的 6 313 869 美元减少 21.61%；其平均价格为 0.43 美元 / 千克，比 2011 年的 0.40 美元 / 千克上升 7.13%，最高价格为 10.78 美元 / 千克，最低价格为 0.32 美元 / 千克，以进口国产量与进口总量比作为权重计算前 10 个国家加权平均价格为 0.43 美元 / 千克，比 2011 年的 0.40 美元 / 千克上升 6.27%，以 2011 年为基期计算 2012 年其他中密度板 0.5 克 / 立方厘米＜密度≤ 0.8 克 / 立方厘米，厚≤ 5 毫米的价格指数为 106.27。

未加工中密度板，密度≤0.5克/立方厘米，厚≤5毫米（44111291）2012年进口量为1 486 439千克，比2011年的2 748 487千克减少45.92%；进口额为569 187美元，比2011年的972 372美元减少41.46%；其平均价格为0.38美元/千克，比2011年的0.35美元/千克上升8.24%，最高价格为0.52美元/千克，最低价格为0.38美元/千克，以进口国产量与进口总量比作为权重计算前10个国家加权平均价格为0.38美元/千克，比2011年的0.33美元/千克上升17.02%，以2011年为基期计算2012年未加工中密度板，密度≤0.5克/立方厘米，厚≤5毫米的价格指数为117.02。

加工中密度板，密度≤ 0.5 克 / 立方厘米，厚≤ 5 毫米（44111299）2012 年进口量为 749 399 千克，比 2011 年的 2 162 324 千克减少 65.34%；进口额为 469 840 美元，比 2011 年的 1 048 003 美元减少 55.17%；其平均价格为 0.63 美元 / 千克，比 2011 年的 0.48 美元 / 千克上升 29.36%，最高价格为 16.52 美元 / 千克，最低价格为 0.07 美元 / 千克，以进口国产量与进口总量比作为权重计算前 10 个国家加权平均价格为 0.63 美元 / 千克，比 2011 年的 0.48 美元 / 千克上升 29.78%，以 2011 年为基期计算 2012 年加工中密度板，密度≤ 0.5 克 / 立方厘米，厚≤ 5 毫米的价格指数为 129.78。

未加工中密度板，密度＞ 0.8 克 / 立方厘米，5 毫米＜厚≤ 9 毫米（44111311）2012 年进口量为 1 033 102 千克，比 2011 年的 898 694 千克增加 14.96%；进口额为 490 047 美元，比 2011 年的 380 039 美元增加 28.95%；其平均价格为 0.47 美元 / 千克，比 2011 年的 0.42 美元 / 千克上升 12.17%，最高价格为 12.25 美元 / 千克，最低价格为 0.42 美元 / 千克，以进口国产量与进口总量比作为权重计算前 10 个国家加权平均价格为 0.47 美元 / 千克，比 2011 年的 0.41 美元 / 千克上升 16.81%，以 2011 年为基期计算 2012 年未加工中密度板，密度＞ 0.8 克 / 立方厘米，5 毫米＜厚≤ 9 毫米的价格指数为 116.81。

加工中密度板，密度＞ 0.8 克 / 立方厘米，5 毫米＜厚≤ 9 毫米（44111319）2012 年进口量为 15 457 179 千克，比 2011 年的 14 351 953 千克增加 7.70%；进口额为 14 896 544 美元，比 2011 年的 14 392 719 美元增加 3.50%；其平均价格为 0.96 美元 / 千克，比 2011 年的 1 美元 / 千克下降 3.90%，最高价格为 17.55 美元 / 千克，最低价格为 0.28 美元 / 千克，以进口国产量与进口总量比作为权重计算前 10 个国家加权平均价格为 0.96 美元 / 千克，比 2011 年的 1.00 美元 / 千克下降 3.64%，以

2011 年为基期计算 2012 年加工中密度板，密度＞ 0.8 克 / 立方厘米，5 毫米＜厚≤ 9 毫米的价格指数为 96.36。

辐射松制的中密度板，5 毫米＜厚≤ 9 毫米（44111321）2012 年进口量为 6 552 164 千克，比 2011 年的 5 874 396 千克增加 11.54%；进口额为 3 667 231 美元，比 2011 年的 2 938 613 美元增加 24.79%；其平均价格为 0.56 美元 / 千克，比 2011 年的 0.50 美元 / 千克上升 11.89%，最高价格为 3.27 美元 / 千克，最低价格为 0.41 美元 / 千克，以进口国产量与进口总量比作为权重计算前 10 个国家加权平均价格为 0.56 美元 / 千克，比 2011 年的 0.49 美元 / 千克上升 14.33%，以 2011 年为基期计算 2012 年辐射松制的中密度板，5 毫米＜厚≤ 9 毫米的价格指数为 114.33。

其他中密度板 0.5 克 / 立方厘米＜密度≤ 0.8 克 / 立方厘米，5 毫米＜厚≤ 9 毫米（44111329）2012 年进口量为 5 100 731 千克，比 2011 年的 8 426 297 千克减少 39.47%；进口额为 3 015 434 美元，比 2011 年的 3 203 818 美元减少 5.88%；其平均价格为 0.59 美元 / 千克，比 2011 年的 0.38 美元 / 千克上升 55.48%，最高价格为 12.25 美元 / 千克，最低价格为 0.32 美元 / 千克，以进口国产量与进口总量比作为权重计算前 10 个国家加权平均价格为 0.59 美元 / 千克，比 2011 年的 0.37 美元 / 千克上升 58.93%，以 2011 年为基期计算 2012 年其他中密度板 0.5 克 / 立方厘米＜密度≤ 0.8 克 / 立方厘米，5 毫米＜厚≤ 9 毫米的价格指数为 158.93。

未加工中密度板，密度≤ 0.5 克 / 立方厘米，5 毫米＜厚≤ 9 毫米（44111391）2012 年进口量为 1 995 873 千克，比 2011 年的 1 358 779 千克增加 46.89%；进口额为 703 313 美元，比 2011 年的 466 496 美元增加 50.77%；其平均价格为 0.35 美元 / 千克，比 2011 年的 0.34 美元 / 千克上升 2.64%，最高价格为 0.88 美元 / 千克，最低价格为 0.31 美元 / 千克，以进口国产量与进口总量比作为权重计算前 10 个国家加权平均价格为 0.35 美元 / 千克，比 2011 年的 0.34 美元 / 千克上升 3.37%，以 2011 年为基期计算 2012 年未加工中密度板，密度≤ 0.5 克 / 立方厘米，5 毫米＜厚≤ 9 毫米的价格指数为 103.37。

加工中密度板，密度≤0.5克/立方厘米，5毫米＜厚≤9毫米（44111399）2012年进口量为191104千克，比2011年的455141千克减少58.01%；进口额为70334美元，比2011年的448575美元减少84.32%；其平均价格为0.37美元/千克，比2011年的0.99美元/千克下降62.66%，最高价格为17.74美元/千克，最低价格为0.18美元/千克，以进口国产量与进口总量比作为权重计算前10个国家加权平均价格为0.37美元/千克，比2011年的0.93美元/千克下降60.63%，以2011年为基期计算2012年加工中密度板，密度≤0.5克/立方厘米，5毫米＜厚≤9毫米的价格指数为39.37。

未加工中密度板，密度＞ 0.8 克 / 立方厘米，厚＞ 9 毫米（44111411）2012 年进口量为 953 843 千克，比 2011 年的 2 179 981 千克减少 56.25%；进口额为 361 917 美元，比 2011 年的 840 232 美元减少 56.93%；其平均价格为 0.38 美元 / 千克，比 2011 年的 0.39 美元 / 千克下降 1.56%，最高价格为 14.22 美元 / 千克，最低价格为 0.32 美元 / 千克，以进口国产量与进口总量比作为权重计算前 10 个国家加权平均价格为 0.38 美元 / 千克，比 2011 年的 0.36 美元 / 千克上升 4.44%，以 2011 年为基期计算 2012 年未加工中密度板，密度＞ 0.8 克 / 立方厘米，厚＞ 9 毫米的价格指数为 104.44。

加工中密度板，密度＞0.8克/立方厘米，厚＞9毫米（44111419）2012年进口量为4 906 726千克，比2011年的5 421 378千克减少9.49%；进口额为6 970 459美元，比2011年的7 146 604美元减少2.46%；其平均价格为1.42美元/千克，比2011年的1.32美元/千克上升7.77%，最高价格为16.90美元/千克，最低价格为0.50美元/千克，以进口国产量与进口总量比作为权重计算前10个国家加权平均价格为1.34美元/千克，比2011年的1.20美元/千克上升12.23%，以2011年为基期计算2012年加工中密度板，密度＞0.8克/立方厘米，厚＞9毫米的价格指数为112.23。

辐射松制的中密度板，厚＞9毫米（44111421）2012年进口量为9 867 053千克，比2011年的7 960 195千克增加23.95%；进口额为5 144 458美元，比2011年的3 783 163美元增加35.98%；其平均价格为0.52美元/千克，比2011年的0.48美元/千克上升9.70%，最高价格为2.07美元/千克，最低价格为0.44美元/千克，以进口国产量与进口总量比作为权重计算前10个国家加权平均价格为0.52美元/千克，比2011年的0.48美元/千克上升9.75%，以2011年为基期计算2012年辐射松制的中密度板，厚＞9毫米的价格指数为109.75。

其他中密度板0.5克/立方厘米＜密度≤0.8克/立方厘米，厚＞9毫米（44111429）2012年进口量为28 228 973千克，比2011年的48 931 316千克减少42.31%；进口额为20 084 827美元，比2011年的25 670 653美元减少21.76%；其平均价格为0.71美元/千克，比2011年的0.52美元/千克上升35.62%，最高价格为9.19美元/千克，最低价格为0.37美元/千克，以进口国产量与进口总量比作为权重计算前10个国家加权平均价格为0.69美元/千克，比2011年的0.50美元/千克上升36.42%，以2011年为基期计算2012年其他中密度板0.5克/立方厘米＜密度≤0.8克/立方厘米，厚＞9毫米的价格指数为136.42。

未加工中密度板，密度≤0.5克/立方厘米，厚＞9毫米（44111491）2012年进口量为984 879千克，比2011年的2 861 626千克减少65.58%；进口额为377 910美元，比2011年的1 152 296美元减少67.20%；其平均价格为0.38美元/千克，比2011年的0.40美元/千克下降4.71%，最高价格为3.62美元/千克，最低价格为0.36美元/千克，以进口国产量与进口总量比作为权重计算前10个国家加权平均价格为0.38美元/千克，比2011年的0.36美元/千克上升7.91%，以2011年为基期计算2012年未加工中密度板，密度≤0.5克/立方厘米，厚＞9毫米的价格指数为107.91。

其他厚度>9毫米的中密度纤维板（44111499）2012年进口量为2 561 306千克，比2011年的7 270 835千克减少64.77%；进口额为1 074 066美元，比2011年的2 798 258美元减少61.62%；其平均价格为0.42美元/千克，比2011年的0.38美元/千克上升8.96%，最高价格为55.42美元/千克，最低价格为0.18美元/千克，以进口国产量与进口总量比作为权重计算前10个国家加权平均价格为0.41美元/千克，比2011年的0.30美元/千克上升38.25%，以2011年为基期计算2012年其他厚度>9毫米的中密度纤维板的价格指数为138.25。

未加工木纤维板，密度＞0.8克/立方厘米（44119210）2012年进口量为675 476千克，比2011年的627 728千克增加7.61%；进口额为442 082美元，比2011年的429 875美元增加2.84%；其平均价格为0.65美元/千克，比2011年的0.68美元/千克下降4.43%，最高价格为51.50美元/千克，最低价格为0.46美元/千克，以进口国产量与进口总量比作为权重计算前10个国家加权平均价格为0.65美元/千克，比2011年的0.61美元/千克上升7.56%，以2011年为基期计算2012

年未加工木纤维板，密度＞0.8克/立方厘米的价格指数为107.56。

加工木纤维板，密度＞0.8克/立方厘米（44119290）2012年进口量为5 150 800千克，比2011年的9 020 093千克减少42.90%；进口额为6 081 709美元，比2011年的8 112 791美元减少25.04%；其平均价格为1.18美元/千克，比2011年的0.90美元/千克上升31.28%，最高价格为2.15美元/千克，最低价格为0.45美元/千克，以进口国产量与进口总量比作为权重计算前10个国家加权平均价格为1.13美元/千克，比2011年的0.83美元/千克上升36.48%，以2011年为基期计算2012年加工木纤维板，密度＞0.8克/立方厘米的价格指数为136.48。

辐射松制的纤板，0.5克/立方厘米＜密度≤0.9克/立方厘米（44119310）2012年进口量为1 007 984千克，比2011年的5 265 228千克减少80.86%；进口额为318 719美元，比2011年的1 839 341美元减少82.67%；其平均价格为0.32美元/千克，比2011年的0.35美元/千克下降9.49%，最高价格为0.36美元/千克，最低价格为0.28美元/千克，以进口国产量与进口总量比作为权重计算前10个国家加权平均价格为0.32美元/千克，比2011年的0.13美元/千克上升151.35%，以2011年为基期计算2012年辐射松制的纤板，0.5克/立方厘米＜密度≤0.9克/立方厘米的价格指数为251.35。

木纤板，0.5克/立方厘米＜密度≤0.10克/立方厘米（44119390）2012年进口量为20 759 467千克，比2011年的32 001 744千克减少35.13%；进口额为7 419 521美元，比2011年的10 412 453美元减少28.74%；其平均价格为0.36美元/千克，比2011年的0.33美元/千克上升9.84%，最高价格为9.84美元/千克，最低价格为0.31美元/千克，以进口国产量与进口总量比作为权重计算前10个国家加权平均价格为0.36美元/千克，比2011年的0.32美元/千克上升10.61%，以2011年为基期计算2012年木纤板，0.5克/立方厘米＜密度≤0.10克/立方厘米的价格指数为110.61。

木纤板，0.35克/立方厘米＜密度≤0.5克/立方厘米（44119410）2012年进口量为77 067千克，比2011年的24 276千克增加217.46%；进口额为164 594美元，比2011年的40 452美元增加306.89%；其平均价格为2.14美元/千克，比2011年的1.67美元/千克上升28.17%，最高价格为24.50美元/千克，最低价格为0.32美元/千克，以进口国产量与进口总量比作为权重计算前10个国家加权平均价格为2.14美元/千克，比2011年的0.20美元/千克上升946.14%，以2011年为基期计算2012年木纤板，0.35克/立方厘米＜密度≤0.5克/立方厘米的价格指数为1046.14。

未加工木纤板，密度≤0.35克/立方厘米（44119421）2012年进口量为454千克，比2011年的13 622千克减少96.67%；进口额为809美元，比2011年的22 971美元减少96.48%；其平均价格为1.78美元/千克，比2011年的1.69美元/千克上升5.67%。

加工木纤板，密度≤0.35克/立方厘米（44119429）2012年进口量为1 150 150千克，比2011年的1 898 219千克减少39.41%；进口额为618 960美元，比2011年的1 138 241美元减少45.62%；其平均价格为0.54美元/千克，比2011年的0.60美元/千克下降10.25%，最高价格为19.56美元/千克，最低价格为0.48美元/千克，以进口国产量与进口总量比作为权重计算前10个国家加权平均价格为0.54美元/千克，比2011年的0.43美元/千克上升26.12%，以2011年为基期计算2012年加工木纤板，密度≤0.35克/立方厘米的价格指数为126.12。

8.1.2.6 胶合板进出口监测

1. 胶合板出口监测

2012 年我国胶合板出口量为 10 033 598 立方米，比 2011 年的 9 572 456 立方米同比上升 4.82%，出口总额达到 4 795 627 674 美元，比 2011 年的 4 339 981 799 美元同比上升 10.50%。出口胶合板产品主要包括薄板制竹胶合板至少一表层本章子目注释 2 所列的热带木层，厚≤ 6 毫米（44121011）、其他薄板制竹胶板单板饰面板多层板，厚≤ 6 毫米（44121019）、其他薄板制竹胶板，单板饰面板及类似多层板（44121020）、其他竹胶合板类似多层板至少一表层木碎料板（44121092）、其他竹制胶合板、单板饰面板及类似的多层板（44121099）、其他薄板制胶合板至少一表层是子目注释 2 所列的热带木，厚≤ 6 毫米（44123100）、其他薄板制胶合板至少一表层是温带木，厚≤ 6 毫米（44123210）、其他薄板制胶合板至少一表层非针叶木，厚≤ 6 毫米（44123290）、其他薄板制胶合板，厚≤ 6 毫米（44123900）、其他木块芯胶合板等至少一表层是非针叶木（44129410）、其他木块芯胶合板等至少一表层是子目注释 2 所列的热带木（44129491）、其他木块芯胶合板等至少一表层是木碎料板（44129492）、其他木块芯、侧板条芯、板条芯胶合板（44129499）、其他胶合板等至少一表层是非针叶木（44129910）、其他胶合板等至少一表层是木碎料板（44129992）、未列名胶合板、单板饰面板及类似的多层板（44129999）等 16 类胶合板产品。

薄板制竹胶合板至少一表层本章子目注释 2 所列的热带木层，厚≤ 6 毫米（44121011）2012 年出口量为 516 立方米，比 2011 年的 112 立方米增加 360.71%；出口额为 33384 美元，比 2011 年的 71793 美元减少 53.50%；其平均价格为 64.70 美元 / 立方米，比 2011 年的 641.01 美元 / 立方米下降 89.91%，最高价格为 2635.50 美元 / 立方米，最低价格为 10.44 美元 / 立方米，以出口国产量与出口总量比作为权重计算前 10 个国家加权平均价格为 64.70 美元 / 立方米，比 2011 年的 641.01 美元 / 立方米下降 89.91%，以 2011 年为基期计算 2012 年薄板制竹胶合板至少一表层本章子目注释 2 所列的热带木层，厚≤ 6 毫米的价格指数为 10.09。

其他薄板制竹胶板单板饰面板多层板，厚≤ 6 毫米（44121019）2012 年出口量为 86 533 立方米，比 2011 年的 87 491 立方米减少 1.10%；出口额为 40 141 215 美元，比 2011 年的 36 004 969 美元增加 11.49%；其平均价格为 463.88 美元 / 立方米，比 2011 年的 411.53 美元 / 立方米上升 12.72%，最高价格为 1496.38 美元 / 立方米，最低价格为 92.21 美元 / 立方米，以出口国产量与出口总量比作为权重计算前 10 个国家加权平均价格为 333.06 美元 / 立方米，比 2011 年的 247.01 美元 / 立方米上升 34.84%，以 2011 年为基期计算 2012 年其他薄板制竹胶板单板饰面板多层板，厚≤ 6 毫米的价格指数为 134.84。

其他薄板制竹胶板，单板饰面板及类似多层板（44121020）2012年出口量为675立方米，比2011年的1307立方米减少48.36%；出口额为615 220美元，比2011年的11 45 725美元减少46.30%；其平均价格为911.44美元/立方米，比2011年的876.61美元/立方米上升3.97%，最高价格为2034.55美元/立方米，最低价格为105.78美元/立方米，以出口国产量与出口总量比作为权重计算前10个国家加权平均价格为911.44美元/立方米，比2011年的976美元/立方米上升4.05%，以2011年为基期计算2012年其他薄板制竹胶板，单板饰面板及类似多层板的价格指数为104.05。

其他竹胶合板类似多层板至少一表层木碎料板（44121092）2012 年出口量为 470 立方米，比 2011 年的 76 立方米增加 518.42%；出口额为 682 258 美元，比 2011 年的 106 820 美元增加 538.70%；其平均价格为 1451.61 美元 / 立方米，比 2011 年的 1405.53 美元 / 立方米上升 3.28%，最高价格为 1507.43 美元 / 立方米，最低价格为 1209 美元 / 立方米，以出口国产量与出口总量比作为权重计算前 10 个国家加权平均价格为 1451.61 美元 / 立方米，比 2011 年的 708.82 美元 / 立方米上升 104.79%，以 2011 年为基期计算 2012 年其他竹胶合板类似多层板至少一表层木碎料板的价格指数为 204.79。

其他竹制胶合板、单板饰面板及类似的多层板（44121099）2012 年出口量为 17 922 立方米，比 2011 年的 12 384 立方米增加 44.72%；出口额为 23 821 716 美元，比 2011 年的 16 637 718 美元增加 43.18%；其平均价格为 1329.19 美元 / 立方米，比 2011 年的 1343.49 美元 / 立方米下降 1.06%，最高价格为 2781.65 美元 / 立方米，最低价格为 626.62 美元 / 立方米，以出口国产量与出口总量比作为权重计算前 10 个国家加权平均价格为 1055.90 美元 / 立方米，比 2011 年的 984.13 美元 / 立方米上升 7.29%，以 2011 年为基期计算 2012 年其他竹制胶合板、单板饰面板及类似的多层板的价格指数为 107.29。

其他薄板制胶合板至少一表层是子目注释 2 所列的热带木，厚≤ 6 毫米（44123100）2012 年出口量为 254 321 立方米，比 2011 年的 272 686 立方米减少 6.73%；出口额为 164 773 053 美元，比 2011 年的 174 977 775 美元减少 5.83%；其平均价格为 647.89 美元 / 立方米，比 2011 年的 641.68 美元 / 立方米上升 0.97%，最高价格为 1452.29 美元 / 立方米，最低价格为 411.16 美元 / 立方米，以出口国产量与出口总量比作为权重计算前 10 个国家加权平均价格为 472.81 美元 / 立方米，比 2011 年的 466.79 美元 / 立方米上升 1.29%，以 2011 年为基期计算 2012 年其他薄板制胶合板至少一表层是子目注释 2 所列的热带木，厚≤ 6 毫米的价格指数为 101.29。

其他薄板制胶合板至少一表层是温带木，厚≤6毫米（44123210）2012年出口量为6 184 981立方米，比2011年的5 777 785立方米增加7.05%；出口额为2 539 059 811美元，比2011年的2 210 853 634美元增加14.85%；其平均价格为410.52美元/立方米，比2011年的382.65美元/立方米上升7.28%，最高价格为547.84美元/立方米，最低价格为333.44美元/立方米，以出口国产量与出口总量比作为权重计算前10个国家加权平均价格为250.37美元/立方米，比2011年的224.40美元/立方米上升11.57%，以2011年为基期计算2012年其他薄板制胶合板至少一表层是温带木，厚≤6毫米的价格指数为111.57。

其他薄板制胶合板至少一表层非针叶木，厚≤6毫米（44123290）2012年出口量为496 036立方米，比2011年的326 980立方米增加51.70%；出口额为196 868 396美元，比2011年的137 580 852美元增加43.09%；其平均价格为396.88美元/立方米，比2011年的420.76美元/立方米下降5.68%，最高价格为1529.07美元/立方米，最低价格为331.78美元/立方米，以出口国产量与出口总量比作为权重计算前10个国家加权平均价格为355.62美元/立方米，比2011年的343.97美元/立方米上升3.39%，以2011年为基期计算2012年其他薄板制胶合板至少一表层非针叶木，厚≤6毫米的价格指数为103.39。

其他薄板制胶合板，厚≤ 6 毫米（44123900）2012 年出口量为 1 996 259 立方米，比 2011 年的 1 988 665 立方米增加 0.38%；出口额为 756 031 955 美元，比 2011 年的 720 810 179 美元增加 4.89%；其平均价格为 378.72 美元 / 立方米，比 2011 年的 362.46 美元 / 立方米上升 4.49%，最高价格为 836.02 美元 / 立方米，最低价格为 325.05 美元 / 立方米，以出口国产量与出口总量比作为权重计算前 10 个国家加权平均价格为 258.13 美元 / 立方米，比 2011 年的 241.02 美元 / 立方米上升 7.10%，以 2011 年为基期计算 2012 年其他薄板制胶合板，厚≤ 6 毫米的价格指数为 107.10。

其他木块芯胶合板等至少一表层是非针叶木（44129410）2012 年出口量为 338 290 立方米，比 2011 年的 357 719 立方米减少 5.43%；出口额为 399 472 503 美元，比 2011 年的 383 235 998 美元增加 4.24%；其平均价格为 1180.86 美元 / 立方米，比 2011 年的 1071.33 美元 / 立方米上升 10.22%，最高价格为 1927.20 美元 / 立方米，最低价格为 553.07 美元 / 立方米，以出口国产量与出口总量比作为权重计算前 10 个国家加权平均价格为 961.01 美元 / 立方米，比 2011 年的 831.26 美元 / 立方米上升 15.61%，以 2011 年为基期计算 2012 年其他木块芯胶合板等至少一表层是非针叶木的价格指数为 115.61。

其他木块芯胶合板等至少一表层是子目注释 2 所列的热带木（44129491）2012 年出口量为 12 立方米，比 2011 年的 832 立方米减少 98.56%；出口额为 7727 美元，比 2011 年的 325037 美元减少 97.62%；其平均价格为 643.92 美元 / 立方米，比 2011 年的 390.67 美元 / 立方米上升 64.82%。

其他木块芯胶合板等至少一表层是木碎料板（44129492）2012 年出口量为 2170 立方米，比 2011 年的 1381 立方米增加 57.13%；出口额为 1 380 095 美元，比 2011 年的 906 921 美元增加 52.17%；其平均价格为 635.99 美元 / 立方米，比 2011 年的 656.71 美元 / 立方米下降 3.16%，最高价格为 875.69 美元 / 立方米，最低价格为 273.36 美元 / 立方米，以出口国产量与出口总量比作为权重计算前 10 个国家加权平均价格为 631.35 美元 / 立方米，比 2011 年的 570.43 美元 / 立方米上升 10.68%，以 2011 年为基期计算 2012 年其他木块芯胶合板等至少一表层是木碎料板的价格指数为 110.68。

其他木块芯、侧板条芯、板条芯胶合板（44129499）2012 年出口量为 19 999 立方米，比 2011 年的 29 236 立方米减少 31.59%；出口额为 10 866 807 美元，比 2011 年的 16 001 738 美元减少 32.09%；其平均价格为 543.37 美元 / 立方米，比 2011 年的 547.33 美元 / 立方米下降 0.72%，最高价格为 1531.94 美元 / 立方米，最低价格为 316.63 美元 / 立方米，以出口国产量与出口总量比作为权重计算前 10 个国家加权平均价格为 512.53 美元 / 立方米，比 2011 年的 497.37 美元 / 立方米上升 3.05%，以 2011 年为基期计算 2012 年其他木块芯、侧板条芯、板条芯胶合板的价格指数为 103.05。

其他胶合板等至少一表层是非针叶木（44129910）2012 年出口量为 596 408 立方米，比 2011 年的 678 725 立方米减少 12.13%；出口额为 643 470 374 美元，比 2011 年的 620 088 267 美元增加 3.77%；其平均价格为 1078.91 美元 / 立方米，比 2011 年的 913.61 美元 / 立方米上升 18.09%，最高价格为 1816.30 美元 / 立方米，最低价格为 1148.49 美元 / 立方米，以出口国产量与出口总量比作为权重计算前 10 个国家加权平均价格为 861.60 美元 / 立方米，比 2011 年的 702.97 美元 / 立方米上升 22.57%，以 2011 年为基期计算 2012 年其他胶合板等至少一表层是非针叶木的价格指数为 122.57。

其他胶合板等至少一表层是木碎料板（44129992）2012 年出口量为 9060 立方米，比 2011 年的 5963 立方米增加 51.94%；出口额为 1 276 418 美元，比 2011 年的 1 052 204 美元增加 21.31%；其平均价格为 140.88 美元 / 立方米，比 2011 年的 176.46 美元 / 立方米下降 20.16%，最高价格为 1904.76 美元 / 立方米，最低价格为 92.29 美元 / 立方米，以出口国产量与出口总量比作为权重计算前 10 个国家加权平均价格为 136.24 美元 / 立方米，比 2011 年的 117.33 美元 / 立方米上升 16.12%，以 2011 年为基期计算 2012 年其他胶合板等至少一表层是木碎料板的价格指数为 116.12。

未列名胶合板、单板饰面板及类似的多层板（44129999）2012年出口量为29 946立方米，比2011年的31 114立方米减少3.75%；出口额为17 126 742美元，比2011年的20 182 169美元减少15.14%；其平均价格为571.92美元/立方米，比2011年的648.65美元/立方米下降11.83%，最高价格为1122.42美元/立方米，最低价格为364.83美元/立方米，以出口国产量与出口总量比作为权重计算前10个国家加权平均价格为443.61美元/立方米，比2011年的496.31美元/立方米下降10.62%，以2011年为基期计算2012年未列名胶合板、单板饰面板及类似的多层板的价格指数为89.38。

2. 胶合板进口监测

2012 年我国胶合板进口量为 178 626 立方米，比 2011 年的 188 449 立方米同比下降 5.21%，进口总额达到 119 325 813 美元，比 2011 年的 119 715 374 美元同比下降 0.33%。进口胶合板产品主要包括其他薄板制竹胶板单板饰面板多层板，厚≤ 6 毫米（44121019）、其他薄板制胶合板至少一表层是子目注释 2 所列的热带木，厚≤ 6 毫米（44123100）、其他薄板制胶合板至少一表层是温带木，厚≤ 6 毫米（44123210）、其他薄板制胶合板至少一表层非针叶木，厚≤ 6 毫米（44123290）、其他薄板制胶合板，厚≤ 6 毫米（44123900）、其他木块芯胶合板等至少一表层是非针叶木（44129410）、其他木块芯胶合板等至少一表层是子目注释 2 所列的热带木（44129491）、其他木块芯胶合板等至少一表层是木碎料板（44129492）、其他胶合板等至少一表层是非针叶木（44129910）、其他胶合板等至少一表层是子目注释 2 所列的热带木层（44129991）、未列名胶合板、单板饰面板及类似的多层板（44129999）等 11 类胶合板产品。

其他薄板制竹胶板单板饰面板多层板，厚≤ 6 毫米（44121019）2012 年进口量为 901 立方米，比 2011 年的 1516 立方米减少 40.57%；进口额为 386720 美元，比 2011 年的 1 159 478 美元减少 66.65%；其平均价格为 429.21 美元 / 立方米，比 2011 年的 764.83 美元 / 立方米下降 43.88%，最高价格为 6355 美元 / 立方米，最低价格为 297.86 美元 / 立方米，以进口国产量与进口总量比作为权重计算前 10 个国家加权平均价格为 421.75 美元 / 立方米，比 2011 年的 745.31 美元 / 立方米下降 43.41%，以 2011 年为基期计算 2012 年其他薄板制竹胶板单板饰面板多层板，厚≤ 6 毫米的价格指数为 56.59。

其他薄板制胶合板至少一表层是子目注释 2 所列的热带木，厚≤ 6 毫米（44123100）2012 年进口量为 39 875 立方米，比 2011 年的 31130 立方米增加 28.09%；进口额为 28 726 360 美元，比 2011 年的 22 208 697 美元增加 29.35%；其平均价格为 720.41 美元 / 立方米，比 2011 年的 713.42 美元 / 立方米增加 0.98%，最高价格为 24 953 美元 / 立方米，最低价格为 637.67 美元 / 立方米，以进口国产量与进口总量比作为权重计算前 10 个国家加权平均价格为 719.85 美元 / 立方米，比 2011

年的 707.85 美元 / 立方米上升 1.69%，以 2011 年为基期计算 2012 年其他薄板制胶合板至少一表层是子目注释 2 所列的热带木，厚≤ 6 毫米的价格指数为 101.69。

其他薄板制胶合板至少一表层是温带木，厚≤6毫米（44123210）2012年进口量为17 729立方米，比 2011 年的 21 660 立方米减少 18.15%；进口额为 17 330 578 美元，比 2011 年的 17 831 922 美元减少 2.81%；其平均价格为 977.53 美元 / 立方米，比 2011 年的 823.27 美元 / 立方米增加 18.74%，最高价格为 6802.30 美元 / 立方米，最低价格为 165.29 美元 / 立方米，以进口国产量与进口总量比作为权重计算前 10 个国家加权平均价格为 968.92 美元 / 立方米，比 2011 年的 798.26 美元 / 立方米上升 21.38%，以 2011 年为基期计算 2012 年其他薄板制胶合板至少一表层是温带木，厚≤ 6 毫米的价格指数为 121.38。

其他薄板制胶合板至少一表层非针叶木，厚≤6毫米（44123290）2012年进口量为67 672立方米，比 2011 年的 79 682 立方米减少 15.07%；进口额为 30 267 147 美元，比 2011 年的 3 9315 036 美元减少 23.01%；其平均价格为 447.26 美元 / 立方米，比 2011 年的 493.40 美元 / 立方米下降 9.35%，最高价格为 6629.00 美元 / 立方米，最低价格为 397.59 美元 / 立方米，以进口国产量与进口总量比作为权重计算前 10 个国家加权平均价格为 447.10 美元 / 立方米，比 2011 年的 490.39 美元 / 立方米下降 8.83%，以 2011 年为基期计算 2012 年其他薄板制胶合板至少一表层非针叶木，厚≤ 6 毫米的价格指数为 91.17。

其他薄板制胶合板，厚≤ 6 毫米（44123900）2012 年进口量为 16 598 立方米，比 2011 年的 15 504 立方米增加 7.06%；进口额为 11 582 021 美元，比 2011 年的 11 021 327 美元增加 5.09%；其平均价格为 697.80 美元 / 立方米，比 2011 年的 710.87 美元 / 立方米下降 1.84%，最高价格为 2191.48 美元 / 立方米，最低价格为 372.11 美元 / 立方米，以进口国产量与进口总量比作为权重计算前 10 个国家加权平均价格为 682.48 美元 / 立方米，比 2011 年的 688.13 美元 / 立方米下降 0.82%，以 2011 年为基期计算 2012 年其他薄板制胶合板，厚≤ 6 毫米的价格指数为 99.18。

其他木块芯胶合板等至少一表层是非针叶木（44129410）2012年进口量为3379立方米，比2011年的3819立方米减少11.52%；进口额为1 794 011美元，比2011年的1 552 157美元增加15.58%；其平均价格为530.93美元/立方米，比2011年的406.43美元/立方米上升30.63%，最高价格为33709.90美元/立方米，最低价格为346.14美元/立方米，以进口国产量与进口总量比作为权重计算前10个国家加权平均价格为528.25美元/立方米，比2011年的403.14美元/立方米上升31.03%，以2011年为基期计算2012年其他木块芯胶合板等至少一表层是非针叶木的价格指数为131.03。

其他木块芯胶合板等至少一表层是子目注释 2 所列的热带木（44129491）2012 年进口量为 401 立方米，比 2011 年的 659 立方米减少 39.15%；进口额为 534 513 美元，比 2011 年的 1 142 778 美元减少 53.23%；其平均价格为 1332.95 美元 / 立方米，比 2011 年的 1734.11 美元 / 立方米下降 23.13%，最高价格为 1895.77 美元 / 立方米，最低价格为 395.57 美元 / 立方米，以进口国产量与进口总量比作为权重计算前 10 个国家加权平均价格为 1332.69 美元 / 立方米，比 2011 年的 1734.11 美元 / 立方米下降 23.15%，以 2011 年为基期计算 2012 年其他木块芯胶合板等至少一表层是子目注释 2 所列的热带木的价格指数为 76.85。

其他木块芯胶合板等至少一表层是木碎料板（44129492）2012年进口量为370立方米，比2011年的478立方米减少22.59%；进口额为374 307美元，比2011年的516 140美元减少27.48%；其平均价格为1011.64美元/立方米，比2011年的1079.79美元/立方米下降6.31%，最高价格为2860.56美元/立方米，最低价格为338.80美元/立方米，以进口国产量与进口总量比作为权重计算前10个国家加权平均价格为988.05美元/立方米，比2011年的987.55美元/立方米上升0.05%，以2011年为基期计算2012年其他木块芯胶合板等至少一表层是木碎料板的价格指数为100.05。

其他胶合板等至少一表层是非针叶木（44129910）2012年进口量为26 088立方米，比2011年的29 935立方米减少12.85%；进口额为24 437 205美元，比2011年的22 086 363美元增加10.64%；其平均价格为936.72美元/立方米，比2011年的737.81美元/立方米上升26.96%，最高价格为3865.25美元/立方米，最低价格为441.34美元/立方米，以进口国产量与进口总量比作为权重计算前10个国家加权平均价格为898.18美元/立方米，比2011年的696.00美元/立方米上升29.05%，以2011年为基期计算2012年其他胶合板等至少一表层是非针叶木的价格指数为129.05。

其他胶合板等至少一表层是子目注释2所列的热带木层（44129991）2012年进口量为110立方米，比2011年的94立方米增加17.02%；进口额为273 914美元，比2011年的258 185美元增加6.09%；其平均价格为2490.13美元/立方米，比2011年的2746.65美元/立方米下降9.34%，最高价格为2504.28美元/立方米，最低价格为468.00美元/立方米，以进口国产量与进口总量比作为权重计算前10个国家加权平均价格为2485.76美元/立方米，比2011年的2691.21美元/立方米下降7.63%，以2011年为基期计算2012年其他胶合板等至少一表层是子目注释2所列的热带木层的价格指数为92.37。

未列名胶合板、单板饰面板及类似的多层板（44129999）2012年进口量为5503立方米，比2011年的3971立方米增加38.58%；进口额为3 618 586美元，比2011年的2 622 805美元增加37.97%；其平均价格为657.57美元/立方米，比2011年的660.49美元/立方米下降0.44%，最高价格为1026.64美元/立方米，最低价格为105.79美元/立方米，以进口国产量与进口总量比作为权重计算前10个国家加权平均价格为644.99美元/立方米，比2011年的570.71美元/立方米上升13.01%，以2011年为基期计算2012年未列名胶合板、单板饰面板及类似的多层板的价格指数为113.01。

8.1.2.7 纸浆板进出口监测

1. 纸浆板出口监测

2012年我国纸浆板出口量为21 465 519千克，比2011年的32 952 062千克同比下降34.86%，出口总额达到14 350 136美元，比2011年的35 446 248美元同比下降59.52%。出口纸浆板产品主要包括机械木浆（47010000）、化学木浆、溶解级（47020000）、未漂白的针叶木烧碱木浆或硫酸盐木浆（47031100）、半漂白或漂白的针叶木烧碱木浆或硫酸盐木浆（47032100）、半漂白或漂白非针叶木烧碱木浆或硫酸盐木浆（47032900）、半漂白或漂白的针叶木亚硫酸盐木浆（47042100）、从回收（废碎）纸或纸板提取的纤维浆（47062000）、其他纤维状纤维素竹浆（47063000）等8类纸浆板产品。

机械木浆（47010000）2012年出口量为180 872千克，比2011年的590 177千克减少

69.35%；出口额为 108 208 美元，比 2011 年的 311 375 美元减少 65.25%；其平均价格为 0.60 美元 / 千克，比 2011 年的 0.53 美元 / 千克上升 13.39%，最高价格为 0.96 美元 / 千克，最低价格为 0.54 美元 / 千克，以出口国产量与出口总量比作为权重计算前 10 个国家加权平均价格为 0.60 美元 / 千克，比 2011 年的 0.53 美元 / 千克上升 13.39%，以 2011 年为基期计算 2012 年机械木浆的价格指数为 113.39。

化学木浆、溶解级（47020000）2012 年出口量为 757 917 千克，比 2011 年的 14 632 342 千克减少 94.82%；出口额为 762 873 美元，比 2011 年的 21 646 841 美元减少 96.48%；其平均价格为 1.01 美元 / 千克，比 2011 年的 1.48 美元 / 千克下降 31.96%，最高价格为 1.75 美元 / 千克，最低价格为 0.87 美元 / 千克，以出口国产量与出口总量比作为权重计算前 10 个国家加权平均价格为 1.01 美元 / 千克，比 2011 年的 1.48 美元 / 千克下降 31.96%，以 2011 年为基期计算 2012 年化学木浆、溶解级的价格指数为 68.04。

未漂白的针叶木烧碱木浆或硫酸盐木浆（47031100）2012 年出口量为 7984 千克，比 2011 年的 579 355 千克减少 98.62%；出口额为 4395 美元，比 2011 年的 450 240 美元减少 99.02%；其平均价格为 0.55 美元 / 千克，比 2011 年的 0.78 美元 / 千克下降 29.17%，最高价格为 0.55 美元 / 千克，最低价格为 0.20 美元 / 千克，以出口国产量与出口总量比作为权重计算前 10 个国家加权平均价格为 0.55 美元 / 千克，比 2011 年的 0.78 美元 / 千克下降 29.17%，以 2011 年为基期计算 2012 年未漂白的针叶木烧碱木浆或硫酸盐木浆的价格指数为 70.83。

半漂白或漂白的针叶木烧碱木浆或硫酸盐木浆（47032100）2012 年出口量为 4 255 519 千克，比 2011 年的 4 312 518 千克减少 1.32%；出口额为 3 266 812 美元，比 2011 年的 3 913 243 美元减少 16.52%；其平均价格为 0.77 美元 / 千克，比 2011 年的 0.91 美元 / 千克下降 15.40%，最高价格为 1.20 美元 / 千克，最低价格为 0.66 美元 / 千克，以出口国产量与出口总量比作为权重计算前 10 个国家加权平均价格为 0.74 美元 / 千克，比 2011 年的 0.36 美元 / 千克上升 105.38%，以 2011 年为基期计算 2012 年半漂白或漂白的针叶木烧碱木浆或硫酸盐木浆的价格指数为 205.38。

半漂白或漂白非针叶木烧碱木浆或硫酸盐木浆（47032900）2012 年出口量为 14 165 087 千克，比 2011 年的 11 055 649 千克增加 28.13%；出口额为 8 465 373 美元，比 2011 年的 7 520 008 美元增加 12.57%；其平均价格为 0.60 美元 / 千克，比 2011 年的 0.68 美元 / 千克下降 12.14%，最高价格为 0.70 美元 / 千克，最低价格为 0.59 美元 / 千克，以出口国产量与出口总量比作为权重计算前 10 个国家加权平均价格为 0.60 美元 / 千克，比 2011 年的 0.45 美元 / 千克上升 34.06%，以 2011 年为基期计算 2012 年半漂白或漂白非针叶木烧碱木浆或硫酸盐木浆的价格指数为 134.06。

半漂白或漂白的针叶木亚硫酸盐木浆（47042100）2012 年出口量为 74 809 千克，比 2011 年的 350 255 千克减少 78.64%；出口额为 57 979 美元，比 2011 年的 277 000 美元减少 79.07%；其平均价格为 0.78 美元 / 千克，比 2011 年的 0.79 美元 / 千克下降 2%，以出口国产量与出口总量比作为权重计算前 10 个国家加权平均价格为 0.78 美元 / 千克，比 2011 年的 0.75 美元 / 千克上升 2.82%，以 2011 年为基期计算 2012 年半漂白或漂白的针叶木亚硫酸盐木浆的价格指数为 102.82。

从回收（废碎）纸或纸板提取的纤维浆（47062000）2012 年出口量为 472 567 千克，比 2011

年的 305 731 千克增加 54.57%；出口额为 223 586 美元，比 2011 年的 104 537 美元增加 113.88%；其平均价格为 0.47 美元 / 千克，比 2011 年的 0.34 美元 / 千克上升 38.37%，最高价格为 1.28 美元 / 千克，最低价格为 0.40 美元 / 千克，以出口国产量与出口总量比作为权重计算前 10 个国家加权平均价格为 0.47 美元 / 千克，比 2011 年的 0.28 美元 / 千克上升 71.69%，以 2011 年为基期计算 2012 年从回收（废碎）纸或纸板提取的纤维浆的价格指数为 171.69。

其他纤维状纤维素竹浆（47063000）2012 年出口量为 1 550 764 千克，比 2011 年的 1 126 035 千克增加 37.72%；出口额为 1 460 910 美元，比 2011 年的 1 223 004 美元增加 19.45%；其平均价格为 0.94 美元 / 千克，比 2011 年的 1.09 美元 / 千克下降 13.26%，最高价格为 1.23 美元 / 千克，最低价格为 0.89 美元 / 千克，以出口国产量与出口总量比作为权重计算前 10 个国家加权平均价格为 0.94 美元 / 千克，比 2011 年的 0.86 美元 / 千克上升 9.61%，以 2011 年为基期计算 2012 年其他纤维状纤维素竹浆的价格指数为 109.61。

2. 纸浆板进口监测

2012 年我国纸浆板进口量为 16 402 477 362 千克，比 2011 年的 14 377 374 293 千克同比上升 14.09%，进口总额达到 10 918 125 188 美元，比 2011 年的 11 866 548 440 美元同比减少 7.99%。进口纸浆板产品主要包括机械木浆（47010000）、化学木浆、溶解级（47020000）、未漂白的针叶木烧碱木浆或硫酸盐木浆（47031100）、未漂白的非针叶木烧碱木浆或硫酸盐木浆（47031900）、半漂白或漂白的针叶木烧碱木浆或硫酸盐木浆（47032100）、半漂白或漂白非针叶木烧碱木浆或硫酸盐木浆（47032900）、未漂白的针叶木亚硫酸盐木浆（47041100）、未漂白的非针叶木亚硫酸盐木浆（47041900）、半漂白或漂白的针叶木亚硫酸盐木浆（47042100）、半漂白或漂白的非针叶木亚硫酸盐木浆（47042900）、用机械与化学联合制浆法制得的木浆（47050000）、从回收（废碎）纸或纸板提取的纤维浆（47062000）、其他纤维状纤维素竹浆（47063000）等 13 类纸浆板产品。

机械木浆（47010000）2012 年进口量为 10 767 208 千克，比 2011 年的 58 442 075 千克减少 81.78%；进口额为 5 799 017 美元，比 2011 年的 32 709 784 美元减少 82.27%；其平均价格为 0.54 美元 / 千克，比 2011 年的 0.56 美元 / 千克下降 3.77%，最高价格为 22.80 美元 / 千克，最低价格为 0.48 美元 / 千克，以进口国产量与进口总量比作为权重计算前 10 个国家加权平均价格为 0.54 美元 / 千克，比 2011 年的 0.55 美元 / 千克下降 2.55%，以 2011 年为基期计算 2012 年机械木浆的价格指数为 97.45。

化学木浆、溶解级（47020000）2012年进口量为1 579 193 349千克，比2011年的1 145 315 831千克增加37.88%；进口额为1 822 608 878美元，比2011年的2 064 080 329美元减少11.70%；其平均价格为1.15美元/千克，比2011年的1.80美元/千克下降35.96%，最高价格为1.54美元/千克，最低价格为0.95美元/千克，以进口国产量与进口总量比作为权重计算前10个国家加权平均价格为1.12美元/千克，比2011年的1.73美元/千克下降35.59%，以2011年为基期计算2012年化学木浆、溶解级的价格指数为64.42。

未漂白的针叶木烧碱木浆或硫酸盐木浆（47031100）2012 年进口量为 673 884 191 千克，比 2011 年的 597 551 653 千克增加 12.77%；进口额为 372 476 087 美元，比 2011 年的 405 794 380 美

元减少 8.21%；其平均价格为 0.55 美元 / 千克，比 2011 年的 0.68 美元 / 千克下降 18.61%，最高价格为 0.67 美元 / 千克，最低价格为 0.50 美元 / 千克，以进口国产量与进口总量比作为权重计算前 10 个国家加权平均价格为 0.55 美元 / 千克，比 2011 年的 0.68 美元 / 千克下降 18.29%，以 2011 年为基期计算 2012 年未漂白的针叶木烧碱木浆或硫酸盐木浆的价格指数为 81.71。

未漂白的非针叶木烧碱木浆或硫酸盐木浆（47031900）2012 年进口量为 4 941 930 千克，比 2011 年的 25 830 850 千克减少 80.87%；进口额为 2 999 899 美元，比 2011 年的 11 453 061 美元减少 73.81%；其平均价格为 0.61 美元 / 千克，比 2011 年的 0.44 美元 / 千克上升 36.91%，最高价格为 0.64 美元 / 千克，最低价格为 0.54 美元 / 千克，以进口国产量与进口总量比作为权重计算前 10 个国家加权平均价格为 0.61 美元 / 千克，比 2011 年的 0.44 美元 / 千克上升 36.97%，以 2011 年为基期计算 2012 年未漂白的非针叶木烧碱木浆或硫酸盐木浆的价格指数为 136.97。

半漂白或漂白的针叶木烧碱木浆或硫酸盐木浆（47032100）2012 年进口量为 6 589 138 819 千克，比 2011 年的 5 824 639 911 千克增加 13.13%；进口额为 4 336 455 571 美元，比 2011 年的 4 898 183 890 美元减少 11.47%；其平均价格为 0.66 美元 / 千克，比 2011 年的 0.84 美元 / 千克下降 21.74%，最高价格为 0.68 美元 / 千克，最低价格为 0.63 美元 / 千克，以进口国产量与进口总量比作为权重计算前 10 个国家加权平均价格为 0.65 美元 / 千克，比 2011 年的 0.82 美元 / 千克下降 20.05%，以 2011 年为基期计算 2012 年半漂白或漂白的针叶木烧碱木浆或硫酸盐木浆的价格指数为 79.95。

半漂白或漂白非针叶木烧碱木浆或硫酸盐木浆（47032900）2012 年进口量为 6 076 718 116 千克，比 2011 年的 5 257 952 258 千克增加 15.57%；进口额为 3 577 027 283 美元，比 2011 年的 3 604 631 023 美元减少 0.77%；其平均价格为 0.59 美元 / 千克，比 2011 年的 0.69 美元 / 千克下降 14.14%，最高价格为 0.64 美元 / 千克，最低价格为 0.54 美元 / 千克，以进口国产量与进口总量比作为权重计算前 10 个国家加权平均价格为 0.58 美元 / 千克，比 2011 年的 0.67 美元 / 千克下降 13.60%，以 2011 年为基期计算 2012 年半漂白或漂白非针叶木烧碱木浆或硫酸盐木浆的价格指数为 86.40。

未漂白的针叶木亚硫酸盐木浆（47041100）2012 年进口量为 9 704 099 千克，比 2011 年的 7 205 456 千克增加 34.68%；进口额为 4 785 874 美元，比 2011 年的 4099793 美元增加 16.73%；其平均价格为 0.49 美元 / 千克，比 2011 年的 0.57 美元 / 千克下降 13.32%，最高价格为 1.13 美元 / 千克，最低价格为 0.38 美元 / 千克，以进口国产量与进口总量比作为权重计算前 10 个国家加权平均价格为 0.49 美元 / 千克，比 2011 年的 0.44 美元 / 千克上升 13.14%，以 2011 年为基期计算 2012 年未漂白的针叶木亚硫酸盐木浆的价格指数为 113.14。

未漂白的非针叶木亚硫酸盐木浆（47041900）2012 年进口量为 120 033 千克，比 2011 年的 330 365 千克减少 63.67%；进口额为 108 205 美元，比 2011 年的 236 434 美元减少 54.23%；其平均价格为 0.90 美元 / 千克，比 2011 年的 0.72 美元 / 千克上升 25.96%，最高价格为 1.32 美元 / 千克，最低价格为 0.21 美元 / 千克，以进口国产量与进口总量比作为权重计算前 10 个国家加权平均价格为 0.90 美元 / 千克，比 2011 年的 0.72 美元 / 千克上升 25.96%，以 2011 年为基期计算 2012 年未漂白的非针叶木亚硫酸盐木浆的价格指数为 125.96。

半漂白或漂白的针叶木亚硫酸盐木浆（47042100）2012 年进口量为 24 716 031 千克，比 2011

年的 85 639 400 千克减少 71.14%；进口额为 17 835 608 美元，比 2011 年的 89 117 771 美元减少 79.99%；其平均价格为 0.72 美元 / 千克，比 2011 年的 1.04 美元 / 千克下降 30.65%，最高价格为 1.80 美元 / 千克，最低价格为 0.53 美元 / 千克，以进口国产量与进口总量比作为权重计算前 10 个国家加权平均价格为 0.72 美元 / 千克，比 2011 年的 0.65 美元 / 千克上升 10.69%，以 2011 年为基期计算 2012 年半漂白或漂白的针叶木亚硫酸盐木浆的价格指数为 110.69。

半漂白或漂白的非针叶木亚硫酸盐木浆（47042900）2012 年进口量为 5 797 024 千克，比 2011 年的 9 271 311 千克减少 37.47%；进口额为 6 339 632 美元，比 2011 年的 9 306 482 美元减少 31.88%；其平均价格为 1.09 美元 / 千克，比 2011 年的 1 美元 / 千克上升 8.95%，最高价格为 4.34 美元 / 千克，最低价格为 0.89 美元 / 千克，以进口国产量与进口总量比作为权重计算前 10 个国家加权平均价格为 1.09 美元 / 千克，比 2011 年的 0.95 美元 / 千克上升 14.77%，以 2011 年为基期计算 2012 年半漂白或漂白的非针叶木亚硫酸盐木浆的价格指数为 114.77。

用机械与化学联合制浆法制得的木浆（47050000）2012 年进口量为 1 405 781 916 千克，比 2011 年的 1 342 432 194 千克增加 4.72%；进口额为 759 178 345 美元，比 2011 年的 732 808 098 美元增加 3.60%；其平均价格为 0.54 美元 / 千克，比 2011 年的 0.55 美元 / 千克下降 1.07%，最高价格为 0.58 美元 / 千克，最低价格为 0.43 美元 / 千克，以进口国产量与进口总量比作为权重计算前 10 个国家加权平均价格为 0.54 美元 / 千克，比 2011 年的 0.54 美元 / 千克保持不变，以 2011 年为基期计算 2012 年用机械与化学联合制浆法制得的木浆的价格指数为 100.00。

从回收（废碎）纸或纸板提取的纤维浆（47062000）2012年进口量为19 561 512千克，比2011年的13 189 800千克增加48.31%；进口额为11 187 959美元，比2011年的7 974 840美元增加40.29%；其平均价格为0.57美元/千克，比2011年的0.60美元/千克下降5.41%，最高价格为0.96美元/千克，最低价格为0.45美元/千克，以进口国产量与进口总量比作为权重计算前10个国家加权平均价格为0.57美元/千克，比2011年的0.60美元/千克下降5.22%，以2011年为基期计算2012年从回收（废碎）纸或纸板提取的纤维浆的价格指数为94.78。

其他纤维状纤维素竹浆（47063000）2012 年进口量为 2 153 134 千克，比 2011 年的 9 573 189 千克减少 77.51%；进口额为 1 322 830 美元，比 2011 年的 6 152 555 美元减少 78.50%；其平均价格为 0.61 美元 / 千克，比 2011 年的 0.64 美元 / 千克下降 4.41%，最高价格为 4.19 美元 / 千克，最低价格为 0.58 美元 / 千克，以进口国产量与进口总量比作为权重计算前 10 个国家加权平均价格为 0.61 美元 / 千克，比 2011 年的 0.64 美元 / 千克下降 4.41%，以 2011 年为基期计算 2012 年其他纤维状纤维素竹浆的价格指数为 95.59。

8.1.3 主要林产品进出口前 50 家企业进出口监测

2012 年我国木家具出口前 50 家企业的出口额为 418 421.50 万美元，占全部木家具出口额的 22.83%；纸制品出口前 50 家企业的出口额为 388 910.03 万美元，占全部纸制品出口额的 28.34%；胶合板出口前 50 家企业的出口额为 178 672.08 万美元，占全部胶合板出口额的 37.45%；纤维板出口前 50 家企业的出口额为 89 721.47 万美元，占全部纤维板出口额的 55.60%；木门窗出口前 50 家企业的出口额为 42856.78 万美元，占全部木门窗出口额的 58.13%；木地板出口前 50 家企业的出口额为 25115.63 万美元，占全部木地板出口额的 71.61%；单板出口前 50 家企业的出口额为 16089.13 万美元，占全部单板出口额的 68.63%；刨花板出口前 50 家企业的出口额为 4673.50 万美元，占全部刨花板出口额的 68.12%，见表 8-3。

表 8-3　2012 年我国主要林产品出口前 50 家企业状况

商　品	单位	出口数量	占总量比例（%）	出口金额（万美元）	占金额比例（%）
木家具	吨	-	-	418 421.50	22.83
纸制品	吨	3 654 560	48.20	388 910.03	28.34
胶合板	万立方米	374	37.31	178 672.08	37.45
纤维板	吨	1 501 138	54.08	89 721.47	55.60
木门窗	吨	173 542	50.37	42 856.78	58.13
木地板	吨	168 182	70.26	25 115.63	71.61
单　板	吨	81 230	52.67	16 089.13	68.63
刨花板	吨	92 305	63.95	4673.50	68.12

2012 年我国原木进口前 50 家企业的进口额为 365 888.21 万美元，占全部原木进口额的 50.46%；锯材进口前 50 家企业的出口额为 210 800.04 万美元，占全部锯材进口额的 38.16%；胶合板进口前 50 家企业的出口额为 10 062.89 万美元，占全部胶合板进口额的 84.19%；木片进口前 50 家企业的出口额为 133 169 万美元，占全部木片进口额的 99.99%；纸浆进口前 50 家企业的出口额为 629 672.70 万美元，占全部纸浆进口额的 57.64%。见表 8-4。

表 8-4　2012 年我国主要林产品进口前 50 家企业状况

商　品	单位	进口数量	占总量比例（%）	出口金额（万美元）	占金额比例（%）
原　木	万立方米	2021	53.32	365 888.21	50.46
锯　材	万立方米	885	42.80	210 800.04	38.16
胶合板	万立方米	15	83.61	10 062.89	84.19
木　片	吨	758	99.995	133 169.00	99.99
纸　浆	吨	921	56.21	629 672.70	57.64

8.1.4 林产品进出口国家（地区）监测

原木进出口国家（地区）116个，比2011年增加9个。2012年原木出口量大的国家是越南，出口金额0.014亿美元；原木前10国家进口金额55.23亿美元，占原木进口总额72.51亿美元的76.16%。

锯材进出口国家（地区）163个，比2011年增加24个。2012年锯材前10国家（地区）出口金额3.15亿美元，占锯材出口总额3.31亿美元的95.13%；锯材前10国家进口金额48.07亿美元，占锯材进口总额55.24亿美元的87.03%。

单板进出口国家（地区）140个，比2011年增加28个。2012年单板前10国家出口金额1.60亿美元，占单板出口总额2.34亿美元的68.18%；单板前10国家进口金额1.12亿美元，占单板进口总额1.35亿美元的82.71%。

异形材进出口国家（地区）97个，比2011年增加26个。2012年异形材前10国家出口金额0.25亿美元，占异形材出口总额0.26亿美元的94.18%；异形材前10国家进口金额0.087亿美元，占异形材进口总额0.090亿美元的95.80%。

刨花板进出口国家（地区）146个，比2011年增加22个。2012年刨花板前10国家（地区）出口金额0.39亿美元，占刨花板出口总额0.66亿美元的58.65%；刨花板前10国家进口金额1.08亿美元，占刨花板进口总额1.17亿美元的92.19%。

纤维板进出口国家（地区）197个，比2011年增加12个。2012年纤维板前10国家出口金额11.21亿美元，占纤维板出口总额16.14亿美元的69.49%；纤维板前10国家进口金额0.82亿美元，占纤维板进口总额0.94亿美元的87.08%。

胶合板进出口国家（地区）207个，比2011年增加10个。2012年胶合板前10国家出口金额27.90亿美元，占胶合板出口总额47.96亿美元的58.17%；胶合板前10国家进口金额1.11亿美元，占胶合板进口总额1.20亿美元的93.24%。

木竹地板进出口国家（地区）158个，比2011年增加25个。2012年木竹地板前10国家（地区）出口金额7.06亿美元，占木竹地板出口总额8.04亿美元的87.82%；木竹地板前10国家进口金额0.32亿美元，占木竹地板进口总额0.34亿美元的94.22%。

木竹筷子进出口国家（地区）101个，比2011年增加20个。2012年木竹筷子前10国家（地区）出口金额1.71亿美元，占木竹筷子出口总额1.87亿美元的91.76%；木竹筷子前10国家进口金额7 289 787美元，占木竹筷子进口总额7 290 931美元的99.98%。

木竹制品进出口国家（地区）213个，比2011年增加12个。2012年木竹制品前10国家（地区）出口金额25.62亿美元，占木竹制品出口总额34.56亿美元的74.14%；木竹制品前10国家进口金额2.11亿美元，占木竹制品进口总额2.42亿美元的87.14%。

木竹家具进出口国家（地区）217个，比2011年增加6个。2012年木竹家具前10国家出口金额128.01亿美元，占木竹家具出口总额183.96亿美元的69.58%；木竹家具前10国家进口金额4.87亿美元，占木竹家具进口总额5.98亿美元的81.37%。

木片进出口国家(地区)43个,比2011年增加11个。2012年只有7个国家出口木片,金额0.0003亿美元;木片前10国家进口金额13.24亿美元,占木片进口总额13.32亿美元的99.45%。

木竹果炭进出口国家(地区)114个,比2011年增加26个。2012年木竹果炭前10国家出口金额0.34亿美元,占木竹果炭出口总额0.44亿美元的75.60%;木竹果炭前10国家进口金额0.577亿美元,占木竹果炭进口总额0.58亿美元的99.38%。

强化木进出口国家(地区)94个,比2011年增加36个。2012年强化木前10国家出口金额0.044亿美元,占强化木出口总额0.061亿美元的71.82%;强化木前10国家进口金额0.033亿美元,占强化木进口总额0.034亿美元的99.49%。

锯末等进出口国家(地区)90个,比2011年增加25个。2012年锯末等前10国家出口金额0.033亿美元,占锯末等出口总额0.036亿美元的91.86%;锯末等前10国家进口金额0.01亿美元,占锯末等进口总额0.011亿美元的95.16%。

木竹浆进出口国家(地区)78个,比2011年增加18个。2012年木竹浆前10国家(地区)出口金额0.134亿美元,占木竹浆出口总额0.144亿美元的92.92%;木竹浆前10国家进口金额101.94亿美元,占木竹浆进口总额109.18亿美元的93.36%。

废纸进出口国家(地区)91个,比2011年增加22个。2012年我国废纸出口总额0.008亿美元;废纸前10国家进口金额57.73亿美元,占废纸进口总额62.74亿美元的92.02%。

木竹纸制品进出口国家(地区)225个,比2011年增加7个。2012年木竹纸制品前10国家(地区)出口金额75.91亿美元,占木竹纸制品出口总额137.15亿美元的55.35%;木竹纸制品前10国家进口金额36.80亿美元,占木竹纸制品进口总额45.92亿美元的80.15%。

木门窗进出口国家(地区)192个,比2011年增加18个。2012年木门窗前10国家(地区)出口金额5.41亿美元,占木门窗出口总额7.37亿美元的73.39%;木门窗前10国家进口金额0.08亿美元,占木门窗进口总额0.09亿美元的89.82%。

印刷品进出口国家(地区)221个,比2011年增加16个,见表8-5。

表8-5　2012年我国主要林产品进出口国家(地区)数量

单位:个

类别	数量	与2011年相比增减	类别	数量	与2011年相比增减
原　木	116	9	木竹家具	217	6
锯　材	163	24	木　片	43	11
单　板	140	28	木竹果炭	114	26
异形材	97	26	强化木	94	36
刨花板	146	22	锯末等	90	25
纤维板	197	12	木竹浆	78	18
胶合板	207	10	废纸	91	22
木竹地板	158	25	木竹纸制品	225	7

（续表）

类别	数量	与 2011 年相比增减	类别	数量	与 2011 年相比增减
木竹筷子	101	20	木门窗	192	18
木竹制品	213	12	印刷品	221	16

8.1.5 我国林业境外投资监测

2012 年我国核准 263 家境外投资林业企业，比上年增加 6.91%，主要投资项目包括森林采伐和木材加工、木竹地板、家具制造、木竹浆及纸制品、竹藤制品、橡胶等，见表 8-6。境外投资林业企业主要分布在俄罗斯、老挝、柬埔寨、美国、加拿大、泰国等国家和地区，见表 8-7。境外投资林业企业的境内投资主体主要分布在浙江省、山东省、广东省、江苏省、黑龙江省等林业资源丰富、林业产业发达的地区，见表 8-8。

表 8-6　境外投资林业企业各产业的企业数量

单位：个

序号	产业类型	2012 年	2011 年	比 2011 年增减（%）
1	森林采伐和木材加工及国际贸易	85	93	（8.60）
2	地板	10	13	（23.08）
3	家具	47	26	（80.77）
4	人造板	4	4	0
5	纸（浆）	34	36	（5.56）
6	竹（藤）	10	3	233.33
7	橡胶（棕榈）	28	35	（20）
8	其他	45	36	25
合计		263	246	6.91

表 8-7　境外投资林业企业数量排前 10 位的国家和地区

单位：个

序号	投资国家 / 地区	2012 年投资数量	2011 年投资数量	比 2011 年增减（%）
1	中国香港	55	37	48.65
2	俄罗斯	33	58	（43.10）
3	老　挝	28	17	64.71
4	柬埔寨	22	9	144.44
5	美　国	19	23	（17.39）
6	加拿大	9	4	125
	泰　国	9	12	（25）

（续表）

序号	投资国家 / 地区	2012 年投资数量	2011 年投资数量	比 2011 年增减（%）
7	印度尼西亚	8	5	60
8	新加坡	6	3	100
	越　南	6	6	0
9	阿联酋	4	2	100
	澳大利亚	4	4	0
	马来西亚	4	4	0
	缅　甸	4	1	300
	新西兰	4		
10	韩　国	3	5	（40）
	日　本	3	3	0

表 8-8　境外投资林业企业数量排前 10 位的省（区、市）

单位：个

序号	企业境内所在省（区、市）	2012 年	2011 年	比 2011 年增减（%）
1	浙　江	47	14	48.39
2	山　东	33	32	（28.89）
3	广　东	31	25	8.70
4	江　苏	26	23	（32.35）
5	黑龙江	22	46	33.33
6	湖　南	19	13	（69.57）
7	云　南	14	11	225
8	北　京	11	5	（15.38）
9	广西壮族自治区	10	3	28.57
10	辽　宁	9	8	（42.86）

8.2　林产品进出口贸易风险分析

8.2.1　人民币汇率对进出口贸易影响

我国进出口产品种类繁多，本研究主要选取产值占我国进出口贸易总额份额较高的大类产品进行分析，其中规格品占所属类别份额较高，价格变动趋势和变动程度有较强的代表性，即选中规格品的价格变动特征与未选中规格品之间价格变动的相关性愈高愈好的品种进行分析。根据上述原则，本研究选择了以下11种产品进行分析，具体分析如下。

1．进口红松和樟子松原木（44032010）

本研究以2006年为基期进行定基指数分析。如图8-1所示，红松和樟子松进口数量基本呈现逐年下降趋势，2007年达到最高点，为111.46点，在2012年降至最低点，为48.46点；与此相应，进口金额也基本呈现下行趋势，在2011年出现异常波动，为117.05点，其余年份趋势较为明显，于2012年降至最低点，为74.59点。人民币对美元的汇率呈现明显下行趋势，由2006年基期的100点，降至2012年的79.62点，7年内人民币升值幅度较大；价格指数波动较为明显，但较之于基期，价格上升显而易见，于2011年达到最高点，为158.82点，2012年略有下降，为153.90点。人民币对美元汇率的下降，一定程度上促进了红松和樟子松的进口数量的增长。

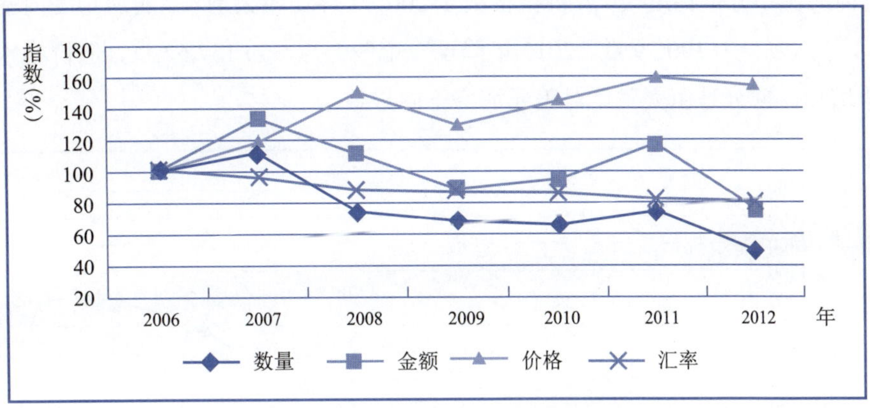

图8-1　2006～2012年进口红松和樟子松原木价格指数与汇率变动比

2．进口辐射松原木（44032030）

本研究以2006年为基期进行定基指数分析。如图8-2所示，辐射松原木进口数量2006年之后大幅增加，指数于2011年达到最高点，为922.39点，2012年略有下降，为917.14点，进口数量较之于2006年基期，上涨817.14%；与此相应，进口金额逐年大幅增加，于2011年达到最高点，为1287.08点，2012年略有回落，为1161.59点，进口金额较之于2006年基期，上涨1061.59%。人民币对美元的汇率呈现明显下行趋势，由2006年基期的100点，降至2012年的79.62点，7年内人民币升值幅度较大；价格指数略有波动，于2009年达到最低点，为93.40点，其余年份基本围绕

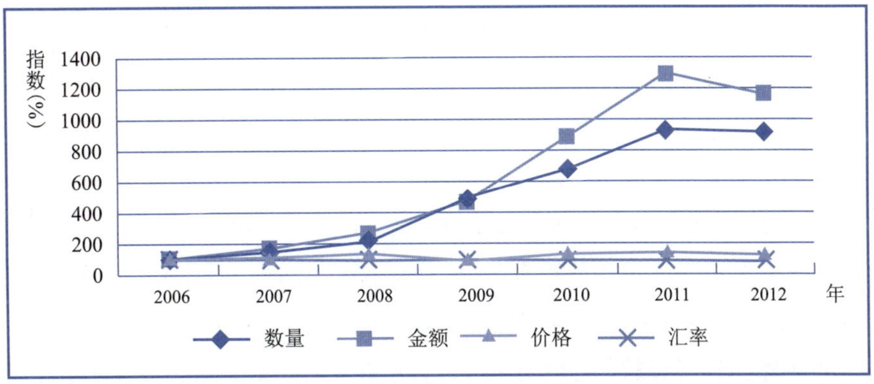

图8-2　2006～2012年进口辐射松原木价格指数与汇率变化比

130 点左右波动，较之基期上涨 30% 左右。辐射松原木进口数量的大幅度上升，一定程度上是由于人民币的逐年升值导致。

3．进口红木原木（44039930）

本研究以 2006 年为基期进行定基指数分析。如图 8-3 所示，红木原木进口数量于 2006 年至 2009 年间存在小幅上升，2010 年开始较大幅度增长，指数于 2012 年达到最高点，为 1032.41 点，较之于 2006 年基期，进口数量上升 932.41%；与此相应，进口金额也于 2006 年至 2009 年间小幅上升，2010 年后急速增长，于 2012 年到底最高点，为 1621.62 点，较之于 2006 年基期，上涨 1521.62%。人民币对美元的汇率呈现明显下行趋势，由 2006 年基期的 100 点，降至 2012 年的 79.62 点，7 年内人民币升值幅度较大；价格指数于 2007 年存在较大增长，随后年度内基本保持平稳，最高点于 2011 年达到，为 190.79 点，2012 年降至一个较低点，为 157.62 点，但价格水平整体平稳。进口数量逐年增加，部分是由人民币对美元汇率下降导致。

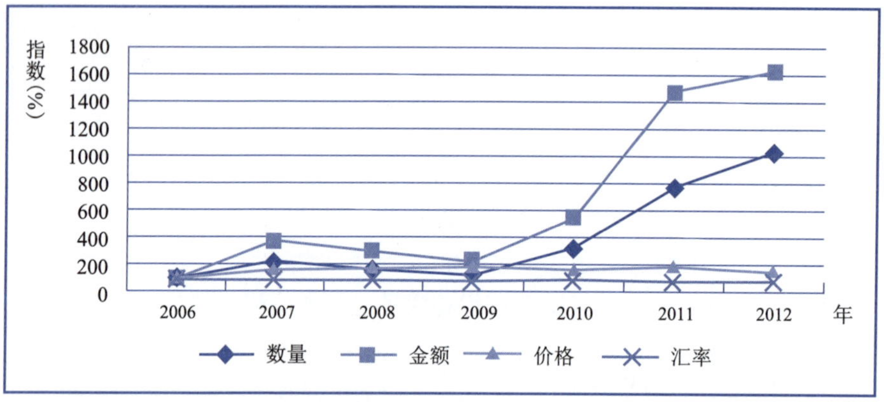

图 8-3　2006 ～ 2012 年进口红木原木价格指数与汇率变化比

4．进口栎木（橡木）原木（44039100）

本研究以 2006 年为基期进行定基指数分析。如图 8-4 所示，栎木（橡木）原木进口数量于 2006 年至 2008 年间略有上升，于 2007 年达到最高点，为 116.88 点，2009 年进口数量急剧减少，指数降至最低点，为 38.27 点，之后进口数量缓步上升，于 2011 年达到极值，2012 年又有所下降，为 42.01 点；与进口数量一致，进口金额具有相同变动态势，最高点于 2008 年达到，为 124.81 点，2009 年骤降至最低点，为 51.94 点，2012 年进口金额仍低于基期，为 64.87 点。人民币对美元的汇率呈现明显下行趋势，由 2006 年基期的 100 点，降至 2012 年的 79.62 点，7 年内人民币升值幅度较大；价格指数上升趋势明显，于 2012 年达到最高点，为 154.40 点。2009 年开始的进口数量急剧减少，主要由国际金融危机导致，随着世界经济形势的逐年好转，进口数量也在逐年增加。

5．进口纵锯纵切刨或旋切红松和樟子松木材，厚 >6 毫米（44071010）

本研究以 2006 年为基期进行定基指数分析。如图 8-5 所示，纵锯纵切刨或旋切红松和樟子松木材的进口数量于 2007 年略有上升，为 131.78 点，2008 年急剧减少，降至最低点，为 9.60 点，由于金融危机导致世界整体经济疲软，之后两年进口数量并未有明显增长，2011 年进口数量急剧攀升，达到最高点，为 408.14 点，2012 年略有回落，为 393.49 点；与此相应，进口金额于 2008 至 2010

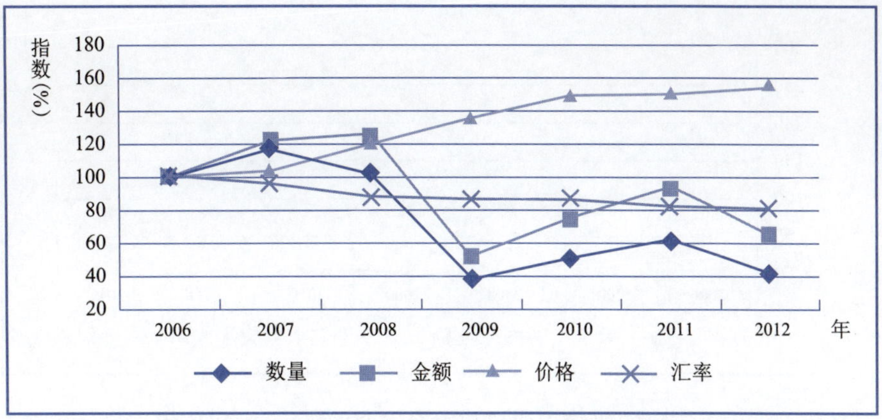

图 8-4　2006-2012 年进口栎木（橡木）原木价格指数与汇率变动比

年下降较为明显，最低点于 2008 年达到，为 34.58 点，2011 年进口金额急剧增加，到达 595.40 点，之后略有下降，降至 555.24 点。人民币对美元的汇率呈现明显下行趋势，由 2006 年基期的 100 点，降至 2012 年的 79.62 点，7 年内人民币升值幅度较大；由于 2008 年至 2010 年进口数量和进口金额的异常波动，进口价格也存在异常波动，于 2009 年达到最高点，为 399.69 点，较之于 2006 年基期上涨 299.69%，2011 年后逐渐恢复正常，指数值降至 140 点左右。

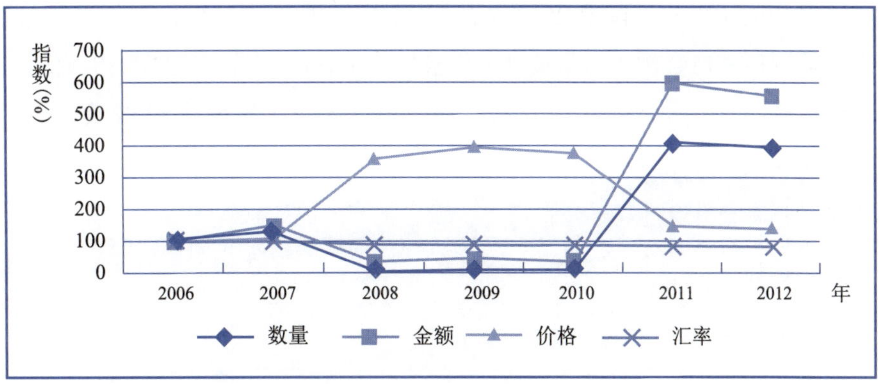

图 8-5　2006 ～ 2012 年纵锯纵切刨或旋切红松和樟子松木材价格指数与汇率变动比

6．进口纵锯、纵切刨或旋切的辐射松木材，厚 >6 毫米（44071030）

本研究以 2006 年为基期进行定基指数分析。如图 8-6 所示，纵锯、纵切刨或旋切的辐射松木材的进口数量前 3 年较为平稳，2009 年数量急剧减少，反映在指数上，2009 年指数降至最低点，为 4.06 点，这种异常延续至 2010 年，2011 年进口数量又迅速上升，指数值达到 197.06 点，2012 年达到基期以来最高点，为 225.15 点；与此相应，进口金额保持同样变动态势，于 2009 年和 2010 年存在异常波动，2011 年急速上升，2012 年达到最高点，为 265.37 点。人民币对美元的汇率呈现明显下行趋势，由 2006 年基期的 100 点，降至 2012 年的 79.62 点，7 年内人民币升值幅度较大；由于 2009 年与 2010 年进口数量与进口金额存在异常波动，进口价格也存在异常，指数为 250 点左右，2011 年价格指数恢复正常水平，为 116.73 点，2012 年略有增长，为 117.86 点。

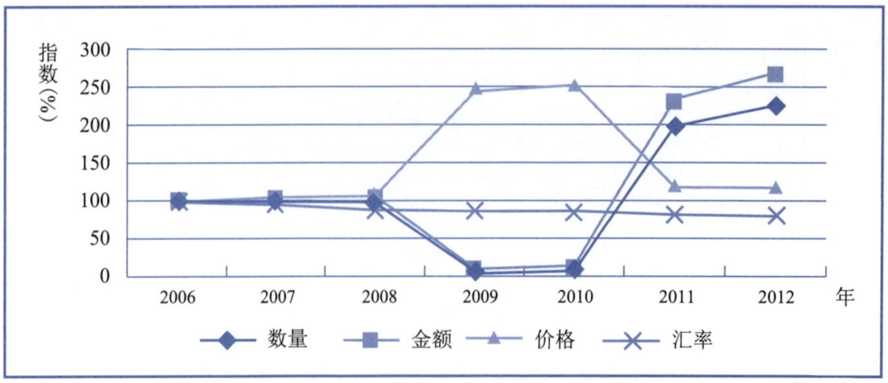

图 8-6　2006 ～ 2012 年进口纵锯、纵切刨或旋切的辐射松木材价格指数与汇率变动比

7. 进口经纵锯切、刨或旋切的波罗格木木材，厚 >6 毫米（44072930）

本研究以 2006 年为基期进行定基指数分析。如图 8-7 所示，经纵锯切、刨或旋切的波罗格木木材前 3 年进口数量较为平稳，围绕 100 点上下波动，振幅未超过 30%，2009 年与 2010 年进口数量急剧下降，体现在指数上，2009 年为 0.002 点，明显存在异常，2010 年进口数量略有上涨，指数值为 0.13 点，但依旧为异常年度；与此相应，进口金额保持同样的变动态势，2009 年与 2010 年为异常年度，2011 年开始恢复正常，2012 年指数值为 144.56 点。人民币对美元的汇率呈现明显下行趋势，由 2006 年基期的 100 点，降至 2012 年的 79.62 点，7 年内人民币升值幅度较大；由于 2009 年与 2010 年进口数量和进口金额的异常波动，价格指数也存在异常，2009 年指数值达到 618.82 点，除此之外，其余年度较为正常，整体呈现下行趋势，2012 年价格指数为 87.89 点。

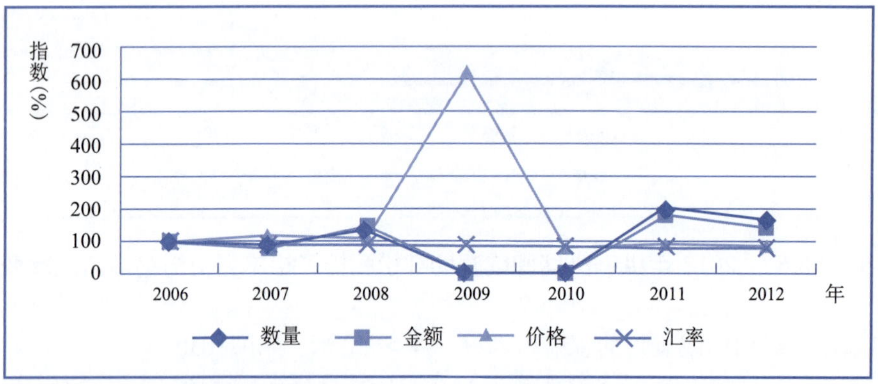

图 8-7　2006 ～ 2012 年进口经纵锯切、刨或旋切的波罗格木木材价格指数与汇率变动比

8. 进口经纵锯纵切、刨或旋切的栎木木材，厚 >6 毫米（44079100）

本研究以 2006 年为基期进行定基指数分析。如图 8-8 所示，经纵锯纵切、刨或旋切的栎木木材进口数量在前 3 年较为平稳，基本维持于 100 点左右，2009 年进口数量骤降，存在异常，2010 年异常延续，指数为 4.35 点，2011 年进口数量大幅增加，指数值达到最高点，为 224.46 点，2012 年略有下降，为 223.17 点；与此相应，进口金额保持同样变动态势，2009 年与 2010 年存在异常，2011 年恢复正常，进口金额较之基期增长较大。人民币对美元的汇率呈现明显下行趋势，由 2006

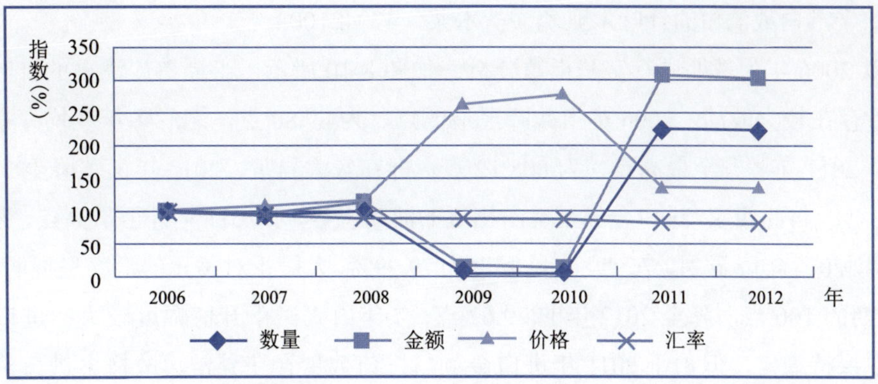

图 8-8　2006 ～ 2012 年进口经纵锯纵切、刨或旋切的栎木木材价格指数与汇率变动比

年基期的 100 点，降至 2012 年的 79.62 点，7 年内人民币升值幅度较大；由于 2009 年与 2010 年进口数量与进口金额存在异常波动，进口价格也存在异常，价格指数于 2009 年与 2010 年上升至 280 点以上，其余年度较为正常，2012 年价格指数为 135.25 点。

9. 出口其他胶合板等至少一表层是非针叶木（44129910）

由于从 2007 年开始，我国此类胶合板开始有大量出口，所以本研究以 2007 年为基期进行定基指数分析。如图 8-9 所示，其他胶合板等至少一表层是非针叶木出口数量存在明显下行趋势，于 2009 年达到最低水平，为 54.34 点，此后 3 年表现出稳中有降的态势，于 2012 年降至 60.11 点，出口数量较之于 2007 年基期减少 39.89%；与出口数量定基指数存在不同，出口金额定基指数整体保持平稳态势，除 2009 年指数降至最低 73.98 点外，其余年份皆保持于 100 点左右，表明 5 年内进口金额未出现大的增长或下滑。人民币对美元的汇率呈现明显下行趋势，由 2007 年基期的 100 点，降至 2012 年的 79.62 点，6 年内人民币升值幅度较大；出口价格存在明显上扬趋势，2008 年至 2011 年间，价格指数基本稳定于 140 点，较之于基期上涨 40%，2012 年价格指数急速升至最高点，为 173.71 点。出口数量的下滑，部分由人民币对美元汇率上升导致，但由于出口价格的较快增长，出口金额在 6 年内表现出较为稳定的态势。

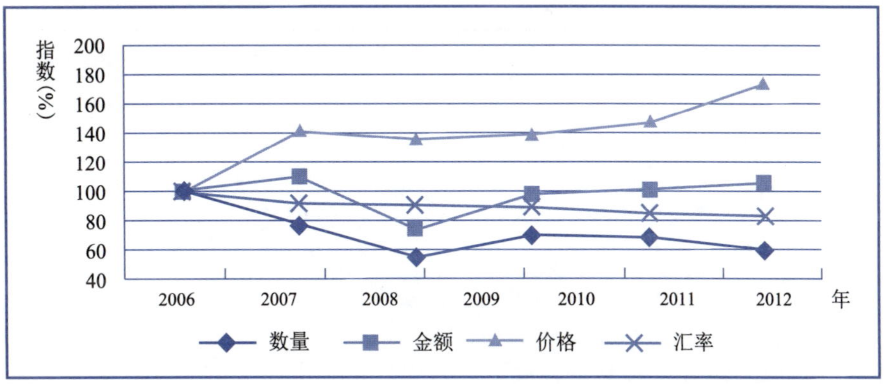

图 8-9　2007 ～ 2012 年出口其他胶合板等至少一表层是非针叶木价格指数与汇率变动比

10．进口半漂白或漂白的针叶木亚硫酸盐木浆（47042100）

本研究以2006年为基期进行定基指数分析。如图8-10所示，半漂白或漂白的针叶木亚硫酸盐木浆进口数量存在较大波动，2006年指数降至最低点，为89.80点，之后各年度均存在上升下降相间的趋势，于2011年骤升至最高点，为608.12点，存在较大异常，2012年又骤降至175.51点，下降幅度为71.14%；与此相应，进口金额呈现出相近的波动态势，于2011年升至最高点，为1063.08点，存在较大异常，2012年降至212.76点，下降幅度为79.99%。人民币对美元的汇率呈现明显下行趋势，由2006年基期的100点，降至2012年的79.62点，7年内人民币升值幅度较大；进口价格定基指数7年内基本保持稳定，但由于2011年进口金额与进口数量存在异常，故概念进口价格指数存在异常，达到最高点，为174.71点，其余年份指数值皆围绕100点上下波动，振幅较小。

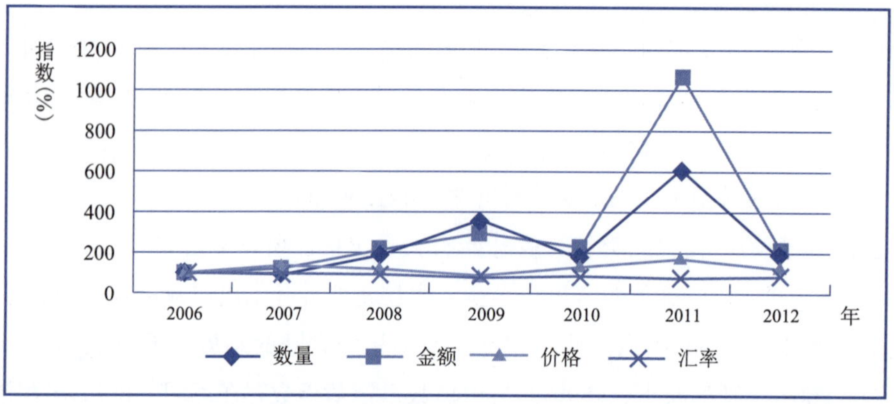

图8-10　2006～2012年进口半漂白或漂白的针叶木亚硫酸盐木浆价格指数与汇率变动比

11．进口半漂白或漂白的非针叶木亚硫酸盐木浆（47042900）

本研究以2006年为基期进行定基指数分析。如图8-11所示，半漂白或漂白的非针叶木亚硫酸盐木浆进口数量呈现出先下降后上升再下降的趋势，于2008年降至最低点，为25.06点，随后逐年上升，于2011年升至极大点，为81.06点，2012年降至50.68点，相较于2006年基期，进口数量下降49.32%；与此相应，进口金额定基指数存在相同趋势，于2008年降至最低点，为37.73点，

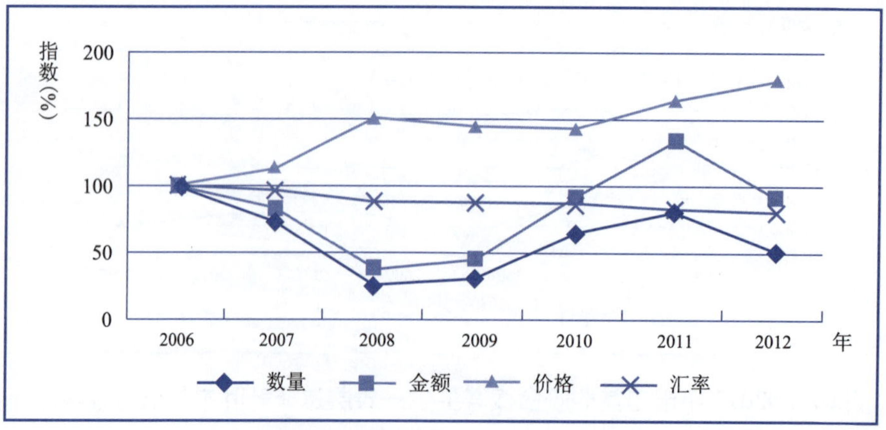

图8-11　2006～2012年进口半漂白或漂白的非针叶木亚硫酸盐木浆价格指数与汇率变动比

于 2011 年升至最高点，为 133.68 点，2012 年降至 91.06 点，相较于 2006 年基期，进口金额下降 8.94%。人民币对美元的汇率呈现明显下行趋势，由 2006 年基期的 100 点，降至 2012 年的 79.62 点，7 年内人民币升值幅度较大；进口价格定基指数存在明显上行趋势，于 2008 年骤升至 150.55 点，随后 2 年基本稳定，略有下滑，于 2011 年开始新一轮上升，达到 164.91 点，2012 年升至最高点，为 179.67 点，相较于 2006 年基期，进口价格上升 79.67%。

8.2.2　出口产品成本影响

一般情况下，出口商品成本 = 出口商品购进价值 + 国内运费 + 加工整理费 + 包装费 + 经营管理费 + 杂费 + 商品损耗 + 税收。通常，出口商品的成本越低，对外贸易部门得到的利润和外汇收入越多；反之，贸易部门所获得的利润和外汇收入越少。对出口产品成本影响最大的主要有通货膨胀、劳动工资、利率三大因素。

1. 通货膨胀率变化

通货膨胀最重要的表现是造成物价上涨，对于企业来说是成本上升，最重要体现是人力资源成本和原材料成本的上升，由于企业本身成本的上升就会使企业的出货成本上升，使得出口商品购进价值上升，而出口商品购进价值是构成出口商品成本最重要的组成部分，一般情况下占总出口商品成本的80%以上，通货膨胀的变化直接影响了产品出口成本的变化，具体通货膨胀率变化见图8-12。由图可知，从2010年到2012年，通货膨胀率分别为3.3%、4.9%、3.3%，均超过3%，从出口产品的价格来看，大部分林产品的出口价格增幅都大于10%，通货膨胀是引起林产品出口价格上涨的因素之一。

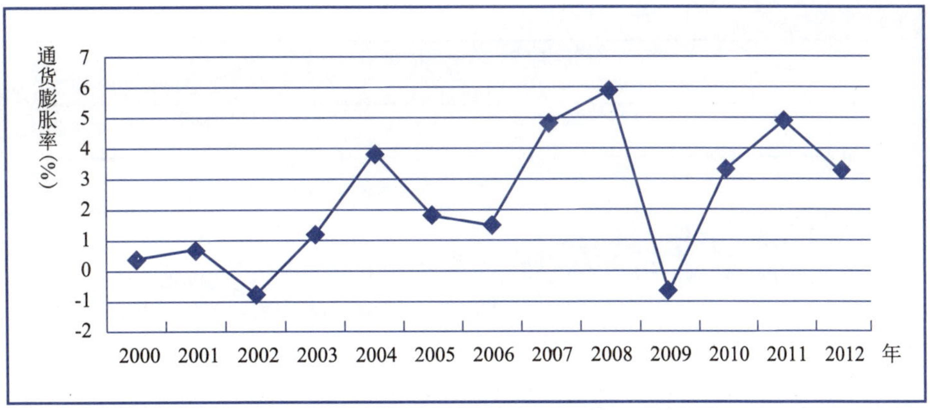

图 8-12　2000 ～ 2012 年通货膨胀率变化

2. 劳动工资变化

在出口商品成本中，出口商品购进价值、国内运费、加工整理费、包装费、经营管理费及杂费中，最重要的就是人工成本。由于人工成本的高低可以直接反映出一个企业、一个行业乃至一个国家的产品在国际市场的竞争力，因而它是国家制定产品进出口政策的重要依据。长期以来，我国劳动力成本低廉的相对优势，提高了中国制成品在国际市场的竞争力，然而近年来，随着我国劳动力价格的上升，特别是2000年以后劳动力价格的迅速上升（见图8-13），客观上反映的是出口产品的成本上升，这会削弱我国林产品在国际上的竞争力，不利于我国林产品的出口。

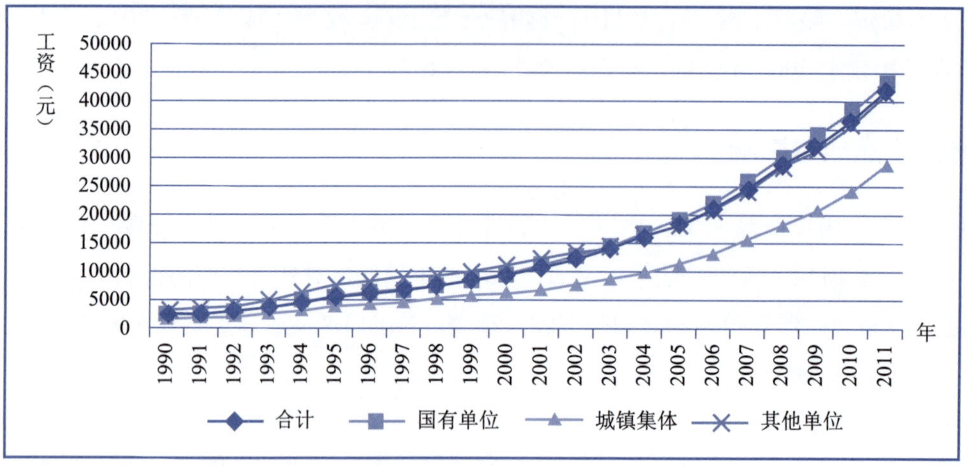

图 8-13　1990 ～ 2011 年劳动工资的变化

3．利率的变化对进出口的影响。

利率的变化主要体现在对产品成本的影响上。通常企业的经营资金来自于2个方面，一是企业的自筹资金，二是各类债务资金。而很多的债务资金来自于银行的借贷。因此，银行利率的变化对产品成本影响是十分敏感的。从图8-14可以看出，从2000年以来，我国的银行贷款利率变化使比较平稳的，有小许的变化，因此企业在进行经营过程中充分考虑其变化。

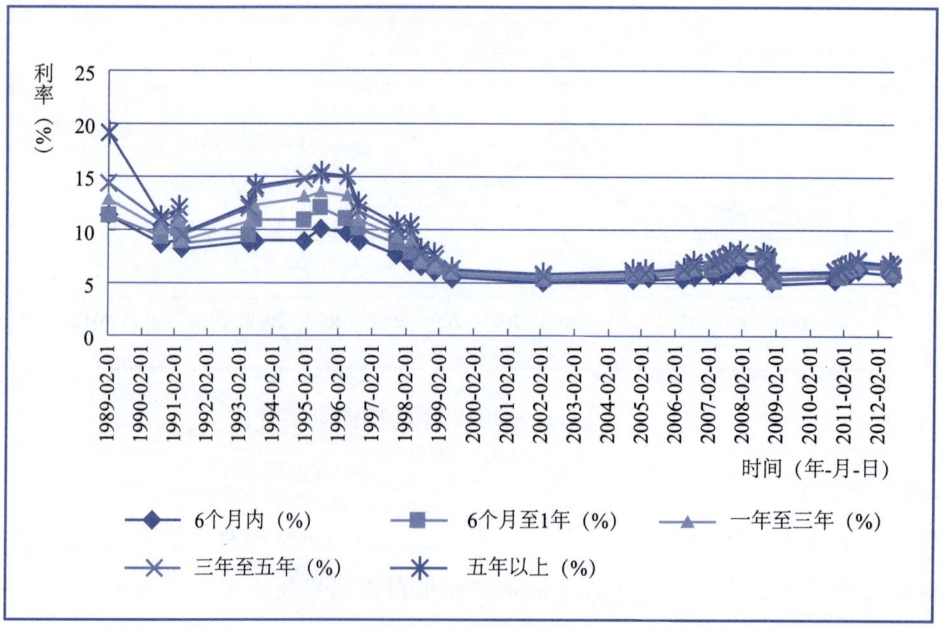

图 8-14　1989 ～ 2012 年银行利率变化

8.2.3 出口退税政策影响

退税是国家扶持和鼓励产品出口的一种补贴性税收政策，计算公式为出口退税=销售金额×进出口退税率。我国的出口退税政策大体经历了3个主要阶段，总体上来说我国的退税率呈现下降的趋势，现阶段我国的退税率主要分为4个档次，根据不同的产品实施的退税率分别为5%、9%、13%、15%。

1．胶合板出口退税分析

由于胶合板的品种很多，因此本研究选择了出口额度占总出口额度较大的其他胶合板等至少一表层是非针叶木（44129910）作为研究对象进行进出口贸易分析。经计算可知人造板2007年出口退税率为5%，数额占总成本的8.08%，到2008年后出口退税率调整为9%，调整后退税额占总成本的比例为17.34%~20.91%之间，因此可以看出出口退税率与一般制造成本（不含销售成本）呈负相关关系，出口退税额每上调1个百分点，与2007年相比，2008年的制造成本减少约2.87个百分点，2009年制造成本减少约2.72个百分点，2010年制造成本减少约2.32个百分点，2011年制造成本减少约2.88个百分点，2012年制造成本减少约3.21个百分点。对企业制造成本的影响呈现缓慢下降的趋势，给出口企业造成较大影响，具体见表8-9。

表 8-9　2007 ～ 2012 年胶合板出口退税情况

年份	价格（美元 / 立方米）	汇率（%）	出口退税率（%）	成本（元）	退税额（元）	退税额 / 成本（%）	比例（%）
2007	621.08	7.59	5	2916.67	235.60	8.08	
2008	879.63	6.93	9	2800.56	548.25	19.58	2.87
2009	845.50	6.83	9	2740.56	519.84	18.97	2.72
2010	864.32	6.77	9	3035.14	526.38	17.34	2.32
2011	913.61	6.46	9	2710.54	531.07	19.59	2.88
2012	1078.91	6.29	9	2918.99	610.38	20.91	3.21

2．木地板出口退税分析

由于木地板的品种很多，因此本研究选择了出口额度占总出口额度较大的任何一边、端或面制成连续形状的竹地板条块（44092110）作为研究对象进行进出口贸易分析。经计算可知该种产品2007年出口退税率为9%，数额占总成本的29.10%，2008年出口退税率调整为11%，调整后退税额占总成本的34%，2009年出口退税率调整为13%，调整后退税额占总成本的36.48%，2010年出口退税率调整为15%，调整后退税额占总成本的41.40%，2011年出口退税率调整为13%，调整后退税额占总成本的34.95%，2012年出口退税率保持13%，退税额占总成本的38.75%，因此可以看出，出口退税率与一般制造成本（不含销售成本）呈负相关关系，出口退税率每上调1个百分点，与2007年相比，2008年的制造成本减少约2.45个百分点，2009年制造成本减少约1.24个百分点，2010年制造成本减少约2.46个百分点，2011年制造成本减少约1.46个百分点，2012年制造成本减少约2.41个百分点，对企业制造成本的影响呈现缓慢下降的趋势，给出口企业造成较大影响，具体见表8-10。

表 8-10　2007 ～ 2012 年竹地板出口退税情况

年份	价格（美元 / 平方米）	汇率（%）	出口退税率（%）	成本（元）	退税额（元）	退税额 / 成本（%）	比例（%）
2007	63.93	7.59	9	150.01	43.65	29.10	
2008	66.95	6.93	11	150	51	34	2.45
2009	61.62	6.83	13	150.01	54.72	36.48	1.24
2010	61.18	6.77	15	150	62.10	41.40	2.46
2011	62.43	6.46	13	149.98	52.42	34.95	1.46
2012	71.14	6.29	13	150.03	58.13	38.75	2.41

附表

附表 1：森林培育监测成本模型

附表 1-1：杉木成本模型

项目	计量单位	序号及关系	年份
一、每亩出材量	立方米	1=2+3	
1. 主伐产量	立方米	2	
2. 间伐产量	立方米	3	
二、每亩成本合计	元	4=5+6+11+14+15+17+18	
1. 生产准备费	元	5	
2. 造林费	元	6=7+8+9+10	
种苗费	元	7	
整地费	元	8	
栽植费	元	9	
补植费	元	10	
3. 抚育费	元	11=12+13	
中幼林抚育	元	12	
成熟林抚育	元	13	
4. 森林保护费	元	14	
5. 管理费	元	15	
折旧、修理养路费	元	16	
6. 林地使用租金	元	17	
7. 其他费用	元	18	
三、每立方米出材营林成本	元	19=20+21	
1. 每立方米间伐前营林成本	元	20=4/1	

项目	计量单位	序号及关系	年份
2. 每立方米间伐成本	元	21	
四 . 每立方米成熟林转让税费	元 / 立方米	22	

营林（杉木）- 成本构成要素价格监测

项目	计量单位	规格、等级	
用工价格	元 / 天	工价计算公式	

营林（杉木）- 成本构成要素数量监测

项目	计量单位	序号及关系	设计指标
每亩用工合计	日	4=5+6+11+14+15+18	9.24
1. 生产准备用工	日	5	0.67
2. 造林用工	日	6=7+8+9+10	3.33
种苗数量折合用工	日	7	0.8
整地用工	日	8	2.11
栽植用工	日	9	0.33
补植用工	日	10	0.09
3. 抚育用工	日	11=12+13	2.58
中幼林抚育用工	日	12	2.58
成熟林抚育用工	日	13	0
4. 森林保护用工	日	14	0.43
5. 管理用工	日	15	0.99
6. 其他用工	日	18	1.24

附表 1-2：桉树成本模型

项目	计量单位	序号及关系	年份
一、每亩出材量	立方米	1=2+3	
1. 主伐产量	立方米	2	
2. 间伐产量	立方米	3	
二、每亩成本合计	元	4=5+6+11+14+15+17+18	
1. 生产准备费	元	5	
2. 造林费	元	6=7+8+9+10	

项目	计量单位	序号及关系	年份
种苗费	元	7	
整地费	元	8	
栽植费	元	9	
补植费	元	10	
3. 抚育费	元	11=12+13	
中幼林抚育	元	12	
成熟林抚育	元	13	
4. 森林保护费	元	14	
5. 管理费	元	15	
折旧、修理养路费	元	16	
6. 林地使用租金	元	17	
7. 其他费用	元	18	
三、每立方米出材营林成本	元	19=20+21	
1. 每立方米间伐前营林成本	元	20=4/1	
2. 每立方米间伐成本	元	21	
四、每立方米成熟林转让税费	元 / 立方米	22	

营林（桉树）- 成本构成要素价格监测

项目	计量单位	规格、等级	
用工价格	元 / 天	工价计算公式	

营林（桉树）- 成本构成要素数量监测

项目	计量单位	序号及关系	设计指标
每亩用工合计	日	4=5+6+11+14+15+18	16.93
1. 生产准备用工	日	5	0.67
2. 造林用工	日	6=7+8+9+10	3.62
种苗数量折合用工	日	7	0.88
整地用工	日	8	2.39
栽植用工	日	9	0.28
补植用工	日	10	0.07
3. 抚育用工	日	11=12+13	9.88
中幼林抚育用工	日	12	9.88

项目	计量单位	序号及关系	设计指标
成熟林抚育用工	日	13	0
4. 森林保护用工	日	14	0.43
5. 管理用工	日	15	1.03
6. 其他用工	日	18	1.3

附表 1-3：杨树成本模型

项目	计量单位	序号及关系	年份
一、每亩出材量	立方米	1=2+3	
1. 主伐产量	立方米	2	
2. 间伐产量	立方米	3	
二、每亩成本合计	元	4=5+6+11+14+15+17+18	
1. 生产准备费	元	5	
2. 造林费	元	6=7+8+9+10	
种苗费	元	7	
整地费	元	8	
栽植费	元	9	
补植费	元	10	
3. 抚育费	元	11=12+13	
中幼林抚育	元	12	
成熟林抚育	元	13	
4. 森林保护费	元	14	
5. 管理费	元	15	
折旧、修理养路费	元	16	
6. 林地使用租金	元	17	
7. 其他费用	元	18	
三、每立方米出材营林成本	元	19=20+21	
1. 每立方米间伐前营林成本	元	20=4/1	
2. 每立方米间伐成本	元	21	
四、每立方米成熟林转让税费	元 / 立方米	22	

营林（杨树）- 成本构成要素价格监测

项目	计量单位	规格、等级	
用工价格	元 / 天	工价计算公式	

营林（杨树）- 成本构成要素数量监测

项目	计量单位	序号及关系	设计指标
每亩用工合计	日	4=5+6+11+14+15+18	
1. 生产准备用工	日	5	
2. 造林用工	日	6=7+8+9+10	
种苗数量折合用工	日	7	
整地用工	日	8	
栽植用工	日	9	
补植用工	日	10	
3. 抚育用工	日	11=12+13	
中幼林抚育用工	日	12	
成熟林抚育用工	日	13	
4. 森林保护用工	日	14	
5. 管理用工	日	15	
6. 其他用工	日	18	

附表 1–4：马尾松成本模型

项目	计量单位	序号及关系	年份
一、每亩出材量	立方米	1=2+3	
1. 主伐产量	立方米	2	
2. 间伐产量	立方米	3	
二、每亩成本合计	元	4=5+6+11+14+15+17+18	
1. 生产准备费	元	5	
2. 造林费	元	6=7+8+9+10	
种苗费	元	7	
整地费	元	8	
栽植费	元	9	
补植费	元	10	

项目	计量单位	序号及关系	年份
3. 抚育费	元	11=12+13	
中幼林抚育	元	12	
成熟林抚育	元	13	
4. 森林保护费	元	14	
5. 管理费	元	15	
折旧、修理养路费	元	16	
6. 林地使用租金	元	17	
7. 其他费用	元	18	
三、每立方米出材营林成本	元	19=20+21	
1. 每立方米间伐前营林成本	元	20=4/1	
2. 每立方米间伐成本	元	21	
四、每立方米成熟林转让税费	元 / 立方米	22	

营林（马尾松）- 成本构成要素价格监测

项目	计量单位	规格、等级	年份
用工价格	元 / 天	工价计算公式	

营林（马尾松）- 成本构成要素数量监测

项目	计量单位	序号及关系	设计指标
二、每亩用工合计	日	4=5+6+11+14+15+18	9.04
1. 生产准备用工	日	5	0.67
2. 造林用工	日	6=7+8+9+10	3.19
种苗数量折合用工	日	7	0.66
整地用工	日	8	2.11
栽植用工	日	9	0.33
补植用工	日	10	0.09
3. 抚育用工	日	11=12+13	2.58
中幼林抚育用工	日	12	2.58
成熟林抚育用工	日	13	0
4. 森林保护用工	日	14	0.43
5. 管理用工	日	15	0.96
6. 其他用工	日	18	1.21

附表 1-5：落叶松成本模型

项目	计量单位	序号及关系	年份
一、每亩出材量	立方米	1=2+3	
1. 主伐产量	立方米	2	
2. 间伐产量	立方米	3	
二、每亩成本合计	元	4=5+6+11+14+15+17+18	
1. 生产准备费	元	5	
2. 造林费	元	6=7+8+9+10	
种苗费	元	7	
整地费	元	8	
栽植费	元	9	
补植费	元	10	
3. 抚育费	元	11=12+13	
中幼林抚育	元	12	
成熟林抚育	元	13	
4. 森林保护费	元	14	
5. 管理费	元	15	
折旧、修理养路费	元	16	
6. 林地使用租金	元	17	
7. 其他费用	元	18	
三、每立方米出材营林成本	元	19=20+21	
1. 每立方米间伐前营林成本	元	20=4/1	
2. 每立方米间伐成本	元	21	
四、每立方米成熟林转让税费	元 / 立方米	22	

营林（落叶松）- 成本构成要素价格监测

项目	计量单位	规格、等级	年份
用工价格	元 / 天	工价计算公式	

营林（落叶松）- 成本构成要素数量监测

项目	计量单位	序号及关系	设计指标
每亩用工合计	日	4=5+6+11+14+15+18	

项目	计量单位	序号及关系	设计指标
1. 生产准备用工	日	5	
2. 造林用工	日	6=7+8+9+10	
种苗数量折合用工	日	7	
整地用工	日	8	
栽植用工	日	9	
补植用工	日	10	
3. 抚育用工	日	11=12+13	
中幼林抚育用工	日	12	
成熟林抚育用工	日	13	
4. 森林保护用工	日	14	
5. 管理用工	日	15	
6. 其他用工	日	18	

附表 1–6：阔叶林成本模型

项目	计量单位	序号及关系	
一、每亩出材量	立方米	1=2+3	
1. 主伐产量	立方米	2	
2. 间伐产量	立方米	3	
二、每亩成本合计	元	4=5+6+11+14+15+17+18	
1. 生产准备费	元	5	
2. 造林费	元	6=7+8+9+10	
种苗费	元	7	
整地费	元	8	
栽植费	元	9	
补植费	元	10	
3. 抚育费	元	11=12+13	
中幼林抚育	元	12	
成熟林抚育	元	13	
4. 森林保护费	元	14	
5. 管理费	元	15	
折旧、修理养路费	元	16	

项目	计量单位	序号及关系	
6. 林地使用租金	元	17	
7. 其他费用	元	18	
三．每立方米出材营林成本	元	19=20+21	
1. 每立方米间伐前营林成本	元	20=4/1	
2. 每立方米间伐成本	元	21	
四．每立方米成熟林转让税费	元 / 立方米	22	

营林（阔叶林）- 成本构成要素价格监测

项目	计量单位	规格、等级	年份
用工价格	元 / 天	工价计算公式	

营林（阔叶林）成本构成要素数量监测

项目	计量单位	序号及关系	设计指标
每亩用工合计	日	4=5+6+11+14+15+18	
1. 生产准备用工	日	5	
2. 造林用工	日	6=7+8+9+10	
种苗数量折合用工	日	7	
整地用工	日	8	
栽植用工	日	9	
补植用工	日	10	
3. 抚育用工	日	11=12+13	
中幼林抚育用工	日	12	
成熟林抚育用工	日	13	
4. 森林保护用工	日	14	
5. 管理用工	日	15	
6. 其他用工	日	18	

附表 1-7：针阔混交成本模型

项目	计量单位	序号及关系	
一、每亩出材量	立方米	1=2+3	
1. 主伐产量	立方米	2	

项目	计量单位	序号及关系	
2. 间伐产量	立方米	3	
二、每亩成本合计	元	4=5+6+11+14+15+17+18	
1. 生产准备费	元	5	
2. 造林费	元	6=7+8+9+10	
种苗费	元	7	
整地费	元	8	
栽植费	元	9	
补植费	元	10	
3. 抚育费	元	11=12+13	
中幼林抚育	元	12	
成熟林抚育	元	13	
4. 森林保护费	元	14	
5. 管理费	元	15	
折旧、修理养路费	元	16	
6. 林地使用租金	元	17	
7. 其他费用	元	18	
三、 每立方米出材营林成本	元	19=20+21	
1. 每立方米间伐前营林成本	元	20=4/1	
2. 每立方米间伐成本	元	21	
四、每立方米成熟林转让税费	元 / 立方米	22	

营林（针阔混交）- 成本构成要素价格监测

项目	计量单位	规格、等级	
用工价格	元 / 天	工价计算公式	

营林（针阔混交）- 成本构成要素数量监测

项目	计量单位	序号及关系	设计指标
每亩用工合计	日	4=5+6+11+14+15+18	
1. 生产准备用工	日	5	
2. 造林用工	日	6=7+8+9+10	
种苗数量折合用工	日	7	
整地用工	日	8	

项目	计量单位	序号及关系	设计指标
栽植用工	日	9	
补植用工	日	10	
3. 抚育用工	日	11=12+13	
中幼林抚育用工	日	12	
成熟林抚育用工	日	13	
4. 森林保护用工	日	14	
5. 管理用工	日	15	
6. 其他用工	日	18	

附表 2：森林培育生长量及产量

附表 2-1：用材林生长量

生长周期（年）	生长量（立方米）						
	杉木	马尾松	落叶松	杨树	湿地松	泡桐	桉树
1							1.20
2						0.8	1.80
3				0.80		1	2.30
4		0.3		0.80	0.40	1.2	2.80
5	0.60	0.3		1	0.40	1.2	2.80
6	0.60	0.3	0.2	1	0.40	1.7	2.30
7	0.60	0.3	0.2	1	0.40	1.7	
8	0.60	0.3	0.2	1.10	0.40	1.5	
9	0.60	0.3	0.2	1.10	0.40	1.5	
10	0.80	0.3	0.2	1.10	0.60	1.5	
11	0.80	0.3	0.2	1.10	0.60		
12	0.80	0.5	0.2	1.30	0.60		
13	0.80	0.5	0.2	1.30	0.60		
14	0.80	0.5	0.2		0.60		
15	0.80	0.5	0.2		0.60		
16	1	0.5	0.2		0.60		
17	1	0.5	0.2		0.60		
18	1	0.5	0.2		0.60		
19	1	0.5	0.2		0.60		
20	1	0.8	0.2		0.80		
21		0.8	0.3		0.80		
22		0.8	0.3		0.80		
23		0.8	0.3		0.80		
24		0.8	0.3		0.80		

生长周期（年）	生长量（立方米）						
	杉木	马尾松	落叶松	杨树	湿地松	泡桐	桉树
25		0.8	0.3		0.80		
26		0.8	0.3		0.80		
27		0.8	0.3		0.80		
28		0.8	0.3		0.80		
29			0.3		0.80		
30			0.3				
31			0.3				
32			0.3				
33			0.3				
34			0.3				
35			0.3				
36			0.4				
37			0.4				
38			0.4				
39			0.4				
40			0.4				
41			0.4				
42			0.4				
43			0.4				
44			0.4				
45			0.4				
46			0.4				
47			0.4				
48			0.4				
49			0.4				
50			0.4				
51			0.4				
52			0.4				
53			0.4				
54			0.4				
55			0.4				

生长周期（年）	生长量（立方米）						
	杉木	马尾松	落叶松	杨树	湿地松	泡桐	桉树
56			0.4				
57			0.4				
58			0.4				
59			0.4				

附表 2-2：经济林产量

经营周期（年）	产量（千克）					
	核桃	枣	茶叶	柑橘	板栗	油茶
1		0				
2		10				
3		20	10	200		
4		40	30	500		121.09
5		100	40	800		171.12
6	6	100	50	1200	40	241.1
7	6	100	50	2500	40	343.11
8	6	100	50	2500	40	387.96
9	6	125	80	2500	40	272.95
10	13	125	80	2500	56	202.83
11	13	125	80	2500	56	
12	13	125	80	2500	56	
13	13	125	80	2500	56	
14	13	125	80	2500	56	
15	13	138	90	2500	56	
16	30	138	90	2500	105	
17	30	138	90	2500	105	
18	30	138	90	2500	105	
19	30	138	90	2500	105	
20	30	151	90	2500	105	
21	62	151	90		210	

经营周期（年）	产量（千克）					
	核桃	枣	茶叶	柑橘	板栗	油茶
22	62	151	90		210	
23	62	151	90		210	
24	62	151	90		210	
25	62	151	90		210	
26	62	151	90		210	
27	62	151	90		210	
28	62	151	90		210	
29	62	151	90		210	
30	62	166			210	
31	79	166			280	
32	79	166			280	
33	79	166			280	
34	79	166			280	
35	79	166			280	
36	79	166			280	
37	79	166			280	
38	79	166			280	
39	79	166			280	
40	79	183			280	
41	91	183			336	
42	91	183			336	
43	91	183			336	
44	91	183			336	
45	91	183			336	
46	91	183			336	
47	91	183			336	
48	91	183			336	
49	91	183			336	
50	91	201			336	
51	97	201			385	

经营周期（年）	产量（千克）					
	核桃	枣	茶叶	柑橘	板栗	油茶
52	97	201			385	
53	97	201			385	
54	97	201			385	
55	97	201			385	
56	97	201			385	
57	97	201			385	
58	97	201			385	
59	97	201			385	
60	97	231			385	
61	109	231			385	
62	109	231			385	
63	109	231			385	
64	109	231			385	
65	109	231			385	
66	109	231			385	
67	109	231			385	
68	109	231			385	
69	109	231			385	
70	109	231			385	

附表 3：原木生产成本模型

项目	计量单位	序号及关系	
一、采伐数量	立方米	1	
二、每立方米采运成本	元	2=3+15+19	
1. 直接成本	元	3=3+4+5+6+7+8+9+10+11+12+13+14	
1.1 伐木成本	元	4	
1.2 伐木燃油消耗	元	5	
1.3 打枝、造材成本	元	6	
1.4 打枝、造材燃油消耗	元	7	
1.5 集运材成本	元	8	
1.6 集运材燃油消耗	元	9	
1.7 归楞成本	元	10	
1.8 归楞燃油消耗	元	11	
1.9 清理成本	元	12	
1.10 清理燃油消耗	元	13	
1.11 其他费用	元	14	
2. 间接成本	元	15=16+17+18	
2.1 管理费	元	16	
2.2 修路费	元	17	
2.3 其他费用	元	18	
3. 原木收购环节税费	元	19	

原木生产 - 成本构成要素价格监测

项目	计量单位	规格、等级	
1. 雇工工价	元 / 日	工价计算公式	
2. 燃油消耗	元 / 公升		
3. 原木收购环节税费	元 / 立方米		

原木生产 - 成本构成要素数量监测

项目	计量单位	设计指标	
1. 用工总量	日		
1.1 伐木用工量	日		
1.2 打枝、造材用工量	日		
1.3 集运材用工量	日		
1.4 归楞用工量	日		
1.5 清理用工量	日		
1.6 管理用工	日		
1.7 修路用工	日		
1.8 其他用工	日		
2. 燃油消耗总量	公升		
2.1 伐木燃油消耗量	公升		
2.2 打枝、造材燃油消耗量	公升		
2.3 集运材燃油消耗量	公升		
2.4 归楞燃油消耗量	公升		
2.5 清理燃油消耗量	公升		

附表 4：人造板成本模型

附表 4-1：纤维板成本监测模型

（1）5 万立方米纤维板成本模型

项目	计量单位	序号及关系	
一、实际人造板产量	立方米	1	
二、每立方米生产成本	元	2=3+14+18	
1 直接制造成本	元 / 立方米	3=4+9+13	
1.1 辅助材料消耗	元 / 立方米	4=5+6+7+8	
1.1.1 脲醛树脂消耗价值	元 / 立方米	5	
1.1.2 氯化铵消耗价值	元 / 立方米	6	
1.1.3 氨水消耗价值	元 / 立方米	7	
1.1.4 石蜡消耗价值	元 / 立方米	8	
1.2 水、电、热消耗	元 / 立方米	9=10+11+12	
1.2.1 电费	元 / 立方米	10	
1.2.2 水费	元 / 立方米	11	
1.2.3 其他燃料价值	元 / 立方米	12	
1.3 木材消耗价值	元 / 立方米	13	
2 固定成本	元 / 立方米	14=15+16+17	
2.1 工资	元 / 立方米	15	
2.2 折旧	元 / 立方米	16	
2.3 增值税	元 / 立方米	17	
3 工厂其他成本	元 / 立方米	18	

5 万立方米纤维板 - 成本构成要素价格监测

项目	规格、等级	计量单位	
1 直接制造成本		元 / 吨	
1.1 辅助材料		元 / 吨	

项目	规格、等级	计量单位	
1.1.1 脲醛树脂单价		元 / 吨	
1.1.2 氯化铵消耗单价		元 / 吨	
1.1.3 氨水消耗单价		元 / 吨	
1.1.4 石蜡消耗单价		元 / 吨	
1.2 水、电、热消耗			
1.2.1 电费		元 / 度	
1.2.2 水费		元 / 吨	
1.2.3 其他燃料单价		元 / 千焦	
1.3 木材单价		元 / 吨	
2 固定成本			
2.1 工资		元 / 人	
2.2 折旧		元 / 立方米	
2.3 增值税		元 / 立方米	
3 工厂其他成本		元 / 立方米	

5 万立方米纤维板 - 成本构成要素数量监测

项目	计量单位	设计指标	计算公式
一、设计纤维板生产量	立方米		
二、成本设计指标			
1 直接制造成本	吨 / 立方米		
1.1 辅助材料	吨 / 立方米		年消耗量（t）/ 年设计产量（m^3）
1.1.1 脲醛树脂消耗	吨 / 立方米	0.22206	
1.1.2 氯化铵消耗	吨 / 立方米	0.00222	
1.1.3 氨水消耗	吨 / 立方米	0.00078	
1.1.4 石蜡消耗	吨 / 立方米	0.0111	
1.2 水、电、热消耗			
1.2.1 电费	度 / 立方米	874.272	装机容量（kW）×24（h）× 年工作日 / 年设计产量（m^3）
1.2.2 水费	吨 / 立方米	0.17472	每小时用水量（m^3/h）×24（h）× 年工作日 / 年设计产量（m^3）
1.2.3 其他燃料	千焦 / 立方米	4.953984	用热量（GJ/h）×24（h）× 年工作日 / 年设计产量（m^3）
1.3 木材单耗	吨 / 立方米	1.68176	木材消耗量（t）/ 年设计产量（m^3）

项目	计量单位	设计指标	计算公式
2 固定成本			
2.1 用工量	人 / 立方米	0.00156	工厂人数 / 年设计产量
2.2 折旧	元 / 立方米		
2.3 增值税	元 / 立方米		
3 工厂其他成本	元 / 立方米		

（2）8 万立方米纤维板成本模型

项目	计量单位	序号及关系	
一、实际人造板产量	立方米	1	
二、每立方米生产成本	元	2=3+14+18	
1 直接制造成本	元 / 立方米	3=4+9+13	
1.1 辅助材料消耗	元 / 立方米	4=5+6+7+8	
1.1.1 脲醛树脂消耗价值	元 / 立方米	5	
1.1.2 氯化铵消耗价值	元 / 立方米	6	
1.1.3 氨水消耗价值	元 / 立方米	7	
1.1.4 石蜡消耗价值	元 / 立方米	8	
1.2 水、电、热消耗	元 / 立方米	9=10+11+12	
1.2.1 电费	元 / 立方米	10	
1.2.2 水费	元 / 立方米	11	
1.2.3 其他燃料价值	元 / 立方米	12	
1.3 木材消耗价值	元 / 立方米	13	
2 固定成本	元 / 立方米	14=15+16+17	
2.1 工资	元 / 立方米	15	
2.2 折旧	元 / 立方米	16	
2.3 增值税	元 / 立方米	17	
3 工厂其他成本	元 / 立方米	18	

8 万立方米纤维板 - 成本构成要素价格监测

项目	规格、等级	计量单位	
1 直接制造成本		元 / 吨	
1.1 辅助材料		元 / 吨	

项目	规格、等级	计量单位	
1.1.1 脲醛树脂单价		元 / 吨	
1.1.2 氯化铵消耗单价		元 / 吨	
1.1.3 氨水消耗单价		元 / 吨	
1.1.4 石蜡消耗单价		元 / 吨	
1.2 水、电、热消耗			
1.2.1 电费		元 / 度	
1.2.2 水费		元 / 吨	
1.2.3 其他燃料单价		元 / 千焦	
1.3 木材单价		元 / 吨	
2 固定成本			
2.1 工资		元 / 人	
2.2 折旧		元 / 立方米	
2.3 增值税		元 / 立方米	
3 工厂其他成本		元 / 立方米	

8 万立方米纤维板 - 成本构成要素数量监测

项目	计量单位	设计指标	计算公式
一、设计纤维板生产量	立方米		
二、成本设计指标			
1 直接制造成本	吨 / 立方米		
1.1 辅助材料	吨 / 立方米		年消耗量（t）/ 年设计产量（m^3）
1.1.1 脲醛树脂消耗	吨 / 立方米	0.177625	
1.1.2 氯化铵消耗	吨 / 立方米	0.001775	
1.1.3 氨水消耗	吨 / 立方米	0.0008875	
1.1.4 石蜡消耗	吨 / 立方米	0.0106625	
1.2 水、电、热消耗			
1.2.1 电费	度 / 立方米	672	装机容量（kW）×24（h）× 年工作日 / 年设计产量（m^3）
1.2.2 水费	吨 / 立方米	0.44268	每小时用水量（m^3/h）×24（h）× 年工作日 / 年设计产量（m^3）
1.2.3 其他燃料	千焦 / 立方米	4.6872	用热量（GJ/h）×24（h）× 年工作日 / 年设计产量（m^3）

项目	计量单位	设计指标	计算公式
1.3 木材单耗	吨 / 立方米	1.5366875	木材消耗量（t）/ 年设计产量（m^3）
2 固定成本			
2.1 用工量	人 / 立方米	0.0009875	工厂人数 / 年设计产量
2.2 折旧	元 / 立方米		
2.3 增值税	元 / 立方米		
3 工厂其他成本	元 / 立方米		

（3）20 万立方米纤维板成本模型

项目	计量单位	序号及关系	
一、实际人造板产量	立方米	1	
二、每立方米生产成本	元	2=3+15+19	
1 直接制造成本	元 / 立方米	3=4+10+14	
1.1 辅助材料消耗	元 / 立方米	4=5+6+7+8+9	
1.1.1 脲醛树脂消耗价值	元 / 立方米	5	
1.1.2 氯化铵消耗价值	元 / 立方米	6	
1.1.3 尿素消耗价值	元 / 立方米	7	
1.1.4 石蜡消耗价值	元 / 立方米	8	
1.1.5 润滑油消耗价值	元 / 立方米	9	
1.2 水、电、热消耗	元 / 立方米	10=11+12+13	
1.2.1 电费	元 / 立方米	11	
1.2.2 水费	元 / 立方米	12	
1.2.3 其他燃料价值	元 / 立方米	13	
1.3 木材消耗价值	元 / 立方米	14	
2 固定成本	元	15=16+17+18	
2.1 工资	元 / 立方米	16	
2.2 折旧	元 / 立方米	17	
2.3 增值税	元 / 立方米	18	
3 工厂其他成本	元 / 立方米	19	

20 万立方米纤维板 - 成本构成要素价格监测

项目	计量单位	规格、等级	
1 直接制造成本	元 / 吨		

项目	计量单位	规格、等级	
1.1 辅助材料	元 / 吨		
1.1.1 脲醛树脂单价	元 / 吨		
1.1.2 氯化铵消耗单价	元 / 吨		
1.1.3 尿素消耗单价	元 / 吨		
1.1.4 石蜡消耗单价	元 / 吨		
1.1.5 润滑油单价	元 / 升		
1.2 水、电、热消耗			
1.2.1 电费	元 / 度		
1.2.2 水费	元 / 吨		
1.2.3 其他燃料单价	元 / 千焦		
1.3 木材单价	元 / 吨		
2 固定成本			
2.1 工资	元 / 人		
2.2 折旧	元 / 立方米		
2.3 增值税	元 / 立方米		
3 工厂其他成本	元 / 立方米		

20 万立方米纤维板 - 成本构成要素数量监测

项目	计量单位	设计指标	计算公式
一、设计纤维板生产量	立方米		
二、成本设计指标			
1 直接制造成本	吨 / 立方米		
1.1 辅助材料	吨 / 立方米		年消耗量（t）/ 年设计产量（m^3）
1.1.1 脲醛树脂消耗	吨 / 立方米	0.19435	
1.1.2 氯化铵消耗	吨 / 立方米	0.0081	
1.1.3 氨水消耗	吨 / 立方米	0.000975	
1.1.4 石蜡消耗	吨 / 立方米	0.00485	
1.1.5 润滑油消耗	升 / 立方米	0.06	
1.2 水、电、热消耗			
1.2.1 电费	度 / 立方米	675.36	装机容量（kW）×24（h）× 年工作日 / 年设计产量（m^3）
1.2.2 水费	吨 / 立方米	0.336	每小时用水量（m^3/h）×24（h）× 年工作日 / 年设计产量（m^3）

项目	计量单位	设计指标	计算公式
1.2.3 其他燃料	千焦 / 立方米	5.1072	用热量（GJ/h）×24（h）× 年工作日 / 年设计产量（m^3）
1.3 木材单耗	吨 / 立方米	0.93	木材消耗量（t）/ 年设计产量（m^3）
2 固定成本			
2.1 用工量	人 / 立方米	0.00075	工厂人数 / 年设计产量
2.2 折旧	元 / 立方米		
2.3 增值税	元 / 立方米		
3 工厂其他成本	元 / 立方米		

附表 4-2：刨花板成本监测模型

项目	计量单位	序号及关系	
一、实际人造板产量	立方米	1	
二、每立方米生产成本	元	2	
1 直接制造成本	元 / 立方米	3=4+10+14	
1.1 辅助材料消耗	元 / 立方米	4=5+6+7+8+9	
1.1.1 脲醛树脂消耗价值	元 / 立方米	5	
1.1.2 氯化铵消耗价值	元 / 立方米	6	
1.1.3 氨水消耗价值	元 / 立方米	7	
1.1.4 石蜡消耗价值	元 / 立方米	8	
1.1.5 硬脂酸消耗价值	元 / 立方米	9	
1.2 水、电、热消耗	元 / 立方米	10=11+12+13	
1.2.1 电费	元 / 立方米	11	
1.2.2 水费	元 / 立方米	12	
1.2.3 其他燃料价值	元 / 立方米	13	
1.3 木材消耗价值	元 / 立方米	14=15+16	
1.3.1 小径木、枝丫材价值	元 / 立方米	15	
1.3.2 外购木片价值	元 / 立方米	16	
2 固定成本	元	17=18+19+20	
2.1 工资	元 / 立方米	18	
2.2 折旧	元 / 立方米	19	

项目	计量单位	序号及关系	
2.3 增值税	元 / 立方米	20	
3 工厂其他成本	元 / 立方米	21	

10 万立方米刨花板 - 成本构成要素价格监测

项目	规格、等级	计量单位	
1 直接制造成本		元 / 吨	
1.1 辅助材料		元 / 吨	
1.1.1 脲醛树脂单价		元 / 吨	
1.1.2 氯化铵消耗单价		元 / 吨	
1.1.3 氨水消耗单价		元 / 吨	
1.1.4 石蜡消耗单价		元 / 吨	
1.1.5 硬脂酸单价		元 / 吨	
1.2 水、电、热消耗			
1.2.1 电费		元 / 度	
1.2.2 水费		元 / 吨	
1.2.3 其他燃料单价		元 / 千焦	
1.3 木材单价		元 / 吨	
1.3.1 小径木、枝丫材单价		元 / 吨	
1.3.2 外购木片单价		元 / 吨	
2 固定成本			
2.1 工资		元 / 人	
2.2 折旧		元 / 立方米	
2.3 增值税		元 / 立方米	
3 工厂其他成本		元 / 立方米	

10 万立方米刨花板 - 成本构成要素数量监测

项目	计量单位	设计指标	计算公式
一、设计刨花板生产量	立方米		
二、成本设计指标			
1 直接制造成本	吨 / 立方米		
1.1 辅助材料	吨 / 立方米		年消耗量（t）/ 年设计产量（m^3）
1.1.1 脲醛树脂消耗	吨 / 立方米	0.1034	

项目	计量单位	设计指标	计算公式
1.1.2 氯化铵消耗	吨 / 立方米	0.0008848	
1.1.3 氨水消耗	吨 / 立方米	0.0006	
1.1.4 石蜡消耗	吨 / 立方米	0.00224	
1.1.5 硬脂酸消耗	吨 / 立方米	0.00022	
1.2 水、电、热消耗			
1.2.1 电费	度 / 立方米	336	装机容量（kW）×24（h）× 年工作日 / 年设计产量（m^3）
1.2.2 水费	吨 / 立方米	0.1008	每小时用水量（m^3/h)×24（h）× 年工作日 / 年设计产量（m^3）
1.2.3 其他燃料	千焦 / 立方米	3.90432	用热量（GJ/h）×24（h）× 年工作日 / 年设计产量（m^3）
1.3 木材单耗	吨 / 立方米		木材消耗量（t）/ 年设计产量（m^3）
1.3.1 小径木、枝丫材单耗	吨 / 立方米	0.49728	
1.3.2 外购木片单耗	吨 / 立方米	0.33152	工厂人数 / 年设计产量
2 固定成本			
2.1 用工量	人 / 立方米	0.0011	
2.2 折旧	元 / 立方米		
2.3 增值税	元 / 立方米		
3 工厂其他成本	元 / 立方米		

（1）15 万立方米刨花板成本模型

项目	计量单位	序号及关系	
一、实际人造板产量	立方米	1	
二、每立方米生产成本	元	2=3+15+19	
1 直接制造成本	元 / 立方米	3=4+10+14	
1.1 辅助材料消耗	元 / 立方米	4=5+6+7+8+9	
1.1.1 脲醛树脂消耗价值	元 / 立方米	5	
1.1.2 氯化铵消耗价值	元 / 立方米	6	
1.1.3 氨水消耗价值	元 / 立方米	7	
1.1.4 石蜡消耗价值	元 / 立方米	8	
1.1.5 硬脂酸消耗价值	元 / 立方米	9	
1.2 水、电、热消耗	元 / 立方米	10=11+12+13	

项目	计量单位	序号及关系	
1.2.1 电费	元 / 立方米	11	
1.2.2 水费	元 / 立方米	12	
1.2.3 其他燃料价值	元 / 立方米	13	
1.3 木材消耗价值	元 / 立方米	14	
2 固定成本	元	15=16+17+18	
2.1 工资	元 / 立方米	16	
2.2 折旧	元 / 立方米	17	
2.3 增值税	元 / 立方米	18	
3 工厂其他成本	元 / 立方米	19	

15 万立方米刨花板 - 成本构成要素价格监测

项目	计量单位	规格、等级	
1 直接制造成本			
1.1 辅助材料	元 / 吨		
1.1.1 脲醛树脂单价	元 / 吨		
1.1.2 氯化铵消耗单价	元 / 吨		
1.1.3 氨水消耗单价	元 / 吨		
1.1.4 石蜡消耗单价	元 / 吨		
1.1.5 硬脂酸单价	元 / 吨		
1.2 水、电、热消耗			
1.2.1 电费	元 / 度		
1.2.2 水费	元 / 吨		
1.2.3 其他燃料单价	元 / 千焦		
1.3 木材单价	元 / 吨		
1.3.1 小径木、枝丫材单价	元 / 吨		
1.3.2 外购木片单价	元 / 吨		
2 固定成本			
2.1 工资	元 / 人		
2.2 折旧	元 / 立方米		
2.3 增值税	元 / 立方米		
3 工厂其他成本	元 / 立方米		

15 万立方米刨花板 - 成本构成要素数量监测

项目	计量单位	设计指标	计算公式
一、设计刨花板生产量	立方米		
二、成本设计指标			
1 直接制造成本	吨 / 立方米		
1.1 辅助材料	吨 / 立方米		年消耗量（t）/ 年设计产量（m^3）
1.1.1 脲醛树脂消耗	吨 / 立方米	0.092	
1.1.2 氯化铵消耗	吨 / 立方米	0.000913333	
1.1.3 氨水消耗	吨 / 立方米	0.0006	
1.1.4 石蜡消耗	吨 / 立方米	0.003353333	
1.1.5 硬脂酸消耗	吨 / 立方米	0.0002	
1.2 水、电、热消耗			
1.2.1 电费	度 / 立方米	278.5664	装机容量（kW）×24（h）× 年工作日 / 年设计产量（m^3）
1.2.2 水费	吨 / 立方米	0.2688	每小时用水量（m^3/h）×24（h）× 年工作日 / 年设计产量（m^3）
1.2.3 其他燃料	千焦 / 立方米	3.20768	用热量（GJ/h）×24（h）× 年工作日 / 年设计产量（m^3）
1.3 木材单耗	吨 / 立方米	1.3684	木材消耗量（t）/ 年设计产量（m^3）
2 固定成本			
2.1 用工量	人 / 立方米	0.000873333	工厂人数 / 年设计产量
2.2 折旧	元 / 立方米		
2.3 增值税	元 / 立方米		
3 工厂其他成本	元 / 立方米		

附表 4-3：胶合板成本监测模型

（1）2 万立方米胶合板成本模型

项目	计量单位	序号及关系	
一、实际人造板产量	立方米	1	
二、每立方米生产成本	元	2=3+13+17+21	
1 直接制造成本	元 / 立方米	3=4+8+12	

项目	计量单位	序号及关系	
1.1 辅助材料消耗	元 / 立方米	4=5+6+7	
1.1.1 脲醛树脂消耗价值	元 / 立方米	5	
1.1.2 氯化铵消耗价值	元 / 立方米	6	
1.1.3 工业面粉消耗价值	元 / 立方米	7	
1.2 水、电、热消耗	元 / 立方米	8=9+10+11	
1.2.1 电费	元 / 立方米	9	
1.2.2 水费	元 / 立方米	10	
1.2.3 其他燃料价值	元 / 立方米	11	
1.3 木材消耗价值	元 / 立方米	12	
2 固定成本	元	13=14+15+16	
2.1 工资	元 / 立方米	14	
2.2 折旧	元 / 立方米	15	
2.3 增值税	元 / 立方米	16	
3 废旧物资处理价值	元 / 立方米	17=18+19+20	
3.1 木芯	元 / 立方米	18	
3.2 废单板价值	元 / 立方米	19	
3.3 砂光粉及锯末	元 / 立方米	20	
4 工厂其他成本	元 / 立方米	21	

2 万立方米胶合板 - 成本构成要素价格监测

项目	规格、等级	计量单位	
1 直接制造成本			
1.1 辅助材料		元 / 吨	
1.1.1 脲醛树脂单价		元 / 吨	
1.1.2 氯化铵消耗单价		元 / 吨	
1.1.3 工业面粉消耗价值		元 / 吨	
1.2 水、电、热消耗			
1.2.1 电费		元 / 度	
1.2.2 水费		元 / 吨	
1.2.3 其他燃料单价		元 / 千焦	
1.3 木材单价		元 / 吨	
2 固定成本			

项目	规格、等级	计量单位	
2.1 工资		元 / 人	
2.2 折旧		元 / 立方米	
2.3 增值税		元 / 立方米	
3 废旧物资处理价值		元 / 吨	
3.1 木芯		元 / 吨	
3.2 废单板价值		元 / 吨	
3.3 砂光粉及锯末		元 / 吨	
4 工厂其他成本		元 / 立方米	

2 万立方米胶合板 - 成本构成要素数量监测

项目	计量单位	设计指标	计算公式
一、设计胶合板生产量	立方米		
二、成本设计指标			
1 直接制造成本	吨 / 立方米		
1.1 辅助材料	吨 / 立方米		年消耗量（t）/ 年设计产量（m^3）
1.1.1 脲醛树脂消耗	吨 / 立方米	0.1	
1.1.2 氯化铵消耗	吨 / 立方米	0.0015	
1.1.3 工业面粉消耗	吨 / 立方米	0.02	
1.2 水、电、热消耗			
1.2.1 电费	度 / 立方米	130	全年耗电量（kWh/a）/ 年设计产量（m^3）
1.2.2 水费	吨 / 立方米	0.168	每小时用水量（m^3/h）×24（h）× 年工作日 / 年设计产量（m^3）
1.2.3 其他燃料	千焦 / 立方米	2.016	用热量（GJ/h）×24（h）× 年工作日 / 年设计产量（m^3）
1.3 木材单耗	吨 / 立方米	2.48005	木材消耗量（t）/ 年设计产量（m^3）
2 固定成本			
2.1 用工量	人 / 立方米	0.01385	工厂人数 / 年设计产量
2.2 折旧	元 / 立方米		
2.3 增值税	元 / 立方米		
3 废旧物资量	吨 / 立方米		
3.1 木芯	吨 / 立方米	0.15	

项目	计量单位	设计指标	计算公式
3.2 废单板价值	吨 / 立方米	0.025	
3.3 砂光粉及锯末	吨 / 立方米	0.08	
4 工厂其他成本	元 / 立方米		

（2）5 万立方米胶合板成本模型

项目	计量单位	序号及关系	
一、实际人造板产量	立方米	1	
二、每立方米生产成本	元	2=3+13+17+21	
1 直接制造成本	元 / 立方米	3=4+5+6+7	
1.1 辅助材料消耗	元 / 立方米	4	
1.1.1 脲醛树脂消耗价值	元 / 立方米	5	
1.1.2 硫酸铵消耗价值	元 / 立方米	6	
1.1.3 工业面粉消耗价值	元 / 立方米	7	
1.2 水、电、热消耗	元 / 立方米	8=9+10+11	
1.2.1 电费	元 / 立方米	9	
1.2.2 水费	元 / 立方米	10	
1.2.3 其他燃料价值	元 / 立方米	11	
1.3 木材消耗价值	元 / 立方米	12	
2 固定成本	元	13=14+15+16	
2.1 工资	元 / 立方米	14	
2.2 折旧	元 / 立方米	15	
2.3 增值税	元 / 立方米	16	
3 废旧物资处理价值	元 / 立方米	17=18+19+20	
3.1 废单板价值	元 / 立方米	18	
3.2 废板边价值	元 / 立方米	19	
3.3 砂光粉价值	元 / 立方米	20	
4 工厂其他成本	元 / 立方米	21	

5 万立方米胶合板 - 成本构成要素价格监测

项目	规格、等级	计量单位	
1 直接制造成本			
1.1 辅助材料		元 / 吨	

项目	规格、等级	计量单位	
1.1.1 脲醛树脂单价		元 / 吨	
1.1.2 硫酸铵消耗单价		元 / 吨	
1.1.3 工业面粉消耗价值		元 / 吨	
1.2 水、电、热消耗			
1.2.1 电费		元 / 度	
1.2.2 水费		元 / 吨	
1.2.3 其他燃料单价		元 / 千焦	
1.3 木材单价		元 / 吨	
2 固定成本			
2.1 工资		元 / 人	
2.2 折旧		元 / 立方米	
2.3 增值税		元 / 立方米	
3 废旧物资处理价值		元 / 吨	
3.1 废单板价值		元 / 吨	
3.2 废板边价值		元 / 吨	
3.3 砂光粉价值		元 / 吨	
4 工厂其他成本		元 / 立方米	

5 万立方米胶合板 - 成本构成要素数量监测

项目	计量单位	设计指标	计算公式
一、设计胶合板生产量	立方米		
二、成本设计指标			
1 直接制造成本	吨 / 立方米		
1.1 辅助材料	吨 / 立方米		年消耗量（t）/ 年设计产量（m^3）
1.1.1 脲醛树脂消耗	吨 / 立方米	0.14	
1.1.2 硫酸铵消耗	吨 / 立方米	0.0022	
1.1.3 工业面粉消耗	吨 / 立方米	0.014	
1.2 水、电、热消耗			
1.2.1 电费	度 / 立方米	241.92	装机容量（kW）×24（h）× 年工作日 / 年设计产量（m^3）
1.2.2 水费	吨 / 立方米	1.0752	每小时用水量（m^3/h）×24（h）× 年工作日 / 年设计产量（m^3）

项目	计量单位	设计指标	计算公式
1.2.3 其他燃料	千焦 / 立方米	3.36	用热量（GJ/h）×24（h）× 年工作日 / 年设计产量（m^3）
1.3 木材单耗	吨 / 立方米	1.2	木材消耗量（t）/ 年设计产量（m^3）
2 固定成本			
2.1 用工量	人 / 立方米	0.00826	工厂人数 / 年设计产量
2.2 折旧	元 / 立方米		
2.3 增值税	元 / 立方米		
3 废旧物资量	吨 / 立方米		
3.1 废单板价值	吨 / 立方米	0.144	
3.2 废板边价值	吨 / 立方米	0.11	
3.3 砂光粉价值	吨 / 立方米	0.04	
4 工厂其他成本	元 / 立方米		

（3）10 万立方米胶合板成本模型

项目	计量单位	序号及关系	
一、实际人造板产量	立方米	1	
二、每立方米生产成本	元	2=3+13+17+21	
1 直接制造成本	元 / 立方米	3=4+8+12	
1.1 辅助材料消耗	元 / 立方米	4=5+6+7	
1.1.1 脲醛树脂消耗价值	元 / 立方米	5	
1.1.2 氯化铵消耗价值	元 / 立方米	6	
1.1.3 工业面粉消耗价值	元 / 立方米	7	
1.2 水、电、热消耗	元 / 立方米	8=9+10+11	
1.2.1 电费	元 / 立方米	9	
1.2.2 水费	元 / 立方米	10	
1.2.3 其他燃料价值	元 / 立方米	11	
1.3 木材消耗价值	元 / 立方米	12	
2 固定成本	元	13=14+15+16	
2.1 工资	元 / 立方米	14	
2.2 折旧	元 / 立方米	15	
2.3 增值税	元 / 立方米	16	
3 废旧物资处理价值	元 / 立方米	17=18+19+20	

项目	计量单位	序号及关系	
3.1 木芯	元 / 立方米	18	
3.2 废单板价值	元 / 立方米	19	
3.3 砂光粉	元 / 立方米	20	
4 工厂其他成本	元 / 立方米	21	

10 万立方米胶合板 - 成本构成要素价格监测

项目	规格、等级	计量单位	
1 直接制造成本			
1.1 辅助材料		元 / 吨	
1.1.1 脲醛树脂单价		元 / 吨	
1.1.2 氯化铵消耗单价		元 / 吨	
1.1.3 工业面粉消耗价值		元 / 吨	
1.2 水、电、热消耗			
1.2.1 电费		元 / 度	
1.2.2 水费		元 / 吨	
1.2.3 其他燃料单价		元 / 千焦	
1.3 木材单价		元 / 吨	
2 固定成本			
2.1 工资		元 / 人	
2.2 折旧		元 / 立方米	
2.3 增值税		元 / 立方米	
3 废旧物资处理价值		元 / 吨	
3.1 木芯		元 / 吨	
3.2 废单板价值		元 / 吨	
3.3 砂光粉		元 / 吨	
4 工厂其他成本		元 / 立方米	

10 万立方米胶合板 - 成本构成要素数量监测

项目	计量单位	设计指标	计算公式
一、设计胶合板生产量	立方米		
二、成本设计指标			
1 直接制造成本	吨 / 立方米		

项目	计量单位	设计指标	计算公式
1.1 辅助材料	吨 / 立方米		年消耗量（t）/ 年设计产量（m^3）
1.1.1 脲醛树脂消耗	吨 / 立方米	0.1384	
1.1.2 氯化铵消耗	吨 / 立方米	0.01384	
1.1.3 工业面粉消耗	吨 / 立方米	0.02076	
1.2 水、电、热消耗			
1.2.1 电费	度 / 立方米	201.6	装机容量（kW）×24（h）× 年工作日 / 年设计产量（m^3）
1.2.2 水费	吨 / 立方米		每小时用水量（m^3/h）×24（h）× 年工作日 / 年设计产量（m^3）
1.2.3 其他燃料	千焦 / 立方米	6.80064	用热量（GJ/h）×24（h）× 年工作日 / 年设计产量（m^3）
1.3 木材单耗	吨 / 立方米	2.2	木材消耗量（t）/ 年设计产量（m^3）
2 固定成本			
2.1 用工量	人 / 立方米	0.00437	工厂人数 / 年设计产量
2.2 折旧	元 / 立方米		
2.3 增值税	元 / 立方米		
3 废旧物资量	吨 / 立方米		
3.1 木芯	吨 / 立方米	0.0715	废旧物资量 (t/a)/ 年设计产量(m^3)
3.2 废单板价值	吨 / 立方米	0.1738	
3.3 砂光粉	吨 / 立方米	0.0539	
4 工厂其他成本	元 / 立方米		

附表 4-4：细木工板成本监测模型

（1）5 万立方米细木工板成本模型

项目	计量单位	序号及关系	
一、实际人造板产量	立方米	1	
二、每立方米生产成本	元	2=3+15+19+20	
1 直接制造成本	元 / 立方米	3=4+8+12	
1.1 辅助材料消耗	元 / 立方米	4=5+6+7	
1.1.1 脲醛树脂消耗价值	元 / 立方米	5	

项目	计量单位	序号及关系	
1.1.2 氯化铵消耗价值	元 / 立方米	6	
1.1.3 工业面粉消耗价值	元 / 立方米	7	
1.2 水、电、热消耗	元 / 立方米	8=9+10+11	
1.2.1 电费	元 / 立方米	9	
1.2.2 水费	元 / 立方米	10	
1.2.3 其他燃料价值	元 / 立方米	11	
1.3 木材消耗价值	元 / 立方米	12=13+14	
1.3.1 干板材价值	元 / 立方米	13	
1.3.2 干单板价值	元 / 立方米	14	
2 固定成本	元	15=16+17+18	
2.1 工资	元 / 立方米	16	
2.2 折旧	元 / 立方米	17	
2.3 增值税	元 / 立方米	18	
3 废旧物资处理价值	元 / 立方米	19	
4 工厂其他成本	元 / 立方米	20	

5 万立方米细木工板 - 成本构成要素价格监测

项目	规格、等级	计量单位	
1 直接制造成本			
1.1 辅助材料		元 / 吨	
1.1.1 脲醛树脂单价		元 / 吨	
1.1.2 氯化铵消耗单价		元 / 吨	
1.1.3 工业面粉消耗价值		元 / 吨	
1.2 水、电、热消耗			
1.2.1 电费		元 / 度	
1.2.2 水费		元 / 吨	
1.2.3 其他燃料单价		元 / 千焦	
1.3 木材单价		元 / 吨	
1.3.1 干板材价值		元 / 吨	
1.3.2 干单板价值		元 / 吨	
2 固定成本			

项目	规格、等级	计量单位	
2.1 工资		元 / 人	
2.2 折旧		元 / 立方米	
2.3 增值税		元 / 立方米	
3 废旧物资处理价值		元 / 吨	
4 工厂其他成本		元 / 立方米	

5 万立方米细木工板 - 成本构成要素数量监测

项目	计量单位	设计指标	计算公式
一、设计细木工板生产量	立方米		
二、成本设计指标			
1 直接制造成本	吨 / 立方米		
1.1 辅助材料	吨 / 立方米		年消耗量（t）/ 年设计产量（m^3）
1.1.1 脲醛树脂消耗	吨 / 立方米	0.033	
1.1.2 氯化铵消耗	吨 / 立方米	0.0005	
1.1.3 工业面粉消耗	吨 / 立方米	0.0033	
1.2 水、电、热消耗			
1.2.1 电费	度 / 立方米	36	全年耗电量（kWh/a）/ 年设计产量（m^3）
1.2.2 水费	吨 / 立方米	0.0672	每小时用水量（m^3/h）×24（h）× 年工作日 / 年设计产量（m^3）
1.2.3 耗气量	吨 / 立方米	0.4032	用热量（GJ/h）×24（h）× 年工作日 / 年设计产量（m^3）
1.3 木材单耗	吨 / 立方米		木材消耗量（t）/ 年设计产量（m^3）
1.3.1 干板材价值	吨 / 立方米	1.4	
1.3.2 干单板价值	吨 / 立方米	0.24	
2 固定成本			
2.1 用工量	人 / 立方米	0.00342	工厂人数 / 年设计产量
2.2 折旧	元 / 立方米		
2.3 增值税	元 / 立方米		
3 废旧物资量	吨 / 立方米	0.316	
4 工厂其他成本	元 / 立方米		

（2）8 万立方米细木工成本模型

项目	计量单位	序号及关系	
一、实际人造板产量	立方米	1	
二、每立方米生产成本	元	2=3+17+21+22	
1 直接制造成本	元 / 立方米	3=4+8+12	
1.1 辅助材料消耗	元 / 立方米	4=5+6+7	
1.1.1 脲醛树脂消耗价值	元 / 立方米	5	
1.1.2 氯化铵消耗价值	元 / 立方米	6	
1.1.3 工业面粉消耗价值	元 / 立方米	7	
1.2 水、电、热消耗	元 / 立方米	8=9+10+11	
1.2.1 电费	元 / 立方米	9	
1.2.2 水费	元 / 立方米	10	
1.2.3 其他燃料价值	元 / 立方米	11	
1.3 木材消耗价值	元 / 立方米	12=13+14+15+16	
1.3.1 薄木价值	元 / 立方米	13	
1.3.2 杨木单板价值	元 / 立方米	14	
1.3.3 阔叶材单板价值	元 / 立方米	15	
1.3.4 板材价值	元 / 立方米	16	
2 固定成本	元	17=18+19+20	
2.1 工资	元 / 立方米	18	
2.2 折旧	元 / 立方米	19	
2.3 增值税	元 / 立方米	20	
3 废旧物资处理价值	元 / 立方米	21	
4 工厂其他成本	元 / 立方米	22	

8 万立方米细木工 - 成本构成要素价格监测

项目	规格、等级	计量单位	
1 直接制造成本			
1.1 辅助材料		元 / 吨	
1.1.1 脲醛树脂单价		元 / 吨	
1.1.2 氯化铵消耗单价		元 / 吨	
1.1.3 工业面粉消耗价值		元 / 吨	

项目	规格、等级	计量单位	
1.2 水、电、热消耗			
1.2.1 电费		元 / 度	
1.2.2 水费		元 / 吨	
1.2.3 其他燃料单价		元 / 千焦	
1.3 木材单价		元 / 吨	
1.3.1 薄木价值		元 / 吨	
1.3.2 杨木单板价值		元 / 吨	
1.3.3 阔叶材单板价值		元 / 吨	
1.3.4 板材价值		元 / 吨	
2 固定成本			
2.1 工资		元 / 人	
2.2 折旧		元 / 立方米	
2.3 增值税		元 / 立方米	
3 废旧物资处理价值		元 / 吨	
4 工厂其他成本		元 / 立方米	

8 万立方米细木工 - 成本构成要素数量监测

项目	计量单位	设计指标	计算公式
一、设计细木工板生产量	立方米		
二、成本设计指标			
1 直接制造成本	吨 / 立方米		
1.1 辅助材料	吨 / 立方米		年消耗量（t）/ 年设计产量（m^3）
1.1.1 脲醛树脂消耗	吨 / 立方米		
1.1.2 氯化铵消耗	吨 / 立方米		
1.1.3 工业面粉消耗	吨 / 立方米		
1.2 水、电、热消耗			
1.2.1 电费	度 / 立方米	22.5	全年耗电量（kWh/a）/ 年设计产量（m^3）
1.2.2 水费	吨 / 立方米	0.042	每小时用水量（m^3/h）×24（h）× 年工作日 / 年设计产量（m^3）
1.2.3 耗气量	吨 / 立方米	0.588	用热量（GJ/h）×24（h）× 年工作日 / 年设计产量（m^3）

项目	计量单位	设计指标	计算公式
1.3 木材单耗	吨 / 立方米		木材消耗量(t)/年设计产量(m^3)
1.3.1 薄木价值	吨 / 立方米	0.016875	
1.3.2 杨木单板价值	吨 / 立方米	0.2	
1.3.3 阔叶材单板价值	吨 / 立方米	0.045	
1.3.4 板材价值	吨 / 立方米	1.035	
2 固定成本			
2.1 用工量	人 / 立方米	0.002625	工厂人数 / 年设计产量
2.2 折旧	元 / 立方米		
2.3 增值税	元 / 立方米		
3 废旧物资量	吨 / 立方米	0.3375	
4 工厂其他成本	元 / 立方米		

附表 5：木地板成本模型

附表 5-1：强化木地板成本模型

（1）200 万平方米强化木地板成本模型

项目	计量单位	序号及关系	
一、实际强化木地板产量	平方米	1	
二、每平方米生产成本	元	2=3+13+17	
1 直接制造成本	元 / 平方米	3=4+8+12	
1.1 辅助材料消耗	元 / 平方米	4=5+6+7	
1.1.1 表层装饰纸价值	元 / 平方米	5	
1.1.2 耐磨层消耗价值	元 / 平方米	6	
1.1.3 底层纸价值	元 / 平方米	7	
1.2 水、电、热消耗	元 / 平方米	8=9+10+11	
1.2.1 电费	元 / 平方米	9	
1.2.2 水费	元 / 平方米	10	
1.2.3 其他燃料价值	元 / 平方米	11	
1.3 中密度纤维板消耗价值	元 / 平方米	12	
2 固定成本	元 / 平方米	13=14+15+16	
2.1 工资	元 / 平方米	14	
2.2 折旧	元 / 平方米	15	
2.3 增值税	元 / 平方米	16	
3 工厂其他成本	元 / 平方米	17	

200 万平方米强化木地板 - 成本构成要素价格监测

项目	规格、等级	计量单位	
1 直接制造成本		元 / 吨	
1.1 辅助材料		元 / 吨	
1.1.1 表层装饰纸价值		元 / 吨	

项目	规格、等级	计量单位	
1.1.2 耐磨层消耗价值		元 / 吨	
1.1.3 底层纸价值			
1.2 水、电、热消耗			
1.2.1 电费		元 / 度	
1.2.2 水费		元 / 吨	
1.2.3 其他燃料单价		元 / 吨	
1.3 中密度纤维板单价		元 / 吨	
2 固定成本			
2.1 工资		元 / 人	
2.2 折旧		元 / 立方米	
2.3 增值税		元 / 立方米	
3 工厂其他成本		元 / 立方米	

200 万平方米强化木地板 - 成本构成要素数量监测

项目	计量单位	设计指标	计算公式
一、设计强化木地板生产量	平方米		
二、成本设计指标			
1 直接制造成本	吨 / 平方米		
1.1 辅助材料	吨 / 平方米		年消耗量（t）/ 年设计产量（m^3）
1.1.1 表层装饰纸价值	平方米 / 平方米	1.15	
1.1.2 耐磨层消耗价值	平方米 / 平方米	1.15	
1.1.3 底层纸价值	平方米 / 平方米	1.15	
1.2 水、电、热消耗			
1.2.1 电费	度 / 平方米	2.52	装机容量（kW）×24（h）× 年工作日 / 年设计产量（m^3）
1.2.2 水费	吨 / 平方米	0.0036	每小时用水量（m^3/h）×24（h）× 年工作日 / 年设计产量（m^3）
1.2.3 其他燃料	吨 / 平方米	0.0036	用热量（GJ/h）×24（h）× 年工作日 / 年设计产量（m^3）
1.3 中密度纤维板单耗	吨 / 平方米	0.01	木材消耗量(t)/ 年设计产量(m^3)
2 固定成本			
2.1 用工量	人 / 平方米	0.0000245	工厂人数 / 年设计产量

项目	计量单位	设计指标	计算公式
2.2 折旧	元 / 平方米		
2.3 增值税	元 / 平方米		
3 工厂其他成本	元 / 平方米		

（2）600 万平方米强化木地板成本模型

项目	计量单位	序号及关系	
一、实际强化木地板产量	平方米	1	
二、每平方米生产成本	元	2=3+13+17	
1 直接制造成本	元 / 平方米	3=4+8+12	
1.1 辅助材料消耗	元 / 平方米	4=5+6+7	
1.1.1 表层装饰纸价值	元 / 平方米	5	
1.1.2 耐磨层消耗价值	元 / 平方米	6	
1.1.3 底层纸价值	元 / 平方米	7	
1.2 水、电、热消耗	元 / 平方米	8=9+10+11	
1.2.1 电费	元 / 平方米	9	
1.2.2 水费	元 / 平方米	10	
1.2.3 其他燃料价值	元 / 平方米	11	
1.3 中密度纤维板消耗价值	元 / 平方米	12	
2 固定成本	元 / 平方米	13=14+15+16	
2.1 工资	元 / 平方米	14	
2.2 折旧	元 / 平方米	15	
2.3 增值税	元 / 平方米	16	
3 工厂其他成本	元 / 平方米	17	

600 万平方米强化木地板 - 成本构成要素价格监测

项目	规格、等级	计量单位	
1 直接制造成本		元 / 吨	
1.1 辅助材料		元 / 吨	
1.1.1 表层装饰纸价值		元 / 吨	
1.1.2 耐磨层消耗价值		元 / 吨	
1.1.3 底层纸价值			

项目	规格、等级	计量单位	
1.2 水、电、热消耗			
1.2.1 电费		元 / 度	
1.2.2 水费		元 / 吨	
1.2.3 其他燃料单价		元 / 吨	
1.3 中密度纤维板单价		元 / 吨	
2 固定成本			
2.1 工资		元 / 人	
2.2 折旧		元 / 平方米	
2.3 增值税		元 / 平方米	
3 工厂其他成本		元 / 平方米	

600 万平方米强化木地板 - 成本构成要素数量监测

项目	计量单位	设计指标	计算公式
一、设计强化木地板生产量	平方米		
二、成本设计指标			
1 直接制造成本	吨 / 平方米		
1.1 辅助材料	吨 / 平方米		年消耗量（t）/ 年设计产量（m^3）
1.1.1 表层装饰纸价值	平方 / 平方米	1.15	
1.1.2 耐磨层消耗价值	平方米 / 平方米	1.15	
1.1.3 底层纸价值	平方米 / 平方米	1.15	
1.2 水、电、热消耗			
1.2.1 电费	度 / 平方米	0.5	全年耗电量（kWh/a)/ 年设计产量（m^3）
1.2.2 水费	吨 / 平方米	0.00036	每小时用水量（m^3/h）×24（h）× 年工作日 / 年设计产量（m^3）
1.2.3 其他燃料	吨 / 平方米	0.00204	用热量（GJ/h）×24（h）× 年工作日 / 年设计产量（m^3）
1.3 中密度纤维板单耗	方 / 平方米	0.014166667	木材消耗量(t)/年设计产量(m^3)
2 固定成本			
2.1 用工量	人 / 平方米	8.16667E-06	工厂人数 / 年设计产量
2.2 折旧	元 / 平方米		
2.3 增值税	元 / 平方米		
3 工厂其他成本	元 / 平方米		

附表 5-2：实木复合板成本模型

（1）20 万平方米实木复合板成本模型

项目	计量单位	序号及关系	
一．实际实木复合板产量	平方米	1	
二．每平方米生产成本	元	2=3+18+22	
1 直接制造成本	元 / 平方米	3=4+10+14	
1.1 辅助材料消耗	元 / 平方米	4=5+6+7+8+9	
1.1.1 脲醛树脂消耗价值	元 / 平方米	5	
1.1.2 工业面粉消耗价值	元 / 平方米	6	
1.1.3 硫酸铵消耗价值	元 / 平方米	7	
1.1.4 双组份胶价值	元 / 平方米	8	
1.1.5 UV 油漆消耗价值	元 / 平方米	9	
1.2 水、电、热消耗	元 / 平方米	10=11+12+13	
1.2.1 电费	元 / 平方米	11	
1.2.2 水费	元 / 平方米	12	
1.2.3 其他燃料价值	元 / 平方米	13	
1.3 木材消耗价值	元 / 平方米	14=15+16+17	
1.3.1 榉木刨切单板价值	元 / 平方米	15	
1.3.2 松木旋切单板价值	元 / 平方米	16	
1.3.3 干燥松木板材价值	元 / 平方米	17	
2 固定成本	元 / 平方米	18=19+20+21	
2.1 工资	元 / 平方米	19	
2.2 折旧	元 / 平方米	20	
2.3 增值税	元 / 平方米	21	
3 工厂其他成本	元 / 平方米	22	

20 万平方米实木复合 - 成本构成要素价格监测

项目	规格、等级	计量单位	
1 直接制造成本			
1.1 辅助材料		元 / 吨	

项目	规格、等级	计量单位	
1.1.1 脲醛树脂消耗价值		元 / 吨	
1.1.2 工业面粉消耗价值		元 / 吨	
1.1.3 硫酸铵消耗价值		元 / 吨	
1.1.4 双组份胶价值		元 / 吨	
1.1.5 UV 油漆消耗价值		元 / 吨	
1.2 水、电、热消耗			
1.2.1 电费		元 / 度	
1.2.2 水费		元 / 吨	
1.2.3 其他燃料单价		元 / 千焦	
1.3 木材单价		元 / 吨	
1.3.1 榉木刨切单板价值		元 / 吨	
1.3.2 松木旋切单板价值		元 / 吨	
1.3.3 干燥松木板材价值		元 / 吨	
2 固定成本			
2.1 工资		元 / 人	
2.2 折旧		元 / 平方米	
2.3 增值税		元 / 平方米	
3 工厂其他成本		元 / 平方米	

20 万平方米实木复合板 - 成本构成要素数量监测

项目	计量单位	设计指标	计算公式
一、设计实木复合板生产量	平方米		
二、成本设计指标			
1 直接制造成本	吨 / 平方米		
1.1 辅助材料	吨 / 平方米		年消耗量（t）/ 年设计产量（m^3）
1.1.1 脲醛树脂消耗价值	吨 / 平方米	0.00025	
1.1.2 工业面粉消耗价值	吨 / 平方米	0.00003	
1.1.3 硫酸铵消耗价值	吨 / 平方米	0.0000265	
1.1.4 双组份胶价值	吨 / 平方米	0.00016	
1.1.5 UV 油漆消耗价值	吨 / 平方米	0.000135	
1.2 水、电、热消耗			

项目	计量单位	设计指标	计算公式
1.2.1 电费	度 / 平方米	21.6	装机容量（kW）×24（h）× 年工作日 / 年设计产量（m^3）
1.2.2 水费	吨 / 平方米	0.018	每小时用水量（m^3/h）×24（h）× 年工作日 / 年设计产量（m^3）
1.2.3 其他燃料	吨 / 平方米	0.072	用热量（GJ/h）×24（h）× 年工作日 / 年设计产量（m^3）
1.3 木材单耗	吨 / 平方米		木材消耗量（t）/ 年设计产量（m^3）
1.3.1 榉木刨切单板价值	元 / 平方米	1.1	
1.3.2 松木旋切单板价值	元 / 平方米	1.1	
1.3.3 干燥松木板材价值	元 / 平方米	0.0165	
2 固定成本			
2.1 用工量	人 / 平方米	0.00064	工厂人数 / 年设计产量
2.2 折旧	元 / 平方米		
2.3 增值税	元 / 平方米		
3 工厂其他成本	元 / 平方米		

（2）200 万平方米实木复合板成本模型

项目	计量单位	序号及关系	
一、实际实木复合板产量	平方米	1	
二、每平方米生产成本	元	2=3+18+22	
1 直接制造成本	元 / 平方米	3=4+10+14	
1.1 辅助材料消耗	元 / 平方米	4=5+6+7+8+9	
1.1.1 脲醛树脂消耗价值	元 / 平方米	5	
1.1.2 工业面粉消耗价值	元 / 平方米	6	
1.1.3 硫酸铵消耗价值	元 / 平方米	7	
1.1.4 双组份胶价值	元 / 平方米	8	
1.1.5 UV 油漆消耗价值	元 / 平方米	9	
1.2 水、电、热消耗	元 / 平方米	10=11+12+13	
1.2.1 电费	元 / 平方米	11	
1.2.2 水费	元 / 平方米	12	
1.2.3 其他燃料价值	元 / 平方米	13	
1.3 木材消耗价值	元 / 平方米	14=15+16+17	

项目	计量单位	序号及关系	
1.3.1 阔叶材锯切单板价值	元 / 平方米	15	
1.3.2 阔叶材旋切单板价值	元 / 平方米	16	
1.3.3 干燥柳杉板材价值	元 / 平方米	17	
2 固定成本	元 / 平方米	18=19+20+21	
2.1 工资	元 / 平方米	19	
2.2 折旧	元 / 平方米	20	
2.3 增值税	元 / 平方米	21	
3 工厂其他成本	元 / 平方米	22	

200 万平方米实木复合板 - 成本构成要素价格监测

项目	规格、等级	计量单位	
1 直接制造成本			
1.1 辅助材料		元 / 吨	
1.1.1 脲醛树脂消耗价值		元 / 吨	
1.1.2 工业面粉消耗价值		元 / 吨	
1.1.3 硫酸铵消耗价值		元 / 吨	
1.1.4 双组份胶价值		元 / 吨	
1.1.5 UV 油漆消耗价值		元 / 吨	
1.2 水、电、热消耗			
1.2.1 电费		元 / 度	
1.2.2 水费		元 / 吨	
1.2.3 其他燃料单价		元 / 千焦	
1.3 木材单价		元 / 吨	
1.3.1 阔叶材锯切单板价值		元 / 吨	
1.3.2 阔叶材旋切单板价值		元 / 吨	
1.3.3 干燥柳杉板材价值		元 / 吨	
2 固定成本			
2.1 工资		元 / 人	
2.2 折旧		元 / 平方米	
2.3 增值税		元 / 平方米	
3 工厂其他成本		元 / 平方米	

200 万平方米实木复合板 - 成本构成要素数量监测

项目	计量单位	设计指标	计算公式
一、设计实木复合板生产量	平方米		
二、成本设计指标			
1 直接制造成本	吨 / 平方米		
1.1 辅助材料	吨 / 平方米		年消耗量（t）/ 年设计产量（m^3）
1.1.1 脲醛树脂消耗价值	吨 / 平方米	0.00025	
1.1.2 工业面粉消耗价值	吨 / 平方米	0.00003	
1.1.3 硫酸铵消耗价值	吨 / 平方米	0.0000265	
1.1.4 双组份胶价值	吨 / 平方米	0.00016	
1.1.5 UV 油漆消耗价值	吨 / 平方米	0.000135	
1.2 水、电、热消耗			
1.2.1 电费	度 / 平方米	9.36	装机容量（kW）×24（h）× 年工作日 / 年设计产量（m^3）
1.2.2 水费	吨 / 平方米	0.0018	每小时用水量（m^3/h）×24（h）× 年工作日 / 年设计产量（m^3）
1.2.3 其他燃料	吨 / 平方米	0.027	用热量（GJ/h）×24（h）× 年工作日 / 年设计产量（m^3）
1.3 木材单耗	吨 / 平方米		木材消耗量（t）/ 年设计产量（m3）
1.3.1 阔叶材锯切单板价值	元 / 平方米	1.15	
1.3.2 阔叶材旋切单板价值	元 / 平方米	1.15	
1.3.3 干燥柳杉板材价值	元 / 平方米	0.014	
2 固定成本			
2.1 用工量	人 / 平方米	0.000176	工厂人数 / 年设计产量
2.2 折旧	元 / 平方米		
2.3 增值税	元 / 平方米		
3 工厂其他成本	元 / 平方米		

附表 6：林产品进出口附表

附表 6–1：原木进出口价格

（1）2012 年原木出口价格

代码	中文	国别地区	出口数量（立方米）	各国出口量占总量比重（%）	出口金额（美元）	各国出口额占总额比重（%）	平均出口价格（美元 / 立方米）	2012 年加权价格（美元 / 立方米）
44039990	未列名非针叶木原木	合　计	2885	100	1 238 029	100	429.13	429.13
		越　南	2885	100	1 238 029	100	429.13	429.13
44034990	未列名本章子目注释 2 所列热带木原木	合　计	241	100	162 300	100	673.44	673.44
		越　南	241	100	162 300	100	673.44	673.44
44039950	水曲柳原木	合　计	443	100	323 855	100	731.05	737.80
		日　本	389	87.81	302 327	93.35	777.19	682.45
		中国台湾	54	13.88	21 528	7.12	398.67	55.34

（2）2012 年原木进口价格

代码	中文	国别地区	出口数量（立方米）	各国出口量占总量比重（%）	出口金额（美元）	各国出口额占总额比重（%）	平均出口价格（美元 / 立方米）	2012 年加权价格（美元 / 立方米）
44031000	用油漆、着色剂、杂酚油等防腐剂处理的原木	合　计	83 978	100	15 468 281	100	184.19	184.19
		新西兰	83 274	99.16	15 181 417	98.15	182.31	180.78
		印　度	29	0.03	153 600	0.99	5296.55	1.83
		朝　鲜	640	0.76	76 988	0.50	120.29	0.92
		苏里南	10	0.01	39 660	0.26	3966	0.47
		日　本	17	0.02	13 771	0.09	810.06	0.16
		中国台湾	8	0.01	2345	0.02	293.13	0.03
		奥地利	0	0	500	0	0	0

代码	中文	国别地区	出口数量（立方米）	各国出口量占总量比重（%）	出口金额（美元）	各国出口额占总额比重（%）	平均出口价格（美元/立方米）	2012 年加权价格（美元/立方米）
44032010	红松和樟子松原木	合　计	4 979 748	99.99	682 833 973	99.99	137.12	137.11
		俄罗斯	4 525 906	90.89	624 945 791	91.52	138.08	125.50
		乌克兰	380 015	7.63	48 280 763	7.07	127.05	9.70
		立陶宛	40 865	0.82	5 168 599	0.76	126.48	1.04
		拉脱维亚	7692	0.15	988 476	0.14	128.51	0.20
		美　国	5334	0.11	872 088	0.13	163.50	0.18
		德　国	6098	0.12	829 445	0.12	136.02	0.17
		比利时	5124	0.10	690 973	0.10	134.85	0.14
		法　国	3444	0.07	453 659	0.07	131.72	0.09
		爱沙尼亚	2493	0.05	392 095	0.06	157.28	0.08
		缅　甸	2450	0.05	166 648	0.02	68.02	0.03
44032020	白松（云杉和冷杉）原木	合　计	4 329 200	99.49	608 674 835	99.51	140.60	139.91
		俄罗斯	2 761 838	63.80	351 879 214	57.81	127.41	81.28
		美　国	833 542	19.25	149 526 288	24.57	179.39	34.54
		加拿大	298 557	6.90	49 597 870	8.15	166.13	11.46
		法　国	176 957	4.09	24 735 047	4.06	139.78	5.71
		罗马尼亚	103 215	2.38	13 687 408	2.25	132.61	3.16
		立陶宛	36 087	0.83	4 848 442	0.80	134.35	1.12
		乌克兰	41 154	0.95	4 654 936	0.76	113.11	1.08
		白俄罗斯	25 360	0.59	2 772 362	0.46	109.32	0.64
		拉脱维亚	18 665	0.43	2 341 933	0.38	125.47	0.54
		丹　麦	11 846	0.27	1 668 333	0.27	140.84	0.39
44032030	辐射松原木	合　计	8 974 597	100	1 147 408 036	100	127.85	127.85
		新西兰	8 167 757	91.01	1 054 954 929	91.94	129.16	117.55
		澳大利亚	798770	8.90	91433435	8.67	114.47	10.19
		智　利	6152	0.07	709571	0.78	115.34	0.08
		美　国	1793	0.02	293817	41.41	163.87	0.03
		巴　西	125	0	16284	5.54	130.27	0

代码	中文	国别地区	出口数量（立方米）	各国出口量占总量比重（%）	出口金额（美元）	各国出口额占总额比重（%）	平均出口价格（美元/立方米）	2012年加权价格（美元/立方米）
44032040	落叶松原木	合　计	2 907 496	99.99	409 060 475	99.99	140.69	140.68
		俄罗斯	2 892 541	99.49	407 098 778	99.52	140.74	140.02
		新西兰	8571	0.29	1 050 398	0.26	122.55	0.36
		朝　鲜	1720	0.06	234 031	0.06	136.06	0.08
		美　国	917	0.03	157 683	0.04	171.96	0.05
		加拿大	886	0.03	139 762	0.03	157.74	0.05
		比利时	708	0.02	113 880	0.03	160.85	0.04
		法　国	720	0.02	96 562	0.02	134.11	0.03
		尼泊尔	500	0.02	74 926	0.02	149.85	0.03
		乌拉圭	488	0.02	48 154	0.01	98.68	0.02
		越　南	283	0.01	17 884	0	63.19	0.01
44032090	未列名针叶木原木	合　计	5 494 556	99.75	897 325 172	99.80	163.31	162.99
		美　国	2 565 658	46.69	450 998 575	50.26	175.78	82.08
		加拿大	2 123 082	38.64	341 128 815	38.02	160.68	62.08
		新西兰	343 659	6.25	46 755 905	5.21	136.05	8.51
		澳大利亚	304 121	5.53	37 390 616	4.17	122.95	6.81
		俄罗斯	71 930	1.31	10 484 518	1.17	145.76	1.91
		缅　甸	37 174	0.68	3 756 844	0.42	101.06	0.68
		日　本	14 246	0.26	2 134 702	0.24	149.85	0.39
		法　国	7541	0.14	986 989	0.11	130.88	0.18
		乌拉圭	8467	0.15	962 143	0.11	113.63	0.18
		马来西亚	4698	0.09	937 388	0.10	199.53	0.17
44034100	深红色红柳安木、浅红色红柳安木及巴栲红柳安木原木	合　计	57 992	100	14 589 400	100	251.58	251.58
		马来西亚	56 659	97.70	14 306 362	98.06	252.50	246.70
		乌拉圭	733	1.26	138 635	0.95	189.13	2.39
		缅　甸	374	0.64	70 345	0.48	188.09	1.21
		澳大利亚	97	0.17	48 071	0.33	495.58	0.83
		中国台湾	27	0.05	15 613	0.11	578.26	0.27
		南　非	102	0.18	10 374	0.07	101.71	0.18

代码	中文	国别地区	出口数量（立方米）	各国出口量占总量比重（%）	出口金额（美元）	各国出口额占总额比重（%）	平均出口价格（美元/立方米）	2012年加权价格（美元/立方米）
44034910	柚木原木	合　计	114 159	99.11	92 515 320	99.22	810.41	804.13
		缅　甸	88 905	77.88	76 670 824	82.87	862.39	671.61
		中国台湾	9829	8.61	7 254 964	7.84	738.12	63.55
		老　挝	5069	4.44	2 953 744	3.19	582.71	25.87
		哥斯达黎加	4795	4.20	2 448 592	2.65	510.66	21.45
		巴拿马	1719	1.51	883 430	0.95	513.92	7.74
		安哥拉	932	0.82	528 170	0.57	566.71	4.63
		巴　西	735	0.64	431 432	0.47	586.98	3.78
		哥伦比亚	544	0.48	303 980	0.33	558.79	2.66
		马来西亚	378	0.33	200 190	0.22	529.60	1.75
		印度尼西亚	238	0.21	122 800	0.13	515.97	1.08
44034920	奥克曼木 Okoume（奥克榄）原木	合　计	655 531	100	265 228 707	100	404.60	404.60
		刚果（布）	450 141	68.67	187 083 714	70.54	415.61	285.39
		赤道几内亚	205 101	31.29	78 050 292	29.43	380.55	119.06
		加　蓬	280	0.04	90 830	0.03	324.39	0.14
		喀麦隆	9	0	3871	0	430.11	0.01
44034930	龙脑香木 Dipterocar-pusspp.（克隆木）原木	合　计	103 257	100	20 903 439	100	202.44	202.44
		缅　甸	93 526	90.58	18 106 474	86.62	193.60	175.35
		马来西亚	9634	9.33	2 741 068	13.11	284.52	26.55
		印度尼西亚	87	0.08	53 505	0.26	615.00	0.52
		柬埔寨	10	0.01	2392	0.01	239.20	0.02
44034940	山樟木 Kapur（香木 Dryobalanops spp.）原木	合　计	40 019	100	12 543 739	100	313.44	313.44
		马来西亚	38 765	96.87	12 336 202	98.35	318.23	308.26
		缅　甸	1242	3.10	203 702	1.62	164.01	5.09
		越　南	12	0.03	3835	0.03	319.58	0.10

代码	中文	国别地区	出口数量（立方米）	各国出口量占总量比重（%）	出口金额（美元）	各国出口额占总额比重（%）	平均出口价格（美元/立方米）	2012年加权价格（美元/立方米）
44034950	印加木 Intsia spp.（波罗格 Men 克 aris）原木	合　计	89 095	100	44 925 366	100	504.24	504.24
		巴布亚新几内亚	86 763	97.38	43 650 357	97.16	503.10	489.93
		马来西亚	1754	1.97	993 053	2.21	566.16	11.15
		所罗门群岛	468	0.53	224 241	0.50	479.15	2.52
		印度尼西亚	65	0.07	33 424	0.07	514.22	0.38
		喀麦隆	23	0.03	11 489	0.03	499.52	0.13
		新加坡	4	0	5995	0.01	1498.75	0.07
		菲律宾	13	0.01	4467	0.01	343.62	0.05
		中　非	5	0.01	2340	0.01	468.00	0.03
44034960	大干巴豆木 Koompassia spp.（门格里斯或康派斯）原木	合　计	77 927	100	18 319 231	100	235.08	235.08
		马来西亚	74 218	95.24	17 514 664	95.61	235.99	224.76
		巴布亚新几内亚	3695	4.74	799 566	4.36	216.39	10.26
		印度尼西亚	14	0.02	5001	0.03	357.21	0.06
44034970	异翅香木 Anisopter spp. 原木	合　计	96 230	100	23 272 565	100	241.84	241.84
		巴布亚新几内亚	95 485	99.23	23 089 198	99.21	241.81	239.94
		马来西亚	745	0.77	183 367	0.79	246.13	1.91
44034990	未列名本章子目注释2所列热带木原木	合　计	521 300	89.73	191 882 694	91.02	368.08	335.04
		喀麦隆	137 131	26.31	45 978 625	23.96	335.29	88.20
		中　非	71 510	13.72	26 986 980	14.06	377.39	51.77
		刚果（布）	62 009	11.90	25 443 505	13.26	410.32	48.81
		利比里亚	56 667	10.87	18 990 783	9.90	335.13	36.43
		赤道几内亚	49 351	9.47	16 804 873	8.76	340.52	32.24
		刚果（金）	26 808	5.14	14 695 243	7.66	548.17	28.19
		马来西亚	33 928	6.51	11 790 467	6.14	347.51	22.62
		贝　宁	14 995	2.88	6 277 088	3.27	418.61	12.04
		安哥拉	8673	1.66	4 725 683	2.46	544.87	9.07
		加　纳	6699	1.29	2 961 957	1.54	442.15	5.68

代码	中文	国别地区	出口数量（立方米）	各国出口量占总量比重（%）	出口金额（美元）	各国出口额占总额比重（%）	平均出口价格（美元/立方米）	2012 年加权价格（美元/立方米）
44039100	栎木（橡木）原木	合　计	380 312	97.50	125 228 370	98.18	329.28	323.27
		美　国	82 791	21.77	44 344 766	35.41	535.62	116.60
		俄罗斯	88 334	23.23	31 967 621	25.53	361.89	84.06
		法　国	120 527	31.69	28 019 848	22.38	232.48	73.68
		比利时	31 414	8.26	7 000 250	5.59	222.84	18.41
		德　国	12 991	3.42	3 114 705	2.49	239.76	8.19
		罗马尼亚	10 517	2.77	2 972 487	2.37	282.64	7.82
		捷　克	10 312	2.71	2 324 738	1.86	225.44	6.11
		乌克兰	4366	1.15	1 444 215	1.15	330.79	3.80
		加拿大	2046	0.54	1 130 752	0.90	552.66	2.97
		缅　甸	7525	1.98	624 801	0.50	83.03	1.64
44039200	山毛榉木原木	合　计	578 376	98.96	106 479 563	98.89	184.10	182.06
		德　国	225 335	38.96	42 270 921	39.70	187.59	73.09
		法　国	144 679	25.01	26 538 693	24.92	183.43	45.88
		斯洛伐克	76 164	13.17	13 487 331	12.67	177.08	23.32
		比利时	47 492	8.21	9 059 582	8.51	190.76	15.66
		罗马尼亚	33 855	5.85	5 680 697	5.34	167.79	9.82
		丹　麦	20 105	3.48	3 767 303	3.54	187.38	6.51
		克罗地亚	8428	1.46	1 537 402	1.44	182.42	2.66
		卢森堡	7503	1.30	1 397 915	1.31	186.31	2.42
		捷　克	5262	0.91	931 779	0.88	177.08	1.61
		荷　兰	3522	0.61	627 828	0.59	178.26	1.09
44039910	楠木原木	合　计	147	100	34 030	100	231.50	208.40
		老　挝	104	70.75	23 903	70.24	229.84	162.61
		缅　甸	36	24.49	4532	13.32	125.89	30.83
		中国台湾	7	4.76	2200	6.46	314.29	14.97
		意大利	0	0	1798	5.28	0	0
		西班牙	0	0	1597	4.69	0	0

代码	中文	国别地区	出口数量（立方米）	各国出口量占总量比重（%）	出口金额（美元）	各国出口额占总额比重（%）	平均出口价格（美元/立方米）	2012年加权价格（美元/立方米）
44039920	樟木原木	合　计	800	100	375 577	100	469.47	469.47
		圭亚那	174	21.75	191 473	50.98	1100.42	239.34
		马来西亚	240	30	51 395	13.68	214.15	64.24
		中国台湾	142	17.75	44 941	11.97	316.49	56.18
		老　挝	100	12.50	44 043	11.73	440.43	55.05
		澳大利亚	58	7.25	18 225	4.85	314.22	22.78
		日　本	40	5	12 831	3.42	320.78	16.04
		苏里南	39	4.88	11 056	2.94	283.49	13.82
		越　南	7	0.88	1613	0.43	230.43	2.02
44039930	红木原木	合　计	757 159	88.84	789 127 041	87.52	1042.22	912.15
		越　南	79 367	10.48	134 687 177	17.07	1697.02	177.88
		老　挝	73 345	9.69	133 080 180	16.86	1814.44	175.76
		缅　甸	77 057	10.18	102 736 107	13.02	1333.25	135.69
		尼加拉瓜	56 075	7.41	102 726 821	13.02	1831.95	135.67
		冈比亚	134 572	17.77	71 076 603	9.01	528.17	93.87
		刚果(金)	50 524	6.67	40 307 937	5.11	797.80	53.24
		加　纳	74 008	9.77	38 092 561	4.83	514.71	50.31
		贝　宁	51 516	6.80	26 265 754	3.33	509.86	34.69
		莫桑比克	36 557	4.83	21 371 630	2.71	584.61	28.23
		多　哥	39 644	5.24	20 298 478	2.57	512.02	26.81
44039950	水曲柳原木	合　计	204 562	99.36	59 990 691	99.41	293.26	291.52
		俄罗斯	116 397	56.90	37 525 980	62.55	322.40	183.45
		法　国	27 495	13.44	6 895 448	11.49	250.79	33.71
		丹　麦	25 772	12.60	6 095 662	10.16	236.52	29.80
		美　国	9183	4.49	3 129 938	5.22	340.84	15.30
		比利时	9204	4.50	2 318 662	3.87	251.92	11.33
		乌克兰	6404	3.13	1 527 931	2.55	238.59	7.47
		德　国	4212	2.06	1 027 185	1.71	243.87	5.02
		斯洛伐克	2494	1.22	604 768	1.01	242.49	2.96
		克罗地亚	1113	0.54	284 392	0.47	255.52	1.39
		捷　克	988	0.48	224 076	0.37	226.80	1.10

代码	中文	国别地区	出口数量（立方米）	各国出口量占总量比重（%）	出口金额（美元）	各国出口额占总额比重（%）	平均出口价格（美元/立方米）	2012 年加权价格（美元/立方米）
44039960	北美硬阔叶木（包括樱桃木、黑胡桃木、枫木）原木	合　计	97 255	99.99	82 366 153	99.99	846.91	846.86
		美　国	90 159	92.70	79 054 710	95.98	876.84	812.86
		加拿大	3634	3.74	2 581 620	3.13	710.41	26.54
		乌克兰	1604	1.65	279 189	0.34	174.06	2.87
		法　国	448	0.46	120 391	0.15	268.73	1.24
		缅　甸	793	0.82	107 553	0.13	135.63	1.11
		比利时	412	0.42	103 073	0.13	250.18	1.06
		刚果（布）	50	0.05	44 969	0.05	899.38	0.46
		中国台湾	49	0.05	39 004	0.05	796	0.40
		罗马尼亚	93	0.10	26 186	0.03	281.57	0.27
		德　国	7	0.01	4816	0.01	688	0.05
44039980	未列名的温带非针叶木原木	合　计	920 574	97.23	129 995 099	96.20	141.21	135.85
		俄罗斯	723 521	78.59	97 895 519	75.31	135.30	106.34
		拉脱维亚	46 041	5.00	7 099 165	5.46	154.19	7.71
		立陶宛	32 593	3.54	47 90 075	3.68	146.97	5.20
		乌克兰	22 026	2.39	3 400 347	2.62	154.38	3.69
		比利时	22 128	2.40	3 389 873	2.61	153.19	3.68
		美　国	10 862	1.18	3 117 330	2.40	286.99	3.39
		新西兰	13 347	1.45	1 679 620	1.29	125.84	1.82
		法　国	5394	0.59	1 310 869	1.01	243.02	1.42
		爱沙尼亚	7084	0.77	1 224 589	0.94	172.87	1.33
		加拿大	12 039	1.31	1 152 824	0.89	95.76	1.25
44039990	未列名非针叶木原木	合　计	6 428 809	89.45	1 512 830 411	85.78	235.32	201.86
		巴布亚新几内亚	2 371 318	36.89	452 101 141	29.88	190.65	70.32
		所罗门群岛	1 913 341	29.76	376 182 062	24.87	196.61	58.52
		莫桑比克	284 886	4.43	127 174 870	8.41	446.41	19.78
		喀麦隆	255 451	3.97	99 096 422	6.55	387.93	15.41
		贝　宁	135 801	2.11	59 023 318	3.90	434.63	9.18

代码	中文	国别地区	出口数量（立方米）	各国出口量占总量比重（%）	出口金额（美元）	各国出口额占总额比重（%）	平均出口价格（美元/立方米）	2012年加权价格（美元/立方米）
44039990	未列名非针叶木原木	缅　甸	297 807	4.63	42 957 945	2.84	144.25	6.68
		马来西亚	211 101	3.28	41 775 331	2.76	197.89	6.50
		赤道几内亚	96 508	1.50	36 842 371	2.44	381.75	5.73
		刚果（布）	87 821	1.37	36 541 072	2.42	416.09	5.68
		利比里亚	96 241	1.50	25 999 621	1.72	270.15	4.04

附表 6-2：单板进出口价格

（1）2012 年单板出口价格

代码	中文	国别地区	出口数量（千克）	各国出口量占总量比重（%）	出口金额（美元）	各国出口额占总额比重（%）	平均出口价格（美元/千克）	2012年加权价格（美元/千克）
44081011	用胶合板等制的针叶木饰面用单板，厚≤6毫米	合　计	141 239	100	115 847	100	0.82	0.82
		印度尼西亚	98 000	69.39	80 226	69.25	0.82	0.57
		韩　国	31 610	22.38	18 118	15.64	0.57	0.13
		越　南	144	0.10	5801	5.01	40.28	0.04
		日　本	3970	2.81	4638	4.00	1.17	0.03
		美　国	6548	4.64	4290	3.70	0.66	0.03
		朝　鲜	680	0.48	2145	1.85	3.15	0.02
44081011	用胶合板等制的针叶木饰面用单板，厚≤6毫米	巴布亚新几内亚	185	0.13	337	0.29	1.82	0
		赤道几内亚	102	0.07	292	0.25	2.86	0
44081019	其他针叶木饰面用单板，厚≤6毫米	合　计	10 076 785	100	6 007 580	100	0.60	0.60
		菲律宾	6 306 000	62.58	3 633 340	60.48	0.58	0.36
		中国台湾	3 116 168	30.92	1 507 149	25.09	0.48	0.15
		韩　国	223 048	2.21	410 455	6.83	1.84	0.04
		泰　国	312 004	3.10	31 2192	5.20	1	0.03

代码	中文	国别地区	出口数量（千克）	各国出口量占总量比重（%）	出口金额（美元）	各国出口额占总额比重（%）	平均出口价格（美元/千克）	2012 年加权价格（美元/千克）
44081019	其他针叶木饰面用单板，厚≤6毫米	越　南	24 802	0.25	59 330	0.99	2.39	0.01
		印　度	72 780	0.72	55 662	0.93	0.76	0.01
		肯尼亚	19 000	0.19	17 221	0.29	0.91	0
		日　本	1450	0.01	10 503	0.17	7.24	0
		香　港	1533	0.02	1728	0.03	1.13	0
44081020	针叶木制胶合板用单板，厚≤6毫米	合　计	19 019	100	13 804	100	0.73	0.73
		印度尼西亚	11 099	58.36	7072	51.23	0.64	0.37
		美　国	7920	41.64	6732	48.77	0.85	0.35
44081090	其他纵锯切、刨或旋切的针叶木木材，厚≤6毫米	合　计	4 223 303	95.58	16 008 878	96.31	3.79	3.65
		墨西哥	1 366 906	32.37	5 215 646	32.58	3.82	1.23
		德　国	1 044 900	24.74	4 100 632	25.61	3.92	0.97
		日　本	873 746	20.69	3 229 342	20.17	3.70	0.76
		美　国	253 429	6	1 029 270	6.43	4.06	0.24
		英　国	194 795	4.61	731 444	4.57	3.75	0.17
		比利时	65 146	1.54	291 036	1.82	4.47	0.07
		韩　国	88 613	2.10	249 853	1.56	2.82	0.06
		阿根廷	48123	1.14	219 225	1.37	4.56	0.05
		意大利	55 614	1.32	195 065	1.22	3.51	0.05
		越　南	45 300	1.07	156 805	0.98	3.46	0.04
44083111	用胶合板等制饰面单板，红柳安木制，厚≤6毫米	合　计	13	100	144	100	11.08	11.08
		德　国	13	100	144	100	11.08	11.08
44083119	其他饰面用单板，红柳安木制，厚≤6毫米	合　计	105 200	100	38 650	100	0.37	0.37
		印　度	104 000	98.86	26 000	67.27	0.25	0.25
		新加坡	1200	1.14	12 650	32.73	10.54	0.12

代码	中文	国别地区	出口数量（千克）	各国出口量占总量比重（%）	出口金额（美元）	各国出口额占总额比重（%）	平均出口价格（美元/千克）	2012年加权价格（美元/千克）
44083911	用胶合板等制其他子目注释2所列的热带木饰面用单板，厚≤6毫米	合　计	847 335	100	5 393 831	100	6.37	6.37
		俄罗斯	566 165	66.82	3 059 200	56.72	5.40	3.61
		加拿大	186 440	22	1 908 732	35.39	10.24	2.25
		美　国	13 650	1.61	109 785	2.04	8.04	0.13
		哥伦比亚	12 650	1.49	87 372	1.62	6.91	0.10
		芬　兰	17 070	2.01	85 934	1.59	5.03	0.10
		立陶宛	8740	1.03	54 853	1.02	6.28	0.06
		日　本	1420	0.17	31 114	0.58	21.91	0.04
		巴基斯坦	38 620	4.56	26 721	0.50	0.69	0.03
		埃　及	2000	0.24	23563	0.44	11.78	0.03
		意大利	580	0.07	6557	0.12	11.31	0.01
44083919	其他子目注释2所列的热带木制饰面用单板，厚≤6毫米	合　计	401 523	97.79	2 288 598	99.24	5.70	5.66
		日　本	222 290	55.36	1 540 511	67.31	6.93	3.84
		埃　及	8445	2.10	166 979	7.30	19.77	0.42
		印度尼西亚	31 644	7.88	156 039	6.82	4.93	0.39
		意大利	60 495	15.07	150 537	6.58	2.49	0.37
		中国台湾	28 508	7.10	145 314	6.35	5.10	0.36
		马来西亚	3839	0.96	31 436	1.37	8.19	0.08
		马拉维	10 000	2.49	27 288	1.19	2.73	0.07
		津巴布韦	9500	2.37	22 270	0.97	2.34	0.06
		越　南	15 868	3.95	18 141	0.79	1.14	0.05
		乌兹别克斯坦	2070	0.52	12 766	0.56	6.17	0.03
44083920	其他子目注释2所列的热带木制胶合板用单板，厚≤6毫米	合　计	7 392 764	95.00	11 776 247	94.17	1.59	1.50
		菲律宾	3 578 640	48.41	4 049 732	34.39	1.13	0.55
		美　国	1 293 460	17.50	3 535 305	30.02	2.73	0.48
		墨西哥	365 800	4.95	985 084	8.37	2.69	0.13
		以色列	287 240	3.89	735 443	6.25	2.56	0.10
		印度尼西亚	204 959	2.77	390 776	3.32	1.91	0.05

代码	中文	国别地区	出口数量（千克）	各国出口量占总量比重（%）	出口金额（美元）	各国出口额占总额比重（%）	平均出口价格（美元/千克）	2012年加权价格（美元/千克）
44083920	其他子目注释2所列的热带木制胶合板用单板，厚≤6毫米	越　南	829 860	11.23	363 416	3.09	0.44	0.05
		南　非	124 130	1.68	350 662	2.98	2.82	0.05
		智　利	114 360	1.55	245 003	2.08	2.14	0.03
		中国台湾	149 280	2.02	217 731	1.85	1.46	0.03
		加拿大	75 760	1.02	216 720	1.84	2.86	0.03
44083990	其他纵锯切、刨或旋切的子目注释2所列的热带木木材，厚≤6毫米	合　计	961 504	99.16	1 116 202	98.38	1.16	1.14
		中国台湾	495 200	51.50	424 733	38.05	0.86	0.44
		意大利	25 235	2.62	189 513	16.98	7.51	0.20
		越　南	146 670	15.25	169 803	15.21	1.16	0.18
		哥伦比亚	118 904	12.37	110 478	9.90	0.93	0.11
		墨西哥	72 010	7.49	68 418	6.13	0.95	0.07
		西班牙	66 820	6.95	62 774	5.62	0.94	0.07
		阿联酋	1750	0.18	24 697	2.21	14.11	0.03
		以色列	6300	0.66	17 500	1.57	2.78	0.02
		美　国	19 000	1.98	15 941	1.43	0.84	0.02
		泰　国	1570	0.16	14 220	1.27	9.06	0.01
44089011	用胶合板等制其他非针叶木饰面单板，厚≤6毫米	合　计	3 140 472	82.30	7 342 835	84.27	2.34	1.97
		中国台湾	910 325	28.99	1 525 548	20.78	1.68	0.49
		哥伦比亚	224 912	7.16	1 477 230	20.12	6.57	0.47
		意大利	136 702	4.35	932 744	12.70	6.82	0.30
		西班牙	118 895	3.79	780 358	10.63	6.56	0.25
		美　国	30 857	0.98	332 275	4.53	10.77	0.11
		印　度	928 410	29.56	281 022	3.83	0.30	0.09
		新加坡	75 410	2.40	252 140	3.43	3.34	0.08
		菲律宾	117 295	3.73	221 578	3.02	1.89	0.07
		澳大利亚	17 650	0.56	194 782	2.65	11.04	0.06
		日　本	24 281	0.77	190 429	2.59	7.84	0.06

代码	中文	国别地区	出口数量（千克）	各国出口量占总量比重（%）	出口金额（美元）	各国出口额占总额比重（%）	平均出口价格（美元/千克）	2012年加权价格（美元/千克）
44089012	温带非针叶木制其他饰面用单板，厚≤6毫米	合　计	6 703 665	94.26	14 252 142	94.33	2.13	2.01
		日　本	2 749 295	41.01	8 239 672	57.81	3.00	1.23
		马来西亚	277 192	4.13	999 307	7.01	3.61	0.15
		越　南	636 738	9.50	978 635	6.87	1.54	0.15
		印度尼西亚	326 204	4.87	816 009	5.73	2.50	0.12
		芬　兰	113 047	1.69	567 813	3.98	5.02	0.08
		中国台湾	307 873	4.59	535 297	3.76	1.74	0.08
		斯洛文尼亚	102 986	1.54	377 091	2.65	3.66	0.06
		印　度	1 581 140	23.59	354 147	2.48	0.22	0.05
		埃　及	176 761	2.64	350 599	2.46	1.98	0.05
		拉脱维亚	47 878	0.71	225913	1.59	4.72	0.03
44089019	其他非针叶木饰面用单板，厚≤6毫米	合　计	44 178 163	77.19	84 911 026	73.38	1.92	1.41
		日　本	7 832 483	17.73	16 457 317	19.38	2.10	0.37
		俄罗斯	2 790 310	6.32	14 277 263	16.81	5.12	0.32
		韩　国	3 581 036	8.11	9 824 376	11.57	2.74	0.22
		越　南	6 000 222	13.58	5 086 006	5.99	0.85	0.12
		马来西亚	2 419 131	5.48	3 273 285	3.85	1.35	0.07
		印度尼西亚	4 602 179	10.42	3 223 373	3.80	0.70	0.07
		中国台湾	1 963 667	4.44	2 896 499	3.41	1.48	0.07
		美　国	505 743	1.14	2 672 909	3.15	5.29	0.06
		菲律宾	3 964 837	8.97	2 390 617	2.82	0.60	0.05
		拉脱维亚	440 141	1	2203 229	2.59	5.01	0.05
44089021	温带非针叶木制胶合板用单板，厚≤6毫米	合　计	109 035	100	155 282	100	1.42	1.42
		日　本	86 535	79.36	143 666	92.52	1.66	1.32
		伊拉克	22 500	20.64	11 616	7.48	0.52	0.11
44089029	其他非针叶木制胶合板用单板，厚≤6毫米	合　计	51 453 078	96.60	28 445 664	95.14	0.55	0.53

代码	中文	国别地区	出口数量（千克）	各国出口量占总量比重（%）	出口金额（美元）	各国出口额占总额比重（%）	平均出口价格（美元/千克）	2012年加权价格（美元/千克）
44089029	其他非针叶木制胶合板用单板，厚≤6毫米	韩 国	19 144 168	37.21	11 099 790	39.02	0.58	0.22
		中国台湾	9 108 655	17.70	4 414 154	15.52	0.48	0.09
		埃 及	4 803 266	9.34	1 937 407	6.81	0.40	0.04
		菲律宾	2 859 400	5.56	1 928 999	6.78	0.67	0.04
		马来西亚	2 333 488	4.54	1 778 955	6.25	0.76	0.03
		印 度	4 452 357	8.65	1 616 476	5.68	0.36	0.03
		印度尼西亚	2 258 937	4.39	1 245 511	4.38	0.55	0.02
		泰 国	1 835 200	3.57	1 203 991	4.23	0.66	0.02
		新加坡	1 728 050	3.36	1 026 072	3.61	0.59	0.02
		越 南	1 179 914	2.29	812 925	2.86	0.69	0.02
44089091	温带非针叶木制经纵刨旋切的木材，厚≤6毫米	合 计	14 698 600	88.99	34 933 260	92.14	2.38	2.19
		马来西亚	1 825 821	12.42	5 643 142	16.15	3.09	0.38
		土耳其	1 885 836	12.83	5 374 944	15.39	2.85	0.37
		日 本	1 263 353	8.60	3 835 516	10.98	3.04	0.26
		越 南	1 791 725	12.19	3 736 404	10.70	2.09	0.25
		印度尼西亚	1 519 378	10.34	3 474 806	9.95	2.29	0.24
		泰 国	2 283 355	15.53	2 990 452	8.56	1.31	0.20
		巴基斯坦	892 955	6.08	2 272 403	6.50	2.54	0.15
		韩 国	696 746	4.74	2 177 398	6.23	3.13	0.15
		墨西哥	753 270	5.12	2 033 991	5.82	2.70	0.14
		捷 克	168 000	1.14	647 460	1.85	3.85	0.04
44089099	其他非针叶木制经纵刨旋切的木材，厚≤6毫米	合 计	9 637 025	92.08	21 501 921	91.53	2.23	2.04
		印 度	3 603 888	37.40	5 004 497	23.27	1.39	0.52
		越 南	1 399 544	14.52	3 594 500	16.72	2.57	0.37
		墨西哥	758 771	7.87	2 544 240	11.83	3.35	0.26
		德 国	743 748	7.72	2 278 224	10.60	3.06	0.24
		委内瑞拉	733 133	7.61	2 049 972	9.53	2.80	0.21

代码	中文	国别地区	出口数量（千克）	各国出口量占总量比重（%）	出口金额（美元）	各国出口额占总额比重（%）	平均出口价格（美元/千克）	2012年加权价格（美元/千克）
44089099	其他非针叶木制经纵刨旋切的木材，厚≤6毫米	泰　国	451560	4.69	1261458	5.87	2.79	0.13
		日　本	553815	5.75	1253638	5.83	2.26	0.13
		美　国	316675	3.29	753077	3.50	2.38	0.08
		秘　鲁	186403	1.93	589880	2.74	3.16	0.06
		菲律宾	126398	1.31	350776	1.63	2.78	0.04

（2）2012年单板进口价格

代码	中文	国别地区	进口数量（千克）	各国进口量占总量比重（%）	进口金额（美元）	各国进口额占总额比重（%）	平均进口价格（美元/千克）	2012年加权价格（美元/千克）
44081011	用胶合板等制的针叶木饰面用单板，厚≤6毫米	合　计	15 295	100	22 439	100	1.47	1.47
		日　本	732	4.79	18 390	81.96	25.12	1.20
		俄罗斯	14 540	95.06	3240	14.44	0.22	0.21
		泰　国	23	0.15	809	3.61	35.17	0.05
44081019	其他针叶木饰面用单板，厚≤6毫米	合　计	429 641	95.28	2 692 077	97.90	6.27	6.13
		中国台湾	83 117	19.35	1 020 396	37.90	12.28	2.37
		加拿大	140 590	32.72	808 681	30.04	5.75	1.88
		美　国	38 316	8.92	166 088	6.17	4.33	0.39
		日　本	18 920	4.40	165 203	6.14	8.73	0.38
		西班牙	16 725	3.89	142 888	5.31	8.54	0.33
		韩　国	12 234	2.85	130 737	4.86	10.69	0.30
		印　度	14 834	3.45	79 050	2.94	5.33	0.18
		菲律宾	47 210	10.99	72 718	2.70	1.54	0.17
		马来西亚	27 783	6.47	29 454	1.09	1.06	0.07
		智　利	9633	2.24	20 462	0.76	2.12	0.05
44081020	针叶木制胶合板用单板，厚≤6毫米	合　计	1 3783 578	100	9 135 983	100	0.66	0.66
		俄罗斯	13 589 567	98.59	9 010 277	98.62	0.66	0.65
		美　国	98 009	0.71	79 023	0.86	0.81	0.01
		澳大利亚	20 118	0.15	17 677	0.19	0.88	0
		瑞　典	16 700	0.12	17 491	0.19	1.05	0

代码	中文	国别地区	进口数量（千克）	各国进口量占总量比重（%）	进口金额（美元）	各国进口额占总额比重（%）	平均进口价格（美元/千克）	2012年加权价格（美元/千克）
44081020	针叶木制胶合板用单板，厚≤6毫米	越 南	52 200	0.38	6499	0.07	0.12	0
		韩 国	6984	0.05	5016	0.05	0.72	0
44081090	其他纵锯切、刨或旋切的针叶木木材，厚≤6毫米	合 计	378 684	95.97	1 950 912	99.23	5.15	5.11
		印度尼西亚	188 270	49.72	832 255	42.66	4.42	2.20
		加拿大	83 939	22.17	631 176	32.35	7.52	1.67
		中 国	34 046	8.99	146 778	7.52	4.31	0.39
		美 国	9945	2.63	80 375	4.12	8.08	0.21
		西班牙	15 122	3.99	78 598	4.03	5.20	0.21
		德 国	14 059	3.71	49 030	2.51	3.49	0.13
		瑞 士	2901	0.77	45 793	2.35	15.79	0.12
		奥地利	5950	1.57	35 727	1.83	6	0.09
		罗马尼亚	4929	1.30	27 288	1.40	5.54	0.07
		中国台湾	4274	1.13	8937	0.46	2.09	0.02
44083111	用胶合板等制饰面单板，红柳安木制，厚≤6毫米	合 计	58 177	100	44 625	100	0.77	0.77
		马来西亚	53 305	91.63	38 165	85.52	0.72	0.66
		日 本	575	0.99	4930	11.05	8.57	0.08
		中国台湾	4297	7.39	1530	3.43	0.36	0.03
44083119	其他饰面用单板，红柳安木制，厚≤6毫米	合 计	1 177 095	100	482 138	100	0.41	0.41
		马来西亚	664 920	56.49	353 981	73.42	0.53	0.30
		越 南	490 000	41.63	47 360	9.82	0.10	0.04
		中国台湾	7477	0.64	31 191	6.47	4.17	0.03
		加 纳	5370	0.46	20 234	4.20	3.77	0.02
		美 国	3411	0.29	14 024	2.91	4.11	0.01
		印 度	4093	0.35	7650	1.59	1.87	0.01
		印度尼西亚	939	0.08	5300	1.10	5.64	0
		西班牙	885	0.08	2398	0.50	2.71	0

代码	中文	国别地区	进口数量（千克）	各国进口量占总量比重（%）	进口金额（美元）	各国进口额占总额比重（%）	平均进口价格（美元/千克）	2012 年加权价格（美元/千克）
44083120	制胶合板用单板，红柳安木制，厚≤6 毫米	合　计	1 035 262	100	344 111	100	0.33	0.33
		马来西亚	371 799	35.91	185 766	53.98	0.50	0.18
		越　南	649 497	62.74	121 669	35.36	0.19	0.12
		中国台湾	13 960	1.35	36 657	10.65	2.63	0.04
		澳大利亚	6	0	19	0.01	3.17	0
44083190	其他纵锯切刨或旋切的红柳安木木材，厚≤6 毫米	合　计	107	100	217	100	2.03	2.03
		意大利	107	100	217	100	2.03	2.03
44083911	用胶合板等制其他子目注释 2 所列的热带木饰面用单板，厚≤6 毫米	合　计	5748	100	18 394	100	3.20	3.20
		中国台湾	3375	58.72	16 070	87.37	4.76	2.80
		意大利	1767	30.74	2086	11.34	1.18	0.36
		韩　国	606	10.54	238	1.29	0.39	0.04
44083919	其他子目注释 2 所列的热带木制饰面用单板，厚≤6 毫米	合　计	2 047 495	92.56	3 452 386	85.17	1.69	1.44
		缅　甸	1 234 490	60.29	480 778	13.93	0.39	0.23
		加　纳	163 007	7.96	453 545	13.14	2.78	0.22
		意大利	36 419	1.78	382 578	11.08	10.50	0.19
		德　国	38 665	1.89	292 425	8.47	7.56	0.14
		喀麦隆	217 324	10.61	283 932	8.22	1.31	0.14
		法　国	28 490	1.39	249 101	7.22	8.74	0.12
		中国台湾	53 993	2.64	240 426	6.96	4.45	0.12
		印度尼西亚	87 031	4.25	232 506	6.73	2.67	0.11
		韩　国	16 684	0.81	163 773	4.74	9.82	0.08
		美　国	19 014	0.93	161 393	4.67	8.49	0.08
44083920	其他子目注释 2 所列的热带木制胶合板用单板，厚≤6 毫米	合　计	3 366 274	100	2 629 125	100	0.78	0.78
		印度尼西亚	2 002 148	59.48	1 686 874	64.16	0.84	0.50

代码	中文	国别地区	进口数量（千克）	各国进口量占总量比重（%）	进口金额（美元）	各国进口额占总额比重（%）	平均进口价格（美元/千克）	2012 年加权价格（美元/千克）
44083920	其他子目注释 2 所列的热带木制胶合板用单板，厚≤ 6 毫米	缅　甸	426 878	12.68	297 175	11.30	0.70	0.09
		加　蓬	362 079	10.76	259 761	9.88	0.72	0.08
		马来西亚	320 240	9.51	219 404	8.35	0.69	0.07
		赤道几内亚	174 770	5.19	77 953	2.96	0.45	0.02
		中国台湾	10 797	0.32	43 249	1.64	4.01	0.01
		澳大利亚	20 240	0.60	30 699	1.17	1.52	0.01
		越　南	27 122	0.81	7281	0.28	0.27	0
		印　度	8000	0.24	4839	0.18	0.60	0
		老　挝	14 000	0.42	1890	0.07	0.14	0
44083990	其他纵锯切、刨或旋切的子目注释二所列的热带木木材，厚≤ 6 毫米	合　计	725 928	84.99	1 784 689	92.69	2.46	2.28
		中国台湾	93 718	12.91	637 614	35.73	6.80	0.88
		印　度	14 231	1.96	222 101	12.44	15.61	0.31
		缅　甸	354 258	48.80	173 853	9.74	0.49	0.24
		加　纳	48 635	6.70	156 622	8.78	3.22	0.22
		印度尼西亚	34 819	4.80	148 373	8.31	4.26	0.20
		玻利维亚	23 939	3.30	111 525	6.25	4.66	0.15
		意大利	18 835	2.59	64 427	3.61	3.42	0.09
		泰　国	10 440	1.44	60 450	3.39	5.79	0.08
		西班牙	11 203	1.54	42 197	2.36	3.77	0.06
		法　国	6870	0.95	37 070	2.08	5.40	0.05
44089011	用胶合板等制其他非针叶木饰面单板，厚≤ 6 毫米	合　计	686 090	99.92	295 014	99.55	0.43	0.43
		越　南	637 071	92.86	113 899	38.61	0.18	0.17
		葡萄牙	34 660	5.05	79 265	26.87	2.29	0.12
		意大利	2545	0.37	56 020	18.99	22.01	0.08
		瑞　士	5030	0.73	19 171	6.50	3.81	0.03
		斯洛伐克	3309	0.48	10 071	3.41	3.04	0.01
		瑞　典	167	0.02	4587	1.55	27.47	0.01
		加　纳	1080	0.16	4116	1.40	3.81	0.01

代码	中文	国别地区	进口数量（千克）	各国进口量占总量比重（%）	进口金额（美元）	各国进口额占总额比重（%）	平均进口价格（美元/千克）	2012年加权价格（美元/千克）
44089011	用胶合板等制其他非针叶木饰面单板，厚≤6毫米	日本	194	0.03	3856	1.31	19.88	0.01
		斯洛文尼亚	400	0.06	1686	0.57	4.22	0
		西班牙	1093	0.16	1030	0.35	0.94	0
44089012	温带非针叶木制其他饰面用单板，厚≤6毫米	合计	7328617	94.34	19433778	92.90	2.65	2.46
		美国	3775611	51.52	8947938	46.04	2.37	1.22
		意大利	130040	1.77	2541488	13.08	19.54	0.35
		中国台湾	249099	3.40	1890350	9.73	7.59	0.26
		德国	264133	3.60	1155384	5.95	4.37	0.16
		俄罗斯	1356523	18.51	1110587	5.71	0.82	0.15
		捷克	297015	4.05	684142	3.52	2.30	0.09
		法国	54084	0.74	579607	2.98	10.72	0.08
		爱沙尼亚	627052	8.56	438555	2.26	0.70	0.06
		西班牙	92549	1.26	413993	2.13	4.47	0.06
		巴西	67932	0.93	291870	1.50	4.30	0.04
44089019	其他非针叶木饰面用单板，厚≤6毫米	合计	9822839	73.74	44150511	82.21	4.49	3.69
		美国	3657527	37.23	11297738	25.59	3.09	1.15
		意大利	835577	8.51	5295879	12.00	6.34	0.54
		捷克	378588	3.85	4729480	10.71	12.49	0.48
		德国	514363	5.24	3862689	8.75	7.51	0.39
		加纳	717403	7.30	2272866	5.15	3.17	0.23
		英国	31399	0.32	2245382	5.09	71.51	0.23
		玻利维亚	190133	1.94	2027433	4.59	10.66	0.21
		西班牙	245186	2.50	1674138	3.79	6.83	0.17
		巴西	298257	3.04	1473828	3.34	4.94	0.15
		中国台湾	374732	3.81	1415436	3.21	3.78	0.14
44089021	温带非针叶木制胶合板用单板，厚≤6毫米	合计	18771014	100	7677250	99.98	0.41	0.41
		俄罗斯	18541470	98.78	7434392	96.84	0.40	0.40
		美国	73797	0.39	134277	1.75	1.82	0.01
		德国	21780	0.12	31370	0.41	1.44	0

代码	中文	国别地区	进口数量（千克）	各国进口量占总量比重（%）	进口金额（美元）	各国进口额占总额比重（%）	平均进口价格（美元/千克）	2012 年加权价格（美元/千克）
44089021	温带非针叶木制胶合板用单板，厚≤6毫米	法　国	14 074	0.07	27 469	0.36	1.95	0
		韩　国	3673	0.02	15 521	0.20	4.23	0
		芬　兰	22 409	0.12	12 593	0.16	0.56	0
		澳大利亚	69 269	0.37	10 452	0.14	0.15	0
		越　南	20 500	0.11	4616	0.06	0.23	0
		西班牙	231	0	3512	0.05	15.20	0
		马来西亚	2875	0.02	1750	0.02	0.61	0
44089029	其他非针叶木制胶合板用单板，厚≤6毫米	合　计	183 803 724	99.97	22 900 829	99.89	0.12	0.12
		越　南	171 665 935	93.40	15 880 310	69.34	0.09	0.09
		马来西亚	10 743 518	5.85	5 696 872	24.88	0.53	0.03
		俄罗斯	1 003 000	0.55	591 715	2.58	0.59	0
		西班牙	37 909	0.02	335 513	1.47	8.85	0
		美　国	70 175	0.04	220 752	0.96	3.15	0
		澳大利亚	99 320	0.05	56 471	0.25	0.57	0
		加　纳	52 539	0.03	46 707	0.20	0.89	0
		加拿大	12 080	0.01	19 528	0.09	1.62	0
		泰　国	53 170	0.03	13 940	0.06	0.26	0
		德　国	14 741	0.01	13 620	0.06	0.92	0
44089091	温带非针叶木制经纵刨旋切的木材，厚≤6毫米	合　计	13 673 334	99.93	17 032 646	99.95	1.25	1.25
		俄罗斯	10 294 139	75.29	1 3182 200	77.39	1.28	0.96
		美　国	3 049 795	22.30	3 186 646	18.71	1.04	0.23
		缅　甸	169 391	1.24	355 337	2.09	2.10	0.03
		中国台湾	11 753	0.09	94 674	0.56	8.06	0.01
		法　国	12 616	0.09	54 337	0.32	4.31	0
		德　国	40 793	0.30	53 736	0.32	1.32	0
		捷　克	19 280	0.14	32 998	0.19	1.71	0
		意大利	10 900	0.08	29 678	0.17	2.72	0
		芬　兰	43 910	0.32	23 247	0.14	0.53	0
		爱沙尼亚	11 350	0.08	10 664	0.06	0.94	0

代码	中文	国别地区	进口数量（千克）	各国进口量占总量比重（%）	进口金额（美元）	各国进口额占总额比重（%）	平均进口价格（美元/千克）	2012年加权价格（美元/千克）
44089099	其他非针叶木制经纵刨旋切的木材，厚≤6毫米	合　计	128 546	100	1 086 265	100	8.45	8.45
		美　国	89 141	69.35	766 124	70.53	8.59	5.96
		韩　国	1320	1.03	113 905	10.49	86.29	0.89
		日　本	293	0.23	100 591	9.26	343.31	0.78
		中国台湾	25 452	19.80	53 892	4.96	2.12	0.42
		西班牙	7320	5.69	31 618	2.91	4.32	0.25
		德　国	1154	0.90	15 653	1.44	13.56	0.12
		加拿大	1401	1.09	3612	0.33	2.58	0.03
		意大利	61	0.05	453	0.04	7.43	0
		缅　甸	2404	1.87	417	0.04	0.17	0

附表 6-3：锯材进出口价格

（1）2012 年锯材出口价格

代码	中文	国别地区	出口数量（立方米）	各国出口量占总量比重（%）	出口金额（美元）	各国出口额占总额比重（%）	平均出口价格（美元/立方米）	2012年加权价格（美元/立方米）
44069000	已浸渍铁道及电车道枕木	合　计	5414	95.71	1 855 697	94.75	342.76	324.75
		菲律宾	1234	22.79	525 612	28.32	425.94	97.08
		印度尼西亚	808	14.92	469 743	25.31	581.37	86.76
		日　本	1643	30.35	395 737	21.33	240.86	73.10
		伊拉克	171	3.16	81 910	4.41	479.01	15.13
		土库曼斯坦	94	1.74	69 549	3.75	739.88	12.85
		中国台湾	736	13.59	68 097	3.67	92.52	12.58
		沙特阿拉伯	240	4.43	57 021	3.07	237.59	10.53
		莫桑比克	55	1.02	35 279	1.90	641.44	6.52
		韩　国	88	1.63	28 701	1.55	326.15	5.30
		委内瑞拉	113	2.09	26 540	1.43	234.87	4.90

代码	中文	国别地区	出口数量（立方米）	各国出口量占总量比重（%）	出口金额（美元）	各国出口额占总额比重（%）	平均出口价格（美元/立方米）	2012 年加权价格（美元/立方米）
44071010	纵锯纵切刨或旋切红松和樟子松木材，厚＞6毫米	合　计	84 465	100	46 463 313	100	550.09	550.09
		日　本	80 029	94.75	43 454 968	93.53	542.99	514.47
		韩　国	3808	4.51	2 755 621	5.93	723.64	32.62
		安哥拉	416	0.49	159 809	0.34	384.16	1.89
		泰　国	85	0.10	32 329	0.07	380.34	0.38
		中国台湾	22	0.03	18 780	0.04	853.64	0.22
		苏　丹	40	0.05	18 324	0.04	458.10	0.22
		埃塞俄比亚	30	0.04	11 479	0.02	382.63	0.14
		塞内加尔	29	0.03	8568	0.02	295.45	0.10
		加拿大	4	0	2112	0	528.00	0.03
		澳大利亚	2	0	1323	0	661.50	0.02
44071020	纵锯切刨或旋切白松（云、冷杉）木材，厚＞6毫米	合　计	21 539	99.41	13 175 735	99.66	611.72	609.66
		日　本	17 055	79.18	10 419 251	79.08	610.92	483.74
		韩　国	2286	10.61	1 722 760	13.08	753.61	79.98
		美　国	636	2.95	323 076	2.45	507.98	15.00
		墨西哥	173	0.80	252 961	1.92	1462.20	11.74
		苏　丹	555	2.58	169 163	1.28	304.80	7.85
		安哥拉	300	1.39	107 875	0.82	359.58	5.01
		南　非	165	0.77	58 000	0.44	351.52	2.69
		马尔代夫	147	0.68	39 987	0.30	272.02	1.86
		蒙　古	45	0.21	22 736	0.17	505.24	1.06
		斐　济	50	0.23	15 712	0.12	314.24	0.73
44071030	纵锯、纵切刨或旋切的辐射松木材，厚＞6毫米	合　计	36 759	100	24 270 006	100	660.25	660.25
		日　本	18 597	50.59	12 579 336	51.83	676.42	342.21
		韩　国	16 434	44.71	10 648 838	43.88	647.98	289.69
		澳大利亚	906	2.46	586 490	2.42	647.34	15.96
		中国台湾	364	0.99	207 629	0.86	570.41	5.65
		美　国	294	0.80	156 024	0.64	530.69	4.24
		泰　国	72	0.20	33 675	0.14	467.71	0.92

代码	中文	国别地区	出口数量（立方米）	各国出口量占总量比重（%）	出口金额（美元）	各国出口额占总额比重（%）	平均出口价格（美元/立方米）	2012 年加权价格（美元/立方米）
44071030	纵锯、纵切刨或旋切的辐射松木材，厚＞6毫米	毛里求斯	32	0.09	23 848	0.10	745.25	0.65
		印度尼西亚	42	0.11	22 002	0.09	523.86	0.60
		新西兰	18	0.05	12 164	0.05	675.78	0.33
44071040	经纵锯、纵切刨或旋切的花旗松木材，厚＞6毫米	合 计	1659	100	997 843	100	601.47	601.47
		日 本	445	26.82	375 137	37.59	843	226.12
		中国台湾	807	48.64	356 936	35.77	442.30	215.15
		韩 国	157	9.46	151 820	15.21	967.01	91.51
		南 非	153	9.22	60 066	6.02	392.59	36.21
		香 港	27	1.63	22 481	2.25	832.63	13.55
		莫桑比克	31	1.87	14 286	1.43	460.84	8.61
		澳大利亚	26	1.57	11 169	1.12	429.58	6.73
		毛里塔尼亚	13	0.78	5948	0.60	457.54	3.59
44071090	其他纵锯切、刨或旋切的针叶木木材，厚＞6毫米	合 计	50 078	99.28	34 196 945	99.44	682.87	679.07
		日 本	42 700	85.27	29 747 496	86.99	696.66	594.02
		韩 国	3121	6.23	2 258 036	6.60	723.50	45.09
		巴基斯坦	2035	4.06	826 336	2.42	406.06	16.50
		德 国	406	0.81	523 384	1.53	1289.12	10.45
		美 国	556	1.11	265 481	0.78	477.48	5.30
		贝 宁	350	0.70	115 395	0.34	329.70	2.30
		中国台湾	184	0.37	87 747	0.26	476.89	1.75
		澳大利亚	206	0.41	87 230	0.26	423.45	1.74
		越 南	100	0.20	49 394	0.14	493.94	0.99
		所罗门群岛	57	0.11	45 896	0.13	805.19	0.92
44072200	经纵锯切刨或旋切的肉豆蔻木等木材，厚＞6毫米	合 计	53	100	77 125	100	1455.19	1455.19
		韩 国	52	98.11	75 626	98.06	1454.35	1426.91
		加拿大	1	1.89	1499	1.94	1499	28.28

代码	中文	国别地区	出口数量（立方米）	各国出口量占总量比重（%）	出口金额（美元）	各国出口额占总额比重（%）	平均出口价格（美元/立方米）	2012年加权价格（美元/立方米）
44072500	经纵锯切刨或旋切的红柳安木材，厚＞6毫米	合　计	2644	100	853 578	100	322.84	322.27
		香　港	2621	99.13	830 296	97.27	316.79	314.03
		毛里塔尼亚	20	0.76	20 738	2.43	1036.90	7.84
		泰　国	0	0	1484	0.17		0
		乍　得	3	0.11	1060	0.12	353.33	0.40
44072600	纵锯切刨或旋切的白黄柳安木等木材，厚＞6毫米	合　计	3913	100	1 087 338	100	277.88	277.88
		香　港	3888	99.36	1 076 638	99.02	276.91	275.14
		澳大利亚	25	0.64	10 700	0.98	428.00	2.73
44072910	经纵锯切刨切或旋切的柚木木材，厚＞6毫米	合　计	1571	100	1 872 494	100	1191.91	1191.91
		中国台湾	566	36.03	607 822	32.46	1073.89	386.90
		泰　国	243	15.47	579 803	30.96	2386.02	369.07
		马来西亚	202	12.86	239 643	12.80	1186.35	152.54
		澳大利亚	111	7.07	129 016	6.89	1162.31	82.12
		新加坡	84	5.35	92 694	4.95	1103.50	59.00
		意大利	35	2.23	91 781	4.90	2622.31	58.42
		香　港	301	19.16	89 400	4.77	297.01	56.91
		以色列	13	0.83	19 633	1.05	1510.23	12.50
		日　本	10	0.64	14 302	0.76	1430.20	9.10
		法　国	6	0.38	8400	0.45	1400	5.35
44072930	经纵锯切、刨或旋切的波罗格木木材，厚＞6毫米	合　计	101	100	87 436	100	865.70	865.70
		安哥拉	29	28.71	53 496	61.18	1844.69	529.66
		中国台湾	21	20.79	23 832	27.26	1134.86	235.96
		新加坡	51	50.50	10 108	11.56	198.20	100.08
44072990	其他纵锯切、刨或旋切的子目注释二所列的热带木木材，厚＞6毫米	合　计	916	100	869 068	100	948.76	948.76
		日　本	750	81.88	786 590	90.51	1048.79	858.72
		印度尼西亚	28	3.06	36 632	4.22	1308.29	39.99
		香　港	112	12.23	17 412	2.00	155.46	19.01
		巴基斯坦	7	0.76	13 936	1.60	1990.86	15.21
		韩　国	8	0.87	8338	0.96	1042.25	9.10
		中国台湾	11	1.20	6160	0.71	560	6.72

代码	中文	国别地区	出口数量（立方米）	各国出口量占总量比重（%）	出口金额（美元）	各国出口额占总额比重（%）	平均出口价格（美元/立方米）	2012 年加权价格（美元/立方米）
44079100	经纵锯纵切、刨或旋切的栎木木材，厚＞6毫米	合　计	16 624	98.41	16 537 002	98.53	994.77	980.18
		日　本	12 249	73.68	12 388 463	74.91	1011.39	745.22
		德　国	1265	7.61	1 637 784	9.90	1294.69	98.52
		越　南	1543	9.28	1 035 631	6.26	671.18	62.30
		韩　国	495	2.98	393 332	2.38	794.61	23.66
		英　国	265	1.59	361 068	2.18	1362.52	21.72
		比利时	322	1.94	256 718	1.55	797.26	15.44
		丹　麦	89	0.54	77 065	0.47	865.90	4.64
		马来西亚	80	0.48	65 003	0.39	812.54	3.91
		瑞　典	31	0.19	40 585	0.25	1309.19	2.44
		法　国	21	0.13	38 843	0.23	1849.67	2.34
44079200	经纵锯纵切、刨或旋切山毛榉木木材，厚＞6毫米	合　计	703	100	1 034 647	100	1471.76	1471.76
		日　本	636	90.47	949 480	91.77	1492.89	1350.61
		德　国	67	9.53	85 167	8.23	1271.15	121.15
44079300	经纵锯纵切、刨或旋切枫木木材，厚＞6毫米	合　计	624	100	676 933	100	1084.83	1084.83
		印度尼西亚	412	66.03	507 316	74.94	1231.35	813.01
		日　本	177	28.37	136 424	20.15	770.76	218.63
		德　国	31	4.97	29 995	4.43	967.58	48.07
		韩　国	4	0.64	3198	0.47	799.50	5.13
44079500	经纵锯纵切、刨或旋切白蜡木木材，厚＞6毫米	合　计	899	100	918 679	100	1021.89	1021.89
		日　本	729	81.09	700 385	76.24	960.75	779.07
		韩　国	151	16.80	202 544	22.05	1341.35	225.30
		葡萄牙	19	2.11	15750	1.71	828.95	17.52
44079920	经纵锯切、刨或旋切的泡桐木木材，厚＞6毫米	合　计	186 869	95.93	126 185 859	96.60	675.26	652.27
		日　本	69 470	37.18	54 354 267	43.07	782.41	290.87
		美　国	30 449	16.29	25 716 872	20.38	844.59	137.62
		韩　国	36 934	19.76	16 843 282	13.35	456.04	90.13
		中国台湾	11 633	6.23	7 997 185	6.34	687.46	42.80
		越　南	15 178	8.12	7 515 847	5.96	495.18	40.22

代码	中文	国别地区	出口数量（立方米）	各国出口量占总量比重（%）	出口金额（美元）	各国出口额占总额比重（%）	平均出口价格（美元/立方米）	2012年加权价格（美元/立方米）
44079920	经纵锯切、刨或旋切的泡桐木木材，厚＞6毫米	马来西亚	8052	4.31	3 827 688	3.03	475.37	20.48
		意大利	3506	1.88	3 077 528	2.44	877.79	16.47
		德　国	2151	1.15	1 166 474	0.92	542.29	6.24
		芬　兰	1025	0.55	702 179	0.56	685.05	3.76
		加拿大	861	0.46	687 910	0.55	798.97	3.68
44079930	经纵锯切、刨或旋切的北美硬阔叶材，厚＞6毫米	合　计	14 004	94.86	15 575 076	94.22	1112.19	1047.95
		德　国	7606	54.31	8 270 173	53.10	1087.32	590.56
		意大利	1470	10.50	1 472 923	9.46	1001.99	105.18
		日　本	1111	7.93	1 313 755	8.43	1182.50	93.81
		越　南	975	6.96	1 124 155	7.22	1152.98	80.27
		英　国	587	4.19	682 629	4.38	1162.91	48.75
		阿联酋	571	4.08	660 163	4.24	1156.15	47.14
		马来西亚	321	2.29	372 729	2.39	1161.15	26.62
		黎巴嫩	291	2.08	336 762	2.16	1157.26	24.05
		韩　国	186	1.33	230 306	1.48	1238.20	16.45
		印度尼西亚	166	1.19	211 849	1.36	1276.20	15.13
44079980	纵锯切刨或旋切其他温带非针叶木材，厚＞6毫米	合　计	20 673	100	19 139 923	100	925.84	925.84
		日　本	18 232	88.19	17 138 211	89.54	940.01	829.01
		韩　国	1670	8.08	1 479 923	7.73	886.18	71.59
		香　港	369	1.78	258 483	1.35	700.50	12.50
		印度尼西亚	256	1.24	157 822	0.82	616.49	7.63
		越　南	21	0.10	56 536	0.30	2692.19	2.73
		中国台湾	92	0.45	39 677	0.21	431.27	1.92
		新加坡	32	0.15	9201	0.05	287.53	0.45
		美　国	1	0	70	0	70	0
44079990	其他纵锯切、刨或旋切的非叶木木材，厚＞6毫米	合　计	30 334	98.85	25 470 018	98.97	839.65	831.01
		日　本	17 203	56.71	16 914 404	66.41	983.22	557.61
		韩　国	3294	10.86	2 845 293	11.17	863.78	93.80
		法　国	1602	5.28	1 662 737	6.53	1037.91	54.81

代码	中文	国别地区	出口数量（立方米）	各国出口量占总量比重（%）	出口金额（美元）	各国出口额占总额比重（%）	平均出口价格（美元/立方米）	2012 年加权价格（美元/立方米）
44079990	其他纵锯切、刨或旋切的非叶木木材，厚＞6 毫米	德　国	1600	5.27	1 188 489	4.67	742.81	39.18
		越　南	3047	10.04	820 208	3.22	269.19	27.04
		澳大利亚	758	2.50	603 446	2.37	796.10	19.89
		波　兰	1536	5.06	559 195	2.20	364.06	18.43
		中国台湾	484	1.60	416 012	1.63	859.53	13.71
		意大利	130	0.43	99 244	0.39	763.42	3.27
		菲律宾	330	1.09	98 800	0.39	299.39	3.26

（2）2012 年锯材进口价格

代码	中文	国别地区	进口数量（立方米）	各国进口量占总量比重（%）	进口金额（美元）	各国进口额占总额比重（%）	平均进口价格（美元/立方米）	2012 年加权价格（美元/立方米）
44061000	未浸渍铁道及电车道枕木	合　计	35 805	100	6 251 266	100	174.59	174.54
		俄罗斯	34 771	97.11	5 972 010	95.53	171.75	166.79
44061000	未浸渍铁道及电车道枕木	罗马尼亚	1034	2.89	277 236	4.43	268.12	7.74
		日　本	0	0	2020	0.03	0	0
44069000	已浸渍铁道及电车道枕木	合　计	2980	100	453 165	100	152.07	151.77
		朝　鲜	2074	69.60	374 520	82.65	180.58	125.68
		国别（地区）不详	39	1.31	32 442	7.16	831.85	10.89
		俄罗斯	578	19.40	28 162	6.21	48.72	9.45
		加拿大	278	9.33	13 388	2.95	48.16	4.49
		南　非	11	0.37	3750	0.83	340.91	1.26
		美　国	0	0	632	0.14	0	0
		马来西亚	0	0	271	0.06	0	0
44071010	纵锯纵切刨或旋切红松和樟子松木材，厚＞6 毫米	合　计	3 954 369	99.75	794 847 504	99.73	201	200.46
		俄罗斯	3 821 374	96.64	759 740 162	95.58	198.81	192.13
		德　国	32697	0.83	9 153 165	1.15	279.94	2.31
		瑞　典	31 890	0.81	8 002 087	1.01	250.93	2.02

代码	中文	国别地区	进口数量（立方米）	各国进口量占总量比重（%）	进口金额（美元）	各国进口额占总额比重（%）	平均进口价格（美元/立方米）	2012 年加权价格（美元/立方米）
44071010	纵锯纵切刨或旋切红松和樟子松木材，厚＞6毫米	芬兰	20 582	0.52	4 561 347	0.57	221.62	1.15
		奥地利	16 995	0.43	4 217 455	0.53	248.16	1.07
		澳大利亚	4043	0.10	2 717 098	0.34	672.05	0.69
		拉脱维亚	7301	0.18	1 751 990	0.22	239.97	0.44
		乌克兰	4722	0.12	1 160 635	0.15	245.79	0.29
		立陶宛	2696	0.07	688 091	0.09	255.23	0.17
		波兰	2253	0.06	681 313	0.09	302.40	0.17
44071020	纵锯切刨或旋切白松（云、冷杉）木材，厚＞6毫米	合计	6 192 647	99.76	1 176 639 507	99.58	190.01	189.21
		加拿大	5 127 385	82.80	972 649 321	82.66	189.70	157.07
		俄罗斯	756 591	12.22	127 196 917	10.81	168.12	20.54
		芬兰	124 369	2.01	30 106 279	2.56	242.07	4.86
		瑞典	64 711	1.04	14 323 586	1.22	221.35	2.31
		美国	54020	0.87	11 814 435	1	218.70	1.91
		奥地利	16 467	0.27	4 971 597	0.42	301.91	0.80
		德国	13 197	0.21	4 413 629	0.38	334.44	0.71
		罗马尼亚	8834	0.14	2 143 319	0.18	242.62	0.35
		捷克	9897	0.16	2 050 782	0.17	207.21	0.33
		韩国	2462	0.04	2 048 441	0.17	832.02	0.33
44071030	纵锯、纵切刨或旋切的辐射松木材，厚＞6毫米	合计	999 654	99.99	265 991 736	99.99	266.08	266.07
		新西兰	470 035	47.02	132 742 450	49.90	282.41	132.79
		智利	484 148	48.43	121 876 675	45.82	251.73	121.92
		澳大利亚	26 948	2.70	6 748 257	2.54	250.42	6.75
		阿根廷	11 837	1.18	2 859 829	1.08	241.60	2.86
		巴西	3701	0.37	967 601	0.36	261.44	0.97
		加拿大	1193	0.12	311 988	0.12	261.52	0.31
		中国台湾	824	0.08	245 564	0.09	298.01	0.25
		乌拉圭	376	0.04	95 436	0.04	253.82	0.10
		立陶宛	385	0.04	85 618	0.03	222.38	0.09
		西班牙	153	0.02	40 840	0.02	266.93	0.04

代码	中文	国别地区	进口数量（立方米）	各国进口量占总量比重（%）	进口金额（美元）	各国进口额占总额比重（%）	平均进口价格（美元/立方米）	2012 年加权价格（美元/立方米）
44071040	经纵锯、纵切刨或旋切的花旗松木材，厚＞6毫米	合　计	355 394	100	68 650 547	100	193.17	193.17
		加拿大	237 668	66.87	46 147 724	67.22	194.17	129.85
		美　国	115 296	32.44	21 814 563	31.78	189.20	61.38
		日　本	2173	0.61	638 646	0.93	293.90	1.80
		韩　国	138	0.04	29 035	0.04	210.40	0.08
		新西兰	118	0.03	20 162	0.03	170.86	0.06
		中国台湾	1	0	416	0	416	0
		智　利	0	0	1	0	0	0
44071090	其他纵锯切、刨或旋切的针叶木木材，厚＞6毫米	合　计	2 719 292	98.22	546 549 747	97.88	200.99	196.74
		加拿大	1 029 209	37.85	214 592 076	39.26	208.50	78.91
		俄罗斯	943 968	34.71	162 504 758	29.73	172.15	59.76
		美　国	549 512	20.21	121 017 027	22.14	220.23	44.50
		阿根廷	44 392	1.63	10 157 328	1.86	228.81	3.74
		巴　西	38 151	1.40	8 782 888	1.61	230.21	3.23
		瑞　典	16 091	0.59	4 379 798	0.80	272.19	1.61
		新西兰	12720	0.47	3 961 136	0.72	311.41	1.46
		日　本	11 890	0.44	38 10 399	0.70	320.47	1.40
		芬　兰	10 492	0.39	3 041 477	0.56	289.89	1.12
		智　利	14 561	0.54	2 741 045	0.50	188.25	1.01
44072200	经纵锯切刨或旋切的肉豆蔻木等木材，厚＞6毫米	合　计	13 065	100	10 608 333	100	811.97	811.97
		厄瓜多尔	10 647	81.49	9 231 235	87.02	867.03	706.56
		巴布亚新几内亚	1682	12.87	938 352	8.85	557.88	71.82
		印度尼西亚	505	3.87	351 772	3.32	696.58	26.92
		美　国	161	1.23	60 930	0.57	378.45	4.66
		秘　鲁	69	0.53	25 755	0.24	373.26	1.97
		中　国	1	0.01	289	0	289.00	0.02

代码	中文	国别地区	进口数量（立方米）	各国进口量占总量比重(%)	进口金额（美元）	各国进口额占总额比重(%)	平均进口价格（美元/立方米）	2012年加权价格（美元/立方米）
44072500	经纵锯切刨或旋切的红柳安木材，厚＞6毫米	合　计	9614	100	3 398 674	100	353.51	353.51
		马来西亚	7859	81.75	2 441 474	71.84	310.66	253.95
		巴　西	419	4.36	170 734	5.02	407.48	17.76
		澳大利亚	218	2.27	166 333	4.89	763	17.30
		越　南	146	1.52	151 354	4.45	1036.67	15.74
44072500	经纵锯切刨或旋切的红柳安木材，厚＞6毫米	美　国	376	3.91	139 555	4.11	371.16	14.52
		印度尼西亚	234	2.43	100 344	2.95	428.82	10.44
		乌拉圭	196	2.04	95 785	2.82	488.70	9.96
		韩　国	44	0.46	71 539	2.10	1625.89	7.44
		中国台湾	118	1.23	59 931	1.76	507.89	6.23
		老　挝	4	0.04	1625	0.05	406.25	0.17
44072600	纵锯切刨或旋切的白黄柳安木等木材，厚＞6毫米	合　计	15 903	99.30	5 798 552	99.05	364.62	361.15
		马来西亚	12 547	78.90	4 162 827	71.79	331.78	261.76
		澳大利亚	617	3.88	544 185	9.38	881.99	34.22
		韩　国	512	3.22	358 072	6.18	699.36	22.52
		印度尼西亚	641	4.03	196 377	3.39	306.36	12.35
		中国台湾	595	3.74	193 776	3.34	325.67	12.18
		老　挝	280	1.76	85 701	1.48	306.08	5.39
		日　本	285	1.79	75 759	1.31	265.82	4.76
		美　国	115	0.72	46 096	0.79	400.83	2.90
		巴　西	130	0.82	43 660	0.75	335.85	2.75
		文　莱	49	0.31	31 601	0.54	644.92	1.99
		菲律宾	20	0.13	5284	0.09	264.20	0.33
44072700	纵锯切刨或旋切的沙比利木材，厚＞6毫米	合　计	56 949	99.98	34 281 572	99.98	601.97	601.84
		喀麦隆	36 379	63.88	21 662 520	63.19	595.47	380.38
		刚果(布)	9655	16.95	5 848 179	17.06	605.72	102.69
		刚果(金)	5941	10.43	3 686 872	10.75	620.58	64.74
		中　非	2987	5.25	1 993 056	5.81	667.24	35.00
		加　蓬	970	1.70	515 261	1.50	531.20	9.05
		越　南	475	0.83	318 264	0.93	670.03	5.59

代码	中文	国别地区	进口数量（立方米）	各国进口量占总量比重（%）	进口金额（美元）	各国进口额占总额比重（%）	平均进口价格（美元/立方米）	2012年加权价格（美元/立方米）
44072700	纵锯切刨或旋切的沙比利木材，厚＞6毫米	加　纳	130	0.23	99 246	0.29	763.43	1.74
		赤道几内亚	154	0.27	80 151	0.23	520.46	1.41
		马来西亚	225	0.40	56 096	0.16	249.32	0.99
		贝　宁	24	0.04	14 525	0.04	605.21	0.26
44072800	纵锯切刨或旋切的伊罗科木木材，厚＞6毫米	合　计	30	100	9907	100	330.23	330.23
		喀麦隆	20	66.67	6018	60.74	300.90	200.60
		加　蓬	10	33.33	3889	39.26	388.90	129.63
44072910	经纵锯切刨切或旋切的柚木木材，厚＞6毫米	合　计	55 846	99.01	48 673 731	99.23	871.57	864.90
		缅　甸	41 280	73.92	39 384 075	80.91	954.07	705.23
		贝　宁	6292	11.27	3 767 315	7.74	598.75	67.46
		印度尼西亚	4043	7.24	2 326 185	4.78	575.36	41.65
		苏　丹	1547	2.77	1 157 057	2.38	747.94	20.72
		老　挝	1048	1.88	650 039	1.34	620.27	11.64
		中国台湾	486	0.87	541 154	1.11	1113.49	9.69
		泰　国	110	0.20	170 857	0.35	1553.25	3.06
		肯尼亚	224	0.40	112 165	0.23	500.74	2.01
		坦桑尼亚	127	0.23	100 191	0.21	788.91	1.79
		赞比亚	136	0.24	92 102	0.19	677.22	1.65
44072920	纵锯切刨或旋切非洲桃花心木木材，厚＞6毫米	合　计	6724	96.19	3 790 495	95.80	563.73	540.03
		加　蓬	3528	52.47	1 563 841	41.26	443.27	232.58
		科特迪瓦	1400	20.82	717 060	18.92	512.19	106.64
		喀麦隆	806	11.99	477 590	12.60	592.54	71.03
		中国台湾	107	1.59	271 628	7.17	2538.58	40.40
		西班牙	128	1.90	147 860	3.90	1155.16	21.99
		韩　国	55	0.82	145 428	3.84	2644.15	21.63
		印度尼西亚	96	1.43	100 281	2.65	1044.59	14.91
		越　南	209	3.11	82 768	2.18	396.02	12.31
		刚果（金）	45	0.67	76 406	2.02	1697.91	11.36
		加　纳	94	1.40	48 276	1.27	513.57	7.18

代码	中文	国别地区	进口数量（立方米）	各国进口量占总量比重（%）	进口金额（美元）	各国进口额占总额比重（%）	平均进口价格（美元/立方米）	2012年加权价格（美元/立方米）
44072930	经纵锯切、刨或旋切的波罗格木木材，厚＞6毫米	合　计	75 903	100	35 972 702	100	473.93	473.88
		印度尼西亚	67 249	88.60	31 603 883	87.86	469.95	416.37
		马来西亚	7419	9.77	3 768 651	10.48	507.97	49.65
		所罗门群岛	938	1.24	418 572	1.16	446.24	5.51
		巴布亚新几内亚	172	0.23	96 266	0.27	559.69	1.27
		老　挝	60	0.08	43 229	0.12	720.48	0.57
		越　南	63	0.08	37 380	0.10	593.33	0.49
		丹　麦	0	0	4014	0.01	0	0
		斐　济	2	0	707	0	353.50	0.01
44072990	其他纵锯切、刨或旋切的子目注释2所列的热带木木材，厚＞6毫米	合　计	216 733	88.68	97 445 526	87.72	449.61	394.39
		加　蓬	70 748	32.64	29 342 547	30.11	414.75	135.39
		印度尼西亚	45 259	20.88	15 335 215	15.74	338.83	70.76
		喀麦隆	25 247	11.65	11 781 704	12.09	466.66	54.36
		巴　西	14 455	6.67	9 938 676	10.20	687.56	45.86
		马来西亚	16 085	7.42	7 338 810	7.53	456.25	33.86
		越　南	6499	3.00	5 304 753	5.44	816.24	24.48
		刚果（布）	3629	1.67	1 731 281	1.78	477.07	7.99
		中国台湾	2126	0.98	1 589 734	1.63	747.76	7.33
		柬埔寨	3024	1.40	1 572 564	1.61	520.03	7.26
		老　挝	5118	2.36	1 542 108	1.58	301.31	7.12
44079100	经纵锯纵切、刨或旋切的栎木木材，厚＞6毫米	合　计	888 736	99.27	444 932 621	99.33	500.64	497.30
		美　国	634 579	71.40	321 910 522	72.35	507.28	362.21
		俄罗斯	201 017	22.62	93 150 158	20.94	463.39	104.81
		法　国	17 609	1.98	11 147 903	2.51	633.08	12.54
		加拿大	14 306	1.61	8 546 122	1.92	597.38	9.62
		德　国	5822	0.66	2 486 893	0.56	427.15	2.80
		乌克兰	4434	0.50	2 172 070	0.49	489.87	2.44

代码	中文	国别地区	进口数量（立方米）	各国进口量占总量比重（%）	进口金额（美元）	各国进口额占总额比重（%）	平均进口价格（美元/立方米）	2012年加权价格（美元/立方米）
44079100	经纵锯纵切、刨或旋切的栎木木材，厚＞6毫米	澳大利亚	958	0.11	866 393	0.19	904.38	0.97
		克罗地亚	1837	0.21	809 274	0.18	440.54	0.91
		罗马尼亚	795	0.09	438 603	0.10	551.70	0.49
		日　本	887	0.10	437 343	0.10	493.06	0.49
44079200	经纵锯纵切、刨或旋切山毛榉木木材，厚＞6毫米	合　计	315 105	97.95	115 964 319	97.59	368.02	359.14
		罗马尼亚	138 154	43.84	47 500 480	40.96	343.82	150.74
		德　国	98 842	31.37	37 872 429	32.66	383.16	120.19
		法　国	22 347	7.09	8 315 041	7.17	372.09	26.39
		波　黑	16455	5.22	6 187 445	5.34	376.02	19.64
		克罗地亚	14 618	4.64	5 504 262	4.75	376.54	17.47
		奥地利	6775	2.15	2 590 319	2.23	382.33	8.22
		意大利	4411	1.40	2064727	1.78	468.09	6.55
		波　兰	3218	1.02	1 509 278	1.30	469.01	4.79
		塞尔维亚	2498	0.79	1 065 668	0.92	426.61	3.38
		丹　麦	1314	0.42	556 309	0.48	423.37	1.77
44079300	经纵锯纵切、刨或旋切枫木木材，厚＞6毫米	合　计	65 831	99.87	35 093 749	99.75	533.09	531.78
		美　国	48 455	73.61	24 855 747	70.83	512.97	377.57
		加拿大	13 741	20.87	8 285 352	23.61	602.97	125.86
		乌克兰	2432	3.69	808 558	2.30	332.47	12.28
		罗马尼亚	445	0.68	331 000	0.94	743.82	5.03
		德　国	147	0.22	265 784	0.76	1808.05	4.04
		澳大利亚	225	0.34	244 546	0.70	1086.87	3.71
		奥地利	149	0.23	81 925	0.23	549.83	1.24
		日　本	11	0.02	52 555	0.15	4777.73	0.80
		韩　国	56	0.09	44 558	0.13	795.68	0.68
		越　南	82	0.12	37 286	0.11	454.71	0.57
44079400	经纵锯纵切、刨或旋切樱桃木木材，厚＞6毫米	合　计	36 755	99.96	25 469 975	99.94	692.97	692.53
		美　国	34 617	94.18	23 961 632	94.08	692.19	651.93
		加拿大	1438	3.91	1 038 320	4.08	722.06	28.25
		中国台湾	173	0.47	141 320	0.55	816.88	3.84

代码	中文	国别地区	进口数量（立方米）	各国进口量占总量比重（%）	进口金额（美元）	各国进口额占总额比重（%）	平均进口价格（美元/立方米）	2012年加权价格（美元/立方米）
44079400	经纵锯纵切、刨或旋切樱桃木木材，厚＞6毫米	智　利	119	0.32	72 602	0.29	610.10	1.98
		罗马尼亚	166	0.45	70 795	0.28	426.48	1.93
		日　本	83	0.23	64 572	0.25	777.98	1.76
		西班牙	68	0.19	38 532	0.15	566.65	1.05
		秘　鲁	44	0.12	27 842	0.11	632.77	0.76
		新加坡	21	0.06	21 013	0.08	1000.62	0.57
		英　国	11	0.03	17 385	0.07	1580.45	0.47
44079500	经纵锯纵切、刨或旋切白蜡木木材，厚＞6毫米	合　计	182 365	99.96	99 616 244	99.96	546.25	546.04
		美　国	170 014	93.23	92 825 083	93.18	545.98	509.01
		加拿大	6781	3.72	3 847 873	3.86	567.45	21.10
		德　国	2845	1.56	1 547 192	1.55	543.83	8.48
		克罗地亚	781	0.43	425 937	0.43	545.37	2.34
		俄罗斯	893	0.49	350 504	0.35	392.50	1.92
		法　国	384	0.21	200 500	0.20	522.14	1.10
		乌克兰	255	0.14	173 619	0.17	680.86	0.95
		罗马尼亚	204	0.11	131 282	0.13	643.54	0.72
		斯洛伐克	80	0.04	39 369	0.04	492.11	0.22
		墨西哥	61	0.03	37 103	0.04	608.25	0.20
44079910	纵锯切刨或旋切的樟木、楠木、红木，厚＞6毫米	合　计	74 474	93.33	116 184 899	96.23	1560.07	1501.28
		老　挝	44 336	59.53	78 487 818	67.55	1770.30	1053.90
		印度尼西亚	6604	8.87	12 844 466	11.06	1944.95	172.47
		越　南	2641	3.55	5 522 705	4.75	2091.14	74.16
		柬埔寨	1595	2.14	4 308 797	3.71	2701.44	57.86
		莫桑比克	7126	9.57	3 892 183	3.35	546.19	52.26
		尼加拉瓜	939	1.26	1 898 627	1.63	2021.97	25.49
		马来西亚	3556	4.77	1 788 663	1.54	503	24.02
		缅　甸	679	0.91	1 066 701	0.92	1570.99	14.32
		刚果(金)	689	0.93	1 015 857	0.87	1474.39	13.64
		加　蓬	1341	1.80	980 280	0.84	731.01	13.16

代码	中文	国别地区	进口数量（立方米）	各国进口量占总量比重（%）	进口金额（美元）	各国进口额占总额比重（%）	平均进口价格（美元/立方米）	2012 年加权价格（美元/立方米）
44079920	经纵锯切、刨或旋切的泡桐木木材，厚＞6 毫米	合　计	1318	100	1 650 503	100	1252.28	1252.28
		德　国	717	54.40	985 723	59.72	1374.79	747.89
		日　本	300	22.76	467 103	28.30	1557.01	354.40
		智　利	201	15.25	100 004	6.06	497.53	75.88
		美　国	88	6.68	45 720	2.77	519.55	34.69
		中　国	5	0.38	32 538	1.97	6507.60	24.69
		斯洛文尼亚	7	0.53	19 415	1.18	2773.57	14.73
44079930	经纵锯切、刨或旋切的北美硬阔叶材，厚＞6 毫米	合　计	357 399	99.99	156 229 502	99.99	437.13	437.08
		美　国	353 358	98.87	153 787 362	98.44	435.22	430.30
		加拿大	3328	0.93	2 076 680	1.33	624.00	5.81
		日　本	248	0.07	183 425	0.12	739.62	0.51
		新西兰	178	0.05	44 556	0.03	250.31	0.12
		德　国	62	0.02	32 905	0.02	530.73	0.09
		韩　国	32	0.01	19 408	0.01	606.50	0.05
		保加利亚	47	0.01	17 248	0.01	366.98	0.05
		中国台湾	40	0.01	16 843	0.01	421.08	0.05
		塞尔维亚	52	0.01	16 829	0.01	323.63	0.05
		喀麦隆	1	0	16 184	0.01	16 184.00	0.05
44079980	纵锯切刨或旋切其他温带非针叶木材，厚＞6 毫米	合　计	569 593	99.03	168 796 273	98.65	296.35	292.36
		俄罗斯	491 559	86.30	140 149 031	83.03	285.11	246.05
		美　国	51 972	9.12	18 653 392	11.05	358.91	32.75
		爱沙尼亚	3689	0.65	1 511 395	0.90	409.70	2.65
		立陶宛	5519	0.97	1 484 924	0.88	269.06	2.61
		澳大利亚	1560	0.27	1 143 122	0.68	732.77	2.01
		罗马尼亚	2829	0.50	1 014 806	0.60	358.72	1.78
		拉脱维亚	2078	0.36	873 866	0.52	420.53	1.53
		智　利	1294	0.23	740 136	0.44	571.98	1.30
		日　本	670	0.12	517 538	0.31	772.44	0.91
		朝　鲜	2912	0.51	436 836	0.26	150.01	0.77

代码	中文	国别地区	进口数量（立方米）	各国进口量占总量比重（%）	进口金额（美元）	各国进口额占总额比重（%）	平均进口价格（美元/立方米）	2012 年加权价格（美元/立方米）
44079990	其他纵锯切、刨或旋切的非叶木木材，厚＞6 毫米	合　计	3 466 383	94.77	1 260 504 471	93.70	363.64	340.71
		泰　国	1 507 680	43.49	641 903 899	50.92	425.76	185.18
		印度尼西亚	618 823	17.85	160 751 955	12.75	259.77	46.37
		加　蓬	122 513	3.53	74 546 528	5.91	608.48	21.51
		美　国	209 646	6.05	74 276 165	5.89	354.29	21.43
		菲律宾	478 375	13.80	59 844 506	4.75	125.10	17.26
		莫桑比克	114 236	3.30	55 743 727	4.42	487.97	16.08
		马来西亚	114 131	3.29	46 659 671	3.70	408.83	13.46
		秘　鲁	47 191	1.36	29 486 440	2.34	624.83	8.51
		喀麦隆	33 605	0.97	22 585 085	1.79	672.08	6.52
		越　南	39 021	1.13	15 243 412	1.21	390.65	4.40

附表 6-4：刨花板进出口价格

（1）2012 年刨花板出口价格

代码	中文	国别地区	出口数量（千克）	各国出口量占总量比重（%）	出口金额（美元）	各国出口额占总额比重（%）	平均出口价格（美元/千克）	2012 年加权价格（美元/千克）
44101100	木制碎料板	合　计	44 894 994	50.63	20 872 758	59.61	0.46	0.28
		俄罗斯	6 476 052	14.42	2 498 123	11.97	0.39	0.06
		美　国	896 217	2.00	1 662 180	7.96	1.85	0.04
		沙特阿拉伯	2 915 221	6.49	1 478 652	7.08	0.51	0.03
		韩　国	4 728 751	10.53	1 453 766	6.96	0.31	0.03
		印　度	1 947 040	4.34	1 254 093	6.01	0.64	0.03
		澳大利亚	1 055 561	2.35	1 028 256	4.93	0.97	0.02
		阿联酋	1 590 935	3.54	913 076	4.37	0.57	0.02
		中国台湾	1 557 473	3.47	870 605	4.17	0.56	0.02
		加拿大	446 550	0.99	657 927	3.15	1.47	0.01
		哥伦比亚	1 117 020	2.49	626 319	3	0.56	0.01

代码	中文	国别地区	出口数量（千克）	各国出口量占总量比重（%）	出口金额（美元）	各国出口额占总额比重（%）	平均出口价格（美元/千克）	2012 年加权价格（美元/千克）
44101200	木制定向刨花板（OSB）	合　计	23 606 960	83.86	8 064 568	71.72	0.34	0.25
		蒙　古	12 255 862	51.92	2 065 753	25.62	0.17	0.09
		俄罗斯	3 242 882	13.74	1 378 904	17.10	0.43	0.06
		印　度	869 951	3.69	410 604	5.09	0.47	0.02
		葡萄牙	648 660	2.75	398 062	4.94	0.61	0.02
		印度尼西亚	177 916	0.75	328 882	4.08	1.85	0.01
		马来西亚	453 048	1.92	323 494	4.01	0.71	0.01
		肯尼亚	709 943	3.01	277 557	3.44	0.39	0.01
		尼日利亚	554 020	2.35	232 850	2.89	0.42	0.01
		哈萨克斯坦	395 400	1.67	184 370	2.29	0.47	0.01
		委内瑞拉	488 832	2.07	183 552	2.28	0.38	0.01
44101900	其他木制类似板	合　计	66 717 643	81.66	34 165 660	75.16	0.51	0.38
		俄罗斯	27 770 130	41.62	10 646 033	31.16	0.38	0.16
		塔吉克斯坦	16 056 829	24.07	5 360 940	15.69	0.33	0.08
		埃　及	1 787 613	2.68	2 651 715	7.76	1.48	0.04
		日　本	925 772	1.39	1 580 565	4.63	1.71	0.02
		秘　鲁	2 826 400	4.24	1 382 100	4.05	0.49	0.02
		中国台湾	750 041	1.12	1 321 280	3.87	1.76	0.02
		印　度	1 168 977	1.75	834 144	2.44	0.71	0.01
		马来西亚	1 356 791	2.03	768 425	2.25	0.57	0.01
		安哥拉	662 000	0.99	594 745	1.74	0.90	0.01
		阿联酋	1 175 492	1.76	537 875	1.57	0.46	0.01

（2）2012 年刨花板进口价格

代码	中文	国别地区	进口数量（千克）	各国进口量占总量比重(%)	进口金额（美元）	各国进口额占总额比重(%)	平均进口价格（美元/千克）	2012 年加权价格（美元/千克）
44101100	木制碎料板	合　计	121 895 854	95.45	41 572 640	95.63	0.34	0.33
		马来西亚	52 374 380	42.97	14 155 642	34.05	0.27	0.12
		泰　国	20 793 877	17.06	6 090 801	14.65	0.29	0.05
		德　国	798 7947	6.55	5 734 956	13.80	0.72	0.05
		罗马尼亚	8 591 103	7.05	2 850 333	6.86	0.33	0.02
		俄罗斯	11 194 350	9.18	2 374 479	5.71	0.21	0.02
		意大利	2 297 952	1.89	2 037 572	4.90	0.89	0.02
		奥地利	3 304 011	2.71	1 955 796	4.70	0.59	0.02
		西班牙	5 805 261	4.76	1 790 524	4.31	0.31	0.01
		日　本	2 272 138	1.86	1 766 076	4.25	0.78	0.01
		法　国	1 723 024	1.41	1 000 725	2.41	0.58	0.01
44101200	木制定向刨花板(OSB)	合　计	58 962 347	99.70	21 888 259	99.23	0.37	0.37
		泰　国	18 495 537	31.37	5 611 032	25.63	0.30	0.10
		罗马尼亚	10 979 710	18.62	4 275 019	19.53	0.39	0.07
		巴　西	9 064 600	15.37	3 902 575	17.83	0.43	0.07
		加拿大	8 387 819	14.23	3 506 752	16.02	0.42	0.06
		美　国	4 507 228	7.64	1 753 699	8.01	0.39	0.03
		德　国	2 013 679	3.42	1 201 957	5.49	0.60	0.02
		意大利	3 017 917	5.12	806 188	3.68	0.27	0.01
		马来西亚	2 074 910	3.52	516 064	2.36	0.25	0.01
		拉脱维亚	200 558	0.34	89 994	0.41	0.45	0
		中国台湾	43 096	0.07	57 192	0.26	1.33	0
44101900	其他木制类似板	合　计	170 352 615	99.48	53 079 007	99.04	0.31	0.31
		泰　国	119 069 709	69.90	33 654 978	63.41	0.28	0.20
		马来西亚	29 583 717	17.37	8 199 481	15.45	0.28	0.05
		罗马尼亚	15 652 801	9.19	8 149 740	15.35	0.52	0.05
		印度尼西亚	1 593 295	0.94	1 069 053	2.01	0.67	0.01

代码	中文	国别地区	进口数量（千克）	各国进口量占总量比重(%)	进口金额（美元）	各国进口额占总额比重(%)	平均进口价格（美元/千克）	2012年加权价格（美元/千克）
44101900	其他木制类似板	越南	1 705 912	1	442 905	0.83	0.26	0
		比利时	277 447	0.16	267 118	0.50	0.96	0
		德国	406 418	0.24	251 802	0.47	0.62	0
		中国	825 517	0.48	190 211	0.36	0.23	0
		日本	207 771	0.12	175 959	0.33	0.85	0
		奥地利	143 738	0.08	168 621	0.32	1.17	0

附表6–5：纤维板进出口价格

（1）2012年纤维板出口价格

代码	中文	国别地区	出口数量（千克）	各国出口量占总量比重(%)	出口金额（美元）	各国出口额占总额比重(%)	平均出口价格（美元/千克）	2012年加权价格（美元/千克）
44111211	未机械加工中密度板，密度>0.8克/立方厘米，厚≤5毫米	合计	57 419 357	76.56	23 848 330	75.77	0.42	0.31
		伊朗	11 384 325	19.83	4 637 011	19.44	0.41	0.08
		沙特阿拉伯	8 781 231	15.29	3 299 379	13.83	0.38	0.06
		中国台湾	5 101 993	8.89	2 192 318	9.19	0.43	0.04
		越南	4 075 480	7.10	1 837 391	7.70	0.45	0.03
		哥伦比亚	3 842 763	6.69	1 608 761	6.75	0.42	0.03
		日本	2 876 214	5.01	1 476 292	6.19	0.51	0.03
		苏丹	2 773 184	4.83	1 032 368	4.33	0.37	0.02
		阿尔及利亚	1 662 880	2.90	724 795	3.04	0.44	0.01
		埃及	1 843 130	3.21	687 766	2.88	0.37	0.01
		叙利亚	1 616 955	2.82	573 605	2.41	0.35	0.01
44111219	经机械加工中密度板，密度>0.8克/立方厘米，厚≤5毫米	合计	95 466 918	69.32	56 210 479	72.75	0.59	0.43
		伊朗	11 797 154	12.36	7 940 714	14.13	0.67	0.08
		苏丹	18 052 347	18.91	7 737 258	13.76	0.43	0.08
		美国	7 943 033	8.32	5 983 248	10.64	0.75	0.06
		约旦	3 158 334	3.31	3 966 684	7.06	1.26	0.04

代码	中文	国别地区	出口数量（千克）	各国出口量占总量比重（%）	出口金额（美元）	各国出口额占总额比重（%）	平均出口价格（美元/千克）	2012 年加权价格（美元/千克）
44111219	经机械加工中密度板，密度＞0.8 克/立方厘米，厚≤5 毫米	尼日利亚	7 875 909	8.25	3 428 543	6.10	0.44	0.04
		沙特阿拉伯	5 781 940	6.06	3 050 107	5.43	0.53	0.03
		日　本	1 556 973	1.63	2 625 368	4.67	1.69	0.03
		印　度	4 555 909	4.77	2 614 134	4.65	0.57	0.03
		阿联酋	3 335 543	3.49	1 938 007	3.45	0.58	0.02
		埃　及	2 120 867	2.22	1 607 518	2.86	0.76	0.02
44111221	辐射松制的中密度板，0.5 克/立方厘米＜密度≤0.8 克/立方厘米，厚≤5 毫米	合　计	25	100	48	100	1.92	1.92
		香　港	25	100	48	100	1.92	1.92
44111229	其他中密度板 0.5 克/立方厘米＜密度≤0.8 克/立方厘米，厚≤5 毫米	合　计	68 667 110	77.38	4 0261 357	77.87	0.59	0.46
		伊　朗	10 886 961	15.85	7 753 155	19.26	0.71	0.11
		埃　及	13 502 581	19.66	7 167 768	17.80	0.53	0.10
		沙特阿拉伯	8 826 053	12.85	4 765 766	11.84	0.54	0.07
		印　度	3 257 545	4.74	2 296 705	5.70	0.71	0.03
		越　南	6 327 780	9.22	2 183 251	5.42	0.35	0.03
		阿尔及利亚	2 641 181	3.85	1 815 151	4.51	0.69	0.03
44111229	其他中密度板 0.5 克/立方厘米＜密度≤0.8 克/立方厘米，厚≤5 毫米	阿联酋	3 118 875	4.54	1 746 019	4.34	0.56	0.03
		新加坡	1 274 177	1.86	1 219 765	3.03	0.96	0.02
		吉布提	1 427 090	2.08	1 205 580	2.99	0.84	0.02
		约　旦	1 869 148	2.72	1 199 756	2.98	0.64	0.02
44111291	未加工中密度板，密度≤0.5 克/立方厘米，厚≤5 毫米	合　计	3 096 407	97.78	1 260 128	98.05	0.41	0.40
		伊　朗	1 163 500	37.58	458 738	36.40	0.39	0.15
		墨西哥	545 000	17.60	209 866	16.65	0.39	0.07
		沙特阿拉伯	414 000	13.37	171 715	13.63	0.41	0.06

代码	中文	国别地区	出口数量（千克）	各国出口量占总量比重（%）	出口金额（美元）	各国出口额占总额比重（%）	平均出口价格（美元/千克）	2012 年加权价格（美元/千克）
44111291	未加工中密度板，密度≤0.5 克/立方厘米，厚≤5 毫米	乌兹别克斯坦	395 675	12.78	149 650	11.88	0.38	0.05
		美 国	112 499	3.63	89 853	7.13	0.80	0.03
		津巴布韦	120 681	3.90	57 309	4.55	0.47	0.02
		苏 丹	152 100	4.91	52 380	4.16	0.34	0.02
		日 本	55 578	1.79	24 602	1.95	0.44	0.01
		孟加拉国	36 000	1.16	11 544	0.92	0.32	0
		刚果（金）	32 600	1.05	9900	0.79	0.30	0
44111299	加工中密度板，密度≤0.5 克/立方厘米，厚≤5 毫米	合 计	47 574 422	79.23	30 012 584	74.97	0.63	0.47
		伊 朗	8 810 630	18.52	6 137 183	20.45	0.70	0.13
		印 度	11 511 251	24.20	4 305 599	14.35	0.37	0.09
		俄罗斯	1 765 059	3.71	2 115 834	7.05	1.20	0.04
		墨西哥	5 429 099	11.41	2 090 797	6.97	0.39	0.04
		美 国	1 435 584	3.02	1 934 454	6.45	1.35	0.04
		沙特阿拉伯	4 006 884	8.42	1 859 596	6.20	0.46	0.04
		巴基斯坦	1 054 044	2.22	1 334 397	4.45	1.27	0.03
		土耳其	711 301	1.50	968 971	3.23	1.36	0.02
		埃 及	1 523 467	3.20	887 658	2.96	0.58	0.02
		哥伦比亚	1 445 564	3.04	866 137	2.89	0.60	0.02
44111311	未加工中密度板，密度＞0.8 克/立方厘米，5 毫米＜厚≤9 毫米	合 计	26 986 832	94.66	11 749 359	95.11	0.44	0.41
		马来西亚	11 331 712	41.99	5 101 833	43.42	0.45	0.19
		韩 国	7 040 844	26.09	3 215 783	27.37	0.46	0.12
		沙特阿拉伯	2 107 818	7.81	888 348	7.56	0.42	0.03
		印 度	1 096 841	4.06	415 261	3.53	0.38	0.02
		伊 朗	834 390	3.09	311 268	2.65	0.37	0.01
		哥伦比亚	756 800	2.80	293 980	2.50	0.39	0.01
		乌兹别克斯坦	610 054	2.26	287 885	2.45	0.47	0.01
		厄瓜多尔	651 200	2.41	248 398	2.11	0.38	0.01
		埃 及	753 610	2.79	247 574	2.11	0.33	0.01
		智 利	362 000	1.34	164 963	1.40	0.46	0.01

代码	中文	国别地区	出口数量（千克）	各国出口量占总量比重（%）	出口金额（美元）	各国出口额占总额比重（%）	平均出口价格（美元/千克）	2012 年加权价格（美元/千克）
44111319	加工中密度板，密度＞0.8 克/立方厘米，5 毫米＜厚≤ 9 毫米	合　计	677 259 802	70.33	452 155 027	71.18	0.67	0.48
		美　国	155 164 993	22.91	129 850 173	28.72	0.84	0.19
		俄罗斯	160 960 611	23.77	91 660 503	20.27	0.57	0.14
		韩　国	30 599 889	4.52	21 507 347	4.76	0.70	0.03
		南　非	21 459 998	3.17	12 668 464	2.80	0.59	0.02
		智　利	19 709 978	2.91	12 586 019	2.78	0.64	0.02
		伊　朗	19 025 500	2.81	11 446 158	2.53	0.60	0.02
		加拿大	16 518 245	2.44	11 260 917	2.49	0.68	0.02
		罗马尼亚	18 849 888	2.78	10 794 570	2.39	0.57	0.02
		乌克兰	19 719 556	2.91	10 433 494	2.31	0.53	0.02
		哥伦比亚	1 430 8642	2.11	9 617 618	2.13	0.67	0.01
44111321	辐射松制的中密度板，5 毫米＜厚≤ 9 毫米	合　计	1 908 456	100	7 236 979	100	3.79	3.79
		日　本	1 760 890	92.27	7 137 478	98.63	4.05	3.74
		越　南	143 723	7.53	92 601	1.28	0.64	0.05
		加拿大	3843	0.20	6900	0.10	1.80	0
44111329	其他中密度板 0.5 克＜密度≤ 0.8 克，5 毫米＜厚≤ 9 毫米	合　计	54 106 260	85.69	32 166 613	87.02	0.59	0.52
		日　本	2 176 790	4.02	7 426 948	23.09	3.41	0.14
		埃　及	10 091 645	18.65	4 412 421	13.72	0.44	0.08
		越　南	11 668 441	21.57	3 474 907	10.80	0.30	0.06
		美　国	2 204 121	4.07	2 936 676	9.13	1.33	0.05
		沙特阿拉伯	7 040 535	13.01	2 932 992	9.12	0.42	0.05
		约　旦	4 730 333	8.74	2 701 447	8.40	0.57	0.05
		伊　朗	5 142 399	9.50	2 104 478	6.54	0.41	0.04
		阿尔及利亚	1 211 355	2.24	733 630	2.28	0.61	0.01
		古　巴	813 914	1.50	682 392	2.12	0.84	0.01
		阿联酋	1 281 664	2.37	586 599	1.82	0.46	0.01

代码	中文	国别地区	出口数量（千克）	各国出口量占总量比重(%)	出口金额（美元）	各国出口额占总额比重(%)	平均出口价格（美元/千克）	2012 年加权价格（美元/千克）
44111391	未加工中密度板，密度≤0.5克/立方厘米，5毫米<厚≤9毫米	合　计	1 962 540	99.85	743 926	99.95	0.38	0.38
		伊　朗	1 339 500	68.25	493 057	66.28	0.37	0.25
		阿联酋	407 420	20.76	173 249	23.29	0.43	0.09
		俄罗斯	105 828	5.39	33 989	4.57	0.32	0.02
		菲律宾	27 200	1.39	11 861	1.59	0.44	0.01
		乌兹别克斯坦	19 500	0.99	9289	1.25	0.48	0
		泰　国	15 000	0.76	6350	0.85	0.42	0
		日　本	14 280	0.73	5114	0.69	0.36	0
		阿　曼	12 850	0.65	4727	0.64	0.37	0
		巴拿马	14 367	0.73	4490	0.60	0.31	0
		美　国	3600	0.18	1425	0.19	0.40	0
44111399	加工中密度板，密度≤0.5克/立方厘米，5毫米<厚≤9毫米	合　计	7 616 450	78.55	6 065 700	84.40	0.80	0.67
		日　本	516 097	6.78	1 648 817	27.18	3.19	0.22
		美　国	1 140 739	14.98	1 169 975	19.29	1.03	0.15
		伊　朗	1 262 245	16.57	550 531	9.08	0.44	0.07
		约　旦	961 104	12.62	546 414	9.01	0.57	0.07
		沙特阿拉伯	769 404	10.10	410 970	6.78	0.53	0.05
		埃　及	481 323	6.32	299 478	4.94	0.62	0.04
		印度尼西亚	146 399	1.92	132 809	2.19	0.91	0.02
		香　港	284 718	3.74	129 298	2.13	0.45	0.02
		吉布提	229 500	3.01	120 736	1.99	0.53	0.02
		阿联酋	191 356	2.51	110 718	1.83	0.58	0.01
44111411	未加工中密度板，密度>0.8克/立方厘米，厚>9毫米	合　计	2 434 567	88.95	925 964	88.56	0.38	0.34
		马来西亚	754 818	31	368 204	39.76	0.49	0.15
		蒙　古	732 705	30.10	86 125	9.30	0.12	0.04
		吉尔吉斯斯坦	171 426	7.04	70 906	7.66	0.41	0.03
		阿联酋	72 300	2.97	69 317	7.49	0.96	0.03

代码	中文	国别地区	出口数量（千克）	各国出口量占总量比重(%)	出口金额（美元）	各国出口额占总额比重(%)	平均出口价格(美元/千克)	2012 年加权价格(美元/千克)
44111411	未加工中密度板，密度＞0.8 克/立方厘米，厚＞9 毫米	尼日利亚	172 000	7.06	53 233	5.75	0.31	0.02
		韩　国	96 180	3.95	48 630	5.25	0.51	0.02
		印　度	95 777	3.93	36 195	3.91	0.38	0.01
		美　国	19 754	0.81	32 642	3.53	1.65	0.01
		法　国	17 325	0.71	27 707	2.99	1.60	0.01
		朝　鲜	33 322	1.37	27 058	2.92	0.81	0.01
44111419	加工中密度板，密度＞0.8 克/立方厘米，厚＞9 毫米	合　计	559 888 995	89.15	389 846 158	88.57	0.70	0.62
		美　国	220961 801	39.47	167 499 634	42.97	0.76	0.30
		加拿大	103 213 858	18.43	68 665 486	17.61	0.67	0.12
		俄罗斯	110 919 292	19.81	67 915 655	17.42	0.61	0.12
		越　南	17 889 930	3.20	10 511 980	2.70	0.59	0.02
		澳大利亚	11 462 116	2.05	8 529 404	2.19	0.74	0.02
		罗马尼亚	12 643 505	2.26	7 039 205	1.81	0.56	0.01
		格鲁吉亚	6 620 115	1.18	4 083 837	1.05	0.62	0.01
		伊　朗	5 401 653	0.96	3 993 452	1.02	0.74	0.01
		乌兹别克斯坦	5 724 540	1.02	3 869 505	0.99	0.68	0.01
		哈萨克斯坦	4 314 812	0.77	3 177 635	0.82	0.74	0.01
44111421	辐射松制的中密度板，厚＞9 毫米	合　计	286 201	100	1 166 084	100	4.07	4.07
		日　本	263 478	92.06	1 118 267	95.90	4.24	3.91
		美　国	6671	2.33	39 069	3.35	5.86	0.14
		南　非	15 000	5.24	5000	0.43	0.33	0.02
		澳大利亚	1044	0.36	3728	0.32	3.57	0.01
		香　港	8	0	20	0	2.50	0
44111429	其他中密度板 0.5 克/立方厘米＜密度≤0.8 克/立方厘米，厚＞9 毫米	合　计	799 012 474	90.11	317 620 540	86.37	0.40	0.34
		沙特阿拉伯	220 882 017	27.64	80 458 812	25.33	0.36	0.10
		伊　朗	185 248 461	23.18	71 769 114	22.60	0.39	0.09
		阿联酋	118 710 597	14.86	45 770 847	14.41	0.39	0.06
		尼日利亚	59 900 551	7.50	21 097 757	6.64	0.35	0.03

代码	中文	国别地区	出口数量（千克）	各国出口量占总量比重（%）	出口金额（美元）	各国出口额占总额比重（%）	平均出口价格（美元/千克）	2012年加权价格（美元/千克）
44111429	其他中密度板 0.5 克/立方厘米＜密度≤0.8 克/立方厘米，厚＞9 毫米	越　南	56 285 578	7.04	16 464 924	5.18	0.29	0.02
		日　本	5 146 768	0.64	11 334 671	3.57	2.20	0.01
		埃　及	25 967 187	3.25	9 346 287	2.94	0.36	0.01
		约　旦	17 200 755	2.15	7 685 174	2.42	0.45	0.01
		苏　丹	20 354 815	2.55	6 527 296	2.06	0.32	0.01
		肯尼亚	10 282 278	1.29	3 864 561	1.22	0.38	0
44111491	未加工中密度板，密度≤0.5 克/立方厘米，厚＞9 毫米	合　计	35 721 842	94.22	12 111 687	93.70	0.34	0.32
		沙特阿拉伯	14 981 501	41.94	4 594 384	37.93	0.31	0.13
		伊　朗	10 160 582	28.44	3 642 276	30.07	0.36	0.10
		阿联酋	2 503 763	7.01	989 241	8.17	0.40	0.03
		以色列	1 437 281	4.02	553 344	4.57	0.38	0.02
		苏　丹	1 574 341	4.41	529 119	4.37	0.34	0.01
		肯尼亚	750 073	2.10	282 150	2.33	0.38	0.01
		埃　及	867 678	2.43	245 045	2.02	0.28	0.01
		印度尼西亚	583 045	1.63	224 860	1.86	0.39	0.01
		巴基斯坦	474 030	1.33	180 548	1.49	0.38	0.01
		尼日利亚	326 585	0.91	107 481	0.89	0.33	0
44111499	其他厚度>9 毫米的中密度纤维板	合　计	81 585 813	77.02	40 859 432	71.24	0.50	0.36
		伊　朗	29 305 256	35.92	10 953 817	26.81	0.37	0.13
		沙特阿拉伯	11 643 546	14.27	5 059 307	12.38	0.43	0.06
		美　国	1 235 910	1.51	3 367 175	8.24	2.72	0.04
		阿联酋	6 735 744	8.26	3 280 210	8.03	0.49	0.04
		约　旦	4 436 934	5.44	2 117 434	5.18	0.48	0.03
		尼日利亚	2 221 383	2.72	1 073 962	2.63	0.48	0.01
		肯尼亚	2 257 940	2.77	973 150	2.38	0.43	0.01
		苏　丹	1 986 179	2.43	824 676	2.02	0.42	0.01
		马来西亚	958 764	1.18	730 594	1.79	0.76	0.01
		埃　及	2 058 790	2.52	726 804	1.78	0.35	0.01

代码	中文	国别地区	出口数量（千克）	各国出口量占总量比重（%）	出口金额（美元）	各国出口额占总额比重（%）	平均出口价格（美元/千克）	2012年加权价格（美元/千克）
44119210	未加工木纤维板，密度＞0.8克/立方厘米	合　计	5 160 803	89.20	5 282 272	89.85	1.02	0.92
		印　度	1 321 057	25.60	1 627 959	30.82	1.23	0.32
		阿联酋	1 230 290	23.84	1 021 055	19.33	0.83	0.20
		约　旦	851 506	16.50	911 345	17.25	1.07	0.18
		伊　朗	687 816	13.33	552 725	10.46	0.80	0.11
		巴基斯坦	181 455	3.52	223 275	4.23	1.23	0.04
		孟加拉国	89 089	1.73	96 406	1.83	1.08	0.02
		吉布提	71 900	1.39	91 800	1.74	1.28	0.02
		毛里求斯	75 360	1.46	89 422	1.69	1.19	0.02
		越　南	52 613	1.02	69 610	1.32	1.32	0.01
		卡塔尔	42 182	0.82	62 744	1.19	1.49	0.01
44119290	加工木纤维板，密度＞0.8克/立方厘米	合　计	243 576 424	77.91	176 002 572	79.70	0.72	0.58
		美　国	46 662 219	19.16	44 691 841	25.39	0.96	0.18
		加拿大	57 796 714	23.73	40 864 799	23.22	0.71	0.17
		俄罗斯	26 792 374	11	1 5183 080	8.63	0.57	0.06
		韩　国	15 489 636	6.36	1 1671 260	6.63	0.75	0.05
		澳大利亚	12 834 391	5.27	10 350 268	5.88	0.81	0.04
		蒙　古	11 409 386	4.68	4 851 726	2.76	0.43	0.02
		伊　朗	6 017 498	2.47	4 305 139	2.45	0.72	0.02
		越　南	4 768 553	1.96	2 921 656	1.66	0.61	0.01
		印　度	4 024 537	1.65	2 776 575	1.58	0.69	0.01
		智　利	3 966 825	1.63	2 656 706	1.51	0.67	0.01
44119310	辐射松制的纤板，0.5克＜密度≤0.9克	合　计	1404	100	2677	100	1.91	1.91
		美　国	1404	100	2677	100	1.91	1.91
44119390	木纤板，0.5克/立方厘米＜密度≤0.10克/立方厘米	合　计	4 270 169	87.49	3 090 992	88.81	0.72	0.64
		沙特阿拉伯	1 181 820	27.68	681 636	22.05	0.58	0.16
		吉布提	374 860	8.78	534 300	17.29	1.43	0.13
		约　旦	763 350	17.88	506 108	16.37	0.66	0.12

代码	中文	国别地区	出口数量（千克）	各国出口量占总量比重（%）	出口金额（美元）	各国出口额占总额比重（%）	平均出口价格（美元/千克）	2012年加权价格（美元/千克）
44119390	木纤板，0.5克/立方厘米＜密度≤0.10克/立方厘米	埃　及	533 849	12.50	292 864	9.47	0.55	0.07
		阿联酋	322 780	7.56	195 908	6.34	0.61	0.05
		特立尼达和多巴哥	177 471	4.16	170 731	5.52	0.96	0.04
		巴基斯坦	137 550	3.22	115 993	3.75	0.84	0.03
		伊拉克	70 000	1.64	98 163	3.18	1.40	0.02
		香　港	88 723	2.08	79 804	2.58	0.90	0.02
		特克斯和凯科斯群岛	85 460	2.00	69 752	2.26	0.82	0.02
44119410	木纤板，0.35克/立方厘米＜密度≤0.5克/立方厘米	合　计	308 989	99.68	448 824	98.32	1.45	1.43
		加拿大	46 111	14.92	199 004	44.34	4.32	0.64
		香　港	117 352	37.98	84 866	18.91	0.72	0.27
		澳大利亚	68 340	22.12	57 737	12.86	0.84	0.19
		吉尔吉斯斯坦	11 000	3.56	22 697	5.06	2.06	0.07
		印　度	2562	0.83	16 902	3.77	6.60	0.05
		瑞　士	2369	0.77	15 186	3.38	6.41	0.05
		朝　鲜	26 493	8.57	14 562	3.24	0.55	0.05
		墨西哥	26 411	8.55	13 624	3.04	0.52	0.04
		安哥拉	6128	1.98	10 115	2.25	1.65	0.03
		美　国	1228	0.40	6581	1.47	5.36	0.02
44119421	未加工木纤板，密度≤0.35克/立方厘米	合　计	39 394	100	38 349	100	0.97	0.97
		刚果（布）	10 660	27.06	17 640	46	1.65	0.45
		墨西哥	27 205	69.06	14 033	36.59	0.52	0.36
		新加坡	709	1.80	6387	16.65	9.01	0.16
		委内瑞拉	820	2.08	289	0.75	0.35	0.01
44119429	加工木纤板，密度≤0.35克/立方厘米	合　计	1 518 190	73.43	4 498 286	83.92	2.96	2.49
		芬　兰	305 244	20.11	1 180 019	26.23	3.87	0.78
		埃　及	379 602	25	833 312	18.53	2.20	0.55
		泰　国	91 973	6.06	363 737	8.09	3.95	0.24

代码	中文	国别地区	出口数量（千克）	各国出口量占总量比重(%)	出口金额（美元）	各国出口额占总额比重（%）	平均出口价格（美元/千克）	2012 年加权价格（美元/千克）
44119429	加工木纤板，密度≤0.35 克/立方厘米	美　国	83 038	5.47	305 083	6.78	3.67	0.20
		韩　国	55 504	3.66	300 749	6.69	5.42	0.20
		新加坡	89 311	5.88	297 252	6.61	3.33	0.20
		俄罗斯	25 535	1.68	142 432	3.17	5.58	0.09
		中国台湾	51 292	3.38	138 558	3.08	2.70	0.09
		西班牙	22 350	1.47	137 206	3.05	6.14	0.09
		墨西哥	11 000	0.72	76 666	1.70	6.97	0.05

（2）2012 年纤维板进口价格

代码	中文	国别地区	进口数量（千克）	各国进口量占总量比重(%)	进口金额（美元）	各国进口额占总额比重（%）	平均进口价格（美元/千克）	2012 年加权价格（美元/千克）
44111211	未机械加工中密度板，密度＞0.8 克/立方厘米，厚≤5 毫米	合　计	12 441 185	100	6 367 738	99.99	0.51	0.51
		新西兰	6 560 268	52.73	3 697 641	58.07	0.56	0.30
		澳大利亚	4 556 951	36.63	2 089 506	32.81	0.46	0.17
		泰　国	498 423	4.01	225 404	3.54	0.45	0.02
		马来西亚	443 482	3.56	179 309	2.82	0.40	0.01
		印度尼西亚	117 425	0.94	38 206	0.60	0.33	0
		斯洛文尼亚	69 724	0.56	32 644	0.51	0.47	0
		智　利	74 224	0.60	32 499	0.51	0.44	0
		阿根廷	72 615	0.58	32 239	0.51	0.44	0
		波　兰	35 680	0.29	27 973	0.44	0.78	0
		日　本	12 390	0.10	11 793	0.19	0.95	0
44111219	经机械加工中密度板，密度＞0.8 克/立方厘米，厚≤5 毫米	合　计	2 905 536	88.91	4 926 786	93.49	1.70	1.59
		韩　国	206 411	7.10	2 085 701	42.33	10.10	0.72
		美　国	63 289	2.18	623 483	12.65	9.85	0.21
		日　本	236 834	8.15	391 023	7.94	1.65	0.13
		阿根廷	818 587	28.17	365 224	7.41	0.45	0.13
		澳大利亚	615 473	21.18	312 596	6.34	0.51	0.11

代码	中文	国别地区	进口数量（千克）	各国进口量占总量比重(%)	进口金额（美元）	各国进口额占总额比重(%)	平均进口价格（美元/千克）	2012年加权价格（美元/千克）
44111219	经机械加工中密度板，密度＞0.8克/立方厘米，厚≤5毫米	新西兰	194 105	6.68	209 834	4.26	1.08	0.07
		中国台湾	80 989	2.79	198 606	4.03	2.45	0.07
		意大利	84 468	2.91	155 787	3.16	1.84	0.05
		波兰	128 674	4.43	150 500	3.05	1.17	0.05
		马来西亚	154 574	5.32	113 496	2.30	0.73	0.04
44111221	辐射松制的中密度板，0.5克/立方厘米＜密度≤0.8克/立方厘米，厚≤5毫米	合计	9 371 182	100	4 516 799	100	0.48	0.48
		新西兰	9 322 318	99.48	4 493 878	99.49	0.48	0.48
		澳大利亚	48 864	0.52	22 921	0.51	0.47	0
44111229	其他中密度板0.5克/立方厘米＜密度≤0.8克/立方厘米，厚≤5毫米	合计	11 509 100	99.46	4 949 503	98.88	0.43	0.43
		泰国	5 628 044	48.90	2 499 381	50.50	0.44	0.22
		印度尼西亚	2 166 749	18.83	700 461	14.15	0.32	0.06
		新西兰	1 864 979	16.20	688 742	13.92	0.37	0.06
		马来西亚	1 072 095	9.32	457 985	9.25	0.43	0.04
		澳大利亚	350 624	3.05	201 130	4.06	0.57	0.02
		中国	186 832	1.62	137 071	2.77	0.73	0.01
		美国	6236	0.05	67 200	1.36	10.78	0.01
		日本	64 443	0.56	54 586	1.10	0.85	0
		波兰	34 644	0.30	43 985	0.89	1.27	0
		智利	72 697	0.63	43 618	0.88	0.60	0
44111291	未加工中密度板，密度≤0.5克/立方厘米，厚≤5毫米	合计	1 486 439	100	569 187	100	0.38	0.38
		新西兰	938 310	63.12	355 782	62.51	0.38	0.24
		澳大利亚	547 399	36.83	213 026	37.43	0.39	0.14
		埃及	730	0.05	379	0.07	0.52	0
44111299	加工中密度板，密度≤0.5克/立方厘米，厚≤5毫米	合计	749 399	100	469 840	100	0.63	0.63
		新西兰	582 132	77.68	364 551	77.59	0.63	0.49
		澳大利亚	69 225	9.24	34 730	7.39	0.50	0.05
		泰国	76 730	10.24	31 657	6.74	0.41	0.04

代码	中文	国别地区	进口数量（千克）	各国进口量占总量比重（%）	进口金额（美元）	各国进口额占总额比重（%）	平均进口价格（美元/千克）	2012年加权价格（美元/千克）
44111299	加工中密度板，密度≤0.5克/立方厘米，厚≤5毫米	意大利	1807	0.24	29 847	6.35	16.52	0.04
		日　本	563	0.08	6234	1.33	11.07	0.01
		中　国	18787	2.51	1278	0.27	0.07	0
		美　国	54	0.01	757	0.16	14.02	0
		德　国	41	0.01	369	0.08	9.00	0
		韩　国	40	0.01	351	0.07	8.78	0
		新加坡	20	0	66	0.01	3.30	0
44111311	未加工中密度板，密度＞0.8克/立方厘米，5毫米＜厚≤9毫米	合　计	1 033 102	100	490 047	100	0.47	0.47
		泰　国	582 151	56.35	241 912	49.37	0.42	0.23
		新西兰	231 120	22.37	141 841	28.94	0.61	0.14
		澳大利亚	194 501	18.83	93 362	19.05	0.48	0.09
		马来西亚	25 200	2.44	11 340	2.31	0.45	0.01
		日　本	130	0.01	1592	0.32	12.25	0
44111319	加工中密度板，密度＞0.8克/立方厘米，5毫米＜厚≤9毫米	合　计	15 457 179	99.68	14 896 544	99.73	0.96	0.96
		比利时	4 270 616	27.63	4 900 115	32.89	1.15	0.32
		瑞　士	5 481 694	35.46	4 263 579	28.62	0.78	0.28
		德　国	3 385 134	21.90	3 860 805	25.92	1.14	0.25
		奥地利	1 859 549	12.03	1 533 481	10.29	0.82	0.10
		美　国	186 860	1.21	131 362	0.88	0.70	0.01
		挪　威	38 490	0.25	43 238	0.29	1.12	0
		韩　国	21 200	0.14	42 025	0.28	1.98	0
		新西兰	140 912	0.91	40 065	0.27	0.28	0
		澳大利亚	1608	0.01	28 217	0.19	17.55	0
		中国台湾	22 000	0.14	14 067	0.09	0.64	0
44111321	辐射松制的中密度板，5毫米＜厚≤9毫米	合　计	6 552 164	100	3 667 231	100	0.56	0.56
		新西兰	6 201 685	94.65	3 483 514	94.99	0.56	0.53
		澳大利亚	153 702	2.35	70 294	1.92	0.46	0.01
		阿根廷	143 857	2.20	66 676	1.82	0.46	0.01
		日　本	24 000	0.37	24 231	0.66	1.01	0

代码	中文	国别地区	进口数量（千克）	各国进口量占总量比重（%）	进口金额（美元）	各国进口额占总额比重（%）	平均进口价格（美元/千克）	2012 年加权价格（美元/千克）
44111321	辐射松制的中密度板，5 毫米＜厚≤9 毫米	葡萄牙	3675	0.06	12 006	0.33	3.27	0
		巴　西	25 184	0.38	10 387	0.28	0.41	0
		新加坡	61	0	123	0	2.02	0
44111329	其他中密度板 0.5 克＜密度≤0.8 克，5 毫米＜厚≤9 毫米	合　计	5 100 731	99.02	3 015 434	99.07	0.59	0.59
		印度尼西亚	2 108 635	41.34	1 396 665	46.32	0.66	0.27
		澳大利亚	1 015 815	19.92	552 728	18.33	0.54	0.11
		新西兰	893 766	17.52	389 392	12.91	0.44	0.08
		泰　国	627 269	12.30	279 289	9.26	0.45	0.05
		德　国	142 775	2.80	141 301	4.69	0.99	0.03
		西班牙	13 339	0.26	120 179	3.99	9.01	0.02
		智　利	159 869	3.13	65 406	2.17	0.41	0.01
		马来西亚	64 467	1.26	27 841	0.92	0.43	0.01
		阿根廷	24 195	0.47	7627	0.25	0.32	0
		瑞　典	572	0.01	7008	0.23	12.25	0
44111391	未加工中密度板，密度≤0.5 克/立方厘米，5 毫米＜厚≤9 毫米	合　计	1 995 873	100	703 313	100	0.35	0.35
		新西兰	1 173 120	58.78	360 782	51.30	0.31	0.18
		泰　国	474 560	23.78	189 824	26.99	0.40	0.10
		澳大利亚	225 395	11.29	84 616	12.03	0.38	0.04
		俄罗斯	49 878	2.50	38 865	5.53	0.78	0.02
		马来西亚	72 800	3.65	29 120	4.14	0.40	0.01
		印　度	120	0.01	106	0.02	0.88	0
44111399	加工中密度板，密度≤0.5 克/立方厘米，5 毫米＜厚≤9 毫米	合　计	191 104	99.92	70 334	99.39	0.37	0.37
		马来西亚	86 555	45.29	27 837	39.58	0.32	0.15
		泰　国	58 739	30.74	13 143	18.69	0.22	0.07
		德　国	10 189	5.33	12 960	18.43	1.27	0.07
		新西兰	24 720	12.94	4450	6.33	0.18	0.02
		韩　国	420	0.22	4413	6.27	10.51	0.02
		瑞　士	150	0.08	2661	3.78	17.74	0.01

代码	中文	国别地区	进口数量（千克）	各国进口量占总量比重(%)	进口金额（美元）	各国进口额占总额比重（%）	平均进口价格（美元/千克）	2012 年加权价格（美元/千克）
44111399	加工中密度板，密度≤0.5 克/立方厘米，5 毫米<厚≤9 毫米	印度尼西亚	6084	3.18	1901	2.70	0.31	0.01
		印　度	3752	1.96	1173	1.67	0.31	0.01
		新加坡	274	0.14	915	1.30	3.34	0
		伊　朗	60	0.03	451	0.64	7.52	0
44111411	未加工中密度板，密度>0.8 克/立方厘米，厚>9 毫米	合　计	953 843	100	361 917	100	0.38	0.38
		泰　国	614 860	64.46	196 754	54.36	0.32	0.21
		新西兰	168 077	17.62	53 785	14.86	0.32	0.06
		印度尼西亚	122 520	12.84	39 207	10.83	0.32	0.04
		美　国	2262	0.24	32 157	8.89	14.22	0.03
		德　国	41 669	4.37	24 627	6.80	0.59	0.03
		中　国	4174	0.44	14 806	4.09	3.55	0.02
		韩　国	281	0.03	580	0.16	2.06	0
		日　本	0	0	1	0	0	0
44111419	加工中密度板，密度>0.8 克/立方厘米，厚>9 毫米	合　计	4 906 726	92.03	6 970 459	94.46	1.42	1.34
		比利时	1 402 548	28.58	2 700 059	38.74	1.93	0.55
		奥地利	634 215	12.93	866 890	12.44	1.37	0.18
		德　国	493 857	10.06	756 758	10.86	1.53	0.15
		瑞　士	1 014 714	20.68	755 819	10.84	0.74	0.15
		美　国	42 095	0.86	711 416	10.21	16.90	0.14
		新西兰	476 428	9.71	259 842	3.73	0.55	0.05
		日　本	32 551	0.66	192 087	2.76	5.90	0.04
		马来西亚	189 764	3.87	126 393	1.81	0.67	0.03
		意大利	44 554	0.91	122 348	1.76	2.75	0.02
		澳大利亚	184 858	3.77	92 341	1.32	0.50	0.02
44111421	辐射松制的中密度板，厚>9 毫米	合　计	9 867 053	100	5 144 458	100	0.52	0.52
		新西兰	7 825 866	79.31	4 134 234	80.36	0.53	0.42
		澳大利亚	628 783	6.37	304 545	5.92	0.48	0.03
		马来西亚	424 045	4.30	262 508	5.10	0.62	0.03

代码	中文	国别地区	进口数量（千克）	各国进口量占总量比重（%）	进口金额（美元）	各国进口额占总额比重（%）	平均进口价格（美元/千克）	2012 年加权价格（美元/千克）
44111421	辐射松制的中密度板，厚＞9 毫米	阿根廷	551 414	5.59	249 625	4.85	0.45	0.03
		智　利	384 260	3.89	169 528	3.30	0.44	0.02
		巴　西	52 301	0.53	23 196	0.45	0.44	0
		新加坡	384	0	793	0.02	2.07	0
		日　本	0	0	29	0	0	0
44111429	其他中密度板 0.5 克 / 立方厘米＜密度≤0.8 克 / 立方厘米，厚＞9 毫米	合　计	28 228 973	95.84	20 084 827	96.76	0.71	0.69
		意大利	10 429 007	36.94	8 554 457	42.59	0.82	0.30
		日　本	2 616 219	9.27	2 492 004	12.41	0.95	0.09
		澳大利亚	3 709 845	13.14	2 058 823	10.25	0.55	0.07
		泰　国	5 456 226	19.33	2 025 963	10.09	0.37	0.07
		德　国	899 163	3.19	1 659 392	8.26	1.85	0.06
		新西兰	2 156 932	7.64	870 886	4.34	0.40	0.03
		美　国	64 564	0.23	593 188	2.95	9.19	0.02
		印度尼西亚	935 991	3.32	403 271	2.01	0.43	0.01
		马来西亚	631 304	2.24	397 599	1.98	0.63	0.01
		西班牙	155 477	0.55	378 133	1.88	2.43	0.01
44111491	未加工中密度板，密度≤0.5 克 / 立方厘米，厚＞9 毫米	合　计	984 879	100	377 910	100	0.38	0.38
		泰　国	878 253	89.17	316 170	83.66	0.36	0.32
		俄罗斯	32 150	3.26	25 720	6.81	0.80	0.03
		越　南	49 000	4.98	23 169	6.13	0.47	0.02
		新西兰	23 880	2.42	9552	2.53	0.40	0.01
		比利时	460	0.05	1667	0.44	3.62	0
		美　国	1136	0.12	1632	0.43	1.44	0
44111499	其他厚度＞9 毫米的中密度纤维板	合　计	2 561 306	99.61	1 074 066	97.79	0.42	0.41
		美　国	5560	0.22	308 154	28.69	55.42	0.12
		泰　国	1602 095	62.55	290 879	27.08	0.18	0.11
		新西兰	673 085	26.28	155 814	14.51	0.23	0.06
		德　国	59 035	2.30	142 624	13.28	2.42	0.06
		中国台湾	79 425	3.10	52 351	4.87	0.66	0.02

代码	中文	国别地区	进口数量（千克）	各国进口量占总量比重(%)	进口金额（美元）	各国进口额占总额比重（%）	平均进口价格（美元/千克）	2012 年加权价格（美元/千克）
44111499	其他厚度>9 毫米的中密度纤维板	马来西亚	106 168	4.15	36 374	3.39	0.34	0.01
		葡萄牙	9170	0.36	24 604	2.29	2.68	0.01
		奥地利	7079	0.28	14 872	1.38	2.10	0.01
		瑞　典	3780	0.15	12 785	1.19	3.38	0
		韩　国	6000	0.23	11 854	1.10	1.98	0
44119210	未加工木纤维板，密度＞0.8 克/立方厘米	合　计	675 476	100	442 082	100	0.65	0.65
		新西兰	623 625	92.32	403 732	91.33	0.65	0.60
		美　国	19 398	2.87	14 549	3.29	0.75	0.02
		中国台湾	8100	1.20	12 065	2.73	1.49	0.02
		阿根廷	23 966	3.55	10 962	2.48	0.46	0.02
		德　国	385	0.06	671	0.15	1.74	0
		加拿大	2	0	103	0.02	51.50	0
44119290	加工木纤维板，密度＞0.8 克/立方厘米	合　计	5 150 800	94.77	6 081 709	95.70	1.18	1.13
		德　国	2 563 773	49.77	3 428 384	56.37	1.34	0.67
		瑞　典	425 331	8.26	908 034	14.93	2.13	0.18
		比利时	557 729	10.83	535 809	8.81	0.96	0.10
		美　国	322 496	6.26	281 100	4.62	0.87	0.05
		澳大利亚	389 871	7.57	175 262	2.88	0.45	0.03
		南　非	122 981	2.39	136 967	2.25	1.11	0.03
		印度尼西亚	225 237	4.37	113 579	1.87	0.50	0.02
		马来西亚	194 476	3.78	109 966	1.81	0.57	0.02
		西班牙	33 419	0.65	71 848	1.18	2.15	0.01
		智　利	46 007	0.89	59 495	0.98	1.29	0.01
44119310	辐射松制的纤板，0.5 克＜密度≤0.9 克	合　计	1 007 984	100	318 719	100	0.32	0.32
		澳大利亚	474 156	47.04	168 547	52.88	0.36	0.17
		新西兰	533 828	52.96	150 172	47.12	0.28	0.15
44119390	木纤板，0.5 克/立方厘米＜密度≤0.10 克/立方厘米	合　计	20 759 467	99.99	7 419 521	99.98	0.36	0.36
		澳大利亚	7 460 772	35.94	3 032 924	40.88	0.41	0.15

代码	中文	国别地区	进口数量（千克）	各国进口量占总量比重(%)	进口金额（美元）	各国进口额占总额比重（%）	平均进口价格（美元/千克）	2012年加权价格（美元/千克）
44119390	木纤板，0.5克/立方厘米<密度≤0.10克/立方厘米	新西兰	6 835 739	32.93	2 145 588	28.92	0.31	0.10
		泰　国	5 410 832	26.06	1 691 167	22.79	0.31	0.08
		马来西亚	929 586	4.48	316 573	4.27	0.34	0.02
		瑞　典	11 535	0.06	113 519	1.53	9.84	0.01
		韩　国	41 381	0.20	53 293	0.72	1.29	0
		美　国	24 979	0.12	32 102	0.43	1.29	0
		德　国	2760	0.01	12 212	0.16	4.42	0
		比利时	19 545	0.09	11 824	0.16	0.60	0
		中国台湾	21 130	0.10	8502	0.11	0.40	0
44119410	木纤板，0.35克/立方厘米<密度≤0.5克/立方厘米	合　计	77 067	100	164 594	100	2.14	2.14
		德　国	51 502	66.83	144 364	87.71	2.80	1.87
		波　兰	24 394	31.65	18 277	11.10	0.75	0.24
		日　本	780	1.01	1672	1.02	2.14	0.02
		智　利	78	0.10	132	0.08	1.69	0
		英　国	311	0.40	100	0.06	0.32	0
		新加坡	2	0	49	0.03	24.50	0
44119421	未加工木纤板，密度≤0.35克/立方厘米	合　计	454	100	809	100	1.78	1.78
		德　国	454	100	809	100	1.78	1.78
44119429	加工木纤板，密度≤0.35克/立方厘米	合　计	1 150 150	100	618 960	100	0.54	0.54
		印度尼西亚	419 679	36.49	202 489	32.71	0.48	0.18
		马来西亚	375 912	32.68	187 956	30.37	0.50	0.16
		新西兰	216 754	18.85	108 377	17.51	0.50	0.09
		美　国	61 366	5.34	61 172	9.88	1	0.05
		爱沙尼亚	74 883	6.51	55 191	8.92	0.74	0.05
		瑞　典	1419	0.12	2707	0.44	1.91	0
		日　本	128	0.01	892	0.14	6.97	0
		意大利	9	0	176	0.03	19.56	0

附表 6-6：胶合板进出口价格

（1）2012 年胶合板出口价格

代码	中文	国别地区	出口数量（立方米）	各国出口量占总量比重（%）	出口金额（美元）	各国出口额占总额比重（%）	平均出口价格（美元 / 立方米）	2012 年加权价格（美元 / 立方米）
44121011	薄板制竹胶合板至少一表层本章子目注释 2 所列的热带木层，厚≤6 毫米	合 计	516	100	33 384	100	64.70	64.70
		亚美尼亚	200	38.76	14 200	42.54	71	27.52
		美 国	5	0.97	6034	18.07	1206.80	11.69
		新西兰	2	0.39	5271	15.79	2635.50	10.22
		刚果(金)	9	1.74	4746	14.22	527.33	9.20
		塞拉利昂	300	58.14	3133	9.38	10.44	6.07
44121019	其他薄板制竹胶板单板饰面板多层板，厚≤6 毫米	合 计	86 533	79.98	40 141 215	71.80	463.88	333.06
		安哥拉	14 174	16.38	10 031 100	24.99	707.71	115.92
		泰 国	17 877	20.66	6 426 657	16.01	359.49	74.27
		美 国	2558	2.96	2 984 828	7.44	1166.86	34.49
		蒙 古	26 595	30.73	2 452 447	6.11	92.21	28.34
		坦桑尼亚	2942	3.40	1 981 415	4.94	673.49	22.90
		日 本	775	0.90	1 159 691	2.89	1496.38	13.40
		韩 国	1166	1.35	1 139 086	2.84	976.92	13.16
		阿尔及利亚	1429	1.65	1 020 498	2.54	714.13	11.79
		刚果(布)	1223	1.41	935 139	2.33	764.63	10.81
		英 国	467	0.54	690 011	1.72	1477.54	7.97
44121020	其他薄板制竹胶板，单板饰面板及类似多层板	合 计	675	100	615 220	100	911.44	911.44
		韩 国	619	91.70	571 033	92.82	922.51	845.97
		德 国	11	1.63	22 380	3.64	2034.55	33.16
		意大利	19	2.81	13 864	2.25	729.68	20.54
		美 国	5	0.74	4051	0.66	810.20	6
44121020	其他薄板制竹胶板，单板饰面板及类似多层板	朝 鲜	18	2.67	1904	0.31	105.78	2.82
		荷 兰	2	0.30	1298	0.21	649.00	1.92
		丹 麦	1	0.15	690	0.11	690	1.02

代码	中文	国别地区	出口数量（立方米）	各国出口量占总量比重（%）	出口金额（美元）	各国出口额占总额比重（%）	平均出口价格（美元/立方米）	2012年加权价格（美元/立方米）
44121092	其他竹胶合板类似多层板至少一表层木碎料板	合　计	470	100	682 258	100	1451.61	1451.61
		加拿大	375	79.79	559 799	82.05	1492.80	1191.06
		菲律宾	44	9.36	54 533	7.99	1239.39	116.03
		美　国	30	6.38	36 270	5.32	1209	77.17
		意大利	21	4.47	31 656	4.64	1507.43	67.35
44121099	其他竹制胶合板、单板饰面板及类似的多层板	合　计	17 922	74.46	23 821 716	79.44	1329.19	1055.90
		美　国	3507	19.57	6 696 471	28.11	1909.46	373.65
		荷　兰	3310	18.47	3 999 181	16.79	1208.21	223.14
		德　国	2503	13.97	3 281 358	13.77	1310.97	183.09
		法　国	1483	8.27	1 721 515	7.23	1160.83	96.06
		土耳其	251	1.40	698 195	2.93	2781.65	38.96
		英　国	465	2.59	630 184	2.65	1355.23	35.16
		安哥拉	898	5.01	562 707	2.36	626.62	31.40
		比利时	351	1.96	502 083	2.11	1430.44	28.01
		澳大利亚	363	2.03	444 571	1.87	1224.71	24.81
		加拿大	214	1.19	387 636	1.63	1811.38	21.63
44123100	其他薄板制胶合板至少一表层是子目注释2所列的热带木，厚≤6毫米	合　计	254 321	70.55	164 773 053	72.98	647.89	472.81
		约　旦	53 082	20.87	36 815 236	22.34	693.55	144.76
		美　国	22 869	8.99	28 785 768	17.47	1258.72	113.19
		韩　国	19 466	7.65	9 030 862	5.48	463.93	35.51
		日　本	15 964	6.28	8 371 391	5.08	524.39	32.92
		墨西哥	15 694	6.17	7 948 424	4.82	506.46	31.25
		英　国	4836	1.90	7 023 280	4.26	1452.29	27.62
		泰　国	14 267	5.61	6 368 138	3.86	446.35	25.04
		哥伦比亚	11 907	4.68	6 250 316	3.79	524.93	24.58
		委内瑞拉	10 192	4.01	5 073 583	3.08	497.80	19.95
		印　度	11 138	4.38	4 579 499	2.78	411.16	18.01
44123210	其他薄板制胶合板至少一表层是温带木，厚≤6毫米	合　计	6 184 981	60.44	2 539 059 811	60.99	410.52	250.37
		美　国	1 324 428	21.41	612 228 840	24.11	462.26	98.99
		日　本	520 338	8.41	201 293 402	7.93	386.85	32.55

代码	中文	国别地区	出口数量（立方米）	各国出口量占总量比重（%）	出口金额（美元）	各国出口额占总额比重（%）	平均出口价格（美元/立方米）	2012 年加权价格（美元/立方米）
44123210	其他薄板制胶合板至少一表层是温带木，厚≤6 毫米	英国	526 477	8.51	190 164 511	7.49	361.20	30.75
		韩国	260 187	4.21	86 756 998	3.42	333.44	14.03
		印度尼西亚	188 077	3.04	83 160 918	3.28	442.16	13.45
		菲律宾	207 166	3.35	81 534 684	3.21	393.57	13.18
		泰国	204 869	3.31	77 689 146	3.06	379.21	12.56
		阿联酋	213 169	3.45	77 577 785	3.06	363.93	12.54
		越南	181 750	2.94	76 748 752	3.02	422.28	12.41
		印度	112 045	1.81	61 382 263	2.42	547.84	9.92
44123290	其他薄板制胶合板至少一表层非针叶木，厚≤6 毫米	合计	496 036	92.25	196 868 396	89.60	396.88	355.62
		韩国	247 967	49.99	82 323 705	41.82	331.99	165.96
		日本	45 577	9.19	20 190 240	10.26	442.99	40.70
		以色列	35 706	7.20	18 047 085	9.17	505.44	36.38
		英国	44 556	8.98	17 352 058	8.81	389.44	34.98
		美国	8276	1.67	9 589 819	4.87	1158.75	19.33
		香港	26 976	5.44	9 030 021	4.59	334.74	18.20
		中国台湾	24 201	4.88	8 585 044	4.36	354.74	17.31
		新加坡	15 128	3.05	5 019 111	2.55	331.78	10.12
		加拿大	2215	0.45	3 386 895	1.72	1529.07	6.83
		印度	7013	1.41	2 875 620	1.46	410.04	5.80
44123900	其他薄板制胶合板，厚≤6 毫米	合计	1 996 259	67.91	756 031 955	68.16	378.72	258.13
		沙特阿拉伯	318 565	15.96	108 997 812	14.42	342.15	54.60
		阿联酋	283 396	14.20	102 604 368	13.57	362.05	51.40
		日本	116 014	5.81	59 677 433	7.89	514.40	29.89
		韩国	147 303	7.38	56 555 545	7.48	383.94	28.33
		香港	116 593	5.84	37 898 351	5.01	325.05	18.98
		卡塔尔	97 615	4.89	33 542 720	4.44	343.62	16.80
		美国	38 350	1.92	32 061 217	4.24	836.02	16.06
		中国台湾	87 166	4.37	31 054 481	4.11	356.27	15.56
		科威特	78 506	3.93	26 533 691	3.51	337.98	13.29
		新加坡	72 194	3.62	26 365 769	3.49	365.21	13.21

代码	中文	国别地区	出口数量（立方米）	各国出口量占总量比重（%）	出口金额（美元）	各国出口额占总额比重（%）	平均出口价格（美元/立方米）	2012年加权价格（美元/立方米）
44129410	其他木块芯胶合板等至少一表层是非针叶木	合　计	338 290	68.04	399 472 503	81.38	1180.86	961.01
		美　国	49 589	14.66	77 274 599	19.34	1558.30	228.43
		比利时	30 735	9.09	48 551 568	12.15	1579.68	143.52
		意大利	28 115	8.31	46 866 145	11.73	1666.94	138.54
		瑞　典	18 889	5.58	36 402 792	9.11	1927.20	107.61
		德　国	20 363	6.02	32 690 346	8.18	1605.38	96.63
		日　本	42 893	12.68	23 722 930	5.94	553.07	70.13
		荷　兰	12 035	3.56	19 370 689	4.85	1609.53	57.26
		英　国	13 037	3.85	17 669 347	4.42	1355.32	52.23
		挪　威	8809	2.60	12 588 698	3.15	1429.07	37.21
		丹　麦	5707	1.69	9 961 367	2.49	1745.46	29.45
44129491	其他木块芯胶合板等至少一表层是子目注释2所列的热带木	合　计	12	100	7727	100	643.92	643.92
		赞比亚	12	100	7727	100	643.92	643.92
44129492	其他木块芯胶合板等至少一表层是木碎料板	合　计	2170	99.08	1 380 095	99.27	635.99	631.35
		澳大利亚	488	22.49	322 310	23.35	660.47	148.53
		缅　甸	371	17.10	279 125	20.23	752.36	128.63
		香　港	252	11.61	220 674	15.99	875.69	101.69
		越　南	456	21.01	188 102	13.63	412.50	86.68
		印　度尼西亚	148	6.82	117 815	8.54	796.05	54.29
		加拿大	108	4.98	80 507	5.83	745.44	37.10
		马来西亚	83	3.82	56 152	4.07	676.53	25.88
		哥伦比亚	72	3.32	49 812	3.61	691.83	22.95
		朝　鲜	134	6.18	36 630	2.65	273.36	16.88
		吉布提	38	1.75	18 905	1.37	497.50	8.71
44129499	其他木块芯、侧板条芯、板条芯胶合板	合　计	19 999	94.43	10 866 807	94.32	543.37	512.53
		中国台湾	12 342	61.71	3 907 902	35.96	316.63	195.40
		德　国	2547	12.74	2 718 751	25.02	1067.43	135.94

代码	中文	国别地区	出口数量（立方米）	各国出口量占总量比重（%）	出口金额（美元）	各国出口额占总额比重（%）	平均出口价格（美元/立方米）	2012 年加权价格（美元/立方米）
44129499	其他木块芯、侧板条芯、板条芯胶合板	意大利	1644	8.22	1 841 359	16.94	1120.05	92.07
		比利时	467	2.34	447 317	4.12	957.85	22.37
		日　本	500	2.50	426 314	3.92	852.63	21.32
		越　南	679	3.40	294 589	2.71	433.86	14.73
		葡萄牙	280	1.40	229 968	2.12	821.31	11.50
		加拿大	104	0.52	159 322	1.47	1531.94	7.97
		加　纳	206	1.03	157 428	1.45	764.21	7.87
		尼日利亚	117	0.59	67 110	0.62	573.59	3.36
44129910	其他胶合板等至少一表层是非针叶木	合　计	596 408	60	643 470 374	79.86	1078.91	861.60
		美　国	188 497	31.61	251 907 137	39.15	1336.40	422.37
		日　本	32 694	5.48	55 858 819	8.68	1708.53	93.66
		英　国	30 743	5.15	45 211 951	7.03	1470.64	75.81
		加拿大	32 063	5.38	44 721 768	6.95	1394.81	74.99
		意大利	14 488	2.43	26 314 605	4.09	1816.30	44.12
		比利时	14 047	2.36	23 349 380	3.63	1662.23	39.15
		荷　兰	11 501	1.93	18 397 138	2.86	1599.61	30.85
		俄罗斯	10 424	1.75	16 846 182	2.62	1616.10	28.25
		韩　国	14 642	2.46	16 816 158	2.61	1148.49	28.20
		德　国	8738	1.47	14 444 017	2.24	1653.01	24.22
44129992	其他胶合板等至少一表层是木碎料板	合　计	9060	98.51	1 276 418	96.70	140.88	136.24
		澳　门	8180	90.29	754 906	59.14	92.29	83.32
		多米尼克	105	1.16	130 082	10.19	1238.88	14.36
		日　本	87	0.96	119 200	9.34	1370.11	13.16
		马来西亚	221	2.44	42 420	3.32	191.95	4.68
		香　港	64	0.71	40 215	3.15	628.36	4.44
		安哥拉	21	0.23	40 000	3.13	1904.76	4.42
		赞比亚	68	0.75	34 122	2.67	501.79	3.77
		朝　鲜	60	0.66	29 890	2.34	498.17	3.30
		也　门	80	0.88	22 200	1.74	277.50	2.45
		萨摩亚	39	0.43	21 321	1.67	546.69	2.35

代码	中文	国别地区	出口数量（立方米）	各国出口量占总量比重（%）	出口金额（美元）	各国出口额占总额比重（%）	平均出口价格（美元/立方米）	2012 年加权价格（美元/立方米）
44129999	未列名胶合板、单板饰面板及类似的多层板	合　计	29 946	74.05	17 126 742	77.56	571.92	443.61
		阿联酋	6173	20.61	2 799 156	16.34	453.45	93.47
		德　国	2397	8.00	2 334 476	13.63	973.92	77.96
		中国台湾	4531	15.13	1 653 039	9.65	364.83	55.20
		法　国	1109	3.70	1 244 766	7.27	1122.42	41.57
		日　本	1249	4.17	1 207 740	7.05	966.97	40.33
		瑞　典	2363	7.89	1 073 479	6.27	454.29	35.85
		意大利	944	3.15	1 019 305	5.95	1079.77	34.04
		比利时	750	2.50	725 149	4.23	966.87	24.22
		巴　林	1358	4.53	634 448	3.70	467.19	21.19
		沙特阿拉伯	1300	4.34	592 760	3.46	455.97	19.79

（2）2012 年胶合板进口价格

代码	中文	国别地区	进口数量（立方米）	各国进口量占总量比重（%）	进口金额（美元）	各国进口额占总额比重（%）	平均进口价格（美元/立方米）	2012 年加权价格（美元/立方米）
44121019	其他薄板制竹胶板单板饰面板多层板，厚≤6 毫米	合　计	901	96.56	386 720	707.63	429.21	421.75
		俄罗斯	410	45.50	122 121	31.58	297.86	135.54
		马来西亚	228	25.31	71 213	58.31	312.34	79.04
		印度尼西亚	147	16.32	56 889	79.89	387	63.14
		日　本	55	6.10	56 248	98.87	1022.69	62.43
		奥地利	3	0.33	17 500	31.11	5833.33	19.42
		芬　兰	5	0.55	13 096	74.83	2619.20	14.53
		瑞　典	3	0.33	13 003	99.29	4334.33	14.43
		挪　威	2	0.22	12 710	97.75	6355.00	14.11
		中国台湾	5	0.55	12 539	98.65	2507.80	13.92
		德　国	12	1.33	4682	37.34	390.17	5.20

代码	中文	国别地区	进口数量（立方米）	各国进口量占总量比重（%）	进口金额（美元）	各国进口额占总额比重（%）	平均进口价格（美元/立方米）	2012 年加权价格（美元/立方米）
44123100	其他薄板制胶合板至少一表层是子目注释 2 所列的热带木，厚≤6 毫米	合　计	39 875	99.95	28 726 360	99.92	720.41	719.85
		印度尼西亚	27 430	68.79	19 226 009	66.93	700.91	482.16
		马来西亚	10 996	27.58	7 125 085	24.80	647.97	178.69
		日　本	763	1.91	1 620 287	5.64	2123.57	40.63
		中国台湾	322	0.81	264 981	0.92	822.92	6.65
		意大利	6	0.02	149 718	0.52	24953.00	3.75
		韩　国	166	0.42	105 854	0.37	637.67	2.65
		巴　西	15	0.04	78 275	0.27	5218.33	1.96
		新加坡	114	0.29	73 583	0.26	645.46	1.85
		英　国	26	0.07	46 528	0.16	1789.54	1.17
		泰　国	16	0.04	13 600	0.05	850	0.34
44123210	其他薄板制胶合板至少一表层是温带木，厚≤6 毫米	合　计	17 729	98.66	17 330 578	99.12	977.53	968.92
		俄罗斯	13 104	73.91	8 439 789	48.70	644.06	476.04
		芬　兰	1358	7.66	3 144 708	18.15	2315.69	177.38
		中国台湾	515	2.90	1 488 260	8.59	2889.83	83.94
		日　本	1178	6.64	1 176 255	6.79	998.52	66.35
		德　国	204	1.15	1 053 835	6.08	5165.86	59.44
		西班牙	109	0.61	741 451	4.28	6802.30	41.82
		波　兰	279	1.57	570 230	3.29	2043.84	32.16
		中　国	209	1.18	278 627	1.61	1333.14	15.72
		意大利	50	0.28	204 482	1.18	4089.64	11.53
		马来西亚	486	2.74	80 331	0.46	165.29	4.53
44123290	其他薄板制胶合板至少一表层非针叶木，厚≤6 毫米	合　计	67 672	99.96	30 267 147	99.96	447.26	447.10
		马来西亚	46 486	68.69	18 482 342	61.06	397.59	273.12
		印度尼西亚	18 693	27.62	9 747 493	32.20	521.45	144.04
		俄罗斯	1079	1.59	769 297	2.54	712.97	11.37
		日　本	823	1.22	517 758	1.71	629.11	7.65
		意大利	244	0.36	283 784	0.94	1163.05	4.19

代码	中文	国别地区	进口数量（立方米）	各国进口量占总量比重（%）	进口金额（美元）	各国进口额占总额比重（%）	平均进口价格（美元/立方米）	2012 年加权价格（美元/立方米）
44123290	其他薄板制胶合板至少一表层非针叶木，厚≤6毫米	芬兰	105	0.16	183 081	0.60	1743.63	2.71
		中国台湾	165	0.24	143 761	0.47	871.28	2.12
		德国	47	0.07	99 499	0.33	2117.00	1.47
		丹麦	3	0	16 058	0.05	5352.67	0.24
		英国	2	0	13 258	0.04	6629.00	0.20
44123900	其他薄板制胶合板，厚≤6毫米	合计	16 598	96.37	11 582 021	97.81	697.80	682.48
		印度尼西亚	5005	30.15	3 551 519	30.66	709.59	213.97
		马来西亚	6192	37.31	3 305 634	28.54	533.86	199.16
		俄罗斯	1564	9.42	1 547 081	13.36	989.18	93.21
		芬兰	1052	6.34	1 062 946	9.18	1010.40	64.04
		中国台湾	736	4.43	854 082	7.37	1160.44	51.46
		日本	800	4.82	362 458	3.13	453.07	21.84
		英国	133	0.80	291 467	2.52	2191.48	17.56
		美国	109	0.66	199 984	1.73	1834.72	12.05
		中国	243	1.46	90 422	0.78	372.11	5.45
		加拿大	161	0.97	62 242	0.54	386.60	3.75
44129410	其他木块芯胶合板等至少一表层是非针叶木	合计	3379	99.85	1 794 011	99.49	530.93	528.25
		印度尼西亚	2195	64.96	759 771	42.35	346.14	224.85
		马来西亚	938	27.76	389 921	21.73	415.69	115.40
		德国	10	0.30	337 099	18.79	33709.90	99.76
		爱沙尼亚	69	2.04	104 118	5.80	1508.96	30.81
		丹麦	41	1.21	63 394	3.53	1546.20	18.76
		意大利	15	0.44	36 631	2.04	2442.07	10.84
		奥地利	46	1.36	30 177	1.68	656.02	8.93
		中国	56	1.66	27 836	1.55	497.07	8.24
		英国	3	0.09	27 412	1.53	9137.33	8.11
		中国台湾	1	0.03	8581	0.48	8581	2.54

代码	中文	国别地区	进口数量（立方米）	各国进口量占总量比重（%）	进口金额（美元）	各国进口额占总额比重（%）	平均进口价格（美元/立方米）	2012 年加权价格（美元/立方米）
44129491	其他木块芯胶合板等至少一表层是子目注释 2 所列的热带木	合计	401	100	534 513	100	1332.95	1332.69
		奥地利	185	46.13	311 159	58.21	1681.94	775.96
		马来西亚	60	14.96	113 746	21.28	1895.77	283.66
		印度尼西亚	45	11.22	53 494	10.01	1188.76	133.40
		日 本	102	25.44	40 348	7.55	395.57	100.62
		德 国	9	2.24	15 660	2.93	1740	39.05
		爱沙尼亚	0	0	106	0.02	0	0
44129492	其他木块芯胶合板等至少一表层是木碎料板	合 计	370	100	374 307	100	1011.64	988.05
		奥地利	125	33.78	242 222	64.71	1937.78	654.65
		印度尼西亚	229	61.89	77 586	20.73	338.80	209.69
		德 国	16	4.32	45 769	12.23	2860.56	123.70
		日 本	0	0	6978	1.86	0	0
		瑞 典	0	0	1752	0.47	0	0
44129910	其他胶合板等至少一表层是非针叶木	合 计	26 088	95.08	24 437 205	95.89	936.72	898.18
		马来西亚	17 921	68.69	11 945 245	48.88	666.55	457.88
		芬 兰	1703	6.53	4 276 062	17.50	2510.90	163.91
		意大利	433	1.66	1 673 653	6.85	3865.25	64.15
		比利时	554	2.12	1 392 186	5.70	2512.97	53.36
		德 国	550	2.11	1 324 262	5.42	2407.75	50.76
		中 国	2327	8.92	1 026 997	4.20	441.34	39.37
		立陶宛	493	1.89	760 949	3.11	1543.51	29.17
		奥地利	258	0.99	441 468	1.81	1711.12	16.92
		瑞 典	84	0.32	296 924	1.22	3534.81	11.38
		美 国	482	1.85	293 934	1.20	609.82	11.27
44129991	其他胶合板等至少一表层是子目注释 2 所列的热带木层	合 计	110	100	273 914	100	2490.13	2485.76
		德 国	109	99.09	272 966	99.65	2504.28	2481.51
		日 本	0	0	480	0.18	0	0
		西班牙	1	0.91	468	0.17	468.00	4.25

代码	中文	国别地区	进口数量（立方米）	各国进口量占总量比重（%）	进口金额（美元）	各国进口额占总额比重（%）	平均进口价格（美元/立方米）	2012年加权价格（美元/立方米）
44129999	未列名胶合板、单板饰面板及类似的多层板	合　计	5503	92.22	3 618 586	98.09	657.57	644.99
		美　国	1836	33.36	1 543 679	42.66	840.78	280.52
		菲律宾	993	18.04	717 048	19.82	722.10	130.30
		丹　麦	804	14.61	653 290	18.05	812.55	118.72
		马来西亚	792	14.39	256 103	7.08	323.36	46.54
		德　国	156	2.83	149 939	4.14	961.15	27.25
		日　本	131	2.38	134 490	3.72	1026.64	24.44
		中　国	251	4.56	26 554	0.73	105.79	4.83
		加拿大	34	0.62	25 155	0.70	739.85	4.57
		芬　兰	29	0.53	22 009	0.61	758.93	4
		印度尼西亚	49	0.89	21 099	0.58	430.59	3.83

附表 6-7：木竹浆进出口价格

（1）2012 年木竹浆出口价格

代码	中文	国别地区	出口数量（千克）	各国出口量占总量比重（%）	出口金额（美元）	各国出口额占总额比重（%）	平均出口价格（美元/千克）	2012年加权价格（美元/千克）
47010000	机械木浆	合　计	180 872	100	108 208	100	0.60	0.60
		韩　国	78 207	43.24	42 502	39.28	0.54	0.23
		印度尼西亚	67 200	37.15	38 933	35.98	0.58	0.22
		南　非	23 460	12.97	15 249	14.09	0.65	0.08
		日　本	12 005	6.64	11 524	10.65	0.96	0.06
47020000	化学木浆、溶解级	合　计	757 917	100	762 873	100	1.01	1.01
		西班牙	470 826	62.12	493 475	64.69	1.05	0.65
		朝　鲜	169 141	22.32	147 725	19.36	0.87	0.19
		阿富汗	57 773	7.62	61 614	8.08	1.07	0.08
		利比亚	35 751	4.72	37 906	4.97	1.06	0.05

代码	中文	国别地区	出口数量（千克）	各国出口量占总量比重（%）	出口金额（美元）	各国出口额占总额比重（%）	平均出口价格（美元/千克）	2012年加权价格（美元/千克）
47020000	化学木浆、溶解级	吉尔吉斯斯坦	24 226	3.20	21 803	2.86	0.90	0.03
		日 本	200	0.03	350	0.05	1.75	0
47031100	未漂白的针叶木烧碱木浆或硫酸盐木浆	合 计	7984	100	4395	100	0.55	0.55
		加拿大	7900	98.95	4378	99.61	0.55	0.55
		香 港	84	1.05	17	0.39	0.20	0
47032100	半漂白或漂白的针叶木烧碱木浆或硫酸盐木浆	合 计	4 255 519	96.07	3 266 812	95.93	0.77	0.74
		伊 朗	2 212 276	51.99	1 640 407	50.21	0.74	0.39
		朝 鲜	487 058	11.45	437 939	13.41	0.90	0.10
		澳大利亚	495 651	11.65	381 651	11.68	0.77	0.09
		缅 甸	483 258	11.36	332 381	10.17	0.69	0.08
		乌兹别克斯坦	83 010	1.95	92 465	2.83	1.11	0.02
		埃 及	134 931	3.17	89 020	2.72	0.66	0.02
		俄罗斯	83 208	1.96	65 030	1.99	0.78	0.02
		尼日利亚	54 195	1.27	42 397	1.30	0.78	0.01
		埃塞俄比亚	23 157	0.54	27 733	0.85	1.20	0.01
		摩洛哥	31 744	0.75	24 734	0.76	0.78	0.01
47032900	半漂白或漂白非针叶木烧碱木浆或硫酸盐木浆	合 计	14 165 087	100	8 465 373	100	0.60	0.60
		泰 国	10 863 434	76.69	6 440 454	76.08	0.59	0.45
		韩 国	2 936 933	20.73	1 785 062	21.09	0.61	0.13
		越 南	300 000	2.12	194 417	2.30	0.65	0.01
		乌干达	64 720	0.46	45 440	0.54	0.70	0
47042100	半漂白或漂白的针叶木亚硫酸盐木浆	合 计	74 809	100	57 979	100	0.78	0.78
		朝 鲜	74 809	100	57 979	100	0.78	0.78
47062000	从回收（废碎）纸或纸板提取的纤维浆	合 计	472 567	100	223 586	100	0.47	0.47
		香 港	274 327	58.05	108 757	48.64	0.40	0.23
		菲律宾	143 900	30.45	70 215	31.40	0.49	0.15
		中国台湾	45 000	9.52	39 628	17.72	0.88	0.08

代码	中文	国别地区	出口数量（千克）	各国出口量占总量比重（%）	出口金额（美元）	各国出口额占总额比重（%）	平均出口价格（美元/千克）	2012年加权价格（美元/千克）
47062000	从回收（废碎）纸或纸板提取的纤维浆	俄罗斯	8000	1.69	3858	1.73	0.48	0.01
		日　本	1020	0.22	724	0.32	0.71	0
		哥斯达黎加	300	0.06	384	0.17	1.28	0
		墨西哥	20	0	20	0.01	1	0
47063000	其他纤维状纤维素竹浆	合　计	1 550 764	100	1 460 910	100	0.94	0.94
		中国台湾	1 227 974	79.19	1 122 506	76.84	0.91	0.72
		德　国	198 000	12.77	212 790	14.57	1.07	0.14
		比利时	39 600	2.55	43 130	2.95	1.09	0.03
		美　国	38 480	2.48	34 174	2.34	0.89	0.02
		荷　兰	25 470	1.64	24 296	1.66	0.95	0.02
		日　本	21 140	1.36	23 891	1.64	1.13	0.02
		巴　西	100	0.01	123	0.01	1.23	0

（2）2012年木竹浆进口价格

代码	中文	国别地区	进口数量（千克）	各国进口量占总量比重（%）	进口金额（美元）	各国进口额占总额比重（%）	平均进口价格（美元/千克）	2012年加权价格（美元/千克）
47010000	机械木浆	合　计	10767208	100	5 799 017	100	0.54	0.54
		加拿大	8371513	77.75	4 468 822	77.06	0.53	0.42
		德　国	1924730	17.88	918 136	15.83	0.48	0.09
		美　国	157627	1.46	186 791	3.22	1.19	0.02
		西班牙	297248	2.76	152 051	2.62	0.51	0.01
		日　本	16080	0.15	72 989	1.26	4.54	0.01
		马来西亚	10	0	228	0	22.80	0
47020000	化学木浆、溶解级	合　计	1 579 193 349	96.36	1 822 608 878	96.63	1.15	1.12
		美　国	360 946 669	22.86	487 363 638	26.74	1.35	0.31
		加拿大	309 731 237	19.61	358 089 337	19.65	1.16	0.23
		巴　西	232 359 586	14.71	262 064 716	14.38	1.13	0.17
		印　度尼西亚	172 765 036	10.94	179 517 718	9.85	1.04	0.11

代码	中文	国别地区	进口数量（千克）	各国进口量占总量比重（%）	进口金额（美元）	各国进口额占总额比重（%）	平均进口价格（美元/千克）	2012 年加权价格（美元/千克）
47020000	化学木浆、溶解级	南非	141 965 412	8.99	134 559 785	7.38	0.95	0.09
		瑞典	104 592 278	6.62	115 443 607	6.33	1.10	0.07
		芬兰	73 739 447	4.67	80 257 804	4.40	1.09	0.05
		俄罗斯	66 579 081	4.22	74 657 184	4.10	1.12	0.05
		葡萄牙	40 988 253	2.60	41 517 145	2.28	1.01	0.03
		挪威	17 998 627	1.14	27 711 324	1.52	1.54	0.02
47031100	未漂白的针叶木烧碱木浆或硫酸盐木浆	合计	673 884 191	99.92	372 476 087	99.91	0.55	0.55
		俄罗斯	199 599 802	29.62	101 951 164	27.37	0.51	0.15
		智利	170 666 247	25.33	100 012 890	26.85	0.59	0.15
		美国	146 240 209	21.70	81 492 521	21.88	0.56	0.12
		日本	106 019 884	15.73	56 409 385	15.14	0.53	0.08
		加拿大	30 722 793	4.56	20 515 354	5.51	0.67	0.03
		瑞典	7 183 950	1.07	4 743 160	1.27	0.66	0.01
		巴西	8 124 788	1.21	4 051 747	1.09	0.50	0.01
		新西兰	2 161 160	0.32	1 451 742	0.39	0.67	0
		阿根廷	1 559 117	0.23	959 386	0.26	0.62	0
		奥地利	1 071 560	0.16	568 710	0.15	0.53	0
47031900	未漂白的非针叶木烧碱木浆或硫酸盐木浆	合计	4 941 930	100	2 999 899	100	0.61	0.61
		俄罗斯	2 037 206	41.22	1 242 869	41.43	0.61	0.25
		美国	1 976 500	39.99	1 186 066	39.54	0.60	0.24
		瑞典	650 000	13.15	417 248	13.91	0.64	0.08
		日本	208 224	4.21	111 569	3.72	0.54	0.02
		印度尼西亚	70 000	1.42	42 147	1.40	0.60	0.01
47032100	半漂白或漂白的针叶木烧碱木浆或硫酸盐木浆	合计	6 589 138 819	99.09	4 336 455 571	99.10	0.66	0.65
		加拿大	2 304 440 517	34.97	1 525 270 330	35.17	0.66	0.23
		美国	1 178 882 388	17.89	800 381 970	18.46	0.68	0.12
		智利	1 090 107 127	16.54	705 472 537	16.27	0.65	0.11
		芬兰	778 659 307	11.82	506 070 483	11.67	0.65	0.08
		俄罗斯	593 177 263	9	377 114 273	8.70	0.64	0.06

代码	中文	国别地区	进口数量（千克）	各国进口量占总量比重（%）	进口金额（美元）	各国进口额占总额比重（%）	平均进口价格（美元/千克）	2012 年加权价格（美元/千克）
47032100	半漂白或漂白的针叶木烧碱木浆或硫酸盐木浆	瑞　典	249 722 903	3.79	165 459 939	3.82	0.66	0.03
		德　国	137 089 553	2.08	89 684 602	2.07	0.65	0.01
		新西兰	114 265 293	1.73	74 888 495	1.73	0.66	0.01
		挪　威	59 200 040	0.90	37 173 455	0.86	0.63	0.01
		法　国	23 464 055	0.36	15 785 798	0.36	0.67	0
47032900	半漂白或漂白非针叶木烧碱木浆或硫酸盐木浆	合　计	6 076 718 116	98.53	3 577 027 283	98.56	0.59	0.58
		巴　西	2 306 890 583	37.96	1 359 117 778	38	0.59	0.22
		印　度尼西亚	1 575 806 369	25.93	911 620 809	25.49	0.58	0.15
		乌拉圭	471 782 819	7.76	300 318 290	8.40	0.64	0.05
		美　国	429 677 220	7.07	248 975 916	6.96	0.58	0.04
		加拿大	326 924 475	5.38	194 762 841	5.44	0.60	0.03
		智　利	315 350 633	5.19	192 008 018	5.37	0.61	0.03
		俄罗斯	235 064 830	3.87	136 994 792	3.83	0.58	0.02
		日　本	148 665 042	2.45	84 253 149	2.36	0.57	0.01
		西班牙	100 622 727	1.66	53 959 275	1.51	0.54	0.01
		南　非	76 890 257	1.27	43 642 100	1.22	0.57	0.01
47041100	未漂白的针叶木亚硫酸盐木浆	合　计	9 704 099	100	4 785 874	100	0.49	0.49
		俄罗斯	8 053 639	82.99	4 097 763	85.62	0.51	0.42
		德　国	1 570 060	16.18	597 258	12.48	0.38	0.06
		日　本	80 400	0.83	90 853	1.90	1.13	0.01
47041900	未漂白的非针叶木亚硫酸盐木浆	合　计	120 033	100	108 205	100	0.90	0.90
		德　国	69 550	57.94	91 633	84.68	1.32	0.76
		巴　西	21 653	18.04	10 502	9.71	0.49	0.09
		印度尼西亚	28 830	24.02	6070	5.61	0.21	0.05
47042100	半漂白或漂白的针叶木亚硫酸盐木浆	合　计	24 716 031	100	17 835 608	100	0.72	0.72
		芬　兰	12 062 536	48.80	8 926 119	50.05	0.74	0.36
		挪　威	3 372 643	13.65	3 268 856	18.33	0.97	0.13
		捷　克	4 655 989	18.84	2 947 844	16.53	0.63	0.12

代码	中文	国别地区	进口数量（千克）	各国进口量占总量比重（%）	进口金额（美元）	各国进口额占总额比重（%）	平均进口价格（美元/千克）	2012年加权价格（美元/千克）
47042100	半漂白或漂白的针叶木亚硫酸盐木浆	美　国	2 121 838	8.58	1 330 983	7.46	0.63	0.05
		俄罗斯	1 644 278	6.65	871 981	4.89	0.53	0.04
		西班牙	852 704	3.45	478 947	2.69	0.56	0.02
		菲律宾	6043	0.02	10 878	0.06	1.80	0
47042900	半漂白或漂白的非针叶木亚硫酸盐木浆	合　计	5 797 024	100	6 339 632	100	1.09	1.09
		德　国	4 390 309	75.73	4 404 142	69.47	1	0.76
		葡萄牙	1 062 611	18.33	1 369 989	21.61	1.29	0.24
		美　国	216 770	3.74	422 964	6.67	1.95	0.07
		日　本	109 800	1.89	97 949	1.55	0.89	0.02
		荷　兰	7500	0.13	32 547	0.51	4.34	0.01
		菲律宾	10 034	0.17	12 041	0.19	1.20	0
47050000	用机械与化学联合制浆法制得的木浆	合　计	1 405 781 916	99.84	759 178 345	99.80	0.54	0.54
		加拿大	1 128 136 995	80.25	610 543 210	80.42	0.54	0.43
		新西兰	120 910 411	8.60	64 636 391	8.51	0.53	0.05
		芬　兰	58 079 267	4.13	31 184 811	4.11	0.54	0.02
		瑞　典	47 706 988	3.39	2 547 5979	3.36	0.53	0.02
		俄罗斯	30 321 145	2.16	16 233 914	2.14	0.54	0.01
		挪　威	7 574 625	0.54	3 984 579	0.52	0.53	0
		意大利	4 238 771	0.30	2 276 811	0.30	0.54	0
		泰　国	2 445 531	0.17	1 422 322	0.19	0.58	0
		西班牙	2 302 014	0.16	1 130 851	0.15	0.49	0
		越　南	1 826 455	0.13	778 306	0.10	0.43	0
47062000	从回收（废碎）纸或纸板提取的纤维浆	合　计	19 561 512	100	11 187 959	100	0.57	0.57
		德　国	8 607 485	44	5 173 141	46.24	0.60	0.26
		美　国	7 776 973	39.76	4 103 994	36.68	0.53	0.21
		加拿大	1 576 346	8.06	988 248	8.83	0.63	0.05
		比利时	955 040	4.88	428 828	3.83	0.45	0.02
		日　本	336 785	1.72	323 952	2.90	0.96	0.02
		菲律宾	151 387	0.77	85 260	0.76	0.56	0

代码	中文	国别地区	进口数量（千克）	各国进口量占总量比重（%）	进口金额（美元）	各国进口额占总额比重（%）	平均进口价格（美元/千克）	2012 年加权价格（美元/千克）
47062000	从回收（废碎）纸或纸板提取的纤维浆	中国台湾	99 290	0.51	47 802	0.43	0.48	0
		荷　兰	41 544	0.21	24 926	0.22	0.60	0
		韩　国	12 750	0.07	8952	0.08	0.70	0
		瑞　典	3907	0.02	2839	0.03	0.73	0
47063000	其他纤维状纤维素竹浆	合　计	2 153 134	100	1 322 830	100	0.61	0.61
		泰　国	2 130 882	98.97	1 245 323	94.14	0.58	0.58
		印　度尼西亚	10 947	0.51	39 537	2.99	3.61	0.02
		美　国	10 345	0.48	33 947	2.57	3.28	0.02
		比利时	960	0.04	4023	0.30	4.19	0

附表 7：林产品定义、代码及进出口金额计算的说明

林产品定义：是指木竹藤产品、制品、工艺品，林副产品，花卉苗木，森林食品，林化工产品以及与森林资源相关的产品。

林产品代码根据海关代码和林产品定义确定，共计 996 种。在计算进出口金额时，对一些林产品做了系数调整，主要做了 3 项规定：一是进出口商品中林产品在其中起一定的决定性作用，例如进口木质提琴，如果不使用木材，提琴这种产品不能存在，因此不能不将提琴作为林产品对待；二是进出口商品的价值不能完全计入林产品进出口金额中，例如，虽然提琴作为林产品，但它的进出口价值不能完全计入林产品进出口总额，而是通过折算系数将林产品的价值成分离出来；三是印刷品折算，印刷品包含 49011000- 49119990 代码，折算公式为：49011000- 49119990 出口金额 = 49011000- 49119990 出口数量合计 ×（印刷纸出口金额合计 / 印刷纸出口数量合计）；49011000-49119990 进口金额 = 49011000- 49119990 进口数量合计 ×（印刷纸进口金额合计 / 印刷纸进口数量合计），印刷纸代码的产品：48010000、48025400、48025500、48025600、48025700、48025800、48026110、48026190、48026200、48026910、48026990、48101300、48101400、48101900、48102200、48102900。

在这里需要做特殊说明的是折算系数及折算公式需要进行大量调查研究确定，而这里只是根据专家的经验采用了估算，有待今后深入研究调整。详见附表。

林产品代码及进出口金额调整系数

海关代码	产品名称	调整系数
44031000	用油漆、着色剂、杂酚油等防腐剂处理的原木	1
44032010	红松和樟子松原木	1
44032020	白松（云杉和冷杉）原木	1
44032030	辐射松原木	1
44032040	落叶松原木	1
44032090	未列名针叶木原木	1
44034100	深红色、浅红色及巴梣红柳安木原木	1
44034910	柚木原木	1
44034920	奥克曼木 Okoume（奥克榄）原木	1
44034930	龙脑香木 Dipterocarpusspp.（克隆木）原木	1
44034940	山樟木 Kapur（香木 Dryobalanops spp.）原木	1

海关代码	产品名称	调整系数
44034950	印加木 Intsia spp.（波罗格 Men 克 aris）原木	1
44034960	大干巴豆木 Koompassia spp.（门格里斯或康派斯）原木	1
44034970	异翅香木 Anisopter spp. 原木	1
44034990	未列名本章子目注释 1 所列热带木原木	1
44039100	栎木（橡木）原木	1
44039200	山毛榉木原木	1
44039910	楠木原木	1
44039920	樟木原木	1
44039930	红木原木	1
44039950	水曲柳原木	1
44039960	北美硬阔叶木（包括樱桃木、黑胡桃木、枫木）原木	1
44039980	未列名的温带非针叶木原木	1
44039990	未列名非针叶木原木	1
44061000	未浸渍铁道及电车道枕木	1
44069000	已浸渍铁道及电车道枕木	1
44071010	纵锯纵切刨或旋切红松和樟子松木材，厚＞6 毫米	1
44071020	纵锯切刨或旋切白松（云、冷杉）木材，厚＞6 毫米	1
44071030	纵锯、纵切刨或旋切的辐射松木材，厚＞6 毫米	1
44071040	经纵锯、纵切刨或旋切的花旗松木材，厚＞6 毫米	1
44071090	其他纵锯切、刨或旋切的针叶木木材，厚＞6 毫米	1
44072200	经纵锯切刨或旋切的肉豆蔻木等木材，厚＞6 毫米	1
44072500	经纵锯切刨或旋切的红柳安木材，厚＞6 毫米	1
44072600	纵锯切刨或旋切的白黄柳安木等木材，厚＞6 毫米	1
44072700	纵锯切刨或旋切的沙比利木材，厚＞6 毫米	1
44072800	纵锯切刨或旋切的伊罗科木木材，厚＞6 毫米	1
44072910	经纵锯切刨切或旋切的柚木木材，厚＞6 毫米	1
44072920	纵锯切刨或旋切非洲桃花心木木材，厚＞6 毫米	1
44072930	经纵锯切、刨或旋切的波罗格木木材，厚＞6 毫米	1
44072990	其他纵锯切、刨或旋切的热带木木材，厚＞6 毫米	1
44079100	经纵锯纵切、刨或旋切的栎木木材，厚＞6 毫米	1
44079200	经纵锯纵切、刨或旋切山毛榉木木材，厚＞6 毫米	1

海关代码	产品名称	调整系数
44079300	经纵锯纵切、刨或旋切枫木木材，厚＞6毫米	1
44079400	经纵锯纵切、刨或旋切樱桃木木材，厚＞6毫米	1
44079500	经纵锯纵切、刨或旋切白蜡木木材，厚＞6毫米	1
44079910	纵锯切刨或旋切的樟木、楠木、红木，厚＞6毫米	1
44079920	经纵锯切、刨或旋切的泡桐木木材，厚＞6毫米	1
44079930	经纵锯切、刨或旋切的北美硬阔叶材，厚＞6毫米	1
44079980	纵锯切刨或旋切其他温带非针叶木材，厚＞6毫米	1
44079990	其他纵锯切、刨或旋切的非叶木木材，厚＞6毫米	1
44012100	针叶木的木片或木粒	1
44012200	非针叶木的木片或木粒	1
44091090	其他任一边、端或面制成连续形状针叶木木材	1
44092990	其他任一边、端或面成连续形状非针叶木木材	1
44081011	用胶合板等制的针叶木饰面用单板，厚≤6毫米	1
44081019	其他针叶木饰面用单板，厚≤6毫米	1
44081020	针叶木制胶合板用单板，厚≤6毫米	1
44081090	其他纵锯切、刨或旋切的针叶木木材，厚≤6毫米	1
44083111	用胶合板等制饰面单板，红柳安木制，厚≤6毫米	1
44083119	其他饰面用单板，红柳安木制，厚≤6毫米	1
44083120	制胶合板用单板，红柳安木制，厚≤6毫米	1
44083190	其他纵锯切刨或旋切的红柳安木木材，厚≤6毫米	1
44083911	用胶合板等制其他热带木饰面用单板，厚≤6毫米	1
44083919	其他其他热带木制饰面用单板，厚≤6毫米	1
44083920	其他热带木制胶合板用单板，厚≤6毫米	1
44083990	其他纵锯切、刨或旋切的热带木木材，厚≤6毫米	1
44089011	用胶合板等制其他非针叶木饰面单板，厚≤6毫米	1
44089012	温带非针叶木制其他饰面用单板，厚≤6毫米	1
44089019	其他非针叶木饰面用单板，厚≤6毫米	1
44089021	温带非针叶木制胶合板用单板，厚≤6毫米	1
44089029	其他非针叶木制胶合板用单板，厚≤6毫米	1
44089091	温带非针叶木制经纵刨旋切的木材，厚≤6毫米	1
44089099	其他非针叶木制经纵刨旋切的木材，厚≤6毫米	1

海关代码	产品名称	调整系数
44123100	其他薄板制胶合板至少一表层是热带木，厚≤ 6 毫米	1
44123210	其他薄板制胶合板至少一表层是温带木，厚≤ 6 毫米	1
44123290	其他薄板制胶合板至少一表层非针叶木，厚≤ 6 毫米	1
44123900	其他薄板制胶合板，厚≤ 6 毫米	1
44129410	其他木块芯胶合板等至少一表层是非针叶木	1
44129491	其他木块芯胶合板等至少一表层是热带木	1
44129492	其他木块芯胶合板等至少一表层是木碎料板	1
44129499	其他木块芯、侧板条芯、板条芯胶合板	1
44129910	其他胶合板等至少一表层是非针叶木	1
44129991	其他胶合板等至少一表层是热带木层	1
44129992	其他胶合板等至少一表层是木碎料板	1
44129999	未列名胶合板、单板饰面板及类似的多层板	1
44101100	木制碎料板	1
44101200	木制定向刨花板（OSB）	1
44101900	其他木制类似板	1
44109000	其他木质材料制碎料板、定向刨花板及类似板	1
44109019	其他木质材料制碎料板	1
44109090	其他木质材料制定向刨花板（OSB）及类似板	1
44109011	麦稻秸秆制碎料板	1
44111211	未机械加工中密度板，密度＞ 0.8 克 / 立方厘米，厚≤ 5 毫米	1
44111219	经机械加工中密度板，密度＞ 0.8 克 / 立方厘米，厚≤ 5 毫米	1
44111221	辐射松制的中密度板，0.5 克 / 立方厘米＜密度≤ 0.8 克 / 立方厘米，厚≤ 5 毫米	1
44111229	其他中密度板 0.5 克 / 立方厘米＜密度≤ 0.8 克 / 立方厘米，厚≤ 5 毫米	1
44111291	未加工中密度板，密度≤ 0.5 克 / 立方厘米，厚≤ 5 毫米	1
44111299	加工中密度板，密度≤ 0.5 克 / 立方厘米，厚≤ 5 毫米	1
44111311	未加工中密度板，密度＞ 0.8 克 / 立方厘米，5 毫米＜厚≤ 9 毫米	1
44111319	加工中密度板，密度＞ 0.8 克 / 立方厘米，5 毫米＜厚≤ 9 毫米	1
44111321	辐射松制的中密度板，5 毫米＜厚≤ 9 毫米	1
44111329	其他中密度板 0.5 克 / 立方厘米＜密度≤ 0.8 克 / 立方厘米，5 毫米＜厚≤ 9 毫米	1
44111391	未加工中密度板，密度≤ 0.5 克 / 立方厘米，5 毫米＜厚≤ 9 毫米	1
44111399	加工中密度板，密度≤ 0.5 克 / 立方厘米，5 毫米＜厚≤ 9 毫米	1

海关代码	产品名称	调整系数
44111411	未加工中密度板，密度＞0.8 克 / 立方厘米，厚＞9 毫米	1
44111419	加工中密度板，密度＞0.8 克 / 立方厘米，厚＞9 毫米	1
44111421	辐射松制的中密度板，厚＞9 毫米	1
44111429	其他中密度板 0.5 克 / 立方厘米＜密度≤ 0.8 克 / 立方厘米，厚＞9 毫米	1
44111491	未加工中密度板，密度≤ 0.5 克 / 立方厘米，厚＞9 毫米	1
44119210	未加工木纤维板，密度＞0.8 克 / 立方厘米	1
44119290	加工木纤维板，密度＞0.8 克 / 立方厘米	1
44119310	辐射松制的纤板，0.5 克 / 立方厘米＜密度≤ 0.9 克 / 立方厘米	1
44119390	木纤板，0.5 克 / 立方厘米＜密度≤ 0.10 克 / 立方厘米	1
44119410	木纤板，0.35 克 / 立方厘米＜密度≤ 0.5 克 / 立方厘米	1
44119421	未加工木纤板，密度≤ 0.35 克 / 立方厘米	1
44119429	加工木纤板，密度≤ 0.35 克 / 立方厘米	1
44130000	强化木，成块、板、条或异形的	1
44181010	辐射松制窗法兰西式（落地）窗及其框架	1
44181090	木制窗、法兰西式（落地）窗及其木制框架	1
44182000	木制门及其框架和门槛	1
44091010	任一边、端或面制成连续形状针叶木地板条	1
44092910	其他任一边、端或面成连续状非针叶木地板条	1
44187100	马赛克地板用已装拼的木地板	1
44187290	其他多层已装拼的木地板	1
44187990	其他已装拼的木地板	1
44140010	辐射松制的画框、相框、镜框及类似品	1
44140090	其他木制的画框、相框、镜框及类似品	1
44151000	木制箱、盒、桶及类似的包装容器；电缆卷筒	1
44152010	辐射松制托板箱形托盘及其他装载板托盘护框	1
44152090	木托板、箱形托盘及其他装载木板；托盘护框	1
44160010	辐射松制大桶、琵琶桶、盆等箍桶及零件	1
44160090	木制大桶、琵琶桶、盆等木制箍桶及其零件	1
44170010	辐射松制工具等；扫帚及刷子；鞋靴楦及楦头	1
44170090	木制工具等；扫帚及刷子等；木鞋靴楦及楦头	1
44184000	木制水泥构件的模板	1

海关代码	产品名称	调整系数
44185000	木瓦及木制盖屋板	1
44186000	木制柱及梁	1
44189000	其他建筑用木工制品	1
44190031	木制一次性筷子	1
44190099	其他木制餐具及厨房用具	1
44201011	木刻	1
44201020	木扇	1
44201090	其他木制小雕像及装饰品	1
44209010	镶嵌木	1
44209090	珠宝或刀具木盒及类似品；第 94 章以外木家具	1
44211000	木制衣架	1
44219010	木制卷轴、纡子、筒管、缝纫用线轴及类似品	1
44219021	木制圆签圆棒冰果棒压舌片及类似一次性制品	1
44219090	未列名木制品	1
66020000	手杖、带座手杖、鞭子、马鞭及类似品	0.1
84484930	梭子	0.5
96140010	烟斗及烟斗头	0.1
96151900	其他梳子、发夹及类似品	0.1
96091010	铅笔	1
96091020	颜色铅笔	1
95049030	中国象棋、国际象棋、跳棋等棋类用品	0.5
94060000	活动房屋	0.01
92011000	竖式钢琴，包括自动钢琴	0.1
92012000	大钢琴，包括自动钢琴	0.1
92019000	拨弦古钢琴及其他键盘弦乐器	0.1
92021000	弓弦乐器	0.1
92029000	其他弦乐器	0.1
92059090	其他管乐器	0.1
92060000	打击乐器	0.1
94016110	皮革或再生皮革面的带软垫的木框架坐具	1
94016190	其他带软垫的木框架坐具	1

海关代码	产品名称	调整系数
94016900	其他木框架坐具	1
94033000	办公室用木家具	1
94034000	厨房用木家具	1
94035010	卧室用红木家具	1
94035091	卧室用漆木家具	1
94035099	其他卧室用木家具	1
94036010	其他红木家具	1
94036091	其他漆木家具	1
94036099	未列名木家具	1
44029000	其他木炭（包括果壳炭及果核炭），不论是否结块	1
38021010	木质活性碳	1
45011000	未加工或简单加工的天然软木	1
45019020	碎的、粒状的或粉状的软木	1
45020000	除去表皮或成方块、板、片或条状的天然软木	1
45031000	天然软木塞子	1
45039000	其他天然软木制品	1
45041000	压制软木块、板、片及条；任何形状的压制软木砖、瓦；压制软木实心圆柱体，包括圆片	1
45049000	其他压制软木及其制品	1
44011000	薪柴（圆木段、块、枝、成捆或类似形状）	1
44013000	锯末、木废料及碎片	1
44041000	针叶木的箍木、木劈条、已削尖但未纵锯木桩、木片条及粗修整的木棒等	1
44042000	非针叶木的箍木、木劈条、已削尖但未纵锯木桩、木片条及粗修整的木棒等	1
44050000	木丝；木粉	1
47010000	机械木浆	1
47020000	化学木浆、溶解级	1
47031100	未漂白的针叶木烧碱木浆或硫酸盐木浆	1
47031900	未漂白的非针叶木烧碱木浆或硫酸盐木浆	1
47032100	半漂白或漂白的针叶木烧碱木浆或硫酸盐木浆	1
47032900	半漂白或漂白非针叶木烧碱木浆或硫酸盐木浆	1
47041100	未漂白的针叶木亚硫酸盐木浆	1

海关代码	产品名称	调整系数
47041900	未漂白的非针叶木亚硫酸盐木浆	1
47042100	半漂白或漂白的针叶木亚硫酸盐木浆	1
47042900	半漂白或漂白的非针叶木亚硫酸盐木浆	1
47050000	用机械与化学联合制浆法制得的木浆	1
47062000	从回收（废碎）纸或纸板提取的纤维浆	1
47071000	回收（废碎）的未漂白牛皮纸或瓦楞纸及纸板	1
47072000	回收（废碎）漂白化学木浆制未经本体染色纸	1
47073000	回收（废碎）的主要由机械浆制成的纸或纸板	1
47079000	回收（废碎）的其他纸及纸板，包括未分选的	1
48010000	成卷或成张的新闻纸	1
48021010	宣纸	1
48021090	其他手工制纸及纸板	1
48022010	照相原纸	1
48022090	其他光敏热敏电敏纸及纸板的原纸和原纸板	1
48024000	壁纸原纸	1
48025400	其他未涂书写印刷纸，机械浆量≤ 10%，平方米重＜ 40 克	1
48025500	其他未涂纸，成卷，机械浆量≤ 10%，40 克≤平方米重≤ 150 克	1
48025600	机械浆量≤ 10%，40 克≤平方米重≤ 150 克，成张≤ 435×297 毫米	1
48025700	其他未涂书写纸，机械浆量≤ 10%，40 ≤平方米重≤ 150 克	1
48025800	其他未涂书写印刷纸，机械浆量≤ 10%，平方米重＞ 150 克	1
48026110	其他成卷未涂布新闻纸，机械浆纤维量＞ 10%	1
48026190	其他成卷未涂布书写纸，机械浆纤维量＞ 10%	1
48026200	成张未涂布纸，机械浆量＞ 10%，成张≤ 435×297 毫米	1
48026910	其他未涂布新闻纸，机械浆纤维量＞ 10%	1
48026990	其他未涂布书写印刷纸，机械浆纤维量＞ 10%	1
48030000	成卷成张的家庭或卫生用纸、面巾纸、餐巾纸	1
48041100	未漂白牛皮挂面板纸	1
48041900	其他牛皮挂面板纸	1
48042100	未漂白袋用牛皮纸	1
48042900	其他袋用牛皮纸	1
48043100	其他未涂布未漂白牛皮纸，平方米重≤ 150 克	1

海关代码	产品名称	调整系数
48043900	其他未涂布牛皮纸，平方米重≤ 150 克	1
48044100	其他未涂未漂白牛皮纸，150 克＜平方米重＜ 250 克	1
48044200	未涂布本体漂白牛皮纸，150 克＜平方米重＜ 250 克	1
48044900	其他未涂布的牛皮纸，150 克＜平方米重＜ 250 克	1
48045100	其他未涂布未漂白牛皮纸，	1
48045200	未涂布的本体漂白牛皮纸，平方米重≥ 250 克	1
48045900	其他未涂布的牛皮纸，平方米重≥ 225 克	1
48051100	半化学瓦楞原纸	1
48051200	草浆瓦楞原纸	1
48051900	其他瓦楞原纸	1
48052400	强韧箱纸板（再生挂面纸板），平方米重≤ 150 克	1
48052500	强韧箱纸板（再生挂面纸板），平方米重＞ 150 克	1
48053000	亚硫酸盐包装纸	1
48054000	滤纸及纸板	1
48055000	毡纸及纸板	1
48059110	电解电容器纸，平方米重≤ 150 克	1
48059190	其他未经涂布的纸及纸板，平方米重≤ 150 克	1
48059200	其他未涂布纸及纸板，150 克＜平方米重＜ 250 克	1
48059300	其他未涂布纸及纸板，平方米重≥ 225 克	1
48061000	植物羊皮纸	1
48062000	防油纸	1
48063000	描图纸	1
48064000	半透明玻璃纸及其他高光泽透明或半透明纸	1
48070000	成卷或成张的复合纸及纸板，未涂布或未浸渍	1
48081000	瓦楞纸及纸板	1
48082000	袋用皱纹牛皮纸	1
48083000	其他皱纹牛皮纸	1
48089000	其他皱纹、压纹、穿孔纸及纸板	1
48092000	自印复写纸， 成卷或成张的	1
48099000	复写纸及其他拷贝或转印纸，成卷或成张的	1
48101300	成卷的书写、印刷纸及纸板，机械纤维量≤ 10%	1

海关代码	产品名称	调整系数
48101400	书写用纸，机械纤维≤ 10%，成张≤ 435×297 毫米	1
48101900	其他书写、印刷纸及纸板，机械纤维量≤ 10%	1
48102200	涂布无机物书写、印刷轻质纸，机械纤维量＞ 10%	1
48102900	其他涂布无机物书写、印刷纸，机械纤维量＞ 10%	1
48103100	涂布无机物漂白牛皮纸，重≤ 150 克木纤维量≥ 95%	1
48103200	涂布无机物漂白牛皮纸，重＞ 150 克木纤维量≥ 95%	1
48103900	其他涂布无机物的牛皮纸及纸板，木纤维量≥ 95%	1
48109200	涂布无机物的多层纸及纸板	1
48109900	未列名涂布高岭土或其他无机物质的纸及纸板	1
48111000	成卷或成张矩形焦油纸及纸板、沥青纸及纸板	1
48114100	成卷或成张矩形的任何尺寸的自粘胶黏纸	1
48114900	成卷或成张矩形的其他胶黏纸及纸板	1
48115110	彩色相纸用双面涂塑纸， 平方米重＞ 150 克	1
48115190	其他塑料涂、浸或覆盖漂白纸，平方米重＞ 150 克	1
48115910	其他用塑料涂布、浸渍或覆盖绝缘纸及纸板	1
48115991	镀铝的用塑料（不包括黏合剂）涂布、浸渍或覆盖的纸及纸板	1
48115999	未列名用塑料（不包括黏合剂）涂布、浸渍或覆盖的纸及纸板	1
48116010	用蜡、石蜡、硬脂精、油或甘油浸涂的绝缘纸及纸板	1
48116090	其他用蜡、石蜡、硬脂精、油或甘油浸涂的纸及纸板	1
48119000	未列名成卷成张矩形浸涂印花纸、纸板、纤维纸	1
48120000	纸浆制的滤块、滤板及滤片	1
48131000	成小本或管状的卷烟纸	1
48132000	宽度不超过 5 厘米成卷的卷烟纸	1
48139000	其他卷烟纸，不论是否切成一定尺寸	1
48141000	用木粒或草粒等饰面的壁纸	1
48142000	塑料涂面或盖面的壁纸	1
48149000	其他壁纸及类似品；窗用透明纸	1
48162000	自印复写纸	1
48169010	热敏转印纸（4809 的纸除外）	1
48169090	复写纸、拷贝或转印纸；油印蜡纸或胶印版纸	1
48171000	纸或纸板制的信封	1

海关代码	产品名称	调整系数
48172000	纸或纸板制封缄信片、素色明信片及通信卡片	1
48173000	纸或纸板制盒、袋及夹子，内装各种纸制文具	1
48181000	卫生纸	1
48182000	纸手帕及面巾纸	1
48183000	纸台布及纸餐巾	1
48184000	纸卫生巾及止血塞、婴儿纸尿布、尿布衬里等	1
48185000	纸浆、纸、纤维素絮纸等的制衣服及衣着附件	1
48189000	纸浆、纸等制的其他家庭、卫生或医院用品	1
48191000	瓦楞纸或纸板制的箱、盒、匣	1
48192000	非瓦楞纸或纸板制的可折叠箱、盒、匣	1
48193000	底宽 40 厘米及以上的纸袋	1
48194000	其他纸袋，包括锥形袋	1
48195000	纸、纸板制其他包装容器，包括唱片套	1
48196000	纸或纸板制的卷宗盒、信件盘、存储盒等物品	1
48201000	账本、笔记本、收据本、日记本及类似品	1
48202000	练习本	1
48203000	纸或纸板制的活动封面、文件夹及卷宗皮	1
48204000	多联商业表格纸、页间夹有复写纸的本	1
48205000	纸或纸板制的样品簿及粘贴簿	1
48209000	纸或纸板制的其他文具用品；书籍封面	1
48211000	纸或纸板制的各种标签，印有文字图画	1
48219000	纸或纸板制的各种标签，未印文字图画	1
48221000	纸制的纺织纱线用筒管、卷轴、纡子等物品	1
48229000	其他纸制筒管、卷轴、纡子等物品	1
48232000	切成一定尺寸或形状的滤纸及纸板	1
48234000	已印制的自动记录器用打印纸卷、纸张及纸盘	1
48236100	竹浆纸或纸板制的盘、碟、盆、杯及类似品	1
48236900	其他纸或纸板制的盘、碟、盆、杯及类似品	1
48237000	压制或模制纸浆制品	1
48239010	以纸或纸板为底制成的铺地制品	1
48239020	神纸及类似用品	1

海关代码	产品名称	调整系数
48239030	纸扇	1
48239090	未列名切成形的纸、纸板等纸及纸（浆）制品	1
49011000	单张的散页印刷品及类似印刷品	
49019100	字典或百科全书及其连续出版的分册	
49019900	其他书籍、小册子及类似印刷品	
49021000	每周至少出版 4 期的报纸、杂志及期刊	
49029000	其他报纸、杂志及期刊	
49030000	儿童图画书、绘画或涂色书	
49040000	乐谱原稿或印本，不论是否装订或印有插图	
49051000	地球仪、天体仪	
49059100	成册的地图、水道图及类似图表	
49059900	其他地图、水道图及类似图表	
49060000	手绘的设计图纸原稿和手稿及其复制件	
49070010	承认国流通新发行并未经使用的邮票	
49070020	承认国流通新发行的钞票	
49070030	承认国流通新发行的证券凭证	
49070090	承认国流通新发行未用的其他票证；所有凭证	
49081000	釉转印贴花纸（移画印花法用图案纸）	
49089000	其他转印贴花纸（移画印花法用图案纸）	
49090010	印刷或有图画的明信片	
49090090	印有个人问候、祝贺、通告的卡片	
49100000	印刷的各种日历，包括日历芯	
49111010	无商业价值的商业广告品、商品目录等印刷品	
49111090	其他商业广告品、商品目录及类似印刷品	
49119100	印刷的图片、设计图样及照片	
49119910	纸质的其他印刷品	
49119990	其他印刷品	
95044000	扑克牌	
14011000	竹	1
14012000	藤	1
14019020	芦苇	1

海关代码	产品名称	调整系数
14019031	蔺草	1
14019039	其他灯心草属植物材料	1
14019090	未列名主要做编结用的植物材料	0.5
46012100	竹制的席子、席料及帘子	1
46012200	藤制的席子、席料及帘子	1
46012911	灯心草属材料制的席子、席料及帘子	1
46012919	其他草制的席子、席料及帘子	1
46012921	苇帘	1
46012929	芦苇制的席子、席料	1
46012990	其他植物材料制的席子、席料及帘子	1
46019210	竹制的缏条及类似产品，不论是否缝合成宽条	1
46019290	竹制其他平行连结或编结的产品	1
46019310	藤制的缏条及类似产品，不论是否缝合成宽条	1
46019390	藤制其他平行连结或编结的产品	1
46021100	竹制篮筐及其他编结品	1
46021200	藤制篮筐及其他编结品	1
46021910	草制篮筐及其他编结品	1
46021930	柳条制篮筐及其他编结品	1
94015100	竹制或藤制的坐具	1
94015900	柳条及类似材料制的坐具	1
94038100	竹制或藤制家具	1
94038910	柳条及类似材料制家具	1
44121011	薄板制竹胶合板至少一表层热带木层，厚≤ 6 毫米	1
44121019	其他薄板制竹胶板单板饰面板多层板，厚≤ 6 毫米	1
44121020	其他薄板制竹胶板，单板饰面板及类似多层板	1
44121091	其他竹胶合板单板饰面板至少有一表层热带木	1
44121092	其他竹胶合板类似多层板至少一表层木碎料板	1
44121099	其他竹制胶合板、单板饰面板及类似的多层板	1
44190032	竹制一次性筷子	1
44190091	其他竹制餐具及厨房用具	1
44201012	竹刻	1

海关代码	产品名称	调整系数
44219022	竹制圆签圆棒冰果棒压舌片及类似一次性制品	1
96031000	用枝条或其他植物材料捆扎的帚及刷，可有把	0.3
96033020	毛笔	0.6
44092110	任何一边、端或面制成连续形状的竹地板条块	1
44187210	其他多层已装拼的竹地板	1
44187910	其他已装拼的竹地板	1
44092190	其他任何一边、端或面制成连续形状的竹材	1
44021000	竹炭，不论是否结块	1
47063000	其他纤维状纤维素竹浆	1
48236100	竹浆纸或纸板制的盘、碟、盆、杯及类似品	1
07099010	鲜或冷藏的竹笋	1
07119031	盐水竹笋	1
07129010	笋干丝	1
20059190	其他制作或保藏的未冷冻竹笋	1
20059110	竹笋罐头	1
05119930	蚕种	1
50010010	适于缫丝的桑蚕茧	1
50010090	适于缫丝的其他蚕茧	1
50020011	桑蚕厂丝	1
50020012	桑蚕土丝	1
50020013	桑蚕双宫丝	1
50020019	其他桑蚕丝	1
50020020	柞蚕丝	1
50020090	其他生丝	1
50030011	不适于缫丝的下茧、茧衣、长吐、滞头	1
50030012	回收的纤维状废丝	1
50030019	其他未梳废丝	1
50030091	废丝绵球（包括绵条、绵片）	1
50030099	其他废丝	1
50040000	丝纱线（绢纺纱线除外），非供零售用	1
50050010	丝纱线，非供零售用	1

海关代码	产品名称	调整系数
50050090	其他绢纺纱线，非供零售用	1
50060000	丝纱线及绢纺纱线，供零售用；蚕胶丝	1
50071010	未漂白或漂白䌷丝机织物	1
50071090	其他䌷丝机织物	1
50072011	未漂白或漂白桑蚕丝机织物，含丝量≥ 85%	1
50072019	其他桑蚕丝机织物，含丝量≥ 85%	1
50072021	未漂白或漂白柞蚕丝机织物，含丝量≥ 85%	1
50072029	其他柞蚕丝机织物，含丝量≥ 85%	1
50072031	未漂白或漂白绢丝机织物，含丝量≥ 85%	1
50072039	其他绢丝机织物，含丝量≥ 85%	1
50072090	未列名丝机织物，含丝量≥ 85%	1
50079010	其他未漂白或漂白丝机织物，含丝量＜ 85%	1
50079090	未列名丝机织物，含丝量＜ 85%	1
57019020	丝制结织栽绒地毯等结织栽绒铺地制品	1
58019010	丝及绢丝制起绒及绳绒织物	1
58022010	丝及绢丝制毛巾织物及类似毛圈机织物	1
58023010	丝及绢丝制簇绒织物	1
58030020	丝及绢丝制纱罗	1
58041010	丝及绢丝制网眼薄纱及其他网眼织物	1
58042910	丝及绢丝制机制花边	1
58063910	丝及绢丝制未列名狭幅机织物	1
58101000	不见底布的刺绣品	1
58110010	丝及绢丝纺织材料与胎料组合制被褥状纺织品	1
60024020	丝针织钩编物，宽≤ 30 厘米，弹性线≥ 5%，不含橡胶线	1
60029020	丝针织钩编织物，宽≤ 30 厘米，弹性或胶线≥ 5%	1
60041020	丝针织或钩编物，宽＞ 30 厘米，弹性线≥ 5%，无胶线	1
61071910	丝及绢丝制针织或钩编的男内裤	1
61072910	丝及绢丝制针织或钩编男长睡衣及睡衣裤	1
61081920	丝及绢丝制针织或钩编的女衬裙	1
61082910	丝及绢丝制针织或钩编女三角裤及短衬裤	1
61083910	丝及绢丝制针织或钩编的女睡衣及睡衣裤	1

海关代码	产品名称	调整系数
61099010	丝及绢丝制针织或钩编T恤衫、汗衫、背心	1
61109010	丝及绢丝针织钩编套头衫开襟衫及外穿背心等	1
62031910	丝及绢丝制男式西服套装	1
62032910	丝及绢丝制男式便服套装	1
62033910	丝及绢丝制男式上衣	1
62041910	丝及绢丝制女式西服套装	1
62042910	丝及绢丝制女式便服套装	1
62043910	丝及绢丝制女式上衣	1
62044910	丝及绢丝制女式连衣裙	1
62045910	丝及绢丝制女式裙子及裙裤	1
62059010	丝及绢丝制男衬衫	1
62061000	丝及绢丝制女衬衫	1
62071910	丝及绢丝制男内裤	1
62072910	丝及绢丝制男睡衣及睡衣裤	1
62079910	丝及绢丝制其他男内衣、浴衣、晨衣及类似品	1
62081910	丝及绢丝制女衬裙	1
62082910	丝及绢丝制女睡衣及睡衣裤	1
62089910	丝及绢丝其他女内衣、短衬裤、浴衣、晨衣等	1
62113910	丝及绢丝制其他男式服装	1
62114910	丝及绢丝制其他女式服装	1
62141000	丝及绢丝制披巾、头巾、围巾、披纱、面纱等	1
62151000	丝及绢丝制领带及领结	1
63022910	丝及绢丝制印花床上用织物制品	1
63023910	丝及绢丝制非针织或钩编的床上用织物制品	1
63041910	丝及绢丝制非针织或钩编的床罩	1
63049910	丝及绢丝制非针织或钩编的其他装饰织物制品	1
67029020	丝及绢丝制人造花、叶、果实及其零件和制品	1
09041100	未磨胡椒	1
09041200	已磨胡椒	1
09061100	未磨锡兰肉桂	1
09061900	其他未磨肉桂及肉桂花	1

海关代码	产品名称	调整系数
09062000	已磨肉桂及肉桂花	1
09070000	丁香（母丁香、公丁香及丁香梗）	1
09081000	肉豆蔻	1
09082000	肉豆蔻衣	1
09083000	豆蔻	1
09091010	八角茴香	1
09091090	茴芹子	1
09094000	黄蒿子	1
09095000	小茴香子；杜松果	1
09102000	番红花	1
09109900	未列名调味香料	1
01061190	其他灵长目动物，改良种用除外	1
01061990	未列名哺乳动物	1
01062020	食用爬行动物	1
01062090	未列名爬行动物	1
01063190	其他猛禽，改良种用除外	1
01063290	其他鹦形目鸟，改良种用除外	1
01063990	未列名鸟	1
01069090	其他非食用活动物	1
05071000	兽牙；兽牙粉末及废料	1
05079010	羚羊角及其粉末和废料	1
05079090	龟壳、鲸须、其他兽角、蹄、甲爪及喙；上述产品的粉末及废料	1
01061110	改良种用灵长目动物	1
01061910	其他改良种用哺乳动物	1
01062011	改良种用鳄鱼苗	1
01062019	其他改良种用爬行动物	1
01063110	改良种用猛禽	1
01063210	改良种用鹦形目鸟	1
01063910	其他改良种用鸟	1
01069011	改良种用蛙苗	1
01069019	其他改良种用活动物	1

海关代码	产品名称	调整系数
04090000	天然蜂蜜	1
04100010	燕窝	1
04100041	鲜蜂王浆	1
04100042	鲜蜂王浆粉	1
04100043	蜂花粉	1
04100049	其他蜂产品	1
21069030	蜂王浆制剂	1
15219010	蜂蜡	1
15060000	其他动物油、脂及其分离品，不论是否精制，但未经化学改性（不含猪牛羊等）	1
31010011	未经化学处理的鸟粪	1
31010019	其他未经化学处理的动植物肥料及其混合肥料	0.01
31010090	经化学处理的动植物肥料；动植物产品经化学处理制成的肥料	0.01
96011000	已加工兽牙及其制品	0.01
96019000	已加工其他动物质雕刻材料及其制品	0.01
05029012	制刷用黄鼠狼尾毛	1
05029019	未列名制刷用兽毛	1
05029020	獾毛及其他制刷用兽毛的废料	1
41032000	爬行动物皮	1
41064000	经鞣制的不带毛爬行动物皮及其坯革	1
41069100	其他动物湿革（包括蓝湿皮）	1
41069200	其他动物干革（坯革）	1
41133000	经鞣制或半硝处理后加工的爬行动物皮革	1
41139000	经鞣制或半硝处理后加工的其他动物皮革	1
43011000	整张水貂皮	1
43016000	整张狐皮	1
43018010	整张兔皮	0.1
43018090	其他整张毛皮	0.1
43019010	适合加工皮货用的黄鼠狼尾	1
43019090	其他适合加工皮货用的头、尾、爪等块、片	1
43021100	未缝制的整张水貂皮	1
43021910	未缝制整张灰鼠、白鼬、貂、狐、獭及貉猁皮	1

海关代码	产品名称	调整系数
43021990	未列名未缝制的整张毛皮	0.01
43022000	未缝制的头、尾、爪及其他块、片	0.01
43023010	已缝制整张灰鼠、白鼬、貂、狐、獭及猞猁皮	1
43023090	其他已缝制的整张毛皮及其块、片	0.01
43031010	毛皮衣服	0.01
43031020	毛皮衣着附件	0.01
43039000	其他毛皮制品	0.01
51021990	其他未梳动物细毛	0.01
51022000	未梳动物粗毛	0.01
51031090	其他动物细毛的落毛	0.01
51032090	其他动物细毛的废料	0.01
51033000	动物粗毛废料	0.01
51040090	其他动物细毛或粗毛的回收纤维	0.01
51053990	其他已梳动物细毛	0.01
51054000	已梳动物粗毛	0.01
51081019	粗梳其他动物细毛≥85%的纱线，非供零售用	0.01
51081090	粗梳动物细毛＜85%的纱线，非供零售用	0.01
51082019	精梳其他动物细毛≥85%的纱线，非供零售用	0.01
51082090	精梳动物细毛＜85%的纱线，非供零售用	0.01
51091019	其他动物细毛≥85%的纱线，供零售用	0.01
51099019	其他动物细毛＜85%的纱线，供零售用	0.01
51111119	粗梳其他动物细毛≥85%的，平方米重≤300克	0.01
51111919	粗梳其他动物细毛≥85%的，平方米重＞300克	0.01
51130000	动物粗毛或马毛机织物	0.01
65069910	皮革制帽类	0.01
65069920	毛皮制帽类	0.01
67010000	带羽毛或羽绒的鸟皮等，羽毛、羽绒及其制品	0.01
67029010	羽毛制人造花、叶、果实及其零件和制品	0.01
94049020	兽毛填充的其他寝具及类似用品	0.01
01063922	食用鸵鸟	1
01063923	食用野鸭	1

海关代码	产品名称	调整系数
01063929	其他食用鸟	1
01069020	其他食用活动物	1
02081090	鲜、冷、冻野兔肉；兔及野兔的食用杂碎	0.1
02083000	鲜、冷、冻灵长目动物肉及食用杂碎	1
02085000	鲜、冷、冻爬行动物肉及食用杂碎	1
02109100	干、熏、盐腌或盐渍灵长目动物肉及食用杂碎，包括可供食用的肉或杂碎的细粉、粗粉	1
02109300	干、熏、盐腌或盐渍的爬行动物（包括蛇及龟鳖）肉及食用杂碎，包括可供食用的肉或杂碎的细粉、粗粉	1
02109900	其他干、熏、盐腌或盐渍肉及食用杂碎，包括可供食用的肉或杂碎的细粉、粗粉	0.01
38029000	活性天然矿产品；动物炭黑，包括废动物炭黑	0.01
07112000	暂时保藏的油橄榄	1
08011100	椰子干	1
08011910	种用椰子	1
08011990	其他椰子	1
08012100	未去壳巴西果	1
08012200	去壳巴西果	1
08013100	未去壳腰果	1
08013200	去壳腰果	1
08021100	未去壳巴旦杏	1
08021200	巴旦杏仁	1
08022100	未去壳榛子	1
08022200	榛子仁	1
08023100	未去壳核桃	1
08023200	核桃仁	1
08024010	板栗	1
08024090	其他栗子	1
08025000	阿月浑子果（开心果）	1
08026010	种用马卡达姆坚果（夏威夷果）	1
08026090	其他马卡达姆坚果（夏威夷果）	1
08029010	槟榔	1
08029020	白果	1

海关代码	产品名称	调整系数
08029030	松子仁	1
08029090	未列名鲜或干坚果	1
08030000	鲜或干的香蕉，包括芭蕉	1
08041000	鲜或干的椰枣	1
08042000	鲜或干的无花果	1
08043000	鲜或干的菠萝	1
08044000	鲜或干的鳄梨	1
08045010	鲜或干的番石榴	1
08045020	鲜或干的芒果	1
08045030	鲜或干的山竹果	1
08051000	鲜或干的橙	1
08052010	鲜或干蕉柑	1
08052020	阔叶柑橘	1
08052090	其他鲜或干的柑橘及杂交柑橘	1
08054000	葡萄柚，包括柚	1
08055000	柠檬及酸橙	1
08059000	未列名柑橘属水果	1
08061000	鲜葡萄	1
08062000	葡萄干	1
08072000	鲜木瓜	1
08081000	鲜苹果	1
08082012	鲜鸭梨、雪梨	1
08082013	香梨	1
08082019	其他鲜梨	1
08082020	鲜榅桲	1
08091000	鲜杏	1
08092000	鲜樱桃	1
08093000	鲜桃，包括油桃	1
08094000	鲜梅及李	1
08101000	鲜草莓	1
08102000	鲜木莓、黑莓、桑葚及罗甘莓	1

海关代码	产品名称	调整系数
08104000	鲜蔓越橘及越橘	1
08105000	鲜猕猴桃	1
08106000	鲜榴莲	1
08109010	鲜荔枝	1
08109020	鲜黑、白或红的醋栗（加仑子）及鹅莓	1
08109030	鲜龙眼	1
08109040	鲜红毛丹	1
08109050	鲜番荔枝	1
08109060	鲜杨桃	1
08109070	鲜莲雾	1
08109080	鲜火龙果	1
08109090	未列名鲜果	1
08111000	冷冻草莓	1
08112000	冷冻木莓、黑莓、桑椹、罗甘莓、醋栗（加仑子）及鹅莓	1
08119010	冷冻栗子，未去壳	1
08119090	其他未列名冷冻水果及坚果	1
08121000	暂时保藏的樱桃	1
08129000	其他暂时保藏的水果及坚果	1
08131000	杏干	1
08132000	梅干及李干	1
08133000	苹果干	1
08134010	龙眼干、肉	1
08134020	柿饼	1
08134030	红枣	1
08134040	荔枝干	1
08134090	未列名干果	1
08135000	本章的什锦坚果或干果	1
08140000	柑橘属水果或甜瓜（包括西瓜）的果皮，鲜、冻、干或用盐水、亚硫酸水或其他防腐液暂时保藏的	0.5
12030000	干椰子肉	1
12129911	苦杏仁	1

海关代码	产品名称	调整系数
12129912	甜杏仁	1
12129919	杏核；桃（包括油桃）、梅或李的核及核仁	1
20057000	非醋方法制作或保藏的油橄榄	1
20060020	糖渍橄榄	1
20060010	蜜枣	1
20060090	其他糖渍蔬菜、水果、坚果及植物的其他部分	0.1
20081991	其他制作或保藏的栗仁	1
20081999	未列名制作或保藏的坚果及其他子仁	1
20082090	未列名制作或保藏的菠萝	1
20083090	未列名制作或保藏的柑橘属水果	1
20084090	未列名制作或保藏的梨	1
20085000	其他制作或保藏的杏	1
20086090	其他制作或保藏的樱桃	1
20087090	未列名制作或保藏的桃	1
20088000	其他制作或保藏的草莓	1
20089100	其他制作或保藏的棕榈芯	1
20089200	其他制作或保藏的什锦果实	1
20089990	未列名制作或保藏水果、坚果及植物的其他食用部分	0.1
23065000	椰子或干椰肉的油渣饼及其他固体残渣	1
23066000	油棕果或油棕仁的油渣饼及其他固体残渣	1
23069000	未列名植物油渣饼及其他固体残渣	0.1
23070000	葡萄酒渣；粗酒石	1
23080000	动物饲料用未列名的植物原料、废料、残渣及副产品，不论是否制成团粒	0.1
20079100	柑橘属水果制果酱、果冻、果泥及果膏	1
20079990	其他非柑橘属水果制果酱、果冻、果泥及果膏	0.5
20079910	非柑橘属水果制果酱、果冻、果泥及果膏罐头	0.5
20081910	核桃仁罐头	1
20081920	其他果仁罐头	1
20082010	菠萝罐头	1
20083010	柑橘属水果罐头	1
20084010	梨罐头	1

海关代码	产品名称	调整系数
20086010	樱桃罐头	1
20087010	桃罐头	1
20089910	荔枝罐头	1
20089920	龙眼罐头	1
20091100	冷冻橙汁	1
20091200	非冷冻橙汁，白利糖度值≤ 20	1
20091900	其他橙汁	1
20092100	葡萄柚（包括柚）汁，白利糖度值≤ 20	1
20092900	其他葡萄柚（包括柚）汁	1
20093110	柠檬汁，白利糖度值≤ 20	1
20093190	其他未混合柑橘属水果汁，白利糖度值≤ 20	1
20093910	其他柠檬汁	1
20093990	其他未混合柑橘属水果汁	1
20094100	菠萝汁，白利糖度值≤ 20	1
20094900	其他菠萝汁	1
20096100	葡萄汁，白利糖度值≤ 20	1
20096900	其他葡萄汁	1
20097100	苹果汁，白利糖度值≤ 20	1
20097900	其他苹果汁	1
20098012	芒果汁	1
20098013	西番莲果汁	1
20098014	番石榴果汁	1
20098019	其他未混合的水果汁	1
20099010	混合水果汁	0.5
21069040	椰子汁	1
22041000	葡萄汽酒	1
22042100	装入≤ 2 升的容器的鲜葡萄酿造的酒	1
22042900	装入＞ 2 升的容器的鲜葡萄酿造的酒	1
22043000	2009 以外的酿酒葡萄汁	1
22082000	蒸馏葡萄酒制得的烈性酒	1
22051000	装入≤ 2 升的容器的味美思酒等酒	1

海关代码	产品名称	调整系数
22059000	装入＞2升的容器的味美思酒等酒	1
22060090	其他发酵饮料；未列名的发酵饮料的混合物	1
22085000	杜松子酒	1
22089010	龙舌兰酒	1
12079992	油棕果及油棕仁	1
15091000	初榨的油橄榄油	1
15099000	其他油橄榄油及其分离品	1
15100000	其他橄榄油及其分离品，不论是否精制，但未经化学改性	1
15111000	初榨的棕榈油	1
15119010	棕榈液油（熔点19℃～24℃）	1
15121100	初榨的葵花油或红花油	0.5
15121900	其他葵花油或红花油及其分离品	0.5
15131100	初榨的椰子油	1
15131900	其他椰子油及其分离品	1
15132100	初榨的棕榈仁油或巴巴苏棕榈果油	1
15132900	其他棕榈仁油或巴巴苏棕榈果油及其分离品	1
15159010	希蒙得木油及其分离品	1
15159020	印楝油及其分离品	1
15159030	桐油及其分离品	1
15159090	未列名固定植物油、脂及其分离品	0.5
53081000	椰壳纤维纱线	1
57022000	椰壳纤维制的铺地制品，未簇绒或未植绒	1
38021090	其他活性碳	1
09021010	花茶，内包装每件净重≤3千克	1
09021090	绿茶，内包装每件净重≤3千克	1
09022010	花茶，内包装每件净重＞3千克	1
09022090	绿茶，内包装每件净重＞3千克	1
09023010	乌龙茶，内包装每件净重≤3千克	1
09023020	普洱茶，内包装每件净重≤3千克	1
09023090	红茶及其他半发酵茶，内包装每件净重≤3千克	1
09024010	乌龙茶，内包装每件净重＞3千克	1

海关代码	产品名称	调整系数
09024020	普洱茶，内包装每件净重＞3千克	1
09024090	红茶及其他半发酵茶，内包装每件净重＞3千克	1
09030000	马黛茶	1
21012000	以茶、马黛茶及其浓缩精汁为基本成分的制品	1
21013000	烘焙菊苣和其他烘焙咖啡代用品及其浓缩精汁	1
09011100	未焙炒未浸除咖啡碱的咖啡	1
09011200	未焙炒已浸除咖啡碱的咖啡	1
09012100	已焙炒未浸除咖啡碱的咖啡	1
09012200	已焙炒已浸除咖啡碱的咖啡	1
09019010	咖啡豆荚及咖啡豆皮	1
09019020	含咖啡的咖啡代用品	1
18010000	整颗或破碎的可可豆，生的或焙炒的	1
18020000	可可荚、壳、皮及废料	1
18031000	未脱脂可可膏	1
18032000	全脱脂或部分脱脂可可膏	1
18040000	可可脂、可可油	1
18050000	未加糖或其他甜物质的可可粉	1
18061000	含糖或其他甜物质的可可粉	1
18062000	其他重量＞2千克的块状或条状含可可食品；容器包装或内包装每件净重＞2千克的散装形状的含可可食品	1
18063100	块状或条状含可可的夹心食品，重量≤2千克	1
18063200	块状或条状含可可的非夹心食品，重量≤2千克	1
18069000	未列名含可可的食品	1
21011100	咖啡的浓缩精汁	1
21011200	以咖啡浓缩精汁或以咖啡为基本成分的制品	1
29021990	其他环烷烃；其他环烯及环萜烯	1
15211000	植物蜡	1
15219090	其他虫蜡及鲸蜡	1
29157090	棕榈酸及其盐和酯、硬脂酸盐和酯	1
38030000	妥尔油，不论是否精炼	1
38040000	木浆残余碱液	1

海关代码	产品名称	调整系数
38070000	木焦油；木杂酚油；粗木精；植物沥青等	1
38231300	妥尔油脂肪酸	1
13021990	未列名植物液汁及浸膏	1
13019090	未列名树胶、树脂	1
38063000	酯胶	1
40013000	巴拉塔胶、古塔波胶、银胶菊胶、糖胶树胶及类似的天然树胶	1
29021910	莰烯	1
13019040	松脂	1
38051000	脂松节油、木松节油和硫酸盐松节油	1
38059010	以 α 萜品醇为基本成分的松油	1
38061010	松香	1
38061020	树脂酸	1
38062010	松香盐及树脂酸盐	1
38062090	松香或树脂酸衍生物的盐	1
38069000	其他松香和树脂酸衍生物；松香精及松香油等	1
29061910	萜品醇	1
13021910	生漆	1
40011000	天然橡胶乳，不论是否予硫化	1
40012100	烟胶片	1
40012200	技术分类天然橡胶（TSNR）	1
40012900	其他形状的天然橡胶	1
32011000	坚木浸膏	1
14049010	主要供染料、鞣料用的植物原料	1
15220000	油鞣回收脂；处理油脂物质及动、植物蜡剩残渣	1
32019010	其他植物鞣料浸膏	1
32019090	鞣酸及其盐、醚、酯和其他衍生物	1
32030011	天然靛蓝及以其为基本成分的制品	1
32030019	其他植物质着色料及以其为基本成分的制品	0.5
32030020	动物质着色料及以其为基本成分的制品	0.5
12119091	鱼藤根、除虫菊	1
12119099	主要用作杀虫、杀菌等用途的植物及其某部分	1

海关代码	产品名称	调整系数
13021920	印楝素	1
13021930	除虫菊或含鱼藤酮植物根茎的液汁及浸膏	1
29181300	酒石酸盐及酒石酸酯	1
11082000	菊粉	1
12079991	牛油树果	1
12119050	主要用作香料的植物及其某部分	1
13012000	阿拉伯胶	1
13019010	胶黄耆树胶（卡喇杆胶）	1
13022000	果胶、果胶酸盐及果胶酸酯	1
13023200	从刺槐豆、刺槐豆子或瓜尔豆制得的胶液及增稠剂，不论是否改性	1
13023990	其他植物产品制得的胶液及增稠剂	1
15119020	棕榈硬脂（熔点 44℃～ 56℃）	1
15119090	其他棕榈油及其分离品	1
17022000	槭糖及槭糖浆	1
29054400	山梨醇	1
29054910	木糖醇	1
29181200	酒石酸	1
29153900	未列名乙酸酯	1
29052210	香叶醇、橙花醇（3，7- 二甲基 -2，6- 辛二烯 -1- 醇）	1
29052220	香茅醇（3，7- 二甲基 -6- 辛烯 -1- 醇）	1
29052230	芳樟醇	1
29061100	薄荷醇	1
29092081	1，8- 桉树脑	1
29145011	覆盆子酮	1
33011200	橙油	1
33011300	柠檬油	1
33011910	白柠檬油（酸橙油）	1
33011990	其他柑橘属果实精油	1
33012400	胡椒薄荷油	1
33012500	其他薄荷油	1
33012910	樟脑油	1

海关代码	产品名称	调整系数
33012920	香茅油	1
33012930	茴香油	1
33012940	桂油	1
33012950	山苍子油	1
33012960	桉叶油	1
33012991	老鹳草油（香叶油）	1
33012999	未列名非柑橘属果实精油	1
33013010	鸢尾凝脂	1
33013090	其他香膏	1
33019010	提取的油树脂	1
33019020	柑橘属果实的精油脱萜的萜烯副产品	1
33019090	含浓缩精油的制品；其他萜烯副产品及精油液	1
33030000	香水及花露水	1
07095100	鲜活冷藏的伞菌属蘑菇	1
07095910	鲜或冷藏的松茸	1
07095920	鲜或冷藏的香菇	1
07095930	鲜或冷藏的金针菇	1
07095940	鲜或冷藏的草菇	1
07095950	鲜或冷藏的口蘑	1
07095960	鲜或冷藏的块菌	1
07095990	其他鲜或冷藏的蘑菇	1
07108010	冷冻松茸	1
07115112	盐水小白蘑菇	1
07115119	盐水的其他伞菌属蘑菇	1
07115190	其他暂时保藏的伞菌属蘑菇	1
07115911	盐水松茸	1
07115919	盐水其他磨菇及块菌	1
07115990	其他暂时保藏的蘑菇及块菌	1
07123100	干伞菌属蘑菇	1
07123200	干木耳	1
07123300	干银耳	1

海关代码	产品名称	调整系数
07123910	干香菇	1
07123920	干金针菇	1
07123930	干草菇	1
07123940	干口蘑	1
07123950	干牛肝菌	1
07123990	未列名干蘑菇及块菌	1
20039090	其他非醋方法制作或保藏的蘑菇	1
20031011	小白蘑菇（洋蘑菇）罐头	1
20031019	其他伞菌属蘑菇罐头	1
20031090	其他非醋方法制作或保藏的伞菌属蘑菇	1
20032000	非醋方法制作或保藏的块菌	1
20039010	其他蘑菇罐头	1
07052100	鲜或冷藏的维特罗夫菊苣	1
07052900	其他鲜或冷藏的菊苣	1
07129020	紫萁（薇菜干）	1
07129030	金针菜（黄花菜）	1
07129040	蕨菜干	1
07149090	鲜、冷、冻或干的竹芋、兰科植物块茎、菊芋及未列名含有高淀粉或菊粉的根茎；西谷茎髓	1
20059950	制作或保藏咸蕨菜	1
12141000	紫苜蓿粗粉及团粒	1
12149000	其他草饲料	0.2
12129920	刺槐豆，包括刺槐豆子	1
06011010	番红花球茎	1
06011029	其他百合球茎	1
06029092	兰花，种用除外	1
06029093	菊花，种用除外	1
06029094	百合，种用除外	1
06029095	康乃馨，种用除外	1
06029099	未列名活植物	1
06031100	鲜的制花束或装饰用的玫瑰插花及花蕾	1

海关代码	产品名称	调整系数
06031200	鲜的制花束或装饰用的康乃馨插花及花蕾	1
06031300	鲜的制花束或装饰用的兰花插花及花蕾	1
06031400	鲜的制花束或装饰用的菊花插花及花蕾	1
06031910	鲜的制花束或装饰用的百合花插花及花蕾	1
06031990	其他鲜的制花束或装饰用的插花及花蕾	1
06039000	制花束或装饰用的插花及花蕾（鲜的除外）	1
06041000	苔藓及地衣	1
06049100	鲜的制花束或装饰用的不带花及花蕾的植物枝、叶及其他部分、草	1
06049900	其他制花束或装饰用的不带花及花蕾的植物枝、叶及其他部分、草	1
06022090	食用水果或坚果树、灌木，种用除外	1
13019020	乳香、没药及血竭	1
13019030	阿魏	1
12079994	红花子	1
12112010	西洋参	1
12112020	野山参（西洋参除外）	1
12112091	其他鲜人参	1
12112099	未列名人参	1
12113000	古柯叶	1
12114000	罂粟秆	1
12119011	当归	1
12119012	田七	1
12119013	党参	1
12119014	黄连	1
12119015	菊花	1
12119016	冬虫夏草	1
12119017	贝母	1
12119018	川芎	1
12119019	半夏	1
12119021	白芍	1
12119022	天麻	1
12119023	黄芪	1

海关代码	产品名称	调整系数
12119024	大黄、籽黄	1
12119025	白术	1
12119026	地黄	1
12119027	槐米	1
12119028	杜仲	1
12119029	茯苓	1
12119031	枸杞	1
12119032	大海子	1
12119033	沉香	1
12119034	沙参	1
12119035	青蒿	1
12119036	甘草	1
12119039	未列名主要用作药料的植物及其某部分	0.5
13021100	鸦片液汁及浸膏	1
13021200	甘草液汁及浸膏	1
29061990	其他环烷醇、环烯醇及环萜烯醇（冰片 - 可能是天然的）	1
29062990	其他芳香醇（合成冰片）	1
29142100	樟脑	1
29392000	金鸡纳生物碱及其衍生物以及它们的盐	1
29393000	咖啡因及其盐	1
29394100	麻黄碱及其盐	1
29394200	假麻黄碱及其盐	1
29394300	d 一去甲假麻黄碱（INN）及其盐	1
29394900	其他麻黄碱及其盐	1
29396100	麦角新碱（麦角袂春）及其盐	1
29396200	麦角胺及其盐	1
29396300	麦角酸及其盐	1
29396900	其他麦角生物碱及其衍生物以及它们的盐	1
32012000	荆树皮浸膏	1
05079020	鹿茸及其粉末	1
05100010	黄药	1

海关代码	产品名称	调整系数
05100020	龙涎香、海狸香、灵猫香	1
05100030	麝香	1
05100040	斑蝥	1
05100090	未列名配药用腺体及其他动物产品	0.2
30049051	中药酒	1
30049052	片仔癀	1
30049053	白药	1
30049054	清凉油	1
30049059	其他中式成药	1
30049060	含有青蒿素及其衍生物的药品	1
06011021	种用百合球茎	1
06011091	种用休眠的鳞茎、块茎、块根、球茎、根颈及根茎	1
06011099	未列名休眠的鳞茎、块茎、块根、球茎、根颈及根茎	1
06012000	生长或开花的鳞茎、块茎、块根、球茎、根颈及根茎；菊苣植物及其根	1
06023010	种用杜鹃	1
06023090	其他杜鹃，不论是否嫁接	1
06024010	种用玫瑰	1
06024090	其他玫瑰，不论是否嫁接	1
12093000	草本花卉植物种子	1
06029010	蘑菇菌丝	1
06022010	食用水果或坚果种用苗木	1
06021000	无根插枝及接穗植物	1
06029091	其他种用苗木	1
12092100	紫苜蓿子	1
12092200	三叶草子	1
12092300	羊茅子	1
12092400	草地早熟禾子	1
12092500	黑麦草种子	1
12099990	未列名种植用种子、果实及孢子	0.5

附表 8：银行利率一览表

时间	年限						
	6 个月内 (%)	6 个月至 1 年 (%)	一年至三年 (%)	三年至五年 (%)	五年以上 (%)	五年以下 (%)	五年以上 (%)
2012-7-6	5.6	6	6.15	6.4	6.55	4	4.5
2012-6-8	5.85	6.31	6.4	6.65	6.8	4.2	4.7
2011-7-7	6.1	6.56	6.65	6.9	7.05	4.45	4.9
2011-4-6	5.85	6.31	6.4	6.65	6.8	4.2	4.7
2011-2-9	5.6	6.06	6.1	6.45	6.6	4	4.5
2010-12-26	5.35	5.81	5.85	6.22	6.4	3.75	4.3
2010-10-20	5.1	5.56	5.6	5.96	6.14	3.5	4.05
2008-12-23	4.86	5.31	5.4	5.76	5.94	3.33	3.87
2008-11-27	5.04	5.58	5.67	5.94	6.12	3.51	4.05
2008-10-30	6.03	6.66	6.75	7.02	7.2	4.05	4.59
2008-10-27	6.12	6.93	7.02	7.29	7.47	4.05	4.59
2008-10-9	6.12	6.93	7.02	7.29	7.47	4.32	4.86
2008-9-16	6.21	7.2	7.29	7.56	7.74	4.59	5.13
2007-12-21	6.57	7.47	7.56	7.74	7.83	4.77	5.22
2007-9-15	6.48	7.29	7.47	7.65	7.83	4.77	5.22
2007-8-22	6.21	7.02	7.2	7.38	7.56	4.59	5.04
2007-7-21	6.03	6.84	7.02	7.2	7.38	4.5	4.95
2007-5-19	5.85	6.57	6.75	6.93	7.2	4.41	4.86
2007-3-18	5.67	6.39	6.57	6.75	7.11	4.32	4.77
2006-8-19	5.58	6.12	6.3	6.48	6.84	4.14	4.59
2006-4-28	5.4	5.85	6.03	6.12	6.39	4.14	4.59
2005-3-17	5.22	5.58	5.76	5.85	6.12	3.96	4.41
2004-10-29	5.22	5.58	5.76	5.85	6.12	3.78	4.23
2002-2-21	5.04	5.31	5.49	5.58	5.76	3.6	4.05
1999-6-10	5.58	5.85	5.94	6.03	6.21	4.14	4.59

时间	年限						
	6个月内 (%)	6个月至1年 (%)	一年至三年 (%)	三年至五年 (%)	五年以上 (%)	五年以下 (%)	五年以上 (%)
1998-12-7	6.12	6.39	6.66	7.2	7.56	0	0
1998-7-1	6.57	6.93	7.11	7.65	8.01	0	0
1998-3-25	7.02	7.92	9	9.72	10.35	0	0
1997-10-23	7.65	8.64	9.36	9.9	10.53	0	0
1996-8-23	9.18	10.08	10.98	11.7	12.42	0	0
1996-5-1	9.72	10.98	13.14	14.94	15.12	0	0
1995-7-1	10.08	12.06	13.5	15.12	15.3	0	0
1995-1-1	9	10.98	12.96	14.58	14.76	0	0
1993-7-11	9	10.98	12.24	13.86	14.04	0	0
1993-5-15	8.82	9.36	10.8	12.06	12.24	0	0
1991-4-21	8.1	8.64	9	9.54	9.72	0	0
1991-3-21	9	10.08	10.8	11.52	11.88	-	-
1990-8-21	8.64	9.36	10.08	10.8	11.16	0	0
1989-2-1	11.34	11.34	12.78	14.4	19.26	0	0